马克思主义理论研究和建设工程重点教材

西方政治思想史
（第二版）

《西方政治思想史》编写组

高等教育出版社

人民出版社

二维码资源访问

使用微信扫描本书内的二维码,输入封底防伪二维码下的 20 位数字,进行微信绑定,即可免费访问相关资源。注意:微信绑定只可操作一次,为避免不必要的损失,请您刮开防伪码后立即进行绑定操作!

教学课件下载

本书有配套教学课件,供教师免费下载使用,请访问 xuanshu.hep.com.cn,经注册认证后,搜索书名进入具体图书页面,即可下载。

图书在版编目(CIP)数据

西方政治思想史/《西方政治思想史》编写组编. -- 2 版. -- 北京:高等教育出版社,2019.8(2024.12 重印)
马克思主义理论研究和建设工程重点教材
ISBN 978-7-04-050665-5

Ⅰ.①西… Ⅱ.①西… Ⅲ.①政治思想史-西方国家-高等学校-教材 Ⅳ.①D091

中国版本图书馆 CIP 数据核字(2018)第 221755 号

责任编辑	王溪桥	封面设计	王 洋	版式设计	于 婕	责任校对	王 雨
责任印制	高 峰						

出版发行	高等教育出版社	网 址	http://www.hep.edu.cn
社 址	北京市西城区德外大街 4 号		http://www.hep.com.cn
邮政编码	100120	网上订购	http://www.hepmall.com.cn
印 刷	北京汇林印务有限公司		http://www.hepmall.com
开 本	787mm×1092mm 1/16		http://www.hepmall.cn
印 张	22	版 次	2011 年 12 月第 1 版
字 数	360 千字		2019 年 8 月第 2 版
购书热线	010-58581118	印 次	2024 年 12 月第 15 次印刷
咨询电话	400-810-0598	定 价	43.70 元

本书如有缺页、倒页、脱页等质量问题,请到所购图书销售部门联系调换
版权所有 侵权必究
物 料 号 50665-00

●马克思主义理论研究和建设工程重点教材●

马克思主义理论研究和建设工程咨询委员会委员、审议专家

（以姓氏笔画为序）

王伟光	王晓晖	王梦奎	王维澄	韦建桦
尹汉宁	龙新民	邢贲思	刘永治	刘国光
江　流	汝　信	孙　英	苏　星	李　捷
李君如	李忠杰	李宝善	李景田	李慎明
冷　溶	张　宇	张文显	陈宝生	邵华泽
欧阳淞	金冲及	金炳华	周　济	郑必坚
郑科扬	郑富芝	侯树栋	逄先知	逄锦聚
袁贵仁	贾高建	夏伟东	顾海良	徐光春
龚育之	梁言顺	蒋乾麟	韩　震	虞云耀
雒树刚	滕文生	魏礼群		

《西方政治思想史》教材编写课题组

首席专家　徐大同　　张桂林　　高　建

主要成员　（以姓氏笔画为序）
　　　　　　马德普　　王乐理　　田为民　　杨　龙
　　　　　　张凤阳　　常保国

《西方政治思想史》教材修订课题组（第二版）

首席专家　徐大同　　张桂林　　高　建　　佟德志

主要成员　（以姓氏笔画为序）
　　　　　　刘训练　　张凤阳　　庞金友　　高景柱

目 录

导 论 ·· 1
    一、西方政治思想史的研究对象 ··· 1
    二、西方政治思想史的基本线索 ··· 3
    三、学习西方政治思想史的意义 ··· 8
    四、西方政治思想史的学习方法 ··· 10

第一章 古希腊时期的政治思想 ·· 14
  第一节 古希腊的城邦制度与政治思想的特点 ···························· 14
    一、古希腊的社会状况与城邦制度 ······································ 14
    二、政治思想的产生与政治学的创立 ··································· 17
    三、古希腊政治思想的特点 ··· 20
  第二节 柏拉图的政治思想 ·· 23
    一、生平与著作 ··· 23
    二、国家的理念与城邦正义观 ·· 24
    三、哲学家治国思想 ·· 27
    四、政体思想 ·· 29
    五、第二等好的理想国 ··· 30
    六、历史地位与评价 ·· 32
  第三节 亚里士多德的政治思想 ·· 33
    一、生平与著作 ··· 33
    二、论城邦的起源、本质与目的 ··· 35
    三、政体的分类与变革学说 ··· 36
    四、理想城邦的设计 ·· 39
    五、历史地位与评价 ·· 41

第二章 希腊化与古罗马时期的政治思想 ·································· 44
  第一节 希腊化时期政治思想的转折 ··· 44

一、城邦制度的瓦解与世界国家的出现 …………………… 44
　　二、东西方文化交流 …………………………………………… 45
　　三、新兴政治思想的特点 ……………………………………… 46
　第二节　斯多葛派的政治思想 …………………………………… 48
　　一、斯多葛派的演变 …………………………………………… 48
　　二、个体伦理意识的产生 ……………………………………… 49
　　三、自然法学说 ………………………………………………… 50
　　四、世界国家思想 ……………………………………………… 52
　第三节　罗马共和时期的政治思想 ……………………………… 53
　　一、古罗马政治思想的特点 …………………………………… 53
　　二、波利比乌斯的混合政体思想 ……………………………… 55
　　三、西塞罗的共和思想 ………………………………………… 59
　第四节　罗马法学家的政治思想 ………………………………… 65
　　一、罗马法的渊源与分类 ……………………………………… 65
　　二、权利与法治思想 …………………………………………… 67
　　三、权力的划分与制约思想 …………………………………… 69
　　四、历史地位与评价 …………………………………………… 71

第三章　中世纪的神学政治思想 …………………………………… 73
　第一节　基督教的兴起与中世纪政教斗争 ……………………… 73
　　一、神学政治观在中世纪的统治地位 ………………………… 73
　　二、基督教的产生及其早期政治思想 ………………………… 75
　　三、王权与教权斗争中的政治思想 …………………………… 77
　第二节　奥古斯丁的政治思想 …………………………………… 79
　　一、教父与奥古斯丁 …………………………………………… 79
　　二、人的"原罪"与信仰主义 ………………………………… 81
　　三、论"上帝之城"与"世人之城" ………………………… 83
　第三节　阿奎那的政治思想 ……………………………………… 85
　　一、经院哲学与阿奎那 ………………………………………… 85
　　二、信仰与理性的调和 ………………………………………… 86
　　三、国家学说 …………………………………………………… 87

　　　　四、论法的性质与分类 ……………………………………………… 89
　第四节　神学异端与宗教改革家的政治思想 ……………………………… 91
　　　　一、神学异端的政治思想 …………………………………………… 91
　　　　二、路德的宗教改革政治思想 ……………………………………… 94
　　　　三、加尔文的宗教改革政治思想 …………………………………… 96
　　　　四、宗教改革运动的历史地位与评价 ……………………………… 98

第四章　文艺复兴时期的政治思想 …………………………………………… 101
　第一节　西方近代政治思想的奠基 ………………………………………… 101
　　　　一、城市共和国的兴起和民族国家的产生 ……………………… 101
　　　　二、文艺复兴与近代人文主义思潮 ……………………………… 103
　　　　三、国家新概念的出现 …………………………………………… 104
　　　　四、空想社会主义的产生 ………………………………………… 106
　第二节　马基雅弗利的政治思想 …………………………………………… 108
　　　　一、生平与著作 …………………………………………………… 108
　　　　二、经验主义与人性观 …………………………………………… 109
　　　　三、论君主的统治方法 …………………………………………… 111
　　　　四、共和主义理想 ………………………………………………… 113
　　　　五、历史地位与评价 ……………………………………………… 114
　第三节　博丹的政治思想 …………………………………………………… 116
　　　　一、生平与著作 …………………………………………………… 116
　　　　二、国家主权理论 ………………………………………………… 117
　　　　三、论国家类型与政府类型 ……………………………………… 119
　第四节　格劳秀斯的政治思想 ……………………………………………… 121
　　　　一、生平与著作 …………………………………………………… 121
　　　　二、自然法学说 …………………………………………………… 123
　　　　三、国家主权理论 ………………………………………………… 125
　　　　四、国际法思想 …………………………………………………… 127

第五章　17 世纪英国的政治思想 …………………………………………… 130
　第一节　英国的宪政传统与资产阶级革命 ………………………………… 130

一、英国的宪政传统 …………………………………………… 130
　　二、资本主义的发展与资产阶级革命 ………………………… 133
　　三、革命时期各种政治思想派别 ……………………………… 135
第二节　霍布斯的政治思想 ……………………………………… 137
　　一、生平与著作 ………………………………………………… 137
　　二、论人性与自然状态 ………………………………………… 139
　　三、契约论与国家学说 ………………………………………… 141
　　四、论主权者的权力与义务 …………………………………… 142
　　五、历史地位与评价 …………………………………………… 144
第三节　洛克的政治思想 ………………………………………… 146
　　一、生平与著作 ………………………………………………… 146
　　二、论自然状态与自然权利 …………………………………… 147
　　三、政府的起源与目的学说 …………………………………… 148
　　四、法治与分权思想 …………………………………………… 150
　　五、历史地位与评价 …………………………………………… 152

第六章　18世纪法国的政治思想 ……………………………… 154
第一节　18世纪法国的社会政治状况与启蒙思想 ……………… 154
　　一、资本主义的发展与社会矛盾的激化 ……………………… 154
　　二、法国的等级制度与第三等级的平等要求 ………………… 155
　　三、法国启蒙运动及其影响 …………………………………… 156
第二节　孟德斯鸠的政治思想 …………………………………… 160
　　一、生平与著作 ………………………………………………… 160
　　二、论法的精神 ………………………………………………… 161
　　三、政体学说 …………………………………………………… 163
　　四、权力的分立与制衡思想 …………………………………… 165
　　五、历史地位与评价 …………………………………………… 167
第三节　卢梭的政治思想 ………………………………………… 169
　　一、生平与著作 ………………………………………………… 169
　　二、平等思想 …………………………………………………… 170
　　三、社会契约论 ………………………………………………… 173

  四、人民主权学说 …… 175
  五、历史地位与评价 …… 177
 第四节 法国大革命时期的政治思想 …… 178
  一、法国大革命与《人权与公民权宣言》 …… 178
  二、罗伯斯比尔的政治思想 …… 181

第七章 18世纪美国的政治思想 …… 185
 第一节 18世纪美国社会和政治思想的特点 …… 185
  一、北美的社会政治状况与18世纪的政治斗争 …… 185
  二、美国政治思想的来源与特征 …… 187
 第二节 潘恩的政治思想 …… 189
  一、生平与著作 …… 189
  二、美国独立思想 …… 190
  三、人权理论 …… 190
  四、代议制共和国理论 …… 192
 第三节 杰弗逊的政治思想 …… 194
  一、生平与著作 …… 194
  二、《独立宣言》与自然权利论 …… 195
  三、反对暴政与人民革命理论 …… 196
  四、人民主权与民主自治理论 …… 198
 第四节 联邦党人的政治思想 …… 200
  一、联邦党人与《联邦党人文集》 …… 200
  二、人性论 …… 201
  三、联邦主义 …… 202
  四、分权制衡理论 …… 203

第八章 18世纪末19世纪初德国的政治思想 …… 208
 第一节 18世纪德国的社会状况与政治思想特点 …… 208
  一、德国的社会状况与资产阶级的特征 …… 208
  二、18世纪末19世纪初德国政治思想状况 …… 209
  三、德国近代政治思想的基本特点 …… 212

第二节　康德的政治思想 ……………………………………………… 214
　　一、生平与著作 ………………………………………………………… 214
　　二、伦理与权利学说 …………………………………………………… 215
　　三、国家学说 …………………………………………………………… 218
　　四、法律学说 …………………………………………………………… 220
　　五、永久和平论 ………………………………………………………… 222
第三节　黑格尔的政治思想 …………………………………………… 224
　　一、生平与著作 ………………………………………………………… 224
　　二、伦理自由观 ………………………………………………………… 226
　　三、市民社会与国家理论 ……………………………………………… 227
　　四、民族精神与战争思想 ……………………………………………… 231
　　五、历史地位与评价 …………………………………………………… 232

第九章　18世纪末19世纪初的保守主义 …………………………… 234
第一节　保守主义的产生 ……………………………………………… 234
　　一、保守主义兴起的社会历史条件 …………………………………… 234
　　二、早期保守主义的思想特点 ………………………………………… 236
第二节　英国的保守主义 ……………………………………………… 240
　　一、休谟的政治思想 …………………………………………………… 240
　　二、柏克的政治思想 …………………………………………………… 245
第三节　法国和德国的保守主义 ……………………………………… 253
　　一、法国的右翼保守主义 ……………………………………………… 253
　　二、德国早期的保守主义 ……………………………………………… 256

第十章　19世纪的自由主义 ………………………………………… 261
第一节　资本主义的新发展与自由主义的转变 ……………………… 261
　　一、资本主义的新发展 ………………………………………………… 261
　　二、自由主义的转变 …………………………………………………… 263
第二节　19世纪早期法国的自由主义 ………………………………… 266
　　一、贡斯当的政治思想 ………………………………………………… 266
　　二、托克维尔的政治思想 ……………………………………………… 273

第三节　19世纪英国的自由主义 …… 278
一、密尔的政治思想 …… 278
二、格林的政治思想 …… 285

第四节　19世纪末20世纪初美国的自由主义 …… 291
一、威尔逊的政治思想 …… 291
二、杜威的政治思想 …… 294

第十一章　19世纪的社会主义 …… 300

第一节　19世纪社会主义思想发展概况 …… 300
一、资本主义的发展与无产阶级的壮大 …… 300
二、社会主义思想的发展 …… 302

第二节　批判的空想社会主义 …… 307
一、圣西门的政治思想 …… 307
二、傅立叶的政治思想 …… 309
三、欧文的政治思想 …… 311

第三节　社会民主主义 …… 314
一、社会民主主义的形成与发展 …… 314
二、社会民主主义的思想主张 …… 316

结束语 …… 322

阅读文献 …… 327

人名译名对照表 …… 331

第一版后记 …… 333

第二版后记 …… 334

导　论

政治现象是人类社会发展到一定阶段的产物。自从有了政治现象，就有了人类对政治现象的观察和思考。政治思想是人们观察、思考政治现象所形成的思想成果。自古希腊罗马以来，西方社会形成了丰富的政治思想，其中所包含的对政治现象的认识、对政治实践和经验的总结以及对政治发展规律的探索，是人类政治文明的重要成果。以马克思主义为指导，学习和研究两千多年来西方政治思想发展的历史，借鉴其中的有益成果，对于我们认识人类社会的政治现象，推进中国特色社会主义政治建设具有重要意义。

一、西方政治思想史的研究对象

西方政治思想史是一门研究西方国家政治思想发生、发展及其演变规律的学科。它既是政治学学科的重要组成部分，也是历史学的分支学科。

政治思想是人们对政治现象和政治实践的观念反映，因此，对政治思想的理解离不开对政治及其核心问题的认识。马克思主义认为，进入文明社会以来，人们总是按照一定的社会经济关系形成不同的阶级、阶层或集团，他们在经济上的不同利益、要求总是集中通过政治要求和政治斗争的形式表现出来。因此，政治属于上层建筑，是社会经济关系的集中表现，它的基本内容就是处理各阶级、阶层和集团之间的利益关系，建立和维护社会秩序，建立和维护一定阶级的政治统治，以实现统治阶级的利益和要求。

政治活动包括多方面的内容，但主要的和中心的内容则是阶级的统治权，即国家政权问题。恩格斯曾经指出："在全部纷繁复杂的政治斗争中，问题的中心仅仅是社会阶级的社会的和政治的统治，即旧的阶级要保持统治，新兴的阶级要争得统治。"[①] 在阶级社会中，任何阶级只有掌握国家政权，才能按照本阶级的意志整合社会关系，协调社会矛盾，稳定社会秩序，促进社会发展，实现本阶级的利益和要求。因此，国家政权问题始终是政治的核心问题。

马克思主义经典作家关于政治概念和政治核心问题的科学阐述，为我们认识和把握政治思想的内涵提供了科学依据。由此可以说，政治思想是人类社会

---

① 《马克思恩格斯文集》第3卷，人民出版社2009年版，第458页。

发展到一定阶段，各阶级、阶层和集团为了实现其利益要求，对各种政治现象进行的观察和思考，集中表现为认识与组织以及管理国家的观点、理论和学说。

马克思主义关于政治思想的含义是从一般意义上阐述的，而不同历史时期、不同国家，特别是东西方不同历史文化传统，导致其政治思想在主题、思维方式、理论形态、发展线索等方面存在很大差异。

根据我国高校教学的惯例，"西方政治思想史"课程涉及的时间跨度自古希腊罗马至19世纪末20世纪初。这里所说的"西方"并不仅仅是一个地理、文化意义上的概念，更是一个政治意义上的概念。具体而言，它包括古希腊罗马，中世纪西欧封建社会，近代以来荷兰、英国、法国、德国、意大利等西欧资本主义国家和在文化上与西欧国家一脉相承的美国。

西方历史上的政治思想既表现为上述各个时期、各个国家政治思想家所提出的较为系统、严密的政治理论和学说，也包括政治家和普通民众的代表人物所持有的政治观点、见解和主张，还包括反映在哲学、伦理、法律、宗教、经济著作以及文学、艺术作品中的政治观念。作为一门课程，西方政治思想史只能以西方历史上重要思想家提出的系统的、对社会发展产生过重大影响的政治理论、政治学说为主要内容和基本线索，一般不涉及其他形式的政治思想。

西方政治思想的内容非常丰富，主要包括：（1）如何认识国家，即国家的起源、本质、目的、作用和类型等；（2）如何组织国家，即关于政治制度的设计、论证与评价，以及政治改革、改良与革命等；（3）如何管理国家，这既涉及国家与个人、国家与社会、国家与民族、政府与市场、权力与权利等相互关系，也包括各种治国理政的战略方针、政策谋略等。这些内容集中表现为不同时期、不同国家的人们对于良善政治生活和理想政治秩序的追求以及由此形成的各种政治价值，如正义、自由、公平、平等、和谐、安全等。

西方政治思想史作为一门专史，其任务不仅仅是研究西方历史上依次出现的各种政治思想，更重要的是梳理西方政治思想发展的基本线索，揭示其演变规律。为此，需要把握以下几点。

第一，西方政治思想史是对西方社会经济发展以及由此所决定的社会政治发展客观进程的反映。在西方历史上出现的各种政治思想都有其产生的社会根源，可以从当时的社会经济政治状况得到说明。从总的趋势看，西方政治思想发展的历史与社会经济政治发展的进程相一致，经历了古希腊罗马、中世纪和近代资本主义的发展阶段。西方社会不同历史时期经济政治状况的不同,决定了其政治思想内容和特征的不同。

第二,西方政治思想的发展具有相对独立性。马克思主义认为,政治思想作为一种社会意识,和其他社会意识一样,也具有相对独立性。这主要表现为以下几点。其一,政治思想对社会政治生活具有能动的反作用,反映先进阶级利益要求的政治思想能推动和促进社会经济、政治的发展,而反映落后阶级利益要求的政治思想则会阻碍社会经济、政治的发展。其二,政治思想的发展是一个前后相继、连续不断的历史过程,每个时期的政治思想家都是在已有的思想基础上形成其政治思想的。政治思想的发展有其内在的逻辑,即有其独立于社会经济、政治发展之外的自身规律。因此,认识西方政治思想发生、发展及演变的规律,不仅要揭示西方政治思想伴随社会经济和政治发展的客观必然性,而且要揭示各种政治思想之间内在的逻辑联系。

第三,西方社会发展中出现的各种政治思想都是一定阶级、阶层、集团政治要求和政治理想的反映。每一时期占主导地位的政治思想都是统治阶级的政治思想。统治阶级总是力图把本阶级的政治意识和政治观点说成是代表整个社会的,并利用各种资源、通过各种渠道,影响人们的政治意识和政治观点。政治思想具有鲜明的阶级性。只有认清每一种政治思想的阶级属性,即其所代表的阶级利益要求,才能更好地认识西方政治思想发展的规律。

第四,民族文化传统对政治思想的风格和特征具有重要的影响。不同民族在长期的历史进程中,形成了具有不同风格和特点的民族文化,经过长期的积淀形成各自的文化传统,深刻地影响其社会成员的思维方式和价值观,也包括政治家、政治思想家的政治观念、政治理想和政治价值,从而使一个民族形成不同于其他民族的政治思想。因此,认识西方不同民族的文化传统,也是把握西方政治思想发展规律的题中应有之义。

综上所述,西方政治思想史以西方历史上出现的各种政治思想及其发生、发展和演变的规律为研究对象,主要研究历史上各阶级和阶层或集团关于认识、组织以及管理国家的观点、理论和学说,各种政治思想产生的社会历史条件及其内在联系,各种政治思想的特点、影响及历史地位。

二、西方政治思想史的基本线索

与中国政治思想相比,西方政治思想的发展是多元演变型的。从横向上看，它在大多数历史时期都是派别林立、诸家杂陈；从纵向上看，它经历了不同的历史阶段，前后发展有着明显的不同。探索社会政治秩序建立的基础，或者说探讨其产生的本源，并以此作为评价社会政治制度的依据是西方政治思想的基本传统和主要特点。从这个角度看，西方政治思想的发展大致经历了自然政治观、神学政治观和权利政治观三个阶段。

（一）古希腊罗马时期的自然政治观

古希腊罗马是欧洲文化的摇篮。"没有希腊文化和罗马帝国所奠定的基础，也就没有现代的欧洲。"① 从政治思想的发展来看，古希腊罗马是欧洲政治思想的奠基时期。

古希腊政治思想伴随着希腊奴隶制城邦的形成而产生，并随着它的发展而演变。古希腊人在哲学、科学以及文学艺术等领域取得了辉煌的成就，政治思想也不断丰富和繁荣，开创了西方政治思想的传统。古罗马继承并发展了古希腊的文化和政治思想，并结合当时的政治实践在共和、法律思想等方面多有创造。古希腊的政治思想正是通过古罗马思想家的继承和发展，才深刻影响到中世纪和近代的政治思想。

古希腊的自然地理环境、奴隶制与城邦制度，特别是希腊人对城邦生活的感受和认知，使得自然政治观成为这一时期占主导地位的政治观。自然政治观是一种将国家起源与政治秩序的建立归因于自然，并依据是否合乎自然秩序来评价国家制度与政治生活优良与否的政治观。

古希腊人很早就开始了对宇宙的认识，这促进了古希腊自然哲学的发展。在古希腊哲学发展中，不同时期不同哲学家对自然的认识和解释不同，但政治思想家普遍认为，人和城邦是整个自然世界的一部分，城邦的起源和政治秩序的建立是人的本性的需要，而人的本性是源于自然的（在希腊文和后来的英语中，"本性"就是"自然"）。城邦是家庭、村社等各种社会组织自然进化的产物。因此，城邦是一个有机共同体，个人是这个有机整体的组成部分。亚里士多德"人在本性上是一个政治动物"的经典命题，就是这种政治观的概括。按照这一命题，城邦起源于人要过政治生活的自然本性需要，而城邦制度与公共生活的优劣取决于它是否符合人的本性和自然的规律，与人的本性和自然规律相适应的就是"正义""善"。在柏拉图的理想国中，人的自然本性使人分成

---

① 《马克思恩格斯文集》第9卷，人民出版社2009年版，第188页。

不同的等级,每一个等级都做适合于自己本性的工作,从而实现了正义的国家。古罗马政治思想的务实性使其政治思想家较少论证国家的起源问题,但在他们关于自然法和政体的论述中,古希腊的自然政治观仍然被继承下来。

古希腊罗马的政治思想也具有整体主义国家观与伦理政治观的特征。整体主义国家观从个人与国家关系的视角来认识国家的本质、目的。这种观点将国家看作人的本性需要的产物,国家是一个有机整体,个人不能离开国家,个人只有在国家中过好公共生活,才能实现人的本性。因此,国家高于个人,参加公共生活、维护公共利益是公民的义务,国家的目的就在于实现优良的公共生活。伦理政治规则是将"正义""善"等伦理范畴作为国家应该追求的目的和价值。比如,柏拉图的理想国是实现了"正义"的国家,亚里士多德把"至善"看作国家的目的。如前所述,古希腊人把"正义""善"等伦理价值与自然规律和秩序联系起来,凡符合自然规律与秩序的就是"正义"的和"善"的。所以,古希腊罗马的整体主义国家观与伦理政治观也是自然政治观的体现。

(二) 欧洲中世纪的神学政治观

在中世纪的西欧,基督教会不仅是最大的土地占有者,而且等级森严的教阶制度使其在分裂割据的封建社会成为统一的政治力量。同时,教会的神职人员在相当长的历史时期内是唯一受过教育的阶层,整个文化领域都被他们掌握。因此,基督教神学成为占统治地位的思想。哲学、政治学、法学等一切学科都被合并到神学中,以神学的形式出现,成为神学的婢女。正如恩格斯所指出的:"中世纪的历史只知道一种形式的意识形态,即宗教和神学。"① 与此相应,中世纪的政治观也就表现为神学政治观。

神学政治观将现存的一切社会关系包括经济、政治关系都看作是由上帝创造的,其目的是维护上帝的权威与基督教会的统治地位。神学政治观具有三个特征:一是一切权威来自上帝,上帝的启示与《圣经》是唯一的真理,基督教的教义规定了基本的政治价值;二是教权与王权、教会与世俗政权的关系成为政治思想的基本内容;三是常常以既定的启示与教义为依据,通过形式逻辑的推理得出政治问题的结论,这是神学政治理论特定的论证方法。

奥古斯丁与阿奎那是基督教神学政治观的代表。奥古斯丁为教会高于国

---

① 《马克思恩格斯文集》第4卷,人民出版社2009年版,第289页。

家、教权高于王权进行了权威的论证，开创了基督教神学政治思想；而阿奎那创立了庞大的神学体系，是基督教神学政治思想的集大成者。

神学政治观的统治地位，还决定了"一切针对封建制度发出的全面攻击必然首先就是对教会的攻击，而一切革命的、社会和政治的理论大体上必然同时就是神学异端"①。由路德和加尔文领导的宗教改革运动，按照新兴资产阶级的要求重新阐释基督教教义，改革教会，动摇了教会的统治地位，是具有资产阶级性质的改革运动和思想解放运动。但是，宗教改革思想及其政治观念在形式上仍然属于神学政治思想体系。

（三）近现代西方的权利政治观

从文艺复兴运动到19世纪末20世纪初，伴随着资本主义经济与政治关系的形成、发展和演变，西方近现代政治思想也经历了奠基、创立、繁荣与转折的不同阶段，其主要内容、理论形式与论证方式都发生了很大的变化，但权利政治观是贯穿其中的一条基线。

权利政治观是一种与资本主义生产关系相适应的资产阶级政治观，它以抽象的人权作为国家（政府）的基础，认为国家、政府来源于人们的同意或委托，国家、政府是一种抽象的公共权力，其目的和作用不过是保障个人的权利，这实质上是一种以资产阶级个人主义为价值取向的政治观。正如马克思、恩格斯在《神圣家族》中所指出的："现代国家通过普遍人权承认了自己的这种自然基础本身……而今它又通过人权宣言承认自己的出生地和自己的基础。"②

权利政治观萌发于15至16世纪文艺复兴时期，创立并兴盛于17至18世纪资产阶级革命时期，经过19世纪的发展变化而延续至今。

文艺复兴时期的两个因素对后来的权利政治观产生了重要影响。一是人文主义的兴起和传播。人文主义者提倡人性、反对神性，肯定人的价值与尊严，强调人的自由与个性解放。受人文主义思想的影响，文艺复兴时期几乎所有重要的思想家都从抽象的人性出发观察社会政治问题，他们使政治思想摆脱了神学，为研究政治问题确立了新的出发点，为抽象人权的提出奠定了基础。二是国家作为抽象公共权力观念的出现。这种观念为国家产生于契约和国家的目的

---

① 《马克思恩格斯文集》第2卷，人民出版社2009年版，第236页。
② 《马克思恩格斯文集》第1卷，人民出版社2009年版，第313页。

在于保护人权的思想提供了前提。

资产阶级革命时期的政治思想家提出自然权利的观念，并利用社会契约论来系统阐述其国家学说，从而完成了权利政治观的创立。尽管霍布斯、洛克、卢梭等资产阶级政治思想家所处的具体社会政治环境不同，所代表的社会集团不同，因此对"自然状态"下人的境况、自然权利的内容、缔结契约的性质和结果等各有其独特的看法，但就他们提出的基本理论体系来说，却没有原则性区别。这一时期形成的权利政治观可以大致表述为：在国家产生之前，人们生活在一种"自然状态"中，利己是人共同的本性，同时人又是生而自由、平等的，每个人都享有生命、自由和财产等不可剥夺的自然权利；考虑到自然状态的种种不便，人们在自然法和理性的指引下，通过契约结合成国家，建立政府；政府的目的和作用是运用公共权力的强制力量维持秩序，保护个人权利；保护个人的权利既是政府的目的，又是政府权力的边界，一旦越出这个界限，就会侵害个人的权利，政府就会丧失其合法性；为防止掌握公共权力的人侵害个人的权利，法治和按照分权与制衡原则组织的政府是最好的制度安排。

法国大革命以后直至整个19世纪，由于资产阶级陆续在各国掌握了政权，确立和巩固了统治地位；同时无产阶级走上政治舞台，开始威胁到资产阶级的统治，于是资产阶级及其政治思想家转向保守：他们反思理性的含义，质疑自然法的作用，开始抛弃社会契约论，代之以功利主义；不再强调对理想政治制度的追求，转而为现存的政治秩序辩护。这一时期的权利政治观丧失了最初的批判精神，但是，人权仍然被视为国家的基础，政府源于人民同意的观念已经深入人心。即使到了今天，西方的权利政治观也没有发生根本改变，变化的只是其理论重点和辩护形式。因此，自近代以来，权利政治观始终是西方政治思想中占主导地位的政治观。

权利政治观反映了资本主义的生产关系和资产阶级的利益要求。它从人出发而不是从神出发，用人权代替神权，用国家代替教会，是对中世纪神学政治观、封建君主制和等级特权的批判与否定；它将国家看作公共权力组织，认为国家是人们在理性的指引下通过契约产生的，是保护个人权利的工具，政府若违反契约就丧失其合法性。权利政治观为资产阶级的反封建革命和建立资产阶级统治提供了理论依据，具有历史进步性。

但同时也要看到，资产阶级思想家所谓的"人"是抽象的、孤立的人，他们把"人性"说成是"永远和到处同一的"抽象物；他们所谓的"人权"首先是资产阶级利用私有财产权获取最大利润的权利；他们所说的"人民同意"只不过是以定期党派竞选形式化的同意；他们所鼓吹的宪政民主与分权制衡只是资产阶级内部的政治民主和权力制衡；他们所谓的"国家"归根结底是维护资产阶级对无产阶级和劳动人民实行阶级统治的工具。正如恩格斯所指出的："这个理性的王国不过是资产阶级的理想化的王国；永恒的正义在资产阶级的司法中得到实现；平等归结为法律面前的资产阶级的平等；被宣布为最主要的人权之一的是资产阶级的所有权；而理性的国家、卢梭的社会契约在实践中表现为，而且也只能表现为资产阶级的民主共和国。18世纪伟大的思想家们，也同他们的一切先驱者一样，没有能够超出他们自己的时代使他们受到的限制。"[1]

三、学习西方政治思想史的意义

从上述西方政治思想史的研究对象和发展线索可以看出，它是兼具"史"与"论"双重性质的知识体系，在政治学的学科体系中居于基础性地位，在高等院校政治学和行政学专业的课程体系中，属于核心课程。运用马克思主义的基本原理和贯穿于其中的立场、观点与方法来学习和研究西方政治思想史，不忘本来，吸收外来，面向未来，具有以下四个方面的重要意义。

第一，有助于开阔知识视野。西方政治思想史是西方各个历史时期的政治思想家对于各自时代纷繁多样、变动不居的政治现象的认识史，其时间悠长、内容丰富。它涵盖了政治思想家们对于国家、政府、政党、公民、民族等政治主体的理解，对自由、平等、民主、法治、公平、正义等政治价值的辨析，对国家与个人、国家与社会、权利与权力、自由与秩序、分权与制衡、民主与法治等政治关系的探讨，对民主政体、共和政体、君主政体、混合政体等政治制度的设计。所有这些，无不是人类努力把握政治现象及其演变规律的知识成果。学习、思考并扬弃这些成果，有助于学习者开阔知识视野，涵养理论兴趣，为学习和研究政治学与社会科学的其他学科夯实必要的知识基础。

第二，有助于锻炼政治思维。恩格斯说过，要"发展和锻炼"理论思维能力，"除了学习以往的哲学，直到现在还没有别的办法"[2]，认为学习哲学史是

---

[1] 《马克思恩格斯文集》第9卷，人民出版社2009年版，第20页。
[2] 《马克思恩格斯文集》第9卷，人民出版社2009年版，第436页。

培养理论思维能力的重要途径。由此，我们要提高自己的政治思维能力，学习西方政治思想史无疑是非常重要的途径和方式。西方政治思想史是西方政治思想家的政治认识论史，它清晰地再现了两千多年来人类对政治现象认识的逻辑演进过程，揭示了人类政治思维从古至今的内在联系和发展规律。其中每一个阶段、每一位政治思想家的政治认识既体现了他们回应时代政治问题的政治智慧，也展现了其政治思维的能力和水平。学习西方政治思想史，了解西方政治思想家们观察和分析政治现象的视角和方法，把握其内在关联和基本逻辑，熟知西方人政治思维能力提升的过程，有助于站在更高的阶梯上升华自己的政治思维能力和水平。

第三，有助于提高对各种政治学说的分析和评鉴能力。马克思主义哲学的基本原理之一是社会存在决定社会意识，西方的政治思想家们也常常是顺应时代的需求、国家的需要和阶级的利益而阐发思想、著书立说的，由此形成了西方政治思想史上流派众多、观点庞杂、思想有别、性质各异的特色。同为"国家"之概念，解说千差万别；同为"自由"之价值，内涵诸多不一；同为"民主"之政体，构思多有差异。这就要求我们在学习和研究西方政治思想史的时候，要有足够的分析、评价和鉴别的能力。尤其是能够从实际作用出发，以马克思主义的基本立场和分析方法，辨别其中的精华与糟粕，进步与保守，经验与教训。尤其对近代以来西方资产阶级思想家所论证的丰富庞杂的政治价值和政治制度，更要分析它们产生和适用的时代背景、历史条件、阶级性质和理论局限，从而更加自觉地遵循马克思主义和中国化马克思主义政治理论的指导，更加坚定地走中国特色社会主义政治发展道路。

第四，有助于学习掌握马克思主义政治理论，自觉坚持马克思主义的指导地位。习近平指出："没有 18、19 世纪欧洲哲学社会科学的发展，就没有马克思主义形成和发展。"[①] 马克思主义是 19 世纪西方最重要、最具理论超越和实践价值的政治思潮，是已经成熟的无产阶级的革命学说。把它放到西方政治思想史的长河中，我们可以清楚地看到，马克思主义政治理论与西方政治思想发展有着历史渊源，又超越于西方传统政治思想，它是马克思主义的经典作家运用辩证唯物主义和历史唯物主义的世界观和方法论，在批判性地继承西方政治思想基础上对其的本质超越。马克思主义关于政治现象本质的认识，关于阶

---

① 习近平：《在哲学社会科学工作座谈会上的讲话》，人民出版社 2016 年版，第 4 页。

级、国家、政党、民族、革命、无产阶级专政的理论，关于理想的人类社会的构想和无产阶级解放道路的探索，无不体现出其政治理论的先进性和开放性。正是这种先进性和开放性，决定了马克思主义鲜活的生命力和重大的影响力，决定了它对我们当代政治发展的指导地位和恒久价值。正如习近平所说："马克思主义是随着时代、实践、科学发展而不断发展的开放的理论体系，它并没有结束真理，而是开辟了通向真理的道路。"①

总之，学习西方政治思想史，把握西方政治思想的历史发展和演进逻辑，有助于丰富我们的政治知识，提高我们的政治思维能力和鉴别能力，提高我们的政治素养和政治水平，坚定马克思主义信仰，提高我们的道路自信、理论自信、制度自信和文化自信。

四、西方政治思想史的学习方法

毋庸置疑，辩证唯物主义和历史唯物主义是学习一切哲学社会科学最基本的方法论，遵循这一方法论，学习西方政治思想史应该主要运用以下四种方法。

第一，阶级分析法。马克思主义认为，在阶级社会中，任何思想都具有阶级性。政治思想作为社会上层建筑的核心部分，其阶级性更为鲜明。所以，我们在学习西方政治思想史的过程中，应该运用马克思主义的阶级分析方法来分析和评价每一位政治思想家及其思想流派的政治思想。

用阶级分析的方法学习西方政治思想史，重在把握两方面的问题。其一，要认识到，一切政治思想家都是站在特定的阶级立场上，为特定的阶级、阶层的根本利益而著书立说的。他们或为维护统治阶级的政治需求而出谋划策，或为新兴阶级夺取政权而举旗呐喊。在形式上，政治思想家们貌似超越了特定的阶级关系和阶级利益，畅谈"共同的善""公共福利"等政治目的，抽象地论证自由、平等、公平、正义等政治价值，理性地设计民主、共和、分权、制衡等政治制度，但在本质上，任何政治主张或政治思想都带有阶级性，同时也会受到国情、民情、历史、文化的影响。因此，我们必须运用马克思主义的阶级分析方法，揭示政治思想背后的阶级内涵。惟其如此，才能对每一个政治思想家的思想和整个西方政治思想史的理论性质、适用价值和历史影响做出客观的

---

① 习近平：《在哲学社会科学工作座谈会上的讲话》，人民出版社2016年版，第13页。

评价。其二，在运用马克思主义阶级分析方法的时候，切忌采用教条主义的态度，将原本复杂多样的政治思想简单地贴上"剥削阶级"或"革命阶级"的标签，而不做全面细致的分析。事实上，任何一个政治思想家的思想，无论它的基本性质是保守的或者革命的，都有或多或少的理论和实践的局限性，也有或多或少的可以启迪后人的特定价值。做不到这一点，便是对马克思主义阶级分析方法的肤浅理解和机械套用。

第二，历史分析法。列宁指出："在分析任何一个社会问题时，马克思主义理论的绝对要求，就是要把问题提到一定的历史范围之内。"① 因此历史分析法是学习西方政治思想史应当采用的又一基本方法。政治思想属于社会意识，必须用社会存在来解释。社会存在都是具体的、历史的，政治思想总是基于特定的社会存在而产生、伴随着社会存在的变化而变化。学习西方政治思想史，首先必须了解某一政治思想所从属的时代背景、所反映的经济基础、所赖以形成和发展的国情民情等，只有这样才能最终把握政治思想形成和发展的客观原因、内在本质、实践价值和后世影响。运用历史分析法最应该注意的是不要从当代的状况出发来思考历史，不要以今人的标准来度量古人。"对历史人物的评价，应该放在其所处时代和社会的历史条件下去分析，不能离开对历史条件、历史过程的全面认识和对历史规律的科学把握，不能忽略历史必然性和历史偶然性的关系。……不能用今天的时代条件、发展水平、认识水平去衡量和要求前人，不能苛求前人干出只有后人才能干出的业绩来。"② 我们判断思想家的历史贡献，"不是根据历史活动家没有提供现代所要求的东西，而是根据他们比他们的前辈提供了新的东西"③。

第三，比较分析法。比较分析的方法是学习和研究社会科学知识普遍采用的方法，也是学习西方政治思想史的一种重要方法。

西方政治思想史的比较研究包括横向比较和纵向比较。所谓横向比较，是指在大致相同的时代背景下不同国家政治思想之间的比较，或者同一国家、同一时期不同思想家的政治思想之间的比较。横向比较有助于掌握同一时期不同政治思想体系的主要内容、研究方法和理论特色。所谓纵向比较，是指不同历

---

① 《列宁专题文集　论马克思主义》，人民出版社2009年版，第302页。
② 习近平：《在纪念毛泽东同志诞辰120周年座谈会上的讲话》，人民出版社2013年版，第11页。
③ 《列宁全集》第2卷，人民出版社1984年版，第154页。

史时期、同一种政治、经济和文化背景中不同政治思想家的政治思想之间的比较，或者不同历史时期、不同政治、经济和文化背景中政治思想家的政治思想之间的比较。由于政治思想的时代性，不同的思想家或思想流派在阐释同一种政治现象、论证同一种政治价值或构思同一种政治制度时，往往会表现出很大的差异乃至截然不同的理论特性。通过纵向比较，我们能够看清楚不同时代政治思想之间的继承与否定、扬弃与发展、前进与倒退的有机联系，从而凝练和把握西方政治思想史的演变规律。

  第四，系统分析法。系统分析的方法是马克思主义辩证唯物主义关于事物普遍联系观点的具体运用。列宁认为，"马克思主义的全部精神，它的整个体系，要求人们对每一个原理都要（α）历史地，（β）都要同其他原理联系起来，（γ）都要同具体的历史经验联系起来加以考察"①。因而系统分析法是我们学习西方政治思想史不可或缺的重要方法。

  系统分析法的运用主要体现在三个层次上。首先，将西方政治思想作为西方社会思想体系的一个子系统或者分支，同时了解与其相关联的哲学、法律、宗教、经济等思想，从而更好地掌握政治思想在整个社会思想体系中的地位和作用。其次，将政治思想本身视为一个包含众多要素、按特定结构组成的有机体系，系统分析这个体系的预设前提、逻辑主线、推演步骤、必然结论及内在关联，从而更好地理解和评价该政治思想体系的逻辑性与合理性。最后，对政治思想体系中的基本或核心的概念做系统的逻辑分析。因为逻辑是否周延、概念是否清晰往往也会成为一种政治思想或思潮兴起和衰落的助推剂。比如近代资产阶级启蒙思想体系中最重要的概念"理性"（reason）一词，它在资产阶级革命时期曾被不同的政治思想家不加辨析地随意赋予事实、价值、逻辑、规律等多重含义，而且交叉使用，含混不清。当资产阶级由革命阶级变为统治阶级而不再需要思想启蒙之时，"理性"概念的混乱就成为它被批判、被否定、进而被抛弃的逻辑缘由。所以，运用系统的逻辑分析法来学习西方政治思想史，有助于我们更全面地评价某一特定的政治思想体系，更深刻地把握西方政治思想发展演变的规律。

  需要指出的是，学习西方政治思想史应该综合运用各种方法，尤其是不能脱离政治思想产生的社会政治条件和历史文化传统。西方政治思想产生于欧洲

---

① 《列宁专题文集　论马克思主义》，人民出版社 2009 年版，第 163 页。

和北美特定的社会历史条件、文化传统、时代背景，带有明确的西方属性。习近平在党的十九大报告中指出："世界上没有完全相同的政治制度模式，政治制度不能脱离特定社会政治条件和历史文化传统来抽象评判，不能定于一尊，不能生搬硬套外国政治制度模式。"① 对于西方政治思想史的学习也必须同特定的社会政治条件和历史文化传统结合起来学习，不能将西方政治思想家的政治理论生搬硬套到中国，犯食洋不化的错误。

思考题

1. 西方政治思想史的研究对象是什么？
2. 如何认识和理解西方政治思想发展的基本线索？
3. 如何运用马克思主义基本原理和方法学习与研究西方政治思想史？
4. 学习西方政治思想史有哪些重要意义？

▶ 本章拓展资源

---

① 习近平：《决胜全面建成小康社会　夺取新时代中国特色社会主义伟大胜利——在中国共产党第十九次全国代表大会上的报告》，人民出版社2017年版，第36页。

第一章 古希腊时期的政治思想

古希腊是西方政治思想的奠基时期。建立在奴隶制基础上的城邦是西方最初的国家形态。以城邦问题为中心，探寻理想的城邦制度、追求良善的政治生活是古希腊政治思想的主题，自然政治观和整体主义国家观是古希腊政治思想突出的特征。柏拉图和亚里士多德代表了这一时期政治思想的最高成就。无论是等级严明、分工合作的理想国，还是以"中产阶级"为基础、协调富人与穷人关系的混合政体，都是挽救衰落中的奴隶制城邦的改革方案。

第一节 古希腊的城邦制度与政治思想的特点

一、古希腊的社会状况与城邦制度

古希腊并不是一个统一的国家，它以爱琴海地区为中心，包括希腊半岛、爱琴海各岛屿和小亚细亚沿海地区，其边缘延伸到黑海沿岸和意大利南部及西西里岛等地区。希腊世界的版图呈现出碎片化的特征，岛屿星罗棋布，希腊半岛山川纵横。陆上山地贫瘠，物产并不丰富，居民生活以海洋为中心，贸易活动发达。特殊的地理环境使希腊世界呈现出开放性和多样性的海洋文明特征，形成了极其多元的政治局面。

古希腊在特定的地理与历史条件下形成了特殊的国家形态——城邦。城邦最显著的特征是"小国寡民"。普通城邦往往以城市为中心，包括附近的若干村落。邻近城邦以山河或海洋为自然边境，界限分明。各城邦领土面积在数十平方公里左右，居民人口一般为数千人，达到数万人的并不多。作为希腊最大的城邦，雅典是一个特例，它的总人口为 30 万人至 40 万人，其中成年男性公民在公元前 5 世纪时约为 4.5 万人。[1]

从公元前 8 世纪至公元前 6 世纪，希腊的原始公社逐渐解体，出现阶级分化，少数氏族贵族转化为统治阶级，奴隶主阶级统治的城邦形成。城邦由公

---

[1] 参见［英］莱斯莉·阿德金斯、罗伊·阿德金斯：《探寻古希腊文明》，张强译，商务印书馆 2010 年版，第 53 页。

民、奴隶和自由民构成。

一般来说，只有父母双方都出身于希腊公民家庭的成年男子，才能获得公民身份。拥有公民身份，意味着他是城邦的主人，享有参加城邦公共生活的权利。政治是专属于公民的领域，城邦就是由享有特殊权利的公民组成的政治团体。城邦普遍使用奴隶进行各种生产与贸易活动，奴隶受到主人的任意支配，包括被出卖、受到处罚，甚至被处死，是奴隶主"有生命的财产"。在法律上，奴隶没有人身自由，更没有任何政治权利。自由民包括外邦人和公民的配偶，他们在社会上享有自由，但没有公民权。外邦人定居在城邦之中，以从事某种职业为生，但是他们不占有城邦土地，不享有政治权利。公民的配偶也没有政治权利，不能参与城邦的政治生活。

从公元前8世纪到公元前146年古希腊被罗马吞并，希腊世界曾经存在过数以百计的城邦。各城邦彼此之间都是独立的，享有完全的自主权，但有些城邦出于战争或其他需要常常也会结盟。从横向上看，城邦的政治制度丰富多样，政体通常分为君主制、贵族制、民主制，每类又包含多种具体形式。从纵向上看，每个城邦的政治制度也都经历了不同政体的演变。

在希腊的诸多城邦中，斯巴达和雅典是最大的两个城邦，也是最具政治影响的两个城邦。斯巴达的政制以稳定著称并受到后世思想家的推崇，它奠基于传说中的来库古改革。斯巴达的居民分为三个等级，即斯巴达人、皮里阿西人和希洛人。斯巴达人是国家的主人，享有公民权；他们也是职业军人，不参与生产劳动，专门从事军事训练和作战。皮里阿西人享有自由身份，但没有政治权利。希洛人既没有政治权利，也没有人身自由，受到斯巴达人的压迫。来库古改革的主要内容是在斯巴达人内部创建以平等和集体主义为特征的"平等者公社"。公民内部严格地实行人人平等，全国的土地和奴隶平均分配给每个斯巴达人。为了维持公民内部的平等，斯巴达禁止金银作为货币流通，分配给公民的土地也不许买卖。斯巴达人还被要求在军营中过集体生活，实行公餐制。在斯巴达，从公民的教育训练到日常生活的每个细节，都刻意渗透集体主义精神，促使公民为城邦奉献自己的全部身心。

雅典政制的形成和发展则是一个长期的演变过程。根据亚里士多德《雅典政制》的记载，从城邦建成的提秀斯时代起，到公元前4世纪的最后30年，雅典共经历了11次重大的政制变革，其中比较著名的有梭伦改革和克里斯提尼改革。

公元前594年，梭伦得到公民的授权，对发生严重阶级冲突和党派斗争的雅典进行改革。他持守的立场是中道，在冲突最为激烈的下层平民与土地贵族两派之间，设置一个适中的权利界限。在经济上，他一方面颁布"解负令"，将农民和城市平民所欠公私债务一律取消，使因负债沦为奴隶的人重获自由；另一方面，他实行了一系列有利于工商业发展的政策和措施，并抵制平民重分土地的要求，维护城邦的私有制基础。在政治上，梭伦改革使所有公民都有权参加公民大会、出席公民法庭、监督官员，同时又给富人担任城邦高级公职的特权，从而使平民与贵族的矛盾得到某种程度的缓解。这种安排力求兼顾贫富双方的利益，一方面，每个公民享有基本平等的政治权利；另一方面，使富有财产、从而也为国家尽了较多义务的成员占有一定优势。梭伦说："我给了一般人民以恰好足够的权力，也不使他们失掉尊严，也不给他们太多；即使那些既有势力又豪富的人们，我也设法不使他们受到损害。"①

公元前509年的克里斯提尼改革则标志着雅典民主政制的确立。改革的主要内容包括：第一，打破以往按照血缘氏族划分公民的选举制度，改为将公民按居住地区划分为五个部落，产生五百人议事会，此举极大地削弱了氏族贵族的势力；第二，将雅典全境划分为十个选区，平等地选举产生议事会成员，从十个选区平均选出十位将军，组成"十将军委员会"，统率军队；第三，采用"陶片放逐法"，通过特别公民大会，将有可能危害城邦的人驱逐出境，这一措施有利于强化平民对当权者的监督，防止僭主政体的出现。

希波战争后，雅典成为希腊世界的政治、经济和文化中心，到了伯里克利时代，雅典民主政治达到全盛时期。民主政治带来了公民的广泛参与，激发了人们对政治生活的关心和思考，促进了政治思想的产生和繁荣。当然，也应看到，此时的公民身份还只是一种特权，所以，虽然雅典民主是西方迄今为止在统治阶级内部实现的最广泛的民主，但是这种以公民为主体的民主，建立在对广大奴隶、外邦人和妇女的剥削与压迫之上，实际上仍然只是一种少数人的民主、统治阶级的民主。同时，雅典民主也是在特定的历史条件下实施的一种直接民主，有非常明显的时代局限和制度弊端，不能美化其成就。这种民主只有在小国寡民的规模和公民构成比较同质化的条件下才能实行，它的运转离不开雅典在提洛同盟内部对其盟邦的盘剥索贡。这种民主还缺乏缓冲和筛选机制，

---

① ［古希腊］普鲁塔克：《希腊罗马名人传》上册，陆永庭、吴彭鹏等译，商务印书馆1990年版，第185页。

民众容易被煽动家鼓动而陷于狂热，导致政策的不稳定和目光短浅，这是当时的思想家就加以批判和反思的。

二、政治思想的产生与政治学的创立

公元前 12 世纪至公元前 8 世纪是古希腊氏族制度解体的时期，史称"荷马时代"。作为古希腊最早的文学经典，《荷马史诗》（《伊利亚特》和《奥德赛》）记载了希腊早期社会的公共管理职能和大致活动情况，其中已经蕴含了政治思想的萌芽。据史诗记载，荷马时代的希腊人处于氏族社会末期，氏族内部的原始平等开始丧失，阶级和等级分化已经出现。主人具有绝对的权威，可以任意支配奴仆，甚至将他们处死，奴仆则要对主人保持绝对的忠实和服从。在氏族成员内部，贵族与平民的区分已经很明显，在历史事件中充任主角的那些"英雄"都是贵族，他们地位尊贵，平民基本上处于被动、卑下的地位。部落的天然权威建立在血缘基础之上，公共权力刚刚萌芽，主要的职能机构有部落民众大会、长老议事会和军事首领巴西琉斯。民众大会主要是传达意见和进行表决的机构。巴西琉斯是部落的英雄和首脑，依靠个人智慧、勇敢和才能来赢得民众的忠诚和信从。英雄的行为要遵循习俗或习惯法的规范，习惯法是正义的具体体现。在史诗中，正义不仅是人间的秩序，也是神界的秩序；违反既有的习俗、惯例和礼仪，被视为对神圣秩序的冒犯，会受到神的惩罚。

比《荷马史诗》稍晚，在赫西俄德的长诗《神谱》《工作与时日》中，希腊人关于正义的观念有了进一步的发展。赫西俄德认为，正义是宙斯的最高法则，是宙斯为人类立的法。任何个人，如果索取过多，或用强力和狡诈手段破坏正常秩序，都会受到宙斯的惩罚。世间有许多不公平、不公道，但宙斯是强有力的，他一定会替弱者主持公道，扫除不平，在宇宙间建立起正义。在长诗中，赫西俄德表达了一种怀旧和悲观的历史观念。他把人类历史划分为五个时期：黄金时代、白银时代、铜器时代、半人半神—英雄时代和他所在的铁器时代。这是一个持续下降的变化过程，是人类由高尚、纯真的道德境界不断向下堕落的过程。特别是在谈到铁器时代时，他表达了强烈的愤怒和不满，认为人们被繁重的劳动和不幸的生活压得喘不过气来，社会道德败坏，强权被奉为正义，人与人的关系失去了和谐而充满着仇恨。① 当时正值阶级社会出现、国家

---

① 参见［古希腊］赫西俄德：《工作与时日 神谱》，张竹明、蒋平译，商务印书馆 1991 年版，第 6 页。

开始形成时期，赫西俄德的长诗表达了下层人民对激烈的社会冲突和不平等的社会秩序的不满，寄托了对原始时代的怀念。

公元前6世纪至公元前5世纪中叶，一批自然哲学家开始从新的视角思考政治与法律问题，他们被亚里士多德称为"论述自然的人"，以区别于"论述神的人"。在自然哲学家看来，宇宙是统一的整体，万物处于永恒的运动之中，运动遵循一定的必然性、规律或命运。宇宙的本原体现为具体的物质，如水、土、气、火等，或者是抽象的种子、原子、数等。例如，毕达哥拉斯学派首次将宇宙看作一个有内在秩序、内在规律的世界，他们使用的"科斯摩斯"（cosmos）一词，原意为"秩序"，后来获得"世界—宇宙"的含义。在宇宙中，数是万物的本原，万物都具有数的比例关系，适当的数的比例关系构成和谐，就像各天体之间距离的比例关系，构成整个天体的和谐。"黄金分割"作为一种比例关系，产生和谐的美感。表现在人类社会，这种造成和谐的适当比例或尺度，就是正义。赫拉克利特则使用"逻各斯"（logos）这一概念，它的原意是指"词"与"话"，引申为自然的普遍规律或共同法则，也是万物共同的、普遍的尺度。由于逻各斯是最高的支配力量，高于人间法律，所以是人定法的源泉和准绳。他还提出一座城市立足于它的法律；人民应当代表法律而战；以及正义是斗争，战争是一切之父、一切之王等观点。[①]

公元前6世纪，希腊各城邦发生了一系列政治改革和立法活动。伴随着旧制度的废除和新制度的创立，这种政治变革引起了广泛的政治辩论，刺激了人们对政治问题的思考。处于改革活动漩涡中心的改革家或立法者们，纷纷发表自己的政治见解，对他们领导的立法活动作出辩护和说明。同时，在动荡的政治生活影响下，哲学家们开始将视线从自然转向人类自身，研究人类社会的种种现实问题。到了公元前5世纪后半叶，希腊世界涌现出一大批"智者"，代表人物有普罗塔哥拉、高尔吉亚、安提丰等。他们向青年传授有关辩论、诉讼、演说、修辞的技巧以及相应的参政知识，收取一定的学费。他们的活动以雅典为中心，同时遍及其他主要城邦。智者专注于社会政治问题，研究人和人之间的社会关系、社会团体与政治制度、风俗习惯与伦理规范等。比如，普罗塔哥拉提出"人是万物的尺度"这一命题，以人的眼光去考察社会、政治和法

[①] 参见《赫拉克利特著作残篇》，T. M. 罗宾森英译/评注，楚荷中译，广西师范大学出版社2007年版，第126、56、90、66页。

律问题，这一转变对于政治学的产生具有特别的意义。有些智者相信，存在一种"未成文的法律""合乎自然的法律""到处都一致遵守的法律"，它们高于法律和习俗。这里已经蕴含了自然法思想的雏形。从自然与约定的对立出发，另一些智者引申出激进的平等思想，认为所有人在教育、财产、种族等方面都是平等的。如安提丰提出："根据自然，我们大家在各方面都是平等的，并且无论是蛮族人，还是希腊人，都是如此。"[1] 智者的活动与思想标志着希腊学术研究的重心由自然和神转向人和社会，但是，这个群体并非统一的思想流派，没有统一的政治立场和思想观点，更没有形成成熟的理论体系。

古希腊政治思想的高峰，出现在苏格拉底、柏拉图和亚里士多德师生三代，时间为他们在雅典生活、教学与创作时期。苏格拉底（前469—前399）生逢伯罗奔尼撒战争时期，雅典同盟经历失败之后，城邦制度显露危机，社会道德普遍堕落。苏格拉底把自己比作神赐给雅典的"牛虻"，承担起刺激、改善人的灵魂的使命。他敢于批评当时的执政者，最终被公民法庭判处死刑。苏格拉底没有留下著作，他的思想得以流传，主要靠其弟子柏拉图和色诺芬等人关于其言行的记载。苏格拉底推崇人的理性思辨，对每一事物都提出"什么是"的问题，目的在于探究事物的本质，得出普遍的定义，并开始使用理念这一重要的哲学概念。苏格拉底强调，道德准则是城邦政治的基础，传播知识和搞好教育是城邦政治的主要职责。他提出"知识即美德"的著名论断，主张公民要过理性的生活，追求至善。与此相联系，他主张城邦应由贤人来治理，因为治国是一种专门的知识或技艺，需要专门的训练。所有这些哲学与政治观念，都被柏拉图继承和发扬。

柏拉图论述了政治生活中的各种重大问题，也是有完整的政治学著作流传于世的思想家。他以理念论为基础，提出社会分工论、哲学家治国、教育应贯穿公民一生等观点，构建了庞大、复杂的政治哲学体系。亚里士多德在西方第一次将政治研究与其他学科区分开来，使政治学成为一门独立的学科。在他那里，政治学的基本课题包括城邦的起源与本质、政体的分类与变革、理想城邦等，整个体系呈现出立足经验考察、善于采用分析与归纳方法、重视科学定义、讲究逻辑严密的特征，与柏拉图偏重哲学思辨的特点大不相同。

---

[1] ［苏］涅尔谢相茨：《古希腊政治学说》，蔡拓译，商务印书馆1991年版，第105页。

三、古希腊政治思想的特点

城邦制度以及以此为依托的政治思想，是古希腊对人类文明的独特贡献。希腊人对政治问题的理性思考，以辩证法和形式逻辑为工具的近似科学的方法，宏富严密的学科体系等，都达到了古代学术的高峰。概括说来，古希腊政治思想具有以下特点：

第一，自然政治观与整体主义国家观。在政治秩序的产生和城邦的起源问题上，古希腊的政治思想家普遍持有一种自然政治观。在他们看来，城邦是自然而然形成的，是由各种自然的社会组织（家庭、部落和村社等）自然进化的产物，它不是个人的自愿集合体，也不是起源于社会约定；城邦处于事物发展演化的高级阶段，是社会组织的圆满完成。根据这种自然政治观，"人按照本性是政治的动物"，个人是城邦的有机组成部分；个人的生存依赖于城邦，离开城邦难以过正常的生活，更谈不上完善自己。

这种自然政治观决定了古希腊政治思想的整体主义国家观。所谓整体主义，是指在处理公民个人与城邦之间的关系时，将城邦视为第一位，个人居于第二位；公民个人没有独立的价值，个人只有融合于城邦整体，通过城邦的独立、繁荣与强盛，才能实现自己的价值。这种整体主义国家观与西方近代以来的个人主义国家观迥然不同。

古希腊城邦是公民共同体。这个共同体是血缘的和宗教的共同体，但它首先是执行政治与军事功能的政治共同体。就城邦内部而言，公民拥有占有土地和家庭财产的特权，同时有义务参与政治生活，并且自备武装保卫城邦。公民团体以奴隶阶级受剥削和受压迫为基础，以外邦人和妇女的劳动为条件，本身是狭隘和封闭的。就彼此之间的关系而言，每个城邦都是独立的，排斥外邦人，任何人离开城邦不仅会失去公民身份，而且可能沦为奴隶。所以，每个人的生命、禀赋、技能和财产，都不是私有的，都属于城邦。在这种制度背景下，人们在观念上将个体紧密地结合于城邦，在理解正义、自由、财产和幸福时，都相信个体离不开城邦；认为人们只有通过城邦生活才能达到最高的道德境界。

第二，偏重理性的思维方式和近似科学的研究方法。在古代其他地区，社会政治现象笼罩在宗教的迷雾之中，人们对政治现象的认识与宗教、神话纠缠在一起。在古希腊，权力掌握在公民手中，并通过他们的民主制度和法律规范了政治权力，实现了政治生活的理性化。在政治学领域，希腊人已经做到将政治学与宗教区别开来，与神话的解释区别开来。神话采取的形式是故事，而科学采取的形式是抽象的原理，精确的、客观的叙述。

希腊人的科学、艺术与思想文化一开始就渗透着理性精神。在荷马史诗中，天命论起着支配作用，但是诸神并非都有无所不能的力量，更不是尽善尽美的化身，诸神、英雄与普通人的活动是交织在一起的。自然哲学家更加偏重理性的思维方式，他们探寻宇宙或自然的始基、变化及其运行的规律。各种哲学流派都提出自己的逻辑起点和哲学体系，都遵循着公认的、严格的推理方式。智者将哲学从天上拉回人间，这一特点集中体现在"人是万物的尺度"这一命题上。苏格拉底对神十分虔敬，但他同样关注人与社会问题，相信人分享着神明的智慧，理性是人人可以企及的进行推理和认识真理的能力，他还以伦理原则作为政治与法律的评价尺度。柏拉图的政治哲学虽然为神和来世留有位置，但他认为神并不干预人类的现世生活，政治是人的事务。在柏拉图看来，需要通过对人的品性的分析来认识国家，需要借助于教育等手段塑造出优良的公民，从而建立优良的国家，神话仅被他作为工具来利用。亚里士多德的政治学自觉地运用了调查研究、比较分析等较为科学的方法，完全排除了宗教神学的影响。由于有这样一种理性主义的研究态度，古希腊人能够对政治学的学科性质、研究对象和范畴等作出最早的说明。

理性主义的态度孕育出科学的研究方法。古希腊思想家最早对政治学的研究方法产生了自觉意识，他们之间的相互交流、辩驳与互动促成了它的进步。苏格拉底创造了思想的助产术——辩证法，他使用质疑和反诘的方法去激发对话者的理性能力与思辨技巧，在提出问题和接受辩驳中一步一步接近真理。他的学生柏拉图大大发扬了辩证法，并以演绎方法深入系统地探讨了哲学、伦理学和政治学的重大课题。亚里士多德的政治研究更偏向经验研究，他和学生们对希腊世界158个城邦的政治制度进行文献研究和实际调查，再通过归纳法形成一般理论。他在研究政体的类型和性质时采用的比较方法，在探寻城邦的本质时采用的从起源出发的回溯方法，以及将城邦整体分解为它的构成要素（公民）的分析方法，在古典时期都是非常先进的。

第三，特定的研究主题和完整的学科体系。古希腊人认为政治学特定的研究对象是城邦。在古希腊文、拉丁文和现代英语中，政治与政治学（politics）一词的词根就是城邦（polis），所谓政治学就是关于城邦的学问和技术。对于政治学的研究对象和范围，古希腊人最早给予了清晰的说明，它的基本范畴包括城邦的起源、性质、目的与职能，公民的权利和义务，政体的定义、性质、分类与演变，以及善与正义等基本价值观。

古希腊人的政治思考主要限于公民内部，公民对政治生活的广泛参与，公民对政治问题的高度关注与激烈辩论，是西方政治学产生和发展的温床。政治思想的核心是探讨如何协调公民的权利与义务关系，如何分配公共职务与政治权力，从而实现良好的政治生活。成熟的政治思想体系都是从公民的视角出发认识政治现象的，公民身份、政治自由、公民教育、优良的生活方式，都可以是政治学说的出发点，以此为基础才有公共权力的设置、法治原则、优良政体等问题。然而，囿于特殊的城邦制度，城邦的公民资格是狭隘的，它意味着对奴隶和非公民群体的排斥，古希腊政治思想家一般也是将占人口多数的其他城邦居民排除在外的。在柏拉图的《理想国》中，城邦的构建主要是公民三个等级之间的社会分工与协作，核心是两个高级等级的选拔和教育问题。在晚年写就的《法律篇》里，柏拉图讨论过提高妇女的政治地位，以及以适当的态度对待奴隶的问题，这种论点在古希腊很罕见。亚里士多德的《政治学》谈到奴隶的身份是为了突出他们与自由人的差异，奴隶的身份、使用和家庭收入主要属于家政学范畴，而公民、统治权和政体属于政治学范畴，两门学科具有完全不同的性质。这也说明了古希腊政治学的历史局限性。

希腊世界各个城邦政治体制的差异多变，使得古希腊的政体思想非常丰富。公元前5世纪，各种政体的比较是希腊社会生活中经常辩论的题目。例如，希罗多德在他的《历史》中，就记载了七个波斯人讨论君主政体、贵族政体和民主政体各自的优越性，主要反映的其实是希腊人的观念。在修昔底德的《伯罗奔尼撒战争史》中，更有大量关于各种政体的性质、特点和优劣的辩论，其中又以伯里克利的《在阵亡将士国葬礼上的演说》对雅典民主政治的概括和赞扬最为典型。公元前4世纪，政治学诞生之时，亚里士多德就曾指出这门学科的研究对象"整个说来是个政制问题"，包括政体的分类、性质、品类的细分、比较研究，以及理想政体等。他和学生们对众多城邦的政治制度进行实际调查和分类研究，对不同政体的利弊、得失作出比较分析，从中归纳出合理的原则，筛选出优良政体的设计。这也是当时其他政治思想家的一般思路和程式。在分析古希腊的政体学说时应该认识到，"国家内部的一切斗争——民主政体、贵族政体和君主政体相互之间的斗争，争取选举权的斗争等等，不过是一些虚幻的形式……在这些形式下进行着各个不同阶级间的真正的斗争"①。

古希腊政治思想家留下了丰富的政治学遗产。政治学的基本问题，如国家的起源和性质、政体的分类、比较政治研究、理想国家的原则、政治学的研究方法等，都在他们那里得到了充分的讨论。其他一些问题如政治与教育、经济、军事、人口、宗教、地理环境等因素的关系问题，都被广泛探讨。政治学的基本概念，如政体、公民、民主、自由、正义、法治等，最早都是古希腊人在城邦制度的背景下提出并作出解释。它们经过后世政治思想家继承并结合新的历史条件作出创造性的阐释，从而流传到当代。

总体说来，古希腊的政治学达到了学科分化和体系化的水平。在前几代学者研究成果的基础上，柏拉图创立了第一个政治哲学体系，而亚里士多德第一次对人类知识体系进行划分，确立了政治学作为一个独立学科的地位，这为后来西方政治学的发展奠定了基础。但是，他们对政治学的理解以城邦制度、奴隶制为背景和前提，不可避免地带有城邦时代的特征和局限，城邦制度的衰落是历史发展的必然趋势，这不是任何关于理想城邦的构想和设计所能挽救的。

第二节　柏拉图的政治思想

一、生平与著作

柏拉图（前427—前347）出生于雅典的贵族家庭。母亲出自名门望族，其族谱可以上溯到雅典历史上的两位执政官，其中一位是政治改革家梭伦的兄弟。父亲是雅典末代国王的后裔，但在柏拉图年幼时已经去世。他的继父是雅典民主派首领伯里克利的朋友和追随者。柏拉图在继父及其朋友们的社交圈子中度过青少年时代，真切地见证了雅典同盟在伯罗奔尼撒战争中遭受失败、城邦制度走向衰落的过程。

柏拉图早期热心文学，后来为苏格拉底的人格与辩论技巧所折服，决心献身哲学。"三十僭主"统治时期，他有亲戚和朋友参与了政权，但是他们热衷于内讧和暴政，使得柏拉图深感厌恶，进而思念以前的民主政治时代。但民主政体恢复后，柏拉图目睹了一些掌权者根据不实的指控，将苏格拉底判处死刑

---

① 《马克思恩格斯文集》第1卷，人民出版社2009年版，第536页。

的罪行。这使得他原先的政治抱负彻底破灭，并痛切地意识到：法律和人心正在堕落，要公正地治理国家、建立一种新的道德是极其困难的；现存的政治都是坏的，人类的出路在于真正的哲学家掌握政权，或者是使政治家成为哲学家。这种信念后来构成柏拉图政治哲学体系的核心。

苏格拉底离世之后，柏拉图开始外出游学，历时十二年。在埃及，他目睹严格的世袭等级制度和职业分工、高度发达的官僚制度、僧侣控制下的教育方式。在南意大利，柏拉图又看到另外的治国措施，城邦强调净化灵魂的重要性，推崇社会和谐的价值，政治上采用知识精英统治，以及毕达哥拉斯学派倡导经济上实行平等和财产公有原则等。在西西里的叙拉古，他向僭主狄奥尼修斯一世宣讲哲学家治国的主张，结果不欢而散。

回到雅典后，柏拉图在朋友的资助下创建了"学园"（即阿卡德米）。学园除传授知识、进行学术研究之外，同时向其他城邦提供政治咨询，培养精通哲学的政治家。公元前367年，叙拉古的老僭主去世，年轻的狄奥尼修斯二世上台。柏拉图又两次渡海到西西里，企图将这位年轻的国王训练成为"哲学家—政治家"，终未成功。

柏拉图的著作都比较完整地流传至今，绝大部分都以对话形式写成，每篇主旨的展开都通过辩证法的推理和细密的逻辑联系，得出各种命题与判断，引人入胜。在柏拉图的对话里，主要发言人一般都是苏格拉底，但只有早期的《申辩篇》《斐多篇》等记述了苏格拉底本人的思想言行。在柏拉图中后期的著作中，他只是借用苏格拉底的名字，表达自己的思想。

柏拉图集中阐述政治思想的著作有三部，即《理想国》《政治家篇》和《法律篇》。最有影响的《理想国》写于学园创立之初，为盛年时期的作品。《政治家篇》和《法律篇》写于晚年，对理想国的原则有所修正。

二、国家的理念与城邦正义观

理念是柏拉图哲学与政治思想的核心概念。在古希腊哲学里，理念是指具有同样的外观和特征，或是具有同样性质的某一类事物。柏拉图借用前人的成果，又加入自己独特的理解，将理念解释为现实世界的原型、范式、本质、唯一真实的存在。在他看来，被人们感觉到的经验事物和现象世界纷繁复杂、变动不居，是不真实的，只是理念的某种歪曲的摹本和虚幻的影子，只有理念才是真实的存在，是现象世界永恒不变的标准和范型。只有具备真正的知识或智慧，才能认识和把握理念。

柏拉图认为，为了掌握有关城邦的真正知识，就必须认识城邦的理念。《理想国》一书原名为 Politeia，本义为政体，并没有理想的意思，但全书确实描述了一个理想城邦，包括其基本原则、政治设置和生活方式等。这个城邦并非存在于现实当中，却是现实各类城邦中正义因素的集中、提炼和升华，是现实城邦所应趋赴的目标。柏拉图明确宣称，这个理想国是哲学家在"彼岸所看到的原型""或许天上建有它的一个原型"。[①] 理想城邦的绝对完美，已经暗含了理念与现实世界的区分和对立。

柏拉图相信，城邦的理念实现或体现了最高善，就是合乎正义的城邦。城邦的正义集中体现在城邦阶级的分工上，分工合作是城邦生存的基础。社会分工的理由在于，人的天赋才能是千差万别的，每个人只有从事一种最适合自己的工作，才能做得最好。人的生活所需又是多方面的，从生活必需品、艺术繁荣到城邦的安全，无所不包。这就产生了个人才能的片面性与生活需要的多面性之间的矛盾。为了解决它，人们需要过共同的社会生活。柏拉图从城邦的各种天然需要出发，依次讨论了各种职业和等级。首先，农民、牧人、各类工匠、大小商人、诗人、艺术家等，构成生产者等级，他们负责执行整个城邦的经济职能，发展和繁荣社会生活。其次，随着城邦生活不断扩充，人的欲望和需求不断增长，出现了城邦之间为争夺土地发生的战争。城邦于是需要一个专门从事战争的集团，即军人，其职责是执干戈以卫社稷，充当统治者的辅助者，这个等级被称为护卫者。最后也是最高的等级，是从护卫者中挑选出来的统治者，他们经过长期、精心的教育和训练，最终成为哲学家，其职责是执掌国家权力，管理国家。柏拉图认为，城邦应该有统治、保卫和生产三种职责，公民被相应地划分为统治者、护卫者和生产者三个等级。

柏拉图提出，城邦有三种不同的特性或美德，分别对应着上述三个等级。其中哲学家最有智慧，代表国家的理性；护卫者处于其他两个阶级之间，具备勇敢的美德，代表激情；生产者从事粗鄙的经济活动，整日谋虑衣食，需要以节制的美德来约束自己，他们代表欲望。但是，节制有一个特点，即不专属某一阶级，它贯穿于全体公民，统治者与护卫者同样具备这种美德。城邦当中天生优秀的部分与天生低劣的部分要学会如何相处，在谁应当统治与谁应当被统

---

① ［古希腊］柏拉图：《理想国》，张竹明译，译林出版社2009年版，第225、342页。

治这个问题上，所表现出来的一致和协调就是节制。柏拉图将城邦看作个人的扩大，个人乃是城邦的缩影。一个人的灵魂包含理性、激情和欲望三种要素，理性在价值上属最高层次，激情居中，欲望最低；一个有德性的人，应该使理性居于主导地位，统率激情，控制欲望，达到灵魂的最佳状态。一个城邦也应该这样，由哲学家领导护卫者，统治生产者，形成协调的社会秩序。

柏拉图以个人的正义对比城邦的正义，认为只要城邦的各等级分工合作，"每个人都作为一个人干他自己份内的事而不干涉别人份内的事"①，只要智慧能够领导勇敢与节制等美德，真正做到三个等级各得其所、各司其职、分工互助、协调一致，便实现了正义，也就有了正义的国家。

柏拉图还用神话论证等级分工的合理性。根据神话（他称之为"高贵的谎言"），城邦的所有成员都是一土所生，相互之间亲如兄弟，但是上天在铸造他们时，分别使用了金、银、铜、铁四种不同的金属。其中用黄金铸成的人是最高贵的，是统治者；护卫者用白银铸成，他们次之，是辅助者；农民和其他工匠则是铜铁铸成，他们便成为生产者。这三个等级的划分基本上依据人的先天素质，也考虑到由后天教育和训练所形成的身体和精神状况。等级论包含世袭化的倾向，各等级彼此间的界限一般是固定不变的，但是个别人可以根据自身禀赋和实际表现，由一个等级转到另一个等级。

柏拉图的正义论和理想国贯穿着整体城邦的观念。他申明自己要建造的是"一个整体的幸福国家"②，城邦的目的是整体的和谐、统一和强盛。为此，要求个人完全消融于城邦整体之中，为城邦的生存恪尽职守。除此之外，柏拉图的政治学说包含着理想国家与现实国家的对立，树立了一种批判现实国家、抬高彼岸理想国家的思维方式。

柏拉图的等级分工思想，包含了国家以社会分工和阶级对立为基础的观点。恩格斯曾经指出，"柏拉图把分工描述为城市的（在希腊人看来，城市等于国家）自然基础……在当时说来是天才的描述"③。对于这种以社会分工原则为基础来谈论正义的观点，马克思深刻地指出，"在柏拉图的理想国中，分工被说成是国家的构成原则，就这一点说，他的理想国只是埃及种姓制度在雅

---

① ［古希腊］柏拉图：《理想国》，张竹明译，译林出版社2009年版，第140页。
② ［古希腊］柏拉图：《理想国》，张竹明译，译林出版社2009年版，第121页。
③ 《马克思恩格斯文集》第9卷，人民出版社2009年版，第241页。

典的理想化"①。

三、哲学家治国思想

由哲学家执掌政权，管理城邦，是柏拉图试图挽救城邦危机的根本措施，也是《理想国》最具特色的内容。他主张，应当让"哲学家成为我们这些国家的国王，或者我们目前称之为国王和统治者的那些人物，能严肃认真地追求智慧，使政治权力与聪明才智合而为一"②，否则的话，正义的理想国家永远只能是空中楼阁。

柏拉图赋予哲学家特殊的品格与使命。根据他的描述，哲学家的本质特征是掌握知识，而知识具有特殊的内涵。知识与意见不同，知识是对事物本质的认识，是对理念的把握，是在长期、艰苦地追求真实存在的过程后，终于上升到最高的真理；一般人的看法只是意见或爱好，包括伪哲学家在内的所有看法，仅仅停留在事物的外在表象或一般技术上。柏拉图接受苏格拉底"美德即知识"的信念，认为善德出于知识，邪恶出于无知，没有人有意作恶或无意为善；一旦人们有了关于善德的真知识，就会具备完善的德性。哲学家是具有智慧的人，他们具有卓越的天赋、良好的记忆力、豁达大度而又温文尔雅的性格、热爱和亲近真理的美德。柏拉图把哲学家视为城邦的拯救者，认为只有他们才有能力矫正人的恶习和不良品性，将个人和城邦引上正途。

柏拉图对哲学家的挑选、训练和考验有着严密系统的思考，其中包含实施一种特殊的财产与家庭制度，以及一套贯穿终生的教育计划，所有这些都是理想国的重要组成部分。

首先，在统治者和护卫者两个高级等级内部废除私有财产和小家庭。柏拉图认为，私有财产是人们自私与贪欲的根源，它使人们在内心习惯于区分"你的"与"我的"，人人追求一己的私利，漠视甚至不惜损害他人和国家的利益。私有财产还会造成贫富分化，使城邦公民分裂为富人与穷人两个部分，双方互相仇视，党争不断，这是城邦动荡、夭折的根源。他设想，在理想国中，护卫者和哲学家不得占有土地等私有财产；居室和仓库均非私有，一切由城邦定量配给，实行公餐制；绝对不能从商，以防拥有和接触金银，蜕变为人民的敌

---

① 《马克思恩格斯文集》第 5 卷，人民出版社 2009 年版，第 424 页。
② [古希腊] 柏拉图：《理想国》，张竹明译，译林出版社 2009 年版，第 192 页。

人。① 生产者等级则可以拥有自己的私有财产。

柏拉图还认为，个人的家庭感情会妨碍护卫者和哲学家完全献身于国家，家庭还使占人口半数的妇女成为家庭动物。他主张，应该在护卫者和统治者两个等级内部彻底废除家庭，妻子和儿女一律公有。男女的结合被视为公共问题，由专职的国家官员来掌管。通过巧妙的抽签办法，将适龄女子分配给适龄男子。要保证优生，合格的婴儿出生后立即抱到公共场所，由专人抚养和教育。出生人数要符合城邦的需要，考虑战争与疾病等因素的影响。妇女与男子一样，完全可以被训练成合格的军人和哲学家，成为对国家有用的人才；男女必须居公共之屋，用公共之食。② 他相信，由于消灭了小家庭，所有公民融合成一个大家庭，城邦就实现了高度的统一与和谐。

其次，对哲学家和护卫者两个等级的教育贯穿终生。柏拉图把教育视为理想国"唯一重大的问题"，认为城邦首先是一个教育机构。他提出，教育应服务于城邦的政治目的，教育并非为了传授知识、娱乐等功利的目的，而是为了陶冶人的情操，改变人的灵魂，核心是培养出真正的哲学家；要制订教育规划；要对教育内容进行审查，不道德的内容要予以删除。柏拉图认为，这些举措是清洗城邦画布工作的一部分，是在"净化城邦"③。

最后，哲学家管理城邦。柏拉图设想，根据等级分工制度，到50岁时，从护卫者等级中层层优选出来一个或几个人，成为城邦的统治者。在天赋条件、知识学习和实践活动等一切方面，都能以优异成绩通过考验的人才，便是真正的哲学家。哲学家被置于政治权力的最高层，掌管城邦的政治秩序，负责重大的政治决定。哲学家的基本品格是爱知识，不爱权力。他们在日常活动中仍然要坚持哲学研究，一旦需要，便着手繁杂的政治事务。

在柏拉图的治国理念中，法律规范与法治原则明显居于次要的位置，他更强调习惯的自觉引导作用。他认为，把一些道德规范订立为条款写在纸上，这种法律不易遵守，也难以持久；只有从小养成的习惯，才会引导人们自觉地遵守这些规范。真正的哲学家从来不把力气花在法律方面，因为如果政治秩序紊乱，有了法律也无济于事；如若政治秩序良好，法律条例很容易订立。孩子从小养成的守法精神会处处支配他们的日常行为，一旦城邦发生变革，他们会起

---

① 参见［古希腊］柏拉图：《理想国》，张竹明译，译林出版社2009年版，第118、180页。
② 参见［古希腊］柏拉图：《理想国》，张竹明译，译林出版社2009年版，第171—174页。
③ 参见［古希腊］柏拉图：《理想国》，张竹明译，译林出版社2009年版，第81—85页。

而恢复正常的秩序。

柏拉图将这种治理方式称为贤人政治,其实质是一种贵族政体。在希腊城邦时代,特别是在雅典民主政治发展的高峰时期,公民轮流执政,既充当士兵和生产者,有时又充当执政者,多数公民是积极参与政治生活的。相比之下,由少数哲学家治国,护卫者主要负责城邦的安全,生产者则很少出现在政治生活之中,这显然是对民主制度的否定和倒退。这种贤人政治,加上他对平等的明确排斥,影响到后世的精英主义理论。

四、政体思想

柏拉图在不同时期对政体有过不同的分类。在《理想国》中,他把哲学家执政说成是贤人政体,贤人政体是一种理想的政体,在现实中没有任何一个城邦符合它的标准。柏拉图对于各种政体类型的讨论,更多的是与对现实政治的分析和批评交织在一起的。按照他的划分,现实城邦的政体可以分为四种类型,分别是荣誉政体、寡头政体、平民政体、僭主政体。这四种政体的次序也是政体蜕变或堕落的路线,它们一律都是非正义的,而且一个比一个坏。

柏拉图相信,人的品性是政治的基础,品性的堕落是政治败坏的根源。因为政治制度是从城邦公民的习惯里产生出来的。习惯的倾向决定其他一切的方向。① 换言之,每一种政体都有其内在精神,生活于其中的统治者和公民也有独特的品格和心灵。虽然关于四种错误政体的划分考虑了执政者人数的因素,但柏拉图更加看重每种政体内在的精神和原则。具体言之,贤人政治的内在原则或标准是智慧,是正确的,其他四种政体的原则分别是荣誉、财富、自由和专制,它们基于卑劣的欲望,都是错误的。某一种政体下的统治者和公民在品格和心灵发生变化后,政体就会发生相应的嬗变。

在几种错误政体当中,柏拉图对平民政体和僭主政体的批评最为激烈。他指出,在平民政体下,人们崇尚过度的自由和平等,导致自由走向放纵,平等走向为所欲为。这种制度"不加区别地把一种平等给予一切人,不管他们是不是平等者","凡是当权的像老百姓,老百姓像当权的。……此外,外来的依附者也认为自己和本国公民平等,公民也自认和依附者平等;外国人和本国人彼

---

① 参见〔古希腊〕柏拉图:《理想国》,张竹明译,译林出版社2009年版,第278—279页。

此也没有什么区别"。① 在这种政体下，平等与自由发展到极端，人们便不能忍受任何约束，连法律也不放在心上。柏拉图对平民政体的描写，在一定程度上折射出雅典的民主制走向衰落的真实情景。

极端的平等带来极端的奴役，平民政体最终演变成僭主政体。在混乱的无政府状态下，僭主攫取了最高权力，凭借暴力建立了专制统治。在僭主的身上，节制的美德已经丧失殆尽，取而代之的是疯狂，他无法无天，醒着时就想去做只有在睡梦中才偶然想到的事情，无论是杀人越货还是亵渎神灵。他目光敏锐，能够在人群中看出谁最勇敢、有气量、富有，并且与之为敌，直到把他们铲除干净。如果人民拒绝和反对他，他便采取暴力对付人民，把祖国置于自己的奴役之下。柏拉图对僭主性格的分析和描写是非常深刻的。

在晚年写就的《政治家篇》中，柏拉图的政体思想趋于成熟。他按照统治者的人数多少，把政体分为三种，即一个人统治、少数人统治和多数人统治；这三种政体又依据是否遵循法律进行统治，再各自分为两种形式：一个人统治分为君主政体和僭主政体，少数人统治分为贵族政体和寡头政体，多数人统治分为守法的民主政体和不守法的民主政体；这样就有六种政体。

在《政治家篇》中，柏拉图仍然认为由哲学家执政的政体是最好的，但现实是真正的哲学家不易找到，在没有哲学家的条件下，依法而治的政体则是较好的政体。六种政体当中，以法治的标准检验，由一个贤明的国王进行统治是最优秀的，贵族政体次之，多数人统治是最差的；如果不依据法律来统治，一个人的统治就是最糟糕的，寡头政体次之，多数人统治倒是最好的。

在更晚时期写作的《法律篇》中，柏拉图的政体思想得到进一步的阐发，初步提出关于混合政体的设想。所有这些关于政体的讨论，特别是政体分类的人数和法治标准、混合政体思想，构成了亚里士多德成熟的政体学说的理论来源。

五、第二等好的理想国

写作《法律篇》时，柏拉图的初衷仍然没有改变，那就是改革现实城邦制度。柏拉图期望理想国这种"天上的原型"能够在人世间得到实现，但现实证明是不可能的。他结合当时希腊的政治现实，在等级划分、国家政体、法律条文等方面进行了重要的调整，构建了"第二等好的理想国"。与《理想国》相

---

① ［古希腊］柏拉图：《理想国》，张竹明译，译林出版社2009年版，第295—296、302页。

比，《法律篇》提出一种不同的改革思路，前者提出一种最好的制度蓝图，不问其能否实现，具体路径是公民的长期教育与灵魂塑造；而后者的办法是采纳一种次优的政体，争取其较快实现，具体路径是法律强制加上说服教育。

柏拉图提出，清理整个国家，有若干方法可以采用，有些是温和的，有些是激烈的。如果一个立法者同时也是一个独裁者，那么用激烈的方法清理国家是最好的方法。柏拉图比较几种政体可能的效果，认为理想的出发点是僭主独裁制。第二等好的是立宪君主制，即遵循法治的单一君主执掌政权。第三等好的是某种民主制。寡头制排到第四，因为它有着人数极多的有权势的人，以致难以形成一种新秩序。① 他在这里讲的并非政体分类和优劣排序，而是建立法治国家的最佳路径，就是借助于独裁者的强制力量，建立一种全面、严格的法律秩序。这个独裁者并非擅权的政客，他身上有哲学家的影子，比如年轻、记忆力强、勇敢，具有崇高的品格、良好的自制力与判断力等美德。柏拉图相信，统治者是法律的仆人，如果法律服从于其他某种权威，自己却一无所有，国家的崩溃就为时不远了。如果法律是政府的主人，政府是法律的奴仆，形势就充满希望。这里他明确将法治树立为"第二等好的理想国"应当遵循的最高规范，一切制度安排都体现在具体的法律条文上，后世将它称做法治国家。

首先，柏拉图对社会基本构成、公民等级以及财产制度作出重大调整。他主张，社会分工的原则不变，但具体分工方式应做重要修改。法治国家的第一等级是公民，享有土地、财产与政治权利；第二等级为工匠与商人，他们是自由人，但不得享有土地，没有政治权利；第三等级为奴隶，主要从事农业劳动。柏拉图设想，城邦的公民组成，其适当规模为5 040人，不能增多和减少。土地和房屋分成相等的份数，在公民之中分配。每份土地再分为两份，一份在边疆，另一份在城郊，其优点是外敌来犯时刻，公民乐于保卫祖国，和平时期又方便劳作。国家承认永久的一夫一妻制家庭为合法的婚姻形式，允许公民占有金钱等其他形式的财产。财产所有人有责任从他的孩子中选出一位继承人，去继承家庭的财产。公民承担公共职务或接受法律处罚的尺度，视个人的贫富程度而定，即实行"合乎比例的不平等"原则。为此，国家按照财富的多少将公民分为四个永久性的财产等级。在新的财产制度中，仍然可以看到《理想

---

① 参见［古希腊］柏拉图：《法律篇》，张智仁、何勤华译，上海人民出版社2001年版，第145、116、117页。

国》的原则。例如，国家通过立法，限制土地的转让和分割；土地的最终所有权仍属于国家，公民必须把自己领得的这份土地视为整个国家的公共财产，个人只是这份财产的保管人；通过立法，将贫富差异限制在一定范围之内；公民仍然实行公餐制。

其次，柏拉图提出混合政体的设想。他指出，把全部统治权集中在一个不适宜的人手中，后果是灾难性的；任何国家的永久福利，都需要在几个方面之间划分权力。现实的政体有两种母制，它们是一个人统治的君主制和多数人掌权的民主制，其他一切制度都由之产生。如果"要享有自由、友谊和良好的判断力，对一种政治制度来说，绝对需要的是把上述两者结合起来"①，也就是将平民参与和个人权威综合为一。

他提出，所有官员都由选举产生，选举制度的具体安排有意使富有者等级处于优先地位，重要的权力机构都由年高德劭的老年人主导。例如，作为法律维护者的三十七人委员会，其成员的年龄定在 50 岁至 60 岁之间，任职年限也有规定。他们负责保管相关文件，监察公民的财产总额，将超出登记数额的财产没收并收归国库，将犯有"贪财钱"罪的人送上法庭。再如，柏拉图特别设计了"夜间议事会"，它的日常会议必须在黎明前举行。它包括十名最年长的法律维护者，以及所有获得国家最高荣誉者。每个老年人另需配备一名 30 岁以上、天赋与才能杰出、受过良好教育的年轻人做助手。夜间议事会的职责是代表国家的智慧，指导和决定国家政策，弥补良好法律的不足，保护国家的安全。从这些机构身上，很容易看到《理想国》中哲人王和护卫者的影子。

最后，柏拉图详尽地讨论了有关的民法与刑法条文。法治国家的一切基本制度和政体组织都是通过严密的法规、执行、监察和司法来保证的。例如，与公民的财产分配制度相配合，柏拉图强调公民的价值追求应该有一个先后排序，即灵魂是最高的，身体次之，财富处于最低的位置。再如，为了防止国家制度的解体或毁灭，监察官是起决定性作用的唯一因素。监察官至少年满 50 岁，有公认的良好道德，其职责是使用合适的调查方法对官员行使监察，对停职官员的不法行为进行审查并作出判决，将适用的刑罚或罚金公之于众。

六、历史地位与评价

柏拉图对西方政治思想的发展产生了深远的影响。

---

① [古希腊] 柏拉图：《法律篇》，张智仁、何勤华译，上海人民出版社 2001 年版，第 94 页。

他为西方政治学的创立奠定了初步基础。《理想国》关于等级分工、财产制度、公民教育、理想城邦等主题的讨论，《法律篇》关于混合政体、法治的思想，特别是对具体法律条文的思考，都直接影响了亚里士多德，后者在创立政治学这门学科体系时大量接受了柏拉图的思想。柏拉图从理念论出发构造理想的城邦，这种先验主义的研究方法在西方政治思想史上也有重要影响。

他的思想影响了中世纪基督教学理的形成。他的许多重要哲学思想和政治思想，经过新柏拉图主义的改造和传播，影响了几个世纪中逐渐成熟的基督教文化。例如，他推崇的理念学说，相信一种真实的存在才是事物的本质，才是永恒的，这一点被教父派改造为至高、至善的上帝及其三位一体理论。他主张灵魂高于肉体和灵魂不灭，贬低人们日常的生存需求和欲望，这一观点又为基督教的精神信仰准备了知识前提。还有，他抬高理想城邦，贬低现实城邦，这一立场很容易转变为上帝之国高于地上之国、教权高于世俗权力的神权政治理论。

他为空想社会主义提供了某些思想材料。《理想国》关于在两个高级等级中废除私有财产，土地等财产由集体公共占有的思想，揭示了私有制难以避免的恶果，为空想社会主义提供了某些思想材料和理论形式。当然，柏拉图的上述设想是为了加强统治集团内部的团结，他所谓的"共产"不过是对斯巴达某些制度的理想化，不但是一种不切实际的幻想，而且其实质也是一种集体剥削制度，掩盖了对奴隶和自由劳动者的剥削与压迫。

柏拉图的政治思想存在着明显的局限和错误。从哲学上说，他的理念论是一种客观唯心主义，他的知识论带有神秘主义色彩；从政治上说，他的理想国构想实际上是一种狭隘的奴隶主贵族的统治。柏拉图对政体与灵魂对应关系的强调，主张权力与知识的结合以及政治家需要经过专门训练和教育，这些看法是颇有见地的，至今不无启发意义。但也应该认识到，他所谓的"哲人王"只是奴隶主阶级中少数垄断知识的贵族，其实质是企图在希腊推行贵族政体，以挽救衰落中的城邦制度。

第三节 亚里士多德的政治思想

一、生平与著作

亚里士多德（前384—前322）是古希腊百科全书式的学者和思想家、西方政治学的创始人。他出生于斯塔吉拉城，母亲来自富有的家庭，父亲是马其顿王国的宫廷医师，在亚里士多德幼年时就去世了。公元前367年，亚里士多德被送到雅典的柏拉图学园学习，前后达20年之久，同学公认他是最有才华的人，称他为"学园之心"。他曾经在学园里担任类似助教的工作，并在此期间写下了自己最早的一些学术著作。

柏拉图去世后，学园由其侄子管理，亚里士多德离开雅典，到外地游历。公元前343年，他开始担任年轻的马其顿王子亚历山大的家庭教师，期间，他写下了第一批政治学与伦理学手稿。当时正值马其顿征服希腊世界的步伐加剧之际，时代处在城邦制向帝国制过渡的转折点上，致使亚里士多德与现实政治的纠葛十分微妙。公元前336年，亚历山大继承王位，亚里士多德离开马其顿宫廷，次年返回雅典，创建了吕克昂学园，此后写下了今人所见的大部分著作。公元前323年，亚历山大去世，雅典掀起反马其顿运动，政治形势剧变。亚里士多德由于父辈及自身同马其顿王室的联系，成为受攻击的对象，被控不信神、对雅典不忠。鉴于苏格拉底的教训，为保全生命，他不得不离开雅典，几个月后，病逝于他母亲的家乡——优卑亚岛上的卡尔吉斯。

亚里士多德在政治思想方面的经典著作首推《政治学》。他在研究方法等方面都与柏拉图明显不同。这里，他明确了政治学的研究对象和范围。他将城邦作为这门学科的研究对象，系统地讨论城邦的起源、性质、目的以及公民的定义、城邦要素等一般理论问题，还对各种类型的政体进行归类、细分和比较研究。书中还对理想城邦进行了探讨，着笔最多的是教育问题，不过这部分内容并不完整。另一部政治学名著《雅典政制》，相当于雅典城邦几百年间的政治制度史。其他学科的相关著作，如《尼各马可伦理学》和《修辞学》，从不同角度讨论了伦理与政治的关系、修辞学与政治学的关系、政治生活中的心理现象等，都是与政治学相关的重要课题。由于亚里士多德去世后数百年间的几度转移、散落、佚失，流传至今的亚里士多德著作一般由手稿、大纲、学生听课笔记等汇集而成。《雅典政制》曾经长期失传，直到1891年才重见天日。

亚里士多德抱有与柏拉图相同的初衷，即挽救危机中的城邦制度，但是他的观察视角更加贴近现实，解决问题的方案也更加注重实效。这一特点与他使用的方法论有关，他坚持理论概括产生于经验事实的分析与归纳。亚里士多德利用马其顿宫廷图书馆的便利，接触过大量历史资料。之后，他和学生们曾经对希腊世界一百多个城邦的政治制度作过调查，了解它们的历史与现实状况。

在划分人类知识的各门学科时,亚里士多德指出:所有学科都为了实现某种善,研究个人的善归于伦理学的范畴,研究城邦的善应该归于政治学;个人的善只有在城邦整体中才能完成。在谈到家政学与政治学的区别时,他指出:"政治学的功用既在于首先建立一个城邦,同时又在于管理好所建立的城邦。"①

二、论城邦的起源、本质与目的

对城邦的一般认识及其理论,构成亚里士多德政治学的基础。他首先采取溯源的方法,通过对城邦起源的深入探讨来阐发城邦的本质。在亚里士多德看来,人类天生是合群的动物,必须过共同生活。因为人有衣食冷暖等基本生存所需,需要分工合作,又有言语的功能相互交际,有礼义廉耻的分辨能力组织社会。由此,人类的社会组织由低级向高级逐步演进,同时这也是人的本性不断趋于完善的过程。起初,由男女和主奴这两种关系的结合,组成了家庭,家庭是人类为满足日常生活需要而建立起来的社会基本形式。而后,人类为了适应更广泛的需要,由若干家庭联合起来,组成村社,村社的最自然形式就是部落。最后,若干村社又进一步联合起来,组成城邦,至此,社会组织进化到了高级而完备的状态。城邦是自然进化的产物。

亚里士多德提出一个著名的命题:"人类自然是趋向于城邦生活的动物。"② 意思是说,只有通过城邦整体,个体公民的本性才能够实现,或者说,人按其本性必然要求过政治生活。根据他的观点,自然所造的每种事物都有一个目的,人类的目的是实现三种善业,即物质的富足、身体的健康和良好的道德。其中,良好的道德,即灵魂的善是本质性的。人只有实现灵魂的善,才真正有别于动物,才实现了人的本性。在此前提下,对身体和物质的追求都是合理的,但应节制与适度。比较而言,任何孤立的个人以及家庭和村社这种小规模的社会团体,都不能使人实现三种善业,只有最高级的社会团体——城邦——才能达到这一目的。

亚里士多德认为,城邦是"至高而广涵的社会团体"。他按照生物学的观点,认为每种事物只有在其发展的终端或者完成阶段,才能显现出本性。③ 在家庭和村社阶段,人作为其中的成员,本性还没有完全展现,个体还达不到真

---

① 苗力田主编:《亚里士多德全集》第9卷,中国人民大学出版社1994年版,第289页。
② [古希腊] 亚里士多德:《政治学》,吴寿彭译,商务印书馆1965年版,第7页。
③ 参见 [古希腊] 亚里士多德:《政治学》,吴寿彭译,商务印书馆1965年版,第7页。

正的完善。只有在城邦里，人作为城邦的一员，以公民的身份参与政治生活，在完成城邦整体的善业同时体现自身的功效，他的本性才得以充分显现，个体才成为真实的人。家庭和村社也以善业为目的，但是城邦的目的是至善，它关涉全体公民的优良生活，各种意义上的人类生活都可以在城邦范围内得到完全的自给自足，个体的善业只有在城邦中才能得以完成。在个人与城邦的关系上，亚里士多德与希腊其他思想家一样，持有整体论的观念。他把城邦比作有机的整体，个人是其中有机的组成部分，个人幸福的实现依赖于城邦。离开了城邦，个人便无法生存，更谈不上完善自身："他如果不是一只野兽，那就是一位神祇"，"不是一个鄙夫，那就是一位超人"。①

亚里士多德还采用分析的方法，将城邦分解为最简单的要素，即公民，以求进一步阐发城邦的本质。他指出，"全称的公民是'凡得参加司法事务和治权机构的人们'"②，即有权参加陪审法庭和公民大会的人们，因为这两个机构是城邦最高权力所寄托的地方，有权参加这两个机构的自由人才是真正的公民。"城邦的一般含义就是为了要维持自给生活而具有足够人数的一个公民集团"，是"许多公民各以其不同职能参加而合成的一个有机的独立体系"。③ 简言之，城邦是若干公民的组合，公民的本质体现为政治身份，他们平等地享有政治权利，由这样的公民组成的政治团体才是城邦。

在论述城邦的本质时，亚里士多德一再强调城邦是自由人的自治团体，不是主人与奴隶的结合。城邦政治家的权威是对自由人的治理，是平等的自由人之间所嘱托的权威。一个好公民"应该懂得作为统治者，怎样治理自由的人们，而作为自由人之一又须知道怎样接受他人的统治"④。统治与服从两种身份都包含在公民的定义中。

三、政体的分类与变革学说

在亚里士多德的政治学体系中，政体研究占有重要的地位，可以说，他政治思想的主体就是政体理论。比起柏拉图来，他的研究更为系统、清晰、精细，古典时期完整的政体理论是由他创立的。

---

① ［古希腊］亚里士多德：《政治学》，吴寿彭译，商务印书馆1965年版，第9、7页。
② ［古希腊］亚里士多德：《政治学》，吴寿彭译，商务印书馆1965年版，第111页。
③ ［古希腊］亚里士多德：《政治学》，吴寿彭译，商务印书馆1965年版，第113、109页。
④ ［古希腊］亚里士多德：《政治学》，吴寿彭译，商务印书馆1965年版，第124页。

亚里士多德认为,城邦制度千差万别,有各种不同的政治制度类型,即不同的政体。他提出,政体就是"一个城邦的职能组织,由以确定最高统治机构和政权的安排,也由以订立城邦及其全体各分子所企求的目的"①。区分政体的类型有两条标准:其一是政体的宗旨,即统治者是只照顾自身的利益,还是照顾到全体城邦的公共利益。依此标准,政体区分为正宗政体与变态政体两大类。其二是掌握城邦最高治权的人数多寡。依此标准,政体又分为一人统治、少数人统治和多数人统治三种。

上述两个标准相互组合,就形成六种政体。正宗政体有君主政体(王制)、贵族政体和公民政体(又译共和政体),它们都以城邦的公共利益为依归,分别由一个人、少数人和多数人掌握最高权力。变态政体有僭主政体、寡头政体、平民政体,它们分别由一个人、少数人和多数人掌握最高权力,但只是谋求掌权者自身的利益。在对现实政体进行具体分析、归类时,亚里士多德又将每种政体细分为不同的品种,从极端的到较温和的,从较纯粹的形式到吸收综合了其他类型特点的形式。比如,君主政体和平民政体各有五种之多,寡头政体有四种,每一个品种都有相应的历史例证加以比照。

亚里士多德进一步指出,在城邦里,公民一般可以分为上层少数和下层多数,前者如富户、贤良和名人,后者如平民和群众。他们全都是自由的公民,往往各自标榜自身的优势,以求争取更多的统治权力。既然正宗政体以公共利益为宗旨,那么政治上的正义就应当包括参与政治权利或公共职务分配的所有主体,即城邦要素,以及据以分配的平等原则。参与政治权利分配的人们可以划分为财富、才德和自由身份三种,他们有质也有量。② 具体在分配政治职务时,可以遵循两个平等原则,其一是数量平等,即政治权利在数量和容量上彼此平等;其二是比值平等,即根据个人的价值不同,按照比例分配与之相平衡的权利。③ 最终的结果是,各个城邦要素享有的权利以及占有的政治职务达到大致的均衡。例如,在城邦的议事机构中,让平民等级与贵族等级混合,各个部分均以相等的人数参加这一机构,其结果一定会比较恰当和周到。但这是就少数与多数两部分人而言,具体到个别公民自身,这种人数的平衡又同时意味

---

① [古希腊]亚里士多德:《政治学》,吴寿彭译,商务印书馆1965年版,第178页。
② 参见[古希腊]亚里士多德:《政治学》,吴寿彭译,商务印书馆1965年版,第148—151页。
③ 参见[古希腊]亚里士多德:《政治学》,吴寿彭译,商务印书馆1965年版,第234页。

着权利的分配是不平等的。

在亚里士多德有关城邦要素的理论中，可以看出他是重视政治权利分配结果的大致平等的。但仅有这些还不够，还需要政治程序的合理与公正，这其中就包括遵循法治原则。一套法律要求与政体的特性相吻合，他说：法律是根据政体来制定的，执政者凭它来掌握权力，并借以监察和处理一切违法失律的人们。在比较法治与人治的利弊得失时，他指出：凡是不凭感情因素治理的统治者，总比感情用事的人们更加优良，法律恰恰是没有感情的。① 人都有感情，在位的政治家在制定许多措施时也不能免于感情用事。他认为，贵族政体的优点之一就是具有守法精神。法治包含两重意义，其一为城邦制定良好的法律，其二为已经订立的法律获得普遍的服从。

亚里士多德还研究了政体的变革，包括革命或政变的原因，以及防止变革的办法。他指出，一个城邦采取哪种政体，是由多种因素决定的。这些因素发生变化，例如执政人员的心理变化或行政措施失当，都会造成政体改变。他认为，人的天性是追求自己或自己党派的利益，这导致统治者的堕落和党派之争。在各种因素当中，他最为看重社会变迁造成的等级关系失衡，特别是寡头派和平民派的冲突，是引起政体变化的根本原因。一般而言，寡头派由于财产上处于优越地位，便要求自己在各个方面都高于平民之上，实行政治权利的不平等分配，因此他们的政体自然崇尚财富。平民派认为所有的自由人在一切方面都应该平等，于是要求政治权利平均分配，他们的政体便追求自由。总之，两派都抱有一种褊狭的正义观念。只要这两派在政府中的地位不能平衡，他们双方或某一方就要掀起革命，由此导致政体不稳定和更迭。亚里士多德还从维持政治和经济平衡、遵守法纪、注重教育等方面入手，探讨了城邦的长治久安之道。

从政体理论可以看出，亚里士多德政治思想的重要特点在于，他不像柏拉图那样专注于抽象原则、理念和道德善的探讨，也不热衷于用精心打造的理想城邦去裁量和批评现实制度。他将研究重心转向现实城邦的经验和历史的确切记录，动用大量的时间和人力，遍及尽可能广泛的地域，对希腊世界的各个城邦进行具体的调查、描述和分析，总结各种类型城邦治理中的技艺、成果与教训。这部分内容构成了他政治学体系中最为厚重的部分，大大拓展了政治研究

---

① 参见［古希腊］亚里士多德：《政治学》，吴寿彭译，商务印书馆1965年版，第163页。

的思路,成为比较政治研究的最早尝试。

亚里士多德政体理论的另一个贡献是,他采用城邦要素的形式概括现实城邦中公民之间的等级划分,特别是他反复提到的少数富户与多数平民的对立与冲突,以及他们在分配公共权力和相应职务时遵循的原则和具体程序。他采用抽象的理论形式,归纳出政体分类背后起支配作用的社会阶级力量,这种眼光在古代世界是深刻的,同样显示了偏重经验的方法论的力度。这也是他在理论上超越柏拉图的又一个方面。

四、理想城邦的设计

亚里士多德对理想城邦的讨论,一定程度上是围绕着对柏拉图理想国的批判展开的。对于《法律篇》,他的批判主要涉及一些枝节问题,理想城邦的设计基本没有突破《法律篇》的框架。

首先,在土地制度方面,他提出私有公用的原则。亚里士多德与柏拉图一样,持有整体城邦观念,将公民的家庭、婚姻、子女抚养、教育、音乐、文学等,都赋予政治意义,纳入城邦事务的范围,主张由城邦进行统一的规划与控制。他明确否认"公民可私有其本身",而是主张"任何公民都应为城邦所公有","成为城邦的一个部分"。① 不过,他批评柏拉图强求城邦整齐一律的设想,指出某种程度的划一是必要的,但完全的划一并不是城邦追求的目标,相反会导致城邦本质的消亡。此外,他认为柏拉图的理想也不现实,因为它不符合人的本性。"人人都爱自己,而自爱出于天赋","城邦的本质就是许多分子的集合"。②

有鉴于此,亚里士多德建议摒弃柏拉图设计的财产、妻子公有的制度,因为社会的罪恶"都是导源于人类的罪恶本性。即使实行公产制度也无法为之补救"③。他指出,在财产、妻子公有的制度下,因为划不清私人利益范围,人们之间的纠纷会更多;对于公共事务,人们不会去关心,凡是属于最多数人的公共事务常常是最少受人照顾的事务。亚里士多德提倡一种有限度的私有制,他称为"产业私有而财物公用"④。城邦的土地一部分划归私产,产权归于各户公

---

① [古希腊]亚里士多德:《政治学》,吴寿彭译,商务印书馆1965年版,第407页。
② [古希腊]亚里士多德:《政治学》,吴寿彭译,商务印书馆1965年版,第55、45页。
③ [古希腊]亚里士多德:《政治学》,吴寿彭译,商务印书馆1965年版,第56页。
④ [古希腊]亚里士多德:《政治学》,吴寿彭译,商务印书馆1965年版,第55页。

民，其中一块分地配置在边疆，另一块在近郊，这样既方便操作，又可以在边境遭遇危机时人人自愿保卫。再有一部分城邦土地划归公产，供应祭礼和公共食堂的开支。奴隶制仍然是这种土地制度的基础，因为田间劳作义务均归于奴隶。

他主张以中产阶级为重心的混合政体。理想城邦下的优良政体以中庸为原则，以中产阶级为基础。中产阶级的优点主要在于人数最多，所以比其他阶级更为稳定，其社会地位使他们既不像穷人那样希图得到他人的财物，又不至于因财产太多而引起穷人的觊觎。中产阶级还具有中庸的美德，最能顺从理性，不走极端，并且能成为贫富两个阶级的仲裁者，避免党争，减少内讧。①

其次，在政体主张方面，他认为："凡能包含较多要素的总是较完善的政体；所以那些混合多种政体的思想应该是比较切合于事理。"② 最方便的做法是将寡头政体与平民政体混合起来，集中两者的优点而避免其弊端。这样既能考虑到平民的自由身份，又照顾到富户的财富与才德等因素。只是公民资格应该限制在很小的范围内，亚里士多德认为从事"贱业"的工匠、商贩和农民不应享受公民权，因为他们无暇从事政治活动，其工作又有碍善德的培养，易养成奴性。通常认为，亚里士多德是把梭伦改革后雅典实行的温和民主制视为中间型政体的楷模，将伯里克利时代以及后来雅典的民主制视为极端的形式而不取。

在亚里士多德的理想城邦和优良政体当中，包含着明显的民主因素。在他看来，城邦是平等的自由公民的自治团体，公民内部应该实行轮番为治，每个人既是统治者，又是被统治者，其政治地位需以相应的才德为依据。他系统地阐述了轮番为治的根据和优越性，指出公民的政治权利是正义的要求，在公民们"都具有平等而同样的人格时，要是把全邦的权力寄托于任何一个个人，这总是不合乎正义的"③。只有公民权利平等、轮番为治的制度才是正义的，也是合乎自然的。另外，多数人的集体智慧往往也优于个别或少数贤良和专家，公民的多数和集体的优势就是他们权力的依据，这一权力大于少数贤良组成的最高机构，也大于他们每个人的个别性能。公民的普遍参与还是实现城邦稳定的必要条件。"一种政体如果要达到长治久安的目的，必须使全邦各部分（各阶级）的人民都能参加而怀抱着让它存在和延续的意愿。"④ 否则，没有政治权

---

① 参见［古希腊］亚里士多德：《政治学》，吴寿彭译，商务印书馆1965年版，第207页。
② ［古希腊］亚里士多德：《政治学》，吴寿彭译，商务印书馆1965年版，第66—67页。
③ ［古希腊］亚里士多德：《政治学》，吴寿彭译，商务印书馆1965年版，第168页。
④ ［古希腊］亚里士多德：《政治学》，吴寿彭译，商务印书馆1965年版，第88页。

利的人就会成为城邦和统治者的仇敌，这种非正义的和缺乏公民友爱的政体事实上难以长久。

亚里士多德还多次阐述轮番为治与法治的相关性。他指出：法律是多数人制定的，体现了多数人的智慧。一般说来，多数人的智慧比少数人或一个人更高明，多数人也不易同时陷于腐败。他宣称：法律是抵抗常人的偏私、情欲或兽欲的"神祇和理智的体现"。谁让法律来统治，谁就是让神和理智来统治；谁要是让一个人来统治，就会在政治中混入了兽性的因素。

最后，他探讨了城邦的自然与地理配置。在对理想城邦的设计中，亚里士多德讨论了人口、国土面积、城邦的地理环境及位置等问题。他指出，凡是以政治修明著称于世的城邦，都会对人口有所限制，因为这样会方便维持秩序与满足供养。国土面积要考虑生存和军事需求，其大小应当足以使居民过上闲暇生活，同时方便公民警戒与防守边境。城市应该成为全境的中心，也是联系海洋和陆地的中心。坚固的城墙是必要的。城市最好阳坡东向，常得东风吹拂，有益健康，或者北有屏蔽，易于度过冬季。市内有丰沛的溪流和井泉，提供水源。

此外，城邦应当时时关心公民的教育，以求培养良好生活所需的品德与素质。这一点在他的政治学体系中占有重要的位置。

五、历史地位与评价

亚里士多德是古希腊政治思想的集大成者。他的许多思想和观点反映了早期西方的政治文明成果，对西方政治思想的发展产生了广泛的和多层次的影响。

首先，亚里士多德是政治学学科的开创者。他第一次有意识地将人类知识区分为不同的学科领域，使政治学成为独立的学科。他确定了政治学的研究对象、范围、目的和方法等，对政治学的基本概念，例如公民、城邦、统治权、政体、法治、变革等，都给予明确的界定，流传于后世。亚里士多德还提出并系统研究了政治学的一系列重大命题，如人的社会性或政治性、城邦起源的不同阶段、政体与良好的生活方式的关联等。

其次，他在方法论上超越了苏格拉底和柏拉图，开辟了后世的经验研究路径。《政治学》与《理想国》的巨大差异之一就是，它运用经验的方法，不再将结论建立在公理和推论上。亚里士多德立足于陈述经验事实，在分析与归纳的基础上，再总结出相关概念、命题与理论，提出理想城邦的基本原则与设计蓝图。他的著作包含形而上学的思考，但是这些最后都让位于经验的分析与归纳。

还有，与柏拉图擅长的辩论艺术相比，他的经验研究技巧相当科学、精细。例如，为了认识城邦的本质，他自觉地采用了两种考察方法：一是溯源法，由追溯城邦的起源开始，最终归结到城邦的本质；二是分析法，将城邦分解为最基本的要素，即公民，通过对公民的分析，认识城邦的本质。这里，亚里士多德仍然从善的概念出发分析城邦的产生和本质，并没有真正脱离柏拉图的先验主义窠臼，当然也不是彻底的经验主义方法。另外，作为形式逻辑的奠基人，他善于对近似现象作出明确的解析与分类，对基本概念的界定追求适度，并尽力给予清晰的定义。组成学科体系的各层次理论，其展开都遵循严密的逻辑联系与推理。后世的马基雅弗利、孟德斯鸠、托克维尔、孔德等人，都遵循了他所开辟的经验研究路径。当然，就科学的严谨性而言，亚里士多德的经验研究尚处于基础的阶段。

最后，亚里士多德探讨了一系列重要的政治价值观。他概括的城邦要素，实质上也是分配政治权力和公共职务的基本尺度或价值准则。他否定柏拉图推崇理念、等级严明的政治设计，将自由身份与财富、才德并列，认为它们都是政治社会的构成要素，各等级公民在政治生活中都占有不可或缺的地位。他批判柏拉图关于让少数优异人才即哲学家治理国家的主张，主张身份平等的公民应当轮番执政，加上他反复申述的混合政体学说、民主因素与法治原则，这些都使他的政治思想在民主性上超越了柏拉图。他在伦理学中推崇中庸的美德，主张统治者要像梭伦那样不偏不倚，采用合乎比例的方式，分配好不同公民群体间的权利与利益。这一思想渗透于他的政体宗旨、法治原则、优良政体等主张之中。这种由城邦要素与平等原则构成的正义观有一定的理论启示意义。在公民的道德修养方面，他与苏格拉底、柏拉图一样，相信灵魂的善德高于躯体健康和财富充裕。国家的目的应该是公民道德的完善，而不能止步于经济上的富足和军力上的强盛。由此，他不仅在现实城邦里推崇才德因素，而且在理想城邦中提出公民教育的问题，认为教育是政治生活中的重要事务之一。

亚里士多德的政治思想具有明显的时代与阶级局限。

首先，他的所有思考和努力都旨在维护城邦制度的稳定和完善。他关于人在本性是政治动物的命题"标志着古典古代的特征"[①]，他的理想政体设计从未摆脱城邦制度的狭隘框架。他所推崇的中产阶级——实际上就是奴隶主阶级的中下层——统治，正是为了应对城邦中出现的党争内乱，借以缓和阶级矛

---

① 《马克思恩格斯文集》第 5 卷，人民出版社 2009 年版，第 379 页。

盾，调和各种势力，挽救城邦危机。他根本没有想到，他的弟子亚历山大所开辟的世界帝国体系正在结束城邦时代。

其次，他是第一个为奴隶制进行系统辩护的思想家。他相信奴隶主拥有理性，奴隶只是"会说话的工具"，奴隶与自由人的区分符合自然；主人拥有闲暇的生活，能够指挥奴隶，奴隶从属于主人，两者各尽自己的职能。

再次，他的公民观念是狭隘的。在理想城邦的设计中，外邦人和妇女被排除在公民的范围之外。外邦人只能往来于城邦之间，从事商业活动，妇女只相当于肢体不全的男人，他们均不能拥有政治权利。他也歧视非希腊人的"野蛮人"，认为他们比希腊人低劣，天生就该充当奴隶。

最后，他从自然的角度，谈论国家的起源，将国家视为一个追求"至善"的道德共同体。这是用一种伦理观念来美化国家，掩盖了国家的阶级本质，没有看到城邦实际上是建立在对奴隶和外邦人的剥削和压迫之上的。

思考题

1. 古希腊政治思想的特点有哪些？其社会历史和文化根源是什么？
2. 柏拉图是如何论证他的哲学家治国主张的？
3. 从《理想国》到《法律篇》，柏拉图的政治思想发生了哪些变化？
4. 亚里士多德政体学说的主要内容有哪些？有何特点？
5. 亚里士多德对西方政治学的开创性贡献有哪些？

▶ **本章拓展资源**

第二章 希腊化与古罗马时期的政治思想

从公元前323年到公元476年，随着希腊化与罗马国家的兴衰，西方政治思想发生了重大转变。希腊化时期，城邦制度瓦解，世界性帝国出现，希腊文化和东方文化彼此交流。斯多葛派阐述了个人主义伦理、自然法学说和世界国家思想，形成了影响深远的自然法传统。罗马时期，波利比乌斯提出了混合政体思想，西塞罗论证了共和国概念，成为古典共和主义的滥觞；而罗马法学家关于法律的本质与分类以及法治、权利等问题的讨论，对西方法学与政治思想的发展产生了深刻影响。

第一节 希腊化时期政治思想的转折

一、城邦制度的瓦解与世界国家的出现

从公元前323年亚历山大在东征中突然去世，到公元前30年罗马征服埃及托勒密王朝为止，史称希腊化时期。希腊化主要指古希腊文化向东方和北非的传播。这一时期，希腊世界的社会状况及政治制度发生了历史性变化。

亚历山大东征的结果是，在人类历史上首次建立了跨越欧、亚、非三大洲的世界性帝国。亚历山大去世后，帝国分裂为马其顿、塞琉古、托勒密三个王国。帝国和各王国治下，商业繁荣，贸易发达，出现了亚历山大里亚等国际大都市，城市里兴建起博物馆、剧院和庙宇。希腊人向东方移民，定居于新建城市，设立公民大会、公民法庭和议事会，以城邦治理方式管理公共事务。同时，亚历山大实施相对温和的民族政策。他自己穿起细软的东方服装，模仿东方专制君主的礼仪；他和手下的一万多名将领及士兵娶亚洲妇女为妻，下令三万名波斯男童学习希腊语及使用马其顿武器，以此缩小东西方社会的差距。

公元前146年，已经控制地中海西部地区的罗马共和国摧毁名城科林斯并征服希腊世界，原先的城邦和新建城市成为罗马行省的组成部分。罗马人凭借行政机器管理着庞大的国家，城邦居民与各级治理者之间日渐疏远，逐渐扩展的罗马公民权以及附着性利益更是淡化了外族民众对国家的归属意识。

公元前2世纪至公元前1世纪，罗马的政治体制发生重大变化。格拉古兄

弟改革的失败、马略军事改革的后果、苏拉与恺撒等军事强人的出现，极大地腐蚀了传统的共和体制。公元前1世纪末，罗马开始实施元首制，沦为以皇帝为核心的专制帝国，原先的城邦成为帝国行省的一部分。公元476年，由于北方蛮族的大规模入侵，西罗马帝国灭亡。

二、东西方文化交流

希腊化时期，文化变迁的主调呈现为希腊古典文化在东方世界与地中海西部地区的扩散与传播。与此同时，东方文化以及早已浸淫于希腊文化的罗马文化也以自己的强大惯性，对希腊文化表现出拒斥、采纳、重新解释以及影响渗透的反作用。不同文化成分的混杂与交融催生了许多世界性的新型思潮。

希腊文化扩张的种种现象是：出现了以亚历山大里亚为代表的新兴学术中心，希腊的哲学、文学与艺术系统传播；希腊的艺术家和作家离乡背井，到远方传授自己的技艺；个人以及家庭姓氏希腊化；青年人热衷于到亚历山大里亚等大都市求学；希腊人的体操运动不仅盛行于城市，而且渗透到埃及的乡村和耶路撒冷等地；等等。值得一提的是，希腊语成为官方语言和社会通用语，以它为基础演化成更为简捷的"柯因内语"，从公元前300年后开始流传，成为罗马共和国晚期乃至帝国时期地中海地区绝大多数民族的共同语言。历史学家波利比乌斯、晚期斯多葛派的代表人物马可·奥勒留、犹太古代经典的解说者普罗提诺等，都使用这种语言写作。另外，它也是《新约》使用的语言。所有这些提供了政治思想变迁的客观前提。

众多哲学家们的出生地、文化背景和影响所及，同样表明当时流行思潮的国际化特征。例如，斯多葛派的奠基人芝诺是腓尼基人，他的继承人克吕西波等都来自小亚细亚的城市。学派中期代表人波西多尼乌斯出生于叙利亚的阿帕米亚城，青年时期在雅典学习哲学，有着广泛的游学经历。晚期斯多葛派的代表人爱比克泰德出生于小亚细亚弗利基亚的希拉波利城，曾经在罗马讲授斯多葛学说；后来移居希腊的尼科波利斯，该城市的位置正在罗马与雅典之间。这批学者的学术活动，将罗马与希腊化的东方世界沟通起来。

但是，每个希腊化城市之中，居民常常因民族、文化以及阶级的分化而对希腊文化采取不同的态度。对希腊艺术、风俗与服饰的追求，往往是希腊裔统治者和地方上层人物，特别是青年一代的偏好与身份象征，他们的数量只占帝国总人口的不足10%。其他的古老民族，特别是其下层民众，仍然沿袭原有的社会结构、生活方式、风俗习惯、语言和宗教，与爱琴海附近的城市差异很大。这个时期的思想家也有类似特点，他们一方面接受希腊文化，另一方面也秉持传统，对外来文化有所抗拒。

与希腊化同时，东方文化也在向希腊地区渗透。特别是在罗马人征服希腊世界之后，希腊文化外向拓展的势头衰减，东方文化特有的非理性主义、神秘主义和宗教信仰向西部蔓延，其中最为显著的是希伯来文化的影响。对于被希腊人视为"哲学家民族"的犹太民族而言，希腊化仅仅在它的生活范围边缘上产生过微小的影响。犹太民族特有的希伯来文化，包含着对上帝的崇拜、摩西戒律、守安息日、专职的祭司阶层等内容，对其他民族具有特殊的吸引力。从公元前3世纪开始的100年间，居住在亚历山大里亚城内以及来自巴勒斯坦的一批学者将《旧约》翻译为希腊文，为了使希腊民族的读者看懂译文，翻译者尽量使用方言或具有民族特色的习语。使徒保罗在传播基督教的时候，抛弃以色列人是唯一选民的观念，宣扬人因信仰而非以律法称义，使外民族与以色列人平等化。保罗同时吸收了希腊哲学中的理性论，以及希腊宗教祭奠仪式的语汇与表述方式。这些都有利于希腊等外族民众皈依基督教，有利于希伯来文化的传播。

在上述文化与信仰变迁潮流中起主导作用的力量，是以奴隶制为基础的马其顿王国和罗马国家。这正如马克思谈到国家与宗教的关系时所说："古代国家的宗教随着古代国家的灭亡而消亡，这用不着更多的说明，因为古代人的'真正宗教'就是崇拜'他们的民族'、他们的'国家'。不是古代宗教的灭亡引起古代国家的毁灭，相反，是古代国家的灭亡引起了古代宗教的毁灭。"①

三、新兴政治思想的特点

希腊化时期，在军事征服的打击与政治统一的强压下，城邦之间的壁垒被打破，维系狭小政治共同体的全部制度迅速衰落。对希腊人而言，无论是居留在本土或移民到陌生城市，以往那种同城邦整体密不可分的联系没有了。不熟悉的异族人及其生活习惯、观念意识闯入自己的视野，城邦之内亲密的同胞情谊消失了。公民与自由民面临前所未有的、多种多样的生活状态选择，个人命运、灵魂、伦理成为普遍关注的重点。这些构成当时哲学与政治思想的基调。

整个希腊化时期，以爱琴海为中心的广大地域流传着几种学术思潮。伊壁

---

① 《马克思恩格斯全集》第1卷，人民出版社1995年版，第213页。

鸠鲁派创立过自己的学园，着重探讨个人的生活幸福，其传人是卢克莱修。犬儒派推崇个体道德，躲避现实社会，带有鲜明的宿命论特征。斯多葛派重视探讨自然必然性、世界国家概念、人的道德义务观，属于当时的主流思潮。还有从柏拉图学园派演化而来的怀疑论，但其对政治思想的发展影响较小。

新兴思潮的总体取向是，偏离城邦及其制度，更多地从个体的视角思考人生幸福或道德完善问题。他们或是将个体的快乐维系于狭小的朋友圈子，或是将个体的生存寄托于宇宙的整体命运，总之在精神上都拉开了与城邦的联系，但是，他们在总体上并没有突破整体国家观念。新兴思潮的另一个总体特征是强烈的伦理化倾向。在动荡的时代潮流面前，他们都尽力恪守自己的伦理准则，相信精神的自足，对物质欲望或是采取肯定而节制的态度，或者鄙视与拒绝。与古希腊相比，他们的政治思想并不庞大和系统化。此外，新兴思潮彼此之间有的联系非常密切，有的研究主题相去甚远，应该具体地分析与归纳。

伊壁鸠鲁学说开风气之先，标志时代思潮的转向，其思想核心是立足于个人内心体验的快乐主义。它在宇宙观上淡化自然必然性对人类事务的干扰，为自由意志预留出活动的空间；在伦理观上主张摆脱对神和死亡的恐惧，寻求灵魂的平静和自足；在社会与政治观上倡导疏远公共生活和权力，满足于朋友之间的往来与友谊。

犬儒派的创始人安提斯泰尼将自然与文明对立，主张摒弃文明创造的一切物质财富，回归自然。另一个代表人物第欧根尼批评一系列文明形式，如礼仪传统、婚姻、家庭、政治、社会联系等以及世俗荣誉、财富、权力、文学等。他们在伦理观上主张"根据自然生活"，推崇简单自足的生活方式，倡导道德上言行一致，甘愿实践贫苦、磨难，甚至遭受凌辱的生活方式。政治上，他们有意疏远统治者，夸大精神自由；提出世界国家的观念，自诩为世界公民，谴责战争与奴役，主张真正的智者应善待其他民族的人们。

比较而言，斯多葛派成为当时学术传播的主流。这一学派有希腊哲学的渊源，其自然法学说、禁欲主义伦理学和世界国家概念，同某些希腊自然哲学家和智者有着直接的联系。它的形成与传播又带有希腊化时期文化发展发散式的明显特点，许多观点与伊壁鸠鲁派是对立的，对犬儒派有所继承也有所扬弃，对基督教文化以及未来一千年的学术发展，有着最为直接和复杂的影响。斯多葛派的思想特点主要表现为以下几点。

一是具有跨越城邦边界发展的特点。它起源于希腊化时期的小亚细亚地区，它的理论代表人几乎都是来自东方国家，受本土文化熏陶甚深。另外，在它发展的早期阶段，主要活动地点还是雅典，但中后期已经转移到罗马和其他城市。

二是学术来源繁复。它的宗教哲学与古代希腊初期敬畏神明的观念相关联，如宣称神是万物之父，神的意志统治世界。然而，它的伦理学带有鲜明的时代特征，如信奉人生无奈，强调道德就是顺从天命；每个人应该履行不可推卸的道德义务。所以，它对公民个人伦理修养的影响十分明显，其着眼点更加偏向于人与自然，而非人与政体的和谐。

三是依傍于当时统治者的政治态度。在整个希腊化时期到罗马帝国前期，斯多葛派一直居于哲学以及政治思想发展的主流位置。其原因之一就在于许多国王和高级官吏信奉斯多葛派学说。例如，芝诺是马其顿国王安提柯二世的朋友和顾问；中期代表人潘尼提乌与罗马共和国最有权势的西庇阿集团联系密切，他也是包括西塞罗在内的许多罗马权势人物的老师；晚期的理论代表人更有宫廷大臣和皇帝，如塞涅卡和马可·奥勒留。①

对于罗马国家而言，它的文化以希腊古典哲学和本土的拉丁文化为主体，同时吸收了斯多葛派、东方宗教的神秘主义、经犹太学者斐洛解释的摩西律法等成分。罗马人务实、重视法律和制度的文化特性以及拓展、开放的政治体制，致使他们观察政治的立足点发生重要的转移，转向世界帝国的视角。与罗马国家的扩张事业相适应，世界国家的概念已经普及。历史视野也发生重大变化，表现为世界通史观念的出现，人们对国家的认识不再囿于一时一地。政体思想也发生重大扭转，在继承古希腊政体分类学说的同时，发展出更精致的政体循环论与混合政体论。

第二节　斯多葛派的政治思想

一、斯多葛派的演变

斯多葛派的创始人芝诺，出生在塞浦路斯的基提翁城，家庭属于腓尼基人，即父母的一方是闪族人。公元前311年，芝诺来到雅典，先在柏拉图学园

---

① 参见范明生：《晚期希腊哲学和基督教神学——东西方文化的汇合》，上海人民出版社1993年版，第66—67、260—261页。

学习，以后受到犬儒派的影响，并通过苏格拉底的学生、犬儒派的创始人安提斯泰尼的著作，转而信奉苏格拉底的学说。他在自然哲学和逻辑学上还受到赫拉克利特与亚里士多德的影响，甚至受到伊壁鸠鲁的影响。

芝诺在雅典城市北面创立斯多葛学园，是继伊壁鸠鲁之后希腊世界的第四个著名学园。其名称的来历，源于他上课的地方有一种在背后墙壁上绘有彩色图饰的柱廊，这种柱廊叫作"斯多亚"（stoa），斯多葛就是这个词的音译。芝诺的政治思想代表作《国家篇》属于青年时期的作品，带有浓重的犬儒派印记。其他著作，史书上有过记载的《论法律》《论宇宙》《伦理学》等，均佚失。

斯多葛派在历史上存在了约600年，学术界一般将其划分为三个阶段。早期阶段从公元前4世纪中后期到公元前200年，奠定了学说的基本内容，代表人物有芝诺、克雷安德、克吕西波。中期阶段大约从公元前200年到公元前50年，学说开始在罗马国家的征服地区传播，代表人物有潘尼提乌、波西多尼乌斯。晚期阶段大约从公元前50年到公元3世纪上半叶，学说成为罗马帝国的官方哲学，所以又称新斯多葛派或罗马斯多葛派，代表人物有塞涅卡、爱比克泰德和马可·奥勒留。

总的来看，芝诺的学说继承了犬儒派与柏拉图学派，在一些重要观点上又有所区别。芝诺借用柏拉图学园派的观点，相信世间万物都是同一种始基的体现，存在着一个支配自然进程包括人类活动的规律，同时又用亚里士多德的物理学和逻辑学加以补充。这样，他的学科体系从逻辑学开始，接着讲授物理学，最后是伦理学，从而冲淡了犬儒派的苛刻与偏激，对后者作了全面的修改与补充。①

二、个体伦理意识的产生

希腊化时期，城邦制度开始瓦解，被不断扩展的罗马共和国以及后来的罗马帝国取而代之，人们面对的是陌生的生存环境。因为帝国的地理规模和人口数目远远超越狭小的城邦，政治体制采用君主独裁，普通公民与自由人被排斥在政治生活之外，因此个人与国家的联系日益疏远。在新型的政治联合体下，古希腊那种公民个体与城邦整体的紧密联系变得松散，人们被迫从政治生活退回到私人生活，开始从个体的角度思考伦理的完善。他们相信，个体的灵魂是

---

① 参见［德］E. 策勒尔：《古希腊哲学史纲》，翁绍军译，山东人民出版社1992年版，第226—227页。

自足的,任何外在的事物如财富、功名和权力都无补于灵魂的自足;道德就是顺应自然,人生的目的在于道德的完善。

伦理学构成斯多葛派政治主张的理论基础。芝诺认为,无道德的人对个人与公众而言都是敌对的,使人们相互疏远,像父母疏远子女、亲人间反目。芝诺重视城邦的和谐与统一,认为有助于社会和谐的关键因素是伦理上的善德及其前提:智慧。此外,芝诺重视个体的道德完善,强调哲学的要义在于践行,教育的基本内容是道德的纯朴,而不在于音乐与几何的繁复设置。芝诺的政治理想,是通过友爱为城邦带来自由与和谐,促进城邦的安宁。友爱包括个人之间的亲密联系,更重要的是个体对道德完善的热情;友爱不仅应该融入公民个体的道德教育,而且要深入社会整体中和谐关系的培养过程。①

克吕西波相信,人的最高目的是按照自然生活,即按照自己的本性和普遍的本性生活,决不做自然法即贯穿在一切事物之中的正当理性所禁止的事情。在政治观上,克吕西波认为哲人的生存顺从宇宙的命运、理性和自然法;按照本性,哲人是爱好交往、积极活动的;哲人也不会孤独地生活,只要没有外界障碍,应该参加公共事务。

由于犬儒派的影响,早期斯多葛派坚持有智慧的人不同于芸芸众生,只有智慧才是成为世界国家成员的条件。到了中期斯多葛派那里,这些信条被彻底抛弃。潘尼提乌自觉地将希腊学说适应于罗马国家的需要。他认为,扩张中的罗马国家需要一套包罗万象的哲学,以适应不同民族的需要,所以他主张回到柏拉图和亚里士多德。此外,他提出斯多葛派的伦理学说十分适合罗马人固有的克己自制、忠于职守、崇尚公德的品质,世界国家的概念更适用于把罗马的对外征服理想化。

斯多葛派的个体伦理意识还没有完全挣脱整体主义的国家观,却对现代意义上的个人主义提供了某些启示。

三、自然法学说

自然法的萌芽可以追溯到古希腊自然哲学。它最早出现在智者群体的政治观念中,例如,有些智者利用人天生平等的原则,批评奴隶制的不合理。但只

---

① C. Rowe and M. Schofield eds.: *The Cambridge History of Greek and Roman Political Thought*, Cambridge: Cambridge University Press, 2005, pp. 444–446.

有到了斯多葛派这里，自然法学说才步入重要的发展阶段，人的理性、宇宙和国家运行规律性的含义更加彰显。芝诺的宇宙观继承了古希腊前期的自然哲学观，重视探寻宇宙万物运行的命运与必然性。他在使用神、宙斯、命运、理性这些重要概念时，和希腊早期哲学家一样，带有混同的特点，即将它们视为同一个东西的不同称呼。根据这些基本概念，芝诺认为存在着一种控制宇宙万物的法律，宇宙万物过去、现在和将来都是根据它而发生的，这个法律就是自然法。自然法是神圣的，具有命令人们正确行动并禁止人们错误行动的力量。

芝诺认为，人的本性是自然理性的一部分，所以人们按照理性和自然法生活，就叫道德。与理性和知识相比，欲望是灵魂的波动，违背健全的思想并且有违于自然。人只有以理性抑制欲念，达到清心寡欲，才是道德高尚的生活。芝诺还主张，人类社会明确区分为有智慧的人与愚蠢的人。有智慧的人以理性控制欲望，具有最基本的德性，其意志也是自由的。芝诺在伦理学上第一次使用责任这个词，认为合乎德性的生活是一种责任，它是一种与自然的安排相一致的行动，也是理性指导人们所选择的行动。相反，愚蠢的人受激情支配，是欲望的奴隶，所以没有关于善恶的知识，也就没有责任与德性。

潘尼提乌为了弥合世界国家与现实国家的差距，主张自然法不仅为有智慧的人所拥有，而且也是所有人的法律。这样，尽管人们在社会地位、天赋以及财产占有上存在不可避免的差距，但是所有人根据理性都是平等的，需要维持起码的尊严。同理，自然法要求各国的成文法认可这些平等的权利，并保护人们享有这些权利。

潘尼提乌等斯多葛派思想家影响了罗马法体系的形成。早期罗马法是仅适用于罗马公民的市民法，它将宗教礼仪与传统的社会礼节结合在一起，无法适用于外民族的自由人。为了应对征服扩张带来的外民族居民增多的形势，公元前3世纪中期，罗马国家设立了外事行政长官，他们颁布的法令被汇集为万民法，即适用于一切民族的法律。万民法的出现使得罗马法更加适合时代需要，更加开明、公平与合理。在学理上，万民法与自然法有一种天然的联系。由于斯多葛派的影响，这两种法趋向于统一。以后罗马法扩张到哪里，就把这种自然法的开放性带到那里，这一特点来源于斯多葛派的观念。[①]

---

① W. Ebenstein: *Great Political Thinkers: Plato to the Present*, Fort Worth: Harcourt College Publishers, 2000, p. 148.

四、世界国家思想

按照斯多葛派的宇宙观与伦理观，人们相互之间是自然吸引和自然联系的，这一点是公民共同生活的基础。按照理性的指导而行动，包括敬爱父母、兄弟，热爱祖国，对友人谦和等，是人应负的责任。国家是自然的联合体，而非像有些人所讲的，是人为的、相互约定的契约组织。

对国家的理解，芝诺原先停留在希腊城邦那样的狭小范围。受犬儒派的影响，他曾贬低现存的城邦秩序及其政治制度，不仅反对个人婚姻和家庭模式，而且批评学校、商业、货币、庙宇和法庭等社会政治制度。亚历山大帝国出现后，他主张用一种新的世界国家来取代处于衰落之中的城邦。在芝诺看来，根据自然必然性和人的本性，一切人都是统一的世界国家的公民。相对于人们居住的城市、乡村以及他们拥有的独特法律与法规，世界国家把一切人视为同胞，使人类得以在同一个宇宙里共同生活，是更加重要的共同体。

芝诺重视自然法与社会正义的联系，认为人们交往中通行的正义，是自然法在人类社会中的体现。相对于人们的政治社会以及它们实行的法律来说，这种正义都起着规范和准则的作用。在这种社会正义观里，人的天生平等原则是最为可贵的。芝诺认为，奴隶制作为社会生活和政治制度中的组成部分，本身是不合理的，它是一个以暴力和私利为基础的专横的习俗，违反了自然法的性质和每个人的世界公民资格。没有一个民族或种族团体天生低下，只配为那些自称高贵的人群服务。芝诺在这里讲的主要还是人天生的精神与道德意义上的平等。在现实国家里，他区分了几种奴隶制：第一种取决于人的智力，聪明人是自由的，自由在于具备独立行动的能力，奴隶缺乏这种能力；第二种起源于习惯，由简单的从属关系构成；第三种依赖于财产私有制度，财产的从属关系确立了主奴身份，这种奴隶制是邪恶的。

克吕西波秉承芝诺的学说，主张理想城邦是世界国家，它的成员就是世界公民。这种社会是善德与智慧的结合，换言之，世界国家的普遍性不在于包括全人类，而在于它是由神与智慧的人构成，无论后者身居何处；它的特点不在于幅员辽阔，而在于完全是另一种类型的社会。他又认为，按照自然法的概念，不同民族、不同身份的人是平等的；没有任何人生来就是奴隶，人们应该把奴隶看作终生受雇的劳动者。晚期斯多葛派代表人物同样以理性平等的原则批评奴隶制。塞涅卡认为，从伦理意义上说，使用奴隶是不道德的；每个人都应以推己及人的方式，将奴隶当作理性平等的伙伴和朋友。

马可·奥勒留有一句言简意赅的话：理性动物也是一种政治（社会）动物。他认为，每一个人的利益，在于追随他自己城邦政治制度的首领和性质，"我的本性是理性的和社会的，就我是安东尼来说，我的城市与国家是罗马；但就我是一个人来说，我的国家就是这个世界"①。就后者的意义而言，整个世界是一个国家，全人类就是这个通过共同制度组织起来的国家的成员。与斯多葛派的先辈一样，奥勒留赞美世界国家，即所有人遵守同一个法律，统治者根据每个人平等和权利平等的原则加以管理，将尊重臣民的自由看得高于一切。只是要注意，这里讲的权利平等仍然着眼于世界国家的设想，仍然停留在人天生的理性平等和精神平等的意义上，并非指现实国家里的政治平等。

总体看来，斯多葛派所宣扬的宿命论和禁欲主义，既反映了城邦衰落时期社会上流行的悲观、没落情绪，又配合了罗马统治者对被征服者提出的逆来顺受、安于现状的要求。斯多葛派的自然法与世界主义思想则突破了城邦政治的框架，这标志着城邦制度的解体；在实际政治中，这种思想也为罗马帝国的统治提供了理论依据和统治策略。

第三节 罗马共和时期的政治思想

一、古罗马政治思想的特点

罗马国家的历史一般从公元前 8 世纪中叶罗慕洛兄弟创建罗马城开始。当时它的社会组织处于原始的部落联盟向城邦制度转型的时期，氏族贵族把持政治的局面，逐渐向平民获得越来越多参与政治的权利、法律设置和政治制度逐渐完善转变。从建城到公元前 5 世纪中叶，罗马实行王政，由各部落推选产生的王执掌统治权力。第五代王图利乌斯实行政治改革，按公民个人拥有财产的多寡划分等级并相应地分配政治权利，组成百人团这种政治—军事组织。它实际上是一种由富裕公民把持决策权的政治体制。王政废除后，实行共和国制度，由元老院、执政官和民众共同执掌政治权力。但是，任官、决策、财政、军事大权主要掌握在元老院集团手中，共和国所实行的实质上是贵族政治。公元前 1 世纪末叶，经历"前三头"和"后三头"的打击，共和制被元首制即实

---

① ［古罗马］马可·奥勒留：《沉思录》，何怀宏译，中央编译出版社 2002 年版，第 106 页。

质上的帝制取代，一直沿袭至公元 476 年。

罗马本土的拉丁文化具有尚朴实、重实践的特质。在共和国时期，罗马文化处于多种学术思潮，特别是几种外来文化的夹击之中。它早先浸淫于希腊古典哲学，公元前 2 世纪，罗马一度盛行"希腊热"，希腊的手工艺、农业技术、治国知识、辩论术、艺术、文学与哲学，都受到罗马人的推崇。即使在罗马征服希腊世界后，仍然努力吸收后者的文化成果，例如，将希腊学者请进罗马讲学，或渡海求教；聘请希腊人质或战俘中的学者作罗马统治者的顾问和教师，在罗马开设讲坛；贵族青年必须到希腊游学后，才能结束学业，等等。

罗马文化后来受到希腊化时期各种思潮，特别是斯多葛派的影响。早期斯多葛学说中关于人的精神平等的思想，间接融入基督教的基本教义。波西多尼乌斯的灵魂论仿效柏拉图，认为肉体与灵魂是对立的；灵魂先于肉体而存在，是不朽的，而肉体是灵魂的障碍，阻碍灵魂的认识自由发展。这一观点影响到新柏拉图主义的发展。公元前后，犹太学者斐洛将本民族经典与希腊哲学结合起来，主张两者之间存在共同的推崇智慧的成分，信仰与哲学是可以协调的。这种主张深远地影响了基督教哲学的发展。

晚期斯多葛派有关道德义务的主张也汇入基督教的基本教义当中。在《新约》的《使徒行传》里，许多篇幅逐字逐句地抄录塞涅卡的著作，包括圣保罗与塞涅卡对人的弱点和罪孽极其相近的生动描述。爱比克泰德的伦理学格言、对精神信仰的虔诚态度，为基督教教会所采纳，由阿里安整理问世的《手册》，长期以来被列为基督教信徒们的教科书。早期的教父派仰慕塞涅卡等人的伦理学思想，他们乐于将后者称为"天生的基督徒"。

此外，斯多葛派在王政理论方面所作的论述对后世也有影响。亚历山大帝国以及后来分裂的三个王国，呈现出君主政体的特征，这是希腊城邦所缺乏的。在斯多葛派的学者看来，囊括东西方国家的王政有两个优势：它在政治上是专制主义的，如此才能将不同种族的人民管束起来；在文化上是父权式的，这样才能获得国家统一与良好治理的象征。体制之内，王政有自己颁布的法律与规章，也承认大量地方上的风俗习惯和法规，即有了普通法与地方法的区分。晚期斯多葛派的王政理论，更是直接为罗马帝国的政治体制辩护。

罗马人在吸收其他文化成分的同时，一直努力保持自身文化的传统与特点，以适应罗马国家的现实需要。罗马国家不停地进行对外扩张，共和国晚期各派政治人物之间围绕政体问题展开长期、激烈斗争，这些特殊的政治形势赋予其政治理论特定的现实感与时代感。例如，波利比乌斯的世界通史观念、混合政体学说，都是根源于罗马政治制度的经验。西塞罗关于共和国的概念、私有财产权的思考，都旁逸出斯多葛派的范围。共和国时期的许多重要思想观点，到帝国时期继续发展并有所调整，主要表现为以下三点：

一是适应帝国时期的社会特征。斯多葛派的世界国家的观念趋于体系化与实用化，塞涅卡的王政理论更是直接为帝国的政治体制辩护。此后很长时期，臣民式的政治服从与精神顺从、王政与较为温和的混合制的优势，成为政治学讨论的主题之一。

二是基督教取代此前的希腊罗马文化，上升为主流意识形态。初期的基督教教义融进了人类精神平等的主张，包含了对现实社会制度的批评与贬低，否认世俗生活的乐趣，贬低现实国家的必要功能。西方社会开启了信仰的时代。

三是罗马法体系在帝国时期逐步发达与成熟。在这个人类历史上第一部完整的私法体系里，法学家对法的性质与分类，对自由、公民权、物权、契约关系的规定，是罗马帝国最有特点的文化成果，也是它给后世留下的重要遗产。

二、波利比乌斯的混合政体思想

1. 生平与著作

波利比乌斯（约前210—约前128）是希腊政治家、历史学家和政治思想家。他出生于麦加洛波里，该城邦是伯罗奔尼撒半岛北部亚该亚同盟的盟主，他的父亲曾任同盟的统帅与决策人。在罗马人的第三次马其顿战争之前，亚该亚同盟曾与罗马联合，事先罗马人要求同盟派1 000名著名公民到意大利做人质，其中就有波利比乌斯。

从公元前168年开始，波利比乌斯在罗马一住就是17年，得以深入了解罗马共和国制度，同时与罗马贵族集团中的温和派即西庇阿家族交往很深。公元前146年，亚该亚同盟的成员以及其他一些希腊城邦举行起义，反抗罗马的统治，遭到镇压。参加起义的希腊城邦并入马其顿行省，未参加起义的城邦仍是罗马的同盟，保留一定的自治权。波利比乌斯与罗马国家的全权代表一起，对罗马治下的希腊城邦进行了政治与法律制度的重建工作。他还被授权巡视希腊各城邦，裁决发生的争端。

波利比乌斯的政治思想见于他的史学名著《历史》（又译《通史》），目前只有部分篇章留存下来。书中记录了公元前220年到公元前168年之间罗马征服地中海沿岸各民族的政治史。其核心思想在于说明罗马采用什么方式、依靠哪种政治制度,能够在不到53年的时间里将几乎全部文明世界囊括到自己的统治版图中。

波利比乌斯的历史观是他政治思想的理论基础,这一历史观在当时具有独特的地位:一是他以前的历史学家只是记录个别事件或某一场战争,波利比乌斯却是第一次从通史的角度阐述这些事件,从具体时间、按照具体方式去解说其他民族逐渐归于罗马统治的全过程。二是他认为历史事件构成统一的、合乎规律的发展过程,命运主宰宇宙秩序,包括世界各国的政治联系,而命运在当时的具体体现就是罗马统治世界。三是命运在历史发展中创造出许多新现象,世界通史的新奇之处就在于它是从罗马统治世界开始的。①

2. 政体循环论

波利比乌斯认为,国家的政体决定了这一民族的特质,影响到国家决策与一切事业的成败。他关于政体分类与政体评价的学说,受到柏拉图与亚里士多德的许多影响。与前人的不同之处在于,他更多地主张优良政体应得到被统治者的同意,依靠统治者智慧与良善的治理。

他提出一种政体循环论,将国家的产生与政体的更替视为一个合乎自然规律的过程,其中所有的正常政体都以特有的方式蜕变为变态政体,直到一个政治衰败的顶点。《历史》的中心内容借用了斯巴达、马其顿等国家的历史经验,特别是罗马征服世界的政治史,作为这种演变论的典型例证。

他认为,社会的起源在于人类群居生活的固有天性,一切生物,包括人与动物,都需要结成群体,以求维持自身的生存与安全。根据自然的法则,社会群体的领袖与统治者必定是杰出的人。随着时间的推移,社会当中形成巩固的合作关系与情感联系,人们产生正义与非正义等道德观念,理性取代勇敢与力量,成为社会的支配原则,于是君主制产生。这是第一种正义的政体。君主以个人的权力对所有臣民实施赏罚,臣民服从君主的管理出于理性的约束和善良的意志。随着君主的权力变为世袭,统治者日渐沉湎于毫无节制的放荡生活,不再关心他们的臣民。臣民也因此产生嫉妒、憎恶的情绪,于是僭主制产生。这是第一种错误的政体,政治权力开始衰落。

---

① 参见[苏]涅尔谢相茨:《古希腊政治学说》,蔡拓译,商务印书馆1991年版,第227—228页。

少数高贵而勇敢的人不甘心忍受僭主的专制，依靠民众的支持推翻僭政，建立起贵族制。这是第二种正义的政体，其原则仍然是公正与理性。统治者由人民选举产生，政治的目的是公众的幸福。贵族制蜕变的原因，在于贵族的权力变为世袭，他们滥用权力，根本不了解社会平等与自由的要求，这样产生了寡头制。这是第二种错误的政体。

人民起来反对寡头的专制，并且不再相信原先的统治形式，他们建立起民主制。这是第三种正义的政体。国家的原则是自由与平等，人民也普遍服从法律。然而，一旦后代统治者忽略善德，富人们采用小恩小惠腐蚀人民，民众中又有许多人依赖他人为生，国家就衰败了。民众选出胆大妄为、沽名钓誉之徒充当首领，民主制蜕变为暴民制。这是第三种错误的政体。这时，人们完全受激情的驱使，暴力横行，法制废弛。暴民制是政体更替的终点，也是国家产生前的无政府状态。人们期待的，只能是君主制的重新出现。

通过展现这种政体衰变的历史图景，波利比乌斯归纳出人们心理因素的巨大作用。他认为，人性由两个侧面构成，一是天性支配的动物性，二是心灵或推理能力。由此，政体演变受到两个特殊过程的制约，一个是非理性的、围绕权力与自我膨胀展开的竞争，另一个是理性的、力图建立一种更和谐的社会秩序的活动。臣民遏制自负自夸的天性，采用互惠的行为准则，其中的关键因素在于人们有了共同的道德观念。社会成员形成道德观念，全依赖他们根据理性推断得知：特定的行为方式是有利、有益的。道德依据人的理性能力这样的伦理学说构成波利比乌斯政体循环论的基础。

3. 混合政体论

波利比乌斯关心政体的衰变，因为这是探索政体稳定与国家强盛的关键因素。他认为，任何单一政体的缺点，在于它只能体现一个原则，就其本性而言，这一原则容易蜕变为自己的反面。为了克服这一弊端，他提出，混合政体是最佳政体，其优点主要是限制权力的幅度，在几种权力机构之间形成稳定、协调的联系。混合制并非政体演变的终点，统治者应了解其中单一政体因素蜕变的潜在可能，始终维持好这种政体。

所谓混合政体，就是将三种正义政体即君主制、贵族制和民主制的特点集中在一起，使各种政治要素达到和谐、平衡状态的政体。波利比乌斯认为，斯巴达的立法者来库古最早建立了这种混合政体，恰当地调和了君主、人民与元老院几方面的权力。他的基本做法是，"将正常的（单一）政体的所有优势和特点结合在一起,使每一方不得逾越自己的界限而蜕变为相应的邪恶政体。每一方的权力都受到对立一方的钳制,任何时候都不使某一方偏向或超越另一方。由于权力钳制原则的作用,政体得以长期处于和谐、平衡状态,历久而不衰"①。在这种权力相互制约的关系中,人性仍然发挥了关键的作用,即每一方始终保持对另一方权力自我扩张的警惕。"由于君主惧怕人民不满,就要约束自己,防止变得傲慢。人民由于敬畏长老,也不敢怠慢君主。而元老又要永远使自己坚持正义的做法。这样,如果君主一方由于坚持传统而趋于衰弱,元老就要施加影响力,让他变得强大和重要起来。"②

波利比乌斯最为赞扬的,还是公元前3世纪至公元前2世纪稳定下来的罗马共和体制。这种政治制度中同时有三种权力机构,它们是执政官、元老院和人民会议,分别代表了君主制、贵族制与民主制。在处理政务的过程中,三种权力机构可以相互支持和协助,必要时也可以相互制约。正是这种相互钳制的关系防止了任何一种权力机构过分强大,制止了单一政体自发的衰败倾向,保证了国家的稳定与巩固。在罗马国家的政治史中,波利比乌斯还发现另外两个因素有助于政治体制的稳定。一个因素是宗教,古代立法者有意识地劝导民众信神,罗马人以敬神为立国之本。如果国家由富有智慧的人组成,敬神没有必要;如果由平庸之辈组成,就应该保持宗教信仰。另一个因素是法治传统。在罗马,良好的惯例与法律给私人生活带来美德与适度,有益于国家达成和睦与公正。良好的法制、民众的美德、适度合理的国家制度,它们彼此之间是协调一致的。

波利比乌斯还考察了混合政体可能发生的变动。他认为,自然演化的混合政体也难免衰落。例如,罗马混合政体的三个构成部分遵循了自身的演化道路,在三个部分同时到达顶峰状态时,也同时开始衰败。为了归纳这种相互关联的衰败后果,他提出两个体制变化的法则:一是,一个国家取得绝对的安全与持久的繁荣后,其生活标准会变得越来越奢侈,公民对官职和其他欲望对象的竞争也会越来越激烈;二是,如果人民认为少数人出于忌妒心损害了自己,同时自身出于对官职的爱慕而相互吹捧,他们就会退出混合政体,不再与其他

---

① C. Rowe and M. Schofield eds.: *The Cambridge History of Greek and Roman Political Thought*, Cambridge: Cambridge University Press, 2005, p. 466.
② C. Rowe and M. Schofield eds.: *The Cambridge History of Greek and Roman Political Thought*, Cambridge: Cambridge University Press, 2005, p. 470.

两个部分分享统治权,从而将国家变为暴民制。① 变化的关键在于多数人与少数人的关系。少数人因富裕和贪婪疏远了人民,而民主派的多数沉溺于变态的民主,最终滑向暴民制。两相结合,对于混合政体是致命的。

波利比乌斯对政治思想发展的主要贡献在于,他提出了一种希腊化的政治理论,用历史规律来说明人的心理与行为以及历史的演变。通过对罗马国家历史演变的描绘,他总结了罗马共和国中各种权力机构相互制衡的经验。这些思想是近代西方分权制衡原则的重要理论渊源,直接影响了后来的孟德斯鸠和美国的宪法制定者。然而,作为上层建筑的政体形式,不过是政治、经济和社会力量格局的反映,如果其基础发生了根本变动,试图靠混合政体的形式来稳定政权,只能是一种幻想。

三、西塞罗的共和思想

1. 生平与著作

马尔库斯·图利乌斯·西塞罗(前106—前43)是罗马共和国晚期著名的政治家、思想家和雄辩家。他的家乡位于罗马城东南约100公里的山区小镇阿尔皮努姆,据说其家族是王室的后裔。少年时期,西塞罗和弟弟昆图斯被父亲送到罗马,陪伴、追随父亲的贵族朋友,期望受到最好的高等教育。他最早接触的是伊壁鸠鲁派,后转向雅典来的学园派门徒菲隆,学习雄辩术和哲学。西塞罗还接触到波利比乌斯的混合政体学说,特别是结合罗马国家的历史论证这一体制合理性的做法,并且熟悉了斯多葛派潘尼提乌的学说。

罗马的政坛长期由少数权贵家族控制,西塞罗没有显赫的背景,只能算是一个"新人"。他早期以为雇主做司法辩护在社会上谋生,从政后倾向于元老院贵族派与共和制。面对共和国末期愈演愈烈的政治斗争,他往往采取谨慎应对的态度。如果环境允许,他乐于投身政治活动;一旦形势险恶,他就埋首于学术研究。公元前76年年底,西塞罗担任共和国财政官,开始走上仕途。后来他进入元老院,还被选为大法官和执政官,步入一生的巅峰时期。

西塞罗将恺撒、庞培、克拉苏组成的密谋瓜分权力的"前三头"联盟称为

---

① C. Rowe and M. Schofield eds.: *The Cambridge History of Greek and Roman Political Thought*, Cambridge: Cambridge University Press, 2005, p. 475.

"不公正的统治者",深深地担忧传统体制的衰落以及公民道德的腐化堕落。公元前54年,他开始写作《论共和国》,赞美罗马共和制的优越性,深入探讨它发生的渊源,矛头指向破坏共和国的"僭主们"。公元前45年,他又开始写作《论法律》。

恺撒的遇刺并没有改变共和国的厄运。安东尼、屋大维、雷必达很快结成"后三头"联盟,展开新一轮的勾结与权力角逐。这证实了西塞罗的担心,即"僭主倒下去,僭政却还存在"。公元前44年,西塞罗写作了一系列伦理学著作,其中《论义务》最为重要。此外,他在元老院作过一系列题为《反腓力辩》的演讲,阻挠安东尼等人破坏共和制的企图。此举招致严厉的报复,他被宣布为不受法律保护的人,最终丧生于政治漩涡之中。

2. 国家的定义

西塞罗强调道德义务同国家和公民的关系,强调对国家法律的服从,使伦理义务带有浓厚的政治意味。他将国家公民间的关系比附于家庭成员间的关系,以家庭为公民政府的基础。西塞罗说:"在所有的社会关系中没有哪一种比我们每个人同国家的关系更重要,更亲切。父母亲切,儿女亲切,亲人亲切,朋友亲切,然而一个祖国便囊括了所有这些亲切感。"① 他又说,如果要在各种道德责任中分出主次,那么,首先是国家和父母,为他们服务是人们所负有的最重大的责任。从中可以清楚地看出国家在西塞罗心目中的位置。

在《论共和国》里,西塞罗为国家(共和国)下了一个流传千古的定义:"国家乃是人民的事业,但人民不是人们某种随意聚合的集合体,而是许多人基于权利的一致和利益的共同而结合起来的集合体。"②

这个定义里包含了几个关键性的观点。一是人民的事业。拉丁文"人民的事业"(res publica),组合起来就是"共和国"(republic);在中文里,"人民的"可以译成"公共的"或"公众的",人民应该包括罗马公民以及不享有公民权利的自由人。这种区分依托于罗马国家不断扩张的历史过程,由地方贵族开始,异族人逐渐取得公民权,成为罗马公民的组成部分。西塞罗认为,国家是所有公民的公共财产,每个人都能从中享有应得的一份利益;国家的整体利

---

① 《西塞罗文集·政治学卷》,王焕生译,中央编译出版社2010年版,第347页。
② 《西塞罗文集·政治学卷》,王焕生译,中央编译出版社2010年版,第29页。

益至高无上，公民对国家承担不容推卸的责任；法律同时确认公民的权利，国家有义务保护家庭私有财产。西方学者十分重视"人民的事业"这个术语在国家概念发展史上的地位，认为是它取代了古代希腊人狭隘的城邦概念，把一个不断扩张的、由法律维系起来的、囊括不同民族不同身份人们的共和国意识注入人们的观念之中。

二是权利与利益意识。上述定义中的"事业"（res）有时译为"事务"或"财产"。它的内涵也很广泛，可以包含政治制度、公共设施、宗教，也包括家庭成员、土地、动产、宗庙等。当代西方学者十分重视西塞罗有关利益、权利、私有财产的主张，认为它们通过罗马法，长远地影响到近代人的观念。实际上，从当时罗马的社会背景来考察他的观点，就可以知道他这样做既有利于元老贵族的利益，也有利于共和国。因此，西塞罗既反对格拉古兄弟取消平民债务、重新分配土地的激进改革措施，也反对同时代的恺撒等野心家借口取消债务，以赢得人心，进而颠覆共和国的做法。

在《论义务》的第二卷讨论功利问题时，西塞罗明确提出：建立立宪国家和自治政府的主要目的，就在于保护个人的财产权。这一主张可以从两重意义上分析。一方面，他反对平民动辄重新分配富人的财产。因为首先，他们是在破坏和谐，如果把一部分人的钱财夺走，送给另一部分人，和谐就不可能存在；其次，他们是在废除公平，如果不尊重财产权，公平就会完全颠覆。① 另一方面，西塞罗认为，各阶级之间的和谐对于国家的兴盛来说是必不可少的。② 在元老院与骑士贵族因为税务问题发生冲突的形势下，他尽力维持元老贵族同骑士贵族的团结，避免将后者逼迫到平民派一边去，力图以此维护共和国。

西塞罗的国家概念受到了罗马法权观念的制约。马克思在分析这一点时说："罗马人也和一般古代古典民族一样，他们的整个私有财产对于大众来说都是公共财产：或者在太平时期用于共和国的消费，或者用于奢侈性设施和公共福利。"③

3. 混合政体说

西塞罗结合国家产生的原因，谈到三种政体形式。他提出，如果全部事务的最高权力被一人掌握，国家体制是王政；如果全部事务的最高权力

---

① 参见《西塞罗文集·政治学卷》，王焕生译，中央编译出版社2010年版，第424页。
② 参见《西塞罗文集·政治学卷》，王焕生译，中央编译出版社2010年版，第464—465页。
③ 《马克思恩格斯全集》第3卷，人民出版社2002年版，第137页。

被一些选举出来的人掌握，就是贵族制；如果一切权力归人民，则是民主制。

他依次评价了各种政体的优缺点。对于王政，西塞罗认为，它的长处是国王关心自己的臣民。如果说贵族以智慧吸引人们，民主以自由吸引人们，那么，国王是以热爱吸引人们。王政的缺点是多数人被排除在公共立法和协议之外。贵族制的优点是人民推选德性和智慧方面最优秀的人进行统治，较为软弱的人也乐于听命于最优秀的人。其缺点是民众不能享受自由，被剥夺了参与任何公共协议和权力的可能。对于民主制，西塞罗认为它的民众权力无比强大，因为民众是法律、审判、战争、和平、缔约、每个公民的权利和财富的主人，同时人人平等地享有自由的权利。民主制的缺点是不存在任何地位等级，一切都按照人民的意愿进行，本身是不公平的。

如果这三种国家体制被破坏，再具有其他的严重缺陷，就会顺着一条急速、平滑的道路通向这种或那种临近的不幸。由于前三种单一政体都不可靠，于是西塞罗提出第四种政体，它由前三种国家体制适当地混合而成。其特点在于：一是包含卓越的王政因素，二是把一些事情托付给显贵们的权威，三是把另一些事情留给民众们协商和决定。这就是西塞罗所主张的混合政体。这种政体的优点首先是具有一定的公平性，其次是具有稳定性。因为那几种单一政体很容易变成病态的反面，常常被新的政体替代，但是这些情况在这种综合性的、合适地混合的国家体制里，几乎是不可能发生的。这里不存在任何引起变更的始因。[①]

西塞罗以罗马国家的历史为典范，进一步论证了混合制是最好的国家体制。他提出，罗马的国家体制之所以优于其他国家，就因为它集合了世世代代的智慧和经验。西塞罗认为，王政、贵族和人民这三个因素，无论在罗马还是在斯巴达和迦太基，都不是均衡地混合的。在王政时期的罗马，尽管有元老院，人民也享有一定的权力，但仍然是王政占优势，这样的国家体制容易发生变化。在塔克文被驱逐以后，罗马人民对国王这一名称心怀强烈的憎恨。基于这种意识，罗马国家在图利乌斯改革后有了两个变化。一是人民的地位上升。公元前509年，瓦勒里乌斯当选为执政官，他在人民会议上发表演讲时，第一次命令扈从放下象征权力的束棒，以示承认人民的最高权力，同时把在百人团

---

① 参见《西塞罗文集·政治学卷》，王焕生译，中央编译出版社2010年版，第48页。

大会上通过的一条法律提交人民讨论，即任何官员不得违反申诉权杀死或鞭打罗马公民。二是元老院的作用加强。国家的绝大部分事情由元老院决议、由法规和习俗决定，执政官拥有权力的时间只有一年，人民会议的决议只有得到元老们的赞同才能生效。

4. 自然法学说

在《论共和国》里，西塞罗对自然法下了一个经典的定义。它同国家的定义一样，在历史上也影响深远。这一定义是这样表述的："真正的法律乃是正确的理性，与自然相吻合，适用于所有的人，稳定，恒常，以命令的方式召唤履行义务，以禁止的方式阻止犯罪行为，……对于所有的民族，所有的时代，它是唯一的法律，永恒的、不变的法律；……谁不服从它，谁就是逃避自我，蔑视人的本性，从而将会受到严厉的惩罚，尽管他可能躲过被人们视为惩罚本身的其他惩罚。"[①] 由此可见，西塞罗的自然法思想继承了古代希腊理性论的遗产，同时更加强调自然法相对于人定法的普遍性和永恒性。

西塞罗自然法学说的一个特点，是将这种最高的法律等同于神法。他说，统治整个自然的是不朽的神明们的力量或本性，即理性、权力、智慧、意愿；宇宙万物之中，只有人具有理性，人和神的第一种共有物便是理性，即正当的共同理性。他认为，由于法律即理性，因此人在法律方面与神明共有；凡是具有法律的共同性的人们，理应属于同一个公民社会，听从于同一个政权和权力，听从于神的智慧和全能的神，整个世界应该被视为神明和人类的一个共同的社会。

他还结合相似的人性，谈到自然法对人类理性的昭示作用。他提出，自然给予人敏捷的心智、优美的形体、丰富的表情、生动的语言。此外，人类还有相似的好的品质与坏的品质，比如，任何民族都重视礼貌、善意、真诚和感恩，都蔑视、憎恨傲慢的、邪恶的、残忍的、忘恩负义的人。西塞罗强调，不良风俗引起的堕落力量如此巨大，以至于自然赋予我们的各种火星似乎被其熄灭，各种相反的弊病由此形成。由于自然赋予人正当的理性，那么当智慧之人以巨大、深刻的善意对待某一个具有同样德性的人时，后者就会感到平等的善意和友谊，自然法便会受到所有人同等的尊重。

说到底，自然法要保证人定法的公正性。西塞罗对人定法的性质曾经有过

---

① 《西塞罗文集·政治学卷》，王焕生译，中央编译出版社2010年版，第105页。

精彩的论断。他在一篇演讲词里说:"民法有什么特殊性质?法律的性质是不在外来影响之下改变,不在强力压迫之下屈服,不在金钱诱惑之下腐化。"① 这里讲的就是法律特有的维护公正的特征,而这一特征只能来源于自然法。在《论法律》里,西塞罗列举了历史上著名的不公正法律。比如,罗马共和国晚期的摄政颁布的赋予军事独裁者苏拉等人无限权力的法律,它们使独裁者可以不经法庭审判,随心所欲地处死他想处死的公民,所以是不正义的,哪怕它们基于人民的决议和法律。他着重指出,只存在一种正义,一种使人类社会联合起来并由一种法规定的正义,就是正当的理性。谁不知道那种法,谁就不是一个公正的人,不管那种法已经在某个时候成文,或是从来未曾成文。西塞罗的伦理学和法学有意将公正与功利划分开来,因为他认为:如果一切都以是否有利来衡量,法律就会遭到任何一个人的蔑视和破坏;区分好的与不好的法律只能凭据自然标准,自然不仅区分合法与非法,而且区分高尚与丑恶。

在西方政治思想史上,西塞罗是沟通古希腊与中世纪乃至近代的桥梁。首先,他的国家概念突破了希腊城邦的狭隘眼界,对一个公民权利不断扩展、由法律体系维系的共和国,作出了经典的理论概括,这种国家概念直到近代民族国家的出现才得以改变。甚至在近代资产阶级革命时期,他对共和国的概括、对混合政体的论述都启发了一些思想家。

其次,西塞罗总结并传播了斯多葛派的自然法学说,将自然法解释为正当的理性,阐发出其中的平等精神与法治主张。这一学说经由两个途径传播到后世,一是罗马法学家,二是早期基督教的教父们。《论共和国》曾经在数百年间失传,但是其中最重要的章节早已被摘录进奥古斯丁等人的著作,所以能够在整个中世纪反复被人引用。

最后,作为一个乱世中的政治家兼思想家,西塞罗信奉自古希腊传播下来的公民美德传统,主张国家具有其伦理目的,自然法的原则支配人定法的制定,不同民族间应该平等相待。所有这些观点在那个对外崇尚武力征服、内部纷争不断的时代,都是非常有价值的。

当然,也应该看到,作为元老院派的代表人物,西塞罗恪守的是古罗马的"先人习俗"和传统政制,这种保守的政治方案表面上试图调和日趋激烈的阶级矛盾,寻求各种政治势力的平衡与妥协,实质上却无视平民派的正当诉求,

---

① 《西塞罗三论 老年·友谊·责任》,徐奕春译,商务印书馆1998年版,中文本序,第3页。

一味维护上层贵族的既得利益，因而也就无法从根本上挽救危机，罗马共和国很快覆亡。

第四节　罗马法学家的政治思想

一、罗马法的渊源与分类

罗马国家的法治传统是在长期的历史过程中形成的。法律在形式上可以分为平民会议决议、大法官告示、元老院决议、皇帝敕令、法学家解答几个类型，它们发生的渊源各不相同。

在共和国时期，法律是人民意志的体现。百人团会议、部落会议和平民会议的决议均称为法律。平民会议决议专指根据平民长官的提议而制定的法律。根据公元前287年通过的霍腾西阿法，平民决议对贵族、元老和平民具有同等的法律效力。

大法官是国家司法民事部门的长官。大法官告示系大法官于接任之初，在告示牌上向公众公布的施政纲领。其他长官的告示，例如城市裁判官、贵族营造官、外事裁判官的告示，也包含在这个体系当中。另外，在帝国时期，西西里省、撒丁省，以及位于西班牙、希腊、小亚细亚、北非的行省的总督，即大行政区的长官，均有权解释法律，他们的告示同样具有法律的效力。[①] 130年至138年，法学家尤里安接受皇帝哈德良的谕令，将以往全部大法官告示进行整理、校订、修改，史称"尤里安告示"，此后大法官只能采用这种固定的形式。

元老院决议是指元老院的命令和它所制定的法律。共和国时期，元老院在形式上不具有立法权，它的决议需经民众会议通过才能向全国颁布。帝国时期，元老院被皇帝所控制，其本身所通过的决议具有法律效力。

在帝制时期，法的渊源有了重大的转变：法律成了元首和皇帝意志的体现，这也是法律意志说在法理学中首次出现。查士丁尼的《法学总论》承认，根据赋予皇帝权力的王权法，人民把他们的全部权威和权力转移给皇帝。[②] 帝

---

① 参见［古罗马］盖尤斯：《法学阶梯》，黄风译，中国政法大学出版社1996年版，第3—4页。
② 参见［罗马］查士丁尼：《法学总论——法学阶梯》，张企泰译，商务印书馆1989年版，第8页。

国早期，1世纪至3世纪之间，皇帝的敕令一般要在元老院宣读后颁行全国，所以沿袭了元老院决议的形式。自此元老院的决议开始具有法律的效力，但相对于皇权而言，它的议案仅仅是对皇帝向它提出的东西加以确认。在历史的积淀中，皇帝的敕令一般分为以下几种形式：其一，诏令，系皇帝作为国家最高长官公布的一般性规定，多属于公法范围；其二，训令，对帝国官吏——尤其是各行省总督——在执行职务方面作出指示；其三，裁决，就具体诉讼案件，在御前会议顾问下作出决断；其四，批复，对于官吏或者个人提出的法律疑问作出解答，事前经由著名法学家参加的御前会议审议。

法学家解答是指那些被授权判断法律的人们所作出的决定和表示的意见。帝制时期，法学家通常占据某种官职，如元老院成员、城市行政长官。一般情况下是由地方官员兼理司法，但是其中精通法学的人很少，仅少数行省设有法律顾问或法律代办。为了解决各类法学著作、敕令的原则相互抵牾的问题，426年，瓦伦提尼安三世颁布《引证法》，规定在诸多法学家著作中，唯有帕比尼安、盖尤斯、乌尔比安、保罗、莫德斯丁五人的著作或者他们引用过的其他法学著作的内容，具有法律效力；诸家有分歧时，以多数观点为准；从中无法确定多数时，以帕比尼安为准；法学家意见与皇帝的敕令相左时，以皇帝为准。

查士丁尼时期编纂的《民法大全》，在罗马法律与法学理论的历史中占据里程碑式的地位。查士丁尼执政时期，在共和时期和早期帝制时期传承下来的法律体系中，有些原则和内容已经过时，这突出表现为古代异教与基督教文化的冲突，共和传统与帝制的对立，以及奴隶制经济与新兴的隶农、中小租佃者为主的生产形式的相互排斥。为了彰显帝国的法律秩序，528年，查士丁尼召集10位著名法学家编定法典。此后逐渐颁布的《查士丁尼法典》，内容系整理之后的皇帝敕令；《查士丁尼学说汇编》（简称《学说汇编》）系裁判规则，集中了著名法学家的注释与编纂法典的经验；《查士丁尼法学总论》（或译《法学阶梯》，简称《法学总论》）为法学基本原理，是罗马私法教科书。查士丁尼本人自534年至565年颁布的法令，称为《查士丁尼新律》。12世纪，上述四部著作合称《查士丁尼民法大全》（简称《民法大全》）。该法典收录了帕比尼安等五大法学家的法理解释，肯定了法学家的思想成果。冠之以皇帝之名，反映出此时罗马法律的主旨即法律是皇帝的意志。

在查士丁尼的《法学总论》里，罗马法律分成两部分，即公法与私法。公法涉及罗马帝国的政体，私法则涉及个人利益；私法包括三部分，即自然法、万民法和市民法。① 无论是面对罗马国家的法律体系，还是法学家的理论成果，历代学者公认它们的价值主要体现在私法方面。不过应当注意，在《法学总论》《学说汇编》和《查士丁尼法典》里，含有大量关于宪政、税收、军事、城市管理和教会等方面的法律规范。

二、权利与法治思想

罗马法中的法治思想，特别表现在法律对公民权的严格规定，以及平等原则在不同情况下的适用方面。

首先，罗马法提升了权利的重要性。在罗马第一部成文法即《十二表法》中，诉讼程序法在人法和物法之前。到查士丁尼《法学总论》时，排列顺序发生了相反的变化，依次是：人法、物法、契约和诉讼程序。这一差异反映了社会历史的进步，也就是说，随着商品货币经济在帝国范围内的发展，法学家们已经把着眼点放在权利问题上，而不是像早期那样放在正义与否的问题上。权利观念已经扩大，并占据了主导地位。这种分类和排列方式，对以后西方法律思想的演变产生了重大影响。

法学家讨论的正义也是与权利相关联的。查士丁尼的《法学总论》开篇即指出：正义是给予每个人他应得的部分。该书接下来又说：法律的基本原则是为人诚实，不损害别人，给予每个人他应得的部分。② 这段话反映了斯多葛派的思想。例如，西塞罗在《论义务》的第1卷里，曾经叙述过斯多葛派的这一正义概念。他说，正义是诚实的来源，正义就是给予每个人他应得的东西，正义包含的首要义务是不损害他人。

罗马国家统治疆域的拓展，推动了权利或自由的适用范围逐步扩大。查士丁尼的《法学总论》把人的区分简化为自由的享有与否。它提出，关于人的法律的主要区分是：一切人不是自由人就是奴隶；自由人得名于自由一词，自由是每个人，除了受到物质力量或法律阻碍外，可以任意作为的自然能力；自由人有生来自由的或是被释放而获得自由的，前者从出生时候起就是自由的，后

---

① 参见［罗马］查士丁尼：《法学总论——法学阶梯》，张企泰译，商务印书馆1989年版，第5—6页。
② 参见［罗马］查士丁尼：《法学总论——法学阶梯》，张企泰译，商务印书馆1989年版，第5页。

者是从合法奴隶地位中释放出来的人。① 这种对自由人的规定扩大了自由的适用范围。

但是，真实享有的权利与自由在很长时期内是不平等的。查士丁尼的《法学总论》规定：自由权、市民权和家长权并非所有自由人能同等享有，其中属于市民权方面的选举、担任公职等权利，属于家长权方面的父母对子女所享有的权利，只有罗马公民才能享有，异邦居民则不享有这些权利。这说明罗马公民权无异于一种特权。行省与殖民地的自由人则适用万民法。212年，安东尼尼安敕令颁布，将罗马公民权授予帝国范围内的所有居民。此后市民法与万民法的区分便没有实际意义了。

其次，人的天生平等与权利平等。自由的享有又与不同法律的适用领域有关。上面提到，自然法与万民法都是罗马国家私法体系的组成部分。盖尤斯（110—180）在《法学阶梯》中沿用亚里士多德、斯多葛派与西塞罗的两分法，把法分为市民法与万民法，市民法适用于罗马公民，万民法适用于非罗马公民。乌尔比安（170—228）则将万民法区别于自然法。他认为，自然法是普遍适用于包括人类在内的所有动物的法，其原则包括有关婚姻的处罚、照顾后代的义务、反抗暴力的权利。万民法只普遍适用于人类处理内部关系，奴役制是万民法的产物，而非自然法的产物，因为根据自然法万物生而平等。乌尔比安的这种划分方式被后来的法学家效法。查士丁尼的《法学总论》将罗马私法分为三部分，即自然法、万民法和市民法，历史上称为三分法。② 该书指明，自然法是自然界教给一切动物的法律，非人类所特有。市民法是适用于某个民族的特有的法律，万民法是适用于全人类的共同的法律。

使用自然法学说的一个重要意义就是，法学家根据人的天生平等原则，批评现实的奴役制度。《民法大全》继承古希腊的自然法精神，承认"根据自然法，一切人生而自由"。它特意标明，"'人'原来是对一切人的自然的名称，万民法却开始把人分为三种：自由人，与之相对的奴隶，第三种是不再是奴隶的被释自由人"。查士丁尼在立法中申明奴役违背自然法，赞成"释放的善

---

① 参见［罗马］查士丁尼：《法学总论——法学阶梯》，张企泰译，商务印书馆1989年版，第12—13页。
② 参见［意］彼德罗·彭梵得：《罗马法教科书》，黄风译，中国政法大学出版社1992年版，第14页。

举"①，体现了当时罗马社会的进步，即法学承认抽象意义上的人格平等。

查士丁尼的《民法大全》同时简化了自由人之间的等级差别。在查士丁尼之前，被释自由人分为三级：其一，被释放者获得完全自由，享有罗马公民资格；其二，被释放者获得不完全自由，成为拉丁人；其三，被释放者获得更低级的自由，仅有降服者身份。查士丁尼规定：废止降服者这一级，同时消除拉丁人以及与拉丁人有关的一切；对于一切被释自由人，不问被释放者的年龄、释放者的权益或释放方式，一律都给予罗马公民资格；罗马公民资格现在是唯一的一种自由。此外，奴隶获释的条件也大大放宽。② 它同样包含一个重要的法学原则，即抽象意义上的法律面前的权利平等。

三、权力的划分与制约思想

罗马法学家明确区分公法与私法，但他们很少使用公法这种表述方式，对公法领域兴趣也不大。究其原因有两点：其一，事关公法这个词的含义。在查士丁尼的《法学总论》里，公法这个术语是在不同的含义上提到的，例如，有时指罗马的整个司法体系，有时指训示式法治，却很少确认为国家法律或宪政的独立分支。在哈德良治下，公法常常与公共利益联系在一起，合称公共福利。这里的公共福利指的是设置一种特定的制度或规则，这些制度或规则本身有时被称作公法。在这个意义上，婚姻制度便可以称为公法。因而在法学家看来，公法有时指罗马法整体，有时指服务于特定重要目的、以求维持市民社会的私法制度。

其二，就公法的宪政意义而言，法学家确实很少关注。据史料记载，只有为数不多的人对公法感兴趣，如1世纪中期至2世纪初的法学家瓦罗写过有关元老院的著作。到帝制时期，情况有些改变。在安东尼尼安治下，有一批法学家著书讨论过各类长官的职责，这些书现多以残篇留存于世。乌尔比安写过10卷本的著作《论执政官的职责》。至3世纪初，这方面确实积累了一批文献。

就目前资料看，关于罗马公法方面的内容主要出自帕比尼安、保罗和乌尔比安的著作。一般而言，在《查士丁尼民法大全》的公法部分，包括对帝国官

---

① ［罗马］查士丁尼：《法学总论——法学阶梯》，张企泰译，商务印书馆1989年版，第14页。
② 参见徐家玲：《早期拜占庭和查士丁尼时代研究》，东北师范大学出版社1998年版，第245—246页；［罗马］查士丁尼：《法学总论——法学阶梯》，张企泰译，商务印书馆1989年版，第7、12—15页。

制的规定，例如，规定城市执政官的职责是：镇压犯罪行为、监控价格、监督监护人和保佐人、与钱庄主进行金钱诉讼。再如，行省总督的职能包括民事与刑事两方面，等等。从中还可以看到，公职人员的任职资格是有财产限制的，例如，规定城市官员和城市议会议员应该拥有充分的财产，认为将官职委任给贫穷的人是不合适的和不光彩的。①

在共和国时期，用来称呼长官权力的词，在元首制建立后仍然使用。值得注意的是，法学家们虽然没有讨论过皇帝的权力受什么限制，但是却关注了其他行政官员的权力及其制约规则。具体言之，权力（imperium，又译治权）只有高级长官才能执掌。高级长官只有在自己被授权的地域之内，同时必须在规定的期限当中，才能实施权力。权力有层级之分。首先，某些长官的权力大于其他人，例如，执政官的权力大于裁判官（大法官）；在行省之内，行省执政官或总督掌有仅次于皇帝的最大权力。其次，权力的职能可以是单一的，如司法权以及刑事案件中的死刑裁判权；权力的职能也可以是混合的。

司法权（jurisdiction）的规定则有所不同。这个词不仅指市民法意义上的司法功能，而且简单地指长官的司法权威。行省长官只有在被授权的事务上才有司法权。市政长官的司法权受到地域和财政方面的双重制约。低一级长官不能对掌握更大权力的长官实施司法权。另外，只有长官本人才能实施司法权，除非他的职能经法律或惯例确认由他人代理。

长官的权力能否由他人代理，法学家也做过论述。帕比尼安认为，关键是区分权力的种类，例如，由法律、元老院的决议或皇帝的谕令授予的权力，不可由他人代理；由职责权利衍生的权力，可以由他人代理。

罗马国家的公法制度有两个特征。首先，公共职责必须根据法律来实施，掌权者在接受权力的同时，也要受到法律的制约。有些权力是官职的性质固有的，有些权力则是由其他机构的立法明确授予的。长官必须在自己的权限之内活动，逾越权限的行为无效。例如，行省长官在自己的地域之外实施职责是没有用处的，因为这时他仅仅具有私人身份。其次，权力是划分为等级的。在这个序列里，下级官员的行为受到高级长官的控制。同理，大法官无权支配大法官，执政官也无权支配执政官。如果双方权力相当，难以形成判断，便须征求

---

① 参见［意］桑德罗·斯奇巴尼选编：《公法》，张礼洪译，中国政法大学出版社2000年版，第98—100、106—107、122页。

皇帝的意志。在这里，有关长官的行为是否具有合法性的思想，常常是与司法权的解释相联系的。而且，这些思想提供了法庭上的私法（以及其他类型的法律）程序的基础，这也正是法学家们视为自己应该关注的领域。这些概念和观点已经蕴含了近代宪政国家的一些构成要素，例如限权与法治。当然它也有明显的缺陷，即对这一权力金字塔的顶端即皇帝的权力丝毫没有触及。①

四、历史地位与评价

罗马法及其理论成果对西方国家的影响是巨大的。首先，在对法律的基本内涵的理解上，它们继承了古希腊的法律理性说，称法律为"非人格的理性"。此外，法学家们又提出带有罗马文化特点的法律意志说，在西方历史上经过历代发展，成为一种含义纷繁的主流学说。例如，基督教的宗教哲学将上帝的意志和理性视为永恒法，是其他各种类型法律的来源。再如，近代的人民主权论者卢梭将人民视为立法者，法律是公共意志的行为，同时一个民族最初的立法者又是理性的代言人等。这些都反映了罗马法学家的法律理性说的影响。

其次，法学家有关法律分类的学说同样影响深远。在中世纪基督教神学思想家托马斯·阿奎那的法律学说里，一方面可以见到罗马法的遗产，另一方面又有适应基督教需要所作的神学的改造，例如，他舍弃了万民法的说法，加入永恒法与神法的内容。到了近代政治学的奠基人霍布斯那里，关于法律类型的学说更趋繁复。霍布斯讨论过查士丁尼法典中市民法的七种类型，又将国家的成文法区分为人定的分配法与刑法，以及仅适用于某个民族的神定的成文法。霍布斯的法律学说影响到现代分析法学派的形成。

再次，对近代民族国家立法的影响。作为古典的私法体系，罗马法对于权利主体，如自由人、公民、法人的严格区分，对于各种权利形式，如公民权、物权的定义方式，对契约、准契约、婚姻、遗产、继承等财产获取与转让程序的规定，在近代得到创造性的改造，转换为具有启蒙意义的天赋人权观念和法治原则。

自然法学说的希腊传统经过罗马法学家的阐释，得以巩固和加强，流传至今。特别是其中关于自然法属于人定法之上的高位法、人定法应遵循理性原则

---

① C. Rowe and M. Schofield eds.: *The Cambridge History of Greek and Roman Political Thought*, Cambridge: Cambridge University Press, 2005, pp. 625-630, 633-634.

的思想，传入中世纪基督教文化，乃至近代，塑造了西方现代法学的基本品格。它提出的人天生平等的主张，成为近代天赋人权学说的理论基础，后世法学家从中得出法律面前人人平等的基本原则，甚至财产占有尽可能平等这种激进的结论。

罗马的万民法本身属于私法，它针对罗马公民以外的行省居民，规定其权利和财产关系。这个古典学说在中世纪后期复活，特别是到了近代早期，由于适应了当时国际公海上的商业竞争以及新兴民族国家间的冲突这一大的历史背景，逐渐转型为近代的国际法学说；万民法的权利主体转变为独立的、享有至高主权的国家，但它的核心原则仍然包括确认和保护公民个体的私权的意义。

最后，罗马公法中的积极内容得到当代研究者的重新阐发。20世纪末期以来，西方学者注意到罗马公法中有关治权与司法权，公共权力的职责、界限及其相互制约的规定，认为这些观点影响了近代的宪政学说。这些内容散见于大法官条例等法律文告中，记录了行政活动中常见的职能范围与权力界限上的划分难题，确实是有益的历史经验。但是，它们彼此之间缺乏统一、连贯的思想，也没有明确的学理支持，所以长期湮没于历史文献中。不如说，它们仅仅是罗马国家政治制度的副产品，其中蕴含的意义不应被夸大。

思考题

1. 为什么说西方政治思想在希腊化时期发生了转折？
2. 波利比乌斯的政体学说有何特色？
3. 西塞罗对西方的政治法律思想有何贡献？
4. 罗马法和罗马法学家对后世的西方政治思想有哪些影响和贡献？

▶ **本章拓展资源**

第三章 中世纪的神学政治思想

公元476年，西罗马帝国灭亡，西欧进入封建社会，此后直到文艺复兴，共约一千年，史称"中世纪"。中世纪的西欧，基督教占据绝对统治地位，思想文化领域也是如此，政治学成为神学的分支和"婢女"，中世纪的政治观是神学政治观。奥古斯丁的政治思想奠定了中世纪政治思想的理论基础，围绕教权与王权的斗争产生的各种政治思想构成了中世纪政治思想的主要内容，阿奎那的政治思想代表了中世纪神学政治观的最高成果，而神学异端和宗教改革的政治思想反映了新兴市民阶级的崛起，为近代民族国家的发展创造了重要条件。

第一节 基督教的兴起与中世纪政教斗争

一、神学政治观在中世纪的统治地位

西罗马帝国的覆灭是古代世界政治秩序彻底瓦解的标志，随之而来的是经济上和文化上的巨大变革。从丛林中走出来的日耳曼人，在西欧逐步建立起新的封建秩序。

封建主义既是经济制度，也是政治制度，它以领地的分封和占有为基础，在领主与附庸（国王与诸侯、诸侯与臣民）之间建立起以相互忠诚和相互保护的双重承诺为内容的私人身份联系，并以契约为保障。在政治上，各个王国在层层封建关系网络之中被分割为大小不等、相互交错的封建领地。领主们在领地内拥有财政、司法等各项权力，国王对领主和臣民都无法享有绝对的统治权。在经济上，各个王国被分割为大小不等的经济单位，各层领主与农民之间是典型的剥削与被剥削、压迫与被压迫的关系，根据封建契约，领主不仅享有获得农民大部分劳动成果的权利，还享有广泛的特权。国王和教会拥有大量的地产，基督教会拥有整个西欧1/3的地产，而且还享有"什一税"的特权，是西欧最大的封建领主。在封建社会严重割据的局面下，基督教会不仅将封建制度神圣化，罗马教廷自身也成为巨大的国际中心，将整个西欧联成一个政治体系，并最终成为统治西欧的一个强大的政治力量。

中世纪是基督教的时代，基督教在思想和文化领域占据了绝对统治地位。几乎所有统治者和被统治者都是基督徒，基督教信仰成为普遍的世界观，渗透到日常生活的各个角落。基督教会管理人们的日常生活，垄断了教育和学术研究。"中世纪把意识形态的其他一切形式——哲学、政治、法学，都合并到神学中，使它们成为神学中的科目。"①

"中世纪的世界观本质上是神学的世界观"②，中世纪的政治观也是神学政治观。这种政治观不仅与神学世界观相一致，而且也与中世纪社会的基本特征相一致。基督教的教义预先规定了各种政治问题的答案，也决定了得出这些答案的思想方法和论证方法。神学政治观的统治地位不仅意味着违反基督教教义的观点将被裁判为异端，而且也意味着，基督教教义潜移默化为人们的基本价值和思维方式，几乎不可能存在离开它们来思考政治问题的理论。神学政治观在中世纪的统治地位主要体现在以下几个方面：

首先，基督教教义规定了中世纪基本的政治价值与原则。超越世俗的基本态度、一切权威来自上帝、精神权威与世俗权威的并列、追求平等与博爱等，这些价值与原则主导了中世纪政治思想的发展，对政治问题的思考不能离开它们，答案必须是对它们的阐释以及针对现实政治形势的应用。

其次，在政治理论问题上采用特定的论证方法。既然理论问题的基本前提是确定的，那么，政治理论的论证只能采用演绎的逻辑方法，"从头入手"展开讨论。中世纪政治思想基本上都以神学的形式存在，神学家们完全不像亚里士多德那样通过调查希腊各城邦的实际政治状况，然后进行归纳和分析，进而得出相对抽象的分类和原理，他们往往以《圣经》中的教义为逻辑起点和价值标准，推演政治问题的答案。中世纪政治思想的论证方法是由基督教教义支配的，是一个从理论原则到具体结论的演绎过程。

最后，教士阶层在知识、文化和教育等方面处于垄断地位。"僧侣获得了知识教育的垄断地位，因而教育本身也渗透了神学的性质。在僧侣手中，政治和法学同其他一切科学一样，不过是神学的分支，一切都按照神学中适用的原则来处理。"③ 新入主西欧的日耳曼人是政治上的主人，但在文化上却很不发达，他们迫切需要借助基督教教士的知识和文化，从这个意义上说，日耳曼人

---

① 《马克思恩格斯文集》第 4 卷，人民出版社 2009 年版，第 310 页。
② 《马克思恩格斯全集》第 21 卷，人民出版社 1965 年版，第 545 页。
③ 《马克思恩格斯文集》第 2 卷，人民出版社 2009 年版，第 235 页。

皈依基督教的过程就是神学政治观取得统治地位的过程。

总之，中世纪并不存在独立的政治学，许多政治概念和原理，比如权力、权利、法律、服从、臣民、义务等，都是在神学体系内、以神学的形式进行讨论的。在中世纪第一流思想家的著作中，政治理论只是某些神学根本问题的展开，属于次要问题。因而，要了解西方中世纪政治思想，必须首先了解基督教。

二、基督教的产生及其早期政治思想

正如马克思主义经典作家所指出的，基督教的产生和发展适应了西罗马帝国覆灭之后西欧的社会、政治、经济形势："古代'世界秩序'彻底瓦解以后产生了基督教，基督教不过是这种瓦解的表现；'全新的世界秩序'不是通过基督教从内部产生的，而是在匈奴人和日耳曼人'从外部'攻击罗马帝国的尸体时才产生的；在日耳曼人入侵以后，不是按照基督教建立起'新的世界秩序'，而是基督教随着这种世界秩序的每一个新阶段的到来而发生变化。"①

基督教的产生与早期发展都处于罗马帝国时代，严格来说并不属于中世纪，但鉴于早期基督教的许多信条后来发展成为重要的政治原则，深刻地影响到中世纪和后世政治思想的发展，因此，有必要追溯它的产生和发展。

基督教是从犹太教的一个分支发展而来的。《圣经·新约》记载了关于耶稣的传说。耶稣于公元1世纪早期开始传教，教导人们心向神的国度，追求天国的幸福，抛弃世俗欲望，要悔改、要赎罪，要爱上帝、爱人如己。耶稣强调人的精神幸福，不太注重犹太教的清规戒律和繁琐仪式，他及其追随者构成犹太教中独特的派别。

耶稣被钉十字架后，他的门徒宣称：他就是传说中上帝派来的救世主，即"基督"；他是上帝之道所成的肉身，目的在于传播上帝的福音，作为有罪的人与上帝之间的"中保"和桥梁，他给罪人们最后皈依的机会；他被钉十字架是为了给世人赎罪，是"上帝爱人"最重要的体现；在被钉十字架三天之后，耶稣复活升天，将来他会重返人间，审判所有活人和死人；凡信仰耶稣为基督的，就能赦罪，得到拯救，进入天堂。

耶稣死后，他的门徒和信徒继续聚会，除了参加犹太教的仪式、遵守犹太

---

① 《马克思恩格斯全集》第10卷，人民出版社1998年版，第253页。

教的律法，他们还举行自己的特殊仪式。他们共同使用所有成员的财产和物品，相互照顾，彼此团结，传播耶稣的教导，赞美上帝，期盼耶稣的再临。这一时期，"使徒"们承担起了传播耶稣教导和组织信徒的任务。

基督教社会基础的变化与罗马帝国后期社会危机的加深促使基督教的政治地位发生了转变。早期的基督教是作为"奴隶和被释奴隶、穷人和无权者、被罗马征服或驱散的人们的宗教"① 出现的，它反映了当时劳苦大众对现实不满而又无法解脱的精神状态。2 至 4 世纪，富人纷纷加入并控制了教会，从而改变了基督教的性质，使之成为剥削阶级欺骗和麻痹人民的精神鸦片。随着基督教性质的改变，罗马帝国对它的态度也由迫害变为承认，最终将它定为国教。

自产生之日起，基督教便深刻地影响着西方人的精神生活，基督教的神学政治观也随之在很长时间里成为西方人的基本政治信条。基督教政治观的形成与它的早期发展史密切相关，基督教早期政治思想为整个中世纪基督教政治思想的发展确立了基本原则。

首先，基督教坚持一种超越世俗事务的基本态度。基督教教导信徒向往彼岸和天堂，而不要向往此岸和人间；教导人们追求灵魂得救，而不要在乎世俗喜乐。《圣经·新约·约翰福音》中记载了这样一个故事：当耶稣被罗马统治者指控"自立为犹太人的王"，耶稣说了一句意味深长的名言："我的国不属这世界。"耶稣的这一立场典型地代表了基督教对世俗政治的疏远态度。灵魂的拯救才是基督徒永恒的幸福，与之相比，世俗政治是短暂的、脆弱的，而且是肮脏的。因而，基督教对世俗政治和权力采取一种有限的、有条件的承认，认为它们只是末日审判之前的一种临时管理办法，之后便将不复存在。

其次，基督教坚持上帝是一切权威的终极来源。基督教信奉上帝是唯一真神，上帝是全知全能、至善至美的，是一切权威的终极来源。据《圣经·旧约·撒母耳记上》记载，犹太人请求上帝给他们立一个王，上帝并不情愿地答应了。基督教教导信徒，权力来自上帝，服从统治者就是服从上帝。在《圣经·新约·罗马书》当中，保罗说："在上有权柄的，人人当顺服他。因为没有权柄不是出于上帝的。凡掌权的都是上帝所命的，所以抗拒掌权的，就是抗拒上帝的命。抗拒的必自取刑罚。"这一原则是"君权神授"思想的重要依据，在中世纪成为统治者为自己权力辩护的首要神学根据。

---

① 《马克思恩格斯文集》第 4 卷，人民出版社 2009 年版，第 475 页。

再次，基督教坚持精神权威与世俗权威并列的原则。基督教在成为罗马帝国国教之前，基督徒们自发地组织教团，尽管受到了迫害，但仍然逐渐成长为组织庞大的教会。从教会诞生起，教会与国家的关系就成为重大的政治问题。《圣经·新约·马可福音》记载，耶稣曾教导说，恺撒的物当归恺撒，上帝的物当归上帝。这一教导成为西方处理教会与国家关系的基本原则：精神权威与世俗权威并列，掌管各自的领域，人们在精神领域服从教会，在世俗领域服从世俗政权。受此影响，中世纪逐渐形成古代历史上最典型的精神权威与世俗权威并列的社会，两者之间的关系成为中世纪最主要的政治理论问题。

最后，基督教坚持上帝选民的平等与博爱。基督教诞生的时候，充分汲取了斯多葛派的平等思想，形成了"上帝面前人人平等"的基本原则。尽管人与人在世俗身份、财产等方面存在差别，但基督教坚持所有人在上帝面前都是平等的。任何人只要信仰基督教，无论存在什么样的世俗差别，都是上帝的选民，一律平等。基督教还强调博爱。耶稣教导说，基督教的首要诫命就是爱上帝，其次就是爱邻人，爱人如己。显然，在中世纪森严的等级制度下，基督教的平等、博爱原则是无法实现的。

三、王权与教权斗争中的政治思想

王权与教权的斗争在中世纪政治史和政治思想史上占据极其重要的地位，由这种斗争衍生出了中世纪绝大部分的政治思想。它们不仅使西方摆脱了中世纪早期政治理论极度贫乏的局面，而且为后世政治思想的发展奠定了基础。

王权与教权的斗争由来已久，自基督教会诞生之日起，这一斗争就不可避免。教会是独立于罗马帝国之外形成的，在四个世纪当中，帝国对基督教的政策由打压、迫害转变为尊奉、扶植，至4世纪，基督教成为帝国国教。帝国对教会一直保持着政治上的主动权，教会也一直提防着帝国的控制。在罗马帝国时代，争取"教会自由"成为教会的重要目标，阿塔纳修斯、安布罗斯、奥古斯丁等人都为此做过很大努力。

西罗马帝国覆灭之后，日耳曼人成为西欧的新主人。查理大帝在公元800年圣诞节接受教皇加冕，标志着新主人的身份得到了教会的正式认可。查理大帝及其子孙积极地利用教会来巩固自己的统治，主教和修道院院长都成了封建诸侯，为王权效命。各个地方的教会不接受教皇约束，严重世俗化，急剧腐化堕落，极大地损害了教会的形象。针对这种局面，教会内部出现了一批改革派，希望通过割断地方教会与王权的联系来改革教会。这要求教会在政治上成为一个组织严密的权力金字塔，其顶端便是教皇。强化教皇权力，就必须针对王权，取得居于它之上的地位。因而，"教权与王权孰高"成了教会与世俗政权之间一切政治冲突的总问题。对主教与修道院院长任命权的争夺引发了中世纪盛期教权与王权的全面斗争，史称"叙任权之争"。

1075年，教会改革派领袖教皇格里高利七世发布敕令《教皇如是说》，标志着教权与王权的正面冲突全面爆发。格里高利坚决主张教权高于王权：教皇不仅绝对掌握主教叙任权、司法管辖权、教会立法权等许多原来掌握在皇帝手里的权力，而且主张教皇至上，教皇拥有远高于皇帝的权力，甚至有权力废黜皇帝。神圣罗马帝国皇帝亨利四世面对格里高利的挑战，坚决予以回击，宣布废黜格里高利的教皇职位并永远受到诅咒，格里高利随即宣布革除亨利的教籍。后来，势单力孤、众叛亲离的亨利只得在格里高利度假的卡诺萨城堡前下跪求饶。此后，亨利和他的子孙们并不甘心，在与教皇们斗争了半个世纪之后，双方于1122年签订了《沃尔姆斯协定》，共同分享了各种权力，协定的结果有利于教权一方。教权虽不能完全凌驾于王权之上，但至少取得了与王权同等重要的地位。教会改革派的目标虽然没有完全实现，但上述结果对教会和西方政治的发展都产生了重大影响。基督教坚持的精神权威与世俗权威并列的原则，不仅成为牢不可破的信念，而且基本成为政治现实。

然而，教会对至上权力的争夺并没有随着《沃尔姆斯协定》的签订而停止，教皇英诺森三世将"教权高于王权"在理论上和实践中都推向了极端。英诺森在理论上神化教皇权力，强调教皇是基督的代表，只有他拥有"完全的权力"，统治整个"基督教王国"。与教皇的权力相比，皇帝的权力是"不完全的"，教权（教皇）高于王权（皇帝）正如灵魂高于肉体。英诺森还阐释了著名的"日月说"，暗示教权与王权的关系，即教权是太阳，王权是月亮，月亮的光辉来自太阳。后世的教权派理论家利用这个比喻得出了王权来自教权的结论。在现实政治中，英诺森将教权扩张到世俗事务领域，主张教皇有权审查一个人是否有资格成为皇帝，有权裁决皇帝选举过程中的分歧，有权裁决世俗王公之间的政治争端，等等。沿着英诺森的道路，教皇卜尼法斯八世和他的理论家们极端地认为，代表精神权威的精神之剑和代表世俗权威的世俗之剑都属于彼得（教皇）。卜尼法斯把这一立场写入敕令《唯一神圣》（1302年），将自己

"唯一神圣"的地位以法律的形式固定下来。但随着卜尼法斯被法国国王菲利浦四世党人囚禁，教权派在理论上和实践中都迅速跌入低谷，此后再也没有恢复从前的辉煌地位。

在这一时期，王权派在斗争中完全处于守势，他们并没有拿出与教权派同样有分量的理论来与之抗衡。王权派在宗教理论根据、理论斗争热情、教育文化程度等方面都逊于教权派，他们只能凭借基督教精神权威与世俗权威并列的原则和"圣史"的记载来为王权辩护。支持王权一方的理论家，很多都反对教权派破坏"精神权威与世俗权威并列"这一基本原则。

尽管教权派在中世纪盛期占据了明显的优势地位，但权力的天平在两派之间没有出现完全失衡，这就使政教二元化体系得以形成。随着社会、政治、经济、思想各方面环境的变化，14世纪之后，王权派理论家们开始扭转不利局面，逐渐取得优势地位。

第二节　奥古斯丁的政治思想

一、教父与奥古斯丁

"教父"（Father）一词来自拉丁文"父亲"（Pater），原来是对主教的称呼，这里特指活跃于1世纪至5世纪的一批神学家，他们的重要贡献是将基督教教义阐述为系统的神学理论。耶稣和使徒们相继去世之后，信徒们无法解决教义的分歧和其他问题，人们开始思考、争论、解释耶稣和使徒们的教导。而且，希腊哲学和各种知识也对基督教信仰构成了有力的冲击，面对各种政治、宗教势力对基督教发起的挑战，基督教必须将原来粗糙的、朴实的、生活中的教义发展为一套完整的神学理论，才能够应对纷至沓来的各种挑战。教父正是这样一批初步建立起基督教神学的神学家，同时，他们也是教会的领袖和保卫者。

1世纪至5世纪，是基督教广泛传播、发展并逐步取得统治地位的历史阶段。基督教在这个时代主要面临两大方面的任务：一是教义的统一，二是教会的统一。使徒时代的教义靠使徒来解释，教会是团结在使徒周围的教团。随着使徒们相继去世，对教义和其他分歧的判断失去了统一的权威；而且，基督教不断发展壮大，各地教会相继建立，并没有形成统一的组织。在面临各方挑战的情况下，基督教需要团结起来，教义的统一和教会的统一就变得非常重要。两个"统一"是相互紧密地联系在一起的，因为教义的"正确"与组织的权威紧密相连。教父们是基督教统一的维护者和保卫者，他们既通过神学著作来维护大公教会（Catholic Church，上帝的、整体的、普世的，而非某些人、某些民族、某些地方的教会）的理论权威，同时也参与大公教会的组织和管理，最终促成了西方教会的"大一统"。

在所有教父当中，影响最大的当数希波的奥古斯丁（354—430）。奥古斯丁的神学是教父时代基督教理论的巅峰。正是在他的著作中，基督教教义成为一个完整的、条理分明的体系。在西方政治思想史上，奥古斯丁也具有独特的地位，在所有教父当中，只有奥古斯丁系统地阐述了基督教的社会政治哲学。

奥古斯丁生于北非的塔加斯特，青年时代不仅生活放荡，而且信仰摩尼教，研究占星术，酷爱西塞罗的修辞学，与基督教信仰和道德要求格格不入。在笃信基督教的母亲感染下，经过圣安布罗斯的劝导和启发，奥古斯丁终于皈依了基督教。自此之后，他为基督教事业殚精竭虑，不仅写下了数千万字的著作捍卫基督教信仰和教会权威，还曾担任希波的主教，直接参与教会的组织和管理。

奥古斯丁的著作主要有《上帝之城》《论三位一体》《忏悔录》等。奥古斯丁的所有著作都是为了与异教和异端展开针锋相对的论战而作。几乎当时所有重要的异教和异端都受到了奥古斯丁的严厉批判。奥古斯丁通过论证"恶"的本质是"缺乏"而不是"物质"批判摩尼教；通过论证"三位一体"的真理性来捍卫基督的"位格"（Person，指理性生命存在显现的方式，在基督教教义中，上帝有三个位格，即圣父、圣子、圣灵），批判阿里乌派；通过论证婴儿也有原罪来捍卫原罪说，批判帕拉纠派；通过论证教会的唯一性来批判多纳图派的宗派主义。这些教义将基督教信仰与大公教会的神圣地位紧密联系在一起，成为大公教会认可的官方理论。正是在这一系列批判的过程中，奥古斯丁融会了希腊哲学和前辈教父们的理论，将基督教教义阐发为一个完整的体系，他的卷帙浩繁的著作堪称基督教神学的百科全书。

奥古斯丁的著作极力捍卫大公教会的权威，因而也得到了大公教会的青睐，被奉为正统学说。在基督教占据绝对统治地位的中世纪，奥古斯丁的思想渗透进西方思想、观念、文化的方方面面，不仅深刻地影响了西方中世纪政治思想的发展，而且深刻地影响了西方的许多基本观念和思考问题的方式。"如果说曾经有人建构了一个世界观，这个世界观又塑造了一个世界，奥古斯丁便是。"①

二、人的"原罪"与信仰主义

人的"原罪"是基督教关于人的最重要的认识。基督教的许多基本原理都与"原罪"密切相关。原罪理论之所以重要，是因为只要原罪理论被否认，基督教的许多重大教义和礼仪就会站不住脚。捍卫原罪理论是奥古斯丁对基督教的重大贡献之一，正是在他的努力下，原罪理论成为无可争议的定论。这意味着基督教对西方世界观、人生观、政治观的绝对主导地位基本确立。

奥古斯丁阐述原罪理论的直接原因是对帕拉纠派人性论的反驳。帕拉纠是奥古斯丁时代的著名僧侣，他否认人的罪从亚当而来，也不承认死亡是亚当不服从上帝所遭受的惩罚。相反，他相信人类可以自由地选择行义或犯罪，亚当只是将罪引入了世界的坏榜样而已。人的罪不是来自亚当的血统，人可以过无罪的生活，尽管在现实中极其困难。帕拉纠说："最大的荒唐和愚拙，莫过于认为若要使人无罪，必须先有罪！"② 帕拉纠的这套理论对基督教教义构成了巨大的威胁。依据他的理论，上帝不再预定谁是义人、谁是罪人，"预定论"（Predestination，上帝的旨意是绝对的，无条件的，人无法改变甚至无法知晓上帝的安排）将被取消，随之而来的便是上帝的恩典对人而言变得不再那么重要，上帝通过牺牲耶稣基督拯救人类、在耶稣基督死后通过圣灵的形式启示人类也都变得多余；为婴儿洗礼也不再是上帝恩典对人进行赦罪的仪式，而只是让人成圣的祝福；教会也变得不再重要。总之，人本无罪，只要过禁欲主义的修行生活，不需要全能的上帝施以恩典，就可以得到完美的人生。

与帕拉纠派针锋相对，奥古斯丁阐述了基督教的人性观：每个人天生都是罪人，罪来自亚当的血统。亚当和夏娃曾经纯洁无罪并且可以永生，但他们犯下了偷食禁果的大罪，结果被逐出伊甸园，而且被上帝施以"死亡"的惩罚。

---

① ［美］约翰·麦克里兰：《西方政治思想史》，彭淮栋译，海南出版社 2003 年版，第 114 页。
② 《恩典与自由：奥古斯丁人论经典二篇》，奥古斯丁著作翻译小组译，江西人民出版社 2008 年版，第 182 页。

他们造成的罪就是"原罪",他们的子孙都带有原罪。人只有通过上帝的恩典才能得到拯救,人自身背负着原罪,没有能力摆脱它,只会不断地犯罪。"人犯罪是由于自己,罪得医治却是由于恩典。"① 只有上帝绝对主动地掌握了人是否能够得救的权力,人自身对此无能为力,人的努力也完全没有作用。耶稣是唯一没有罪的人,他既是带有神性的人,也是带有人性的神;是完美的"中保"。上帝让自己的独生子——无罪的耶稣——为有罪的人类赎罪,是上帝恩典的最重要体现,也是上帝爱人的最重要的体现。人只有通过信仰耶稣基督才能获得上帝的恩典,其他努力都是无用功。

奥古斯丁人性观的要旨在于"强调神至高无上的绝对主权,人类灵魂的绝对软弱无助,以及人类对于神恩典的绝对依赖性"②。人与上帝之间地位的天壤之别,以及上帝恩典的绝对重要性,使得信仰对人而言就格外重要。信仰对于人而言是首要的大事,理性则被降低到了次要的位置。基督教的"信仰主义"在奥古斯丁的神学权威支持下得以确立。

"信仰主义"即信仰是人生意义和真理的首要来源,甚至是唯一来源;与信仰相比,人的理性是微不足道的,最多只是人生意义和真理的次要来源。信仰主义的确立是西方政治思想史上的重大事件。基督教诞生之后,必须面对崇尚理性的希腊文化。柏拉图主义、亚里士多德主义、斯多葛主义等主要的希腊哲学流派都高度张扬理性,理性在人认识自身、认识世界的过程中处于核心地位。基督教信仰与理性之间存在着紧张关系,一方面,基督教需要吸收希腊哲学,借助理性的力量使生活化的粗陋教义升华为系统的神学;另一方面,"信仰与理性孰高"的问题由此产生,在基督教信徒内外都产生了广泛的议论。教父德尔图良将理性与信仰关系的问题通过一个形象的比喻来表达——雅典与耶路撒冷,他极端贬斥理性和代表它的雅典,高度崇尚信仰和代表它的耶路撒冷。德尔图良的立场并没有被广泛接受。上文提到的帕拉纠派,正是理性主义立场在基督教内部的典型代表。总之,理性主义并没有随着基督教的诞生而迅速败落,基督教信仰主义经过一代又一代教父们的努力,终于在奥古斯丁手中完成,并取得压倒性的主导地位。

---

① 《恩典与自由:奥古斯丁人论经典二篇》,奥古斯丁著作翻译小组译,江西人民出版社 2008 年版,第 185 页。
② [美] 罗杰·奥尔森:《基督教神学思想史》,吴瑞斌、徐成德译,北京大学出版社 2003 年版,第 268 页。

奥古斯丁坚决捍卫"原罪说"和"预定论",前者贬低人的本性,后者抬高上帝的地位,"上帝的恩典"和信仰对于人的极端重要性就显示出来了。在奥古斯丁那里,"上帝的恩典"与基督教的各种"圣事"(礼仪)紧密联系在一起,而举行各种"圣事"的权力掌握在教会手中,教会成为基督教信仰必不可少的组成部分,正所谓"教会之外无救恩"。

三、论"上帝之城"与"世人之城"

奥古斯丁的著作卷帙浩繁,其中最重要的是《上帝之城》。正是在《上帝之城》中,奥古斯丁在神学的框架内完整地阐述了基督教的社会政治哲学。鉴于奥古斯丁的权威地位,这套政治哲学成为中世纪政治思想发展的思想基础,对中世纪社会政治思想产生了巨大的影响。

奥古斯丁创作《上帝之城》的现实政治背景是410年罗马城被西哥特人攻陷。罗马帝国境内无人不对此表示震惊、困惑和沮丧。600多年以来,罗马军队兵锋所至,从来都是战无不胜,罗马从蕞尔小邦变成了横跨欧、亚、非三大洲的庞大帝国。在罗马人的心目中,罗马是永恒的,"罗马就是世界"。罗马城被攻陷,基督徒感到迷惑,罗马帝国不是皈依基督教、成为上帝的王国了吗?为什么还会遭受这样的浩劫?异教徒感到愤怒,认为罗马城的失陷正是异教诸神对罗马的惩罚,是基督教败坏了罗马所致。面对人心惶惶、流言纷纷的局面,奥古斯丁创作了《上帝之城》,不仅反击了不利于基督教的种种指控,还创造出一整套神学历史观,来解释罗马帝国的命运和世俗政治的归宿。

奥古斯丁指出,罗马的兴衰和罗马诸神没有关系,罗马诸神没有庇佑过罗马,因为它们没有这种能力,它们只不过是虚假的幻象,是将人们引入歧途的魔鬼。然而,基督教的上帝从未许诺过保护人们在此岸的财产和幸福。上帝应许的是彼岸的幸福。真正的基督徒在此岸不一定能够免受灾难,但能够忍受灾难,最终将进入天国,享受永恒的和平与幸福。奥古斯丁用"双城论"来解释他的上述观点,区分了"上帝之城"(Civitas Dei)和"世人之城"(Civitas Terrena)。"上帝之城"的概念集中表达了基督教对彼岸的追求,相应地,"世人之城"的概念则集中表达了基督教对此岸、世俗、政治的鄙视。两个城的分立起源于天使的背叛,直接起因则是人类始祖亚当的犯罪和堕落。"两种爱造就了两个城。爱自己而轻视上帝,造就了地上之城;爱上帝而轻视自己,造就了天上之城。"① 两座城分别代表了亚伯与该隐、耶路撒冷与巴比伦、圣者与不义者、谦卑者与骄傲者、虔敬者与伪善者、被拣选者与被摒弃者、注定得救者与受罚者。两座城的区分实质上是按照基督教伦理对人进行的区分。这种区分是理论上的，"两个城在这个时代交织在一起，相互混杂，直到最后的审判才会分开"②。只有上帝之城才是幸福与和平之所，罗马与所有的世人之城一样，是罪恶的渊薮、痛苦的源泉，注定要灭亡。

奥古斯丁用"双城论"教诲人们，真正的幸福与和平在彼岸，而不在此岸。此岸的兴盛，不足喜；此岸的衰落，不足悲。政治这种此岸的世俗事务，并不值得追求。奥古斯丁贯彻了基督教对世俗政治的疏远态度，教导世人：政治并不是最高的善业，不是人的本性生发出来的热切追求，不是人生的意义和使命所在，而是短暂的尘世中的"临时"事务，是人性恶的表现和有限的临时补救办法，是人性本恶的外在标记。

奥古斯丁的"双城论"将基督教追求的精神权威与世俗权威并列的原则发挥成一套完整的学说。与神圣的上帝之城相比，世人之城是极其短暂的、脆弱的、罪恶的、痛苦的。在现实中，教会比较接近上帝之城，但它还不能完全等同于上帝之城。教会不断成长，但在教会中坏人与蒙拣选的人混合在一起，只有到末日审判，他们才会被甄别出来。但教会比国家更接近上帝之城，是精神秩序，国家只是世俗秩序。

奥古斯丁认为，尽管精神秩序在价值上远远高于世俗秩序，但两个秩序都是上帝的安排，在末日审判之前都是人所必需的。奥古斯丁虽然贬低国家的价值，但仍然给国家以有限的承认。国家是"众多理性动物的集合，这些理性动物因为热爱的事情相和谐而组成的社会"③。国家代表了世俗秩序，低于教会所代表的精神秩序，它起源于人性的罪恶，是短暂的尘世中克服人性之恶的临时办法，是制恶的工具；它本身与人的灵魂得救无关，在末日审判之时将会消亡。

奥古斯丁的"上帝之城"与"世人之城"学说，与"原罪说""预定论"

---

① ［古罗马］奥古斯丁：《上帝之城：驳异教徒》中，吴飞译，上海三联书店2008年版，第225—226页。
② ［古罗马］奥古斯丁：《上帝之城：驳异教徒》上，吴飞译，上海三联书店2007年版，第45页。
③ ［古罗马］奥古斯丁：《上帝之城：驳异教徒》下，吴飞译，上海三联书店2009年版，第164页。

等基督教核心教义紧密联系在一起，集中地阐述了基督教的社会政治观，第一次为教会高于国家、教权高于王权提供了系统的论证，从而奠定了中世纪神学政治观的基本原则。从本质上说，他的神学政治思想是在鼓吹宗教愚昧、盲目信仰，宣扬精神高于物质、上帝高于一切的思想，其目的是实现基督教会的统治。奥古斯丁的思想充分地表达了教会的利益和要求，因此，基督教会将他尊奉为博士、圣人，他的著作被奉为经典。

第三节 阿奎那的政治思想

一、经院哲学与阿奎那

11世纪，蛮族的侵扰和劫掠逐渐停止，西欧回到了正常的发展轨道，政治趋于稳定，经济走向繁荣，文化也逐步复兴。整个社会大环境的改善为经院哲学的产生创造了必要的外部条件。

"经院哲学"原意为"学院中人的思想"，它原来并不专指"哲学"，而是神学与哲学的混合体。经院哲学有两大特征：一是以"经院"为生存环境，所谓"经院"就是教会或修道院创办的学校；二是以所谓"辩证法"为论证方法。经院哲学是基督教神学在教父学基础上进一步发展的结果。自11世纪以来，经历了两百多年的发展，经过圣安瑟伦和阿伯拉尔，经院哲学终于出现了自己的巨人——托马斯·阿奎那。

阿奎那（1225—1274）出生于意大利，家境富裕，其家人都是极其虔诚的基督徒。阿奎那从小成绩优异，却一直沉默寡言。进入那不勒斯大学之后，阿奎那接触到了亚里士多德和柏拉图的理论，他选择了亚里士多德，认定他而非柏拉图是"正确使用理性的典范"。大学期间，阿奎那加入了激进的多明我托钵修道会，以行乞的方式传道，并与行乞传道士们同住。父亲派阿奎那的兄弟们将他强行送回家，囚禁了两年，强迫他放弃那种既不得体也充满危险的生活方式。阿奎那"获释"后迅速离开意大利，到科隆大学求学，拜在经院哲学大师大阿尔伯特门下。1252年秋，大阿尔伯特推荐阿奎那进入巴黎大学神学院，1256年春，阿奎那完成学业。由于当时大学的教授联合攻击、抵制托钵修道会，学校也从来没有将神学的最高学位（当时是硕士）授予托钵僧的先例，于是教皇出面干预此事，同年9月，阿奎那在教皇卫兵的保护下获得了硕士学位，名震西方。阿奎那一直与教廷保持着良好的关系。

成名之后的阿奎那一直是地地道道的学院派。尽管人们渲染他和法国国王圣路易相互敬重的友好关系，渲染他被那不勒斯国王安茹的查理毒杀的传说，尽管他受到了当时政治人物的高度尊重和礼遇，但事实上他从不参与现实政治，从不担任国王、教皇的政治谋士或者政论作家。他的心思完全放在庞大神学体系的建构上面，是一名纯粹的学者。然而，这并不意味着阿奎那不关心政治理论，更不意味着阿奎那在政治理论上毫无建树。阿奎那是位极其多产的作家，他的主要著作是《反异教大全》和《神学大全》，《亚里士多德〈政治学〉诠释》《论君主政治》是他政治思想的重要著作。阿奎那的著作是经院哲学的百科全书，其政治思想就包含在他的神学思想之中。

阿奎那神学的要旨在于调和奥古斯丁以来的主流基督教传统与亚里士多德传统之间的冲突。亚里士多德的理论是高度世俗化的，其中蕴含的世界观、人生观、价值观与奥古斯丁所代表的基督教传统几乎完全相反：它对人性、世界和政治持乐观态度，它们的"本性"是相通的，人在本性上就是政治的动物，城邦（国家）是人类最高的善业，没有此岸与彼岸的二元划分，也没有精神秩序和世俗秩序的二元划分。随着"亚里士多德革命"的不断深入，学者们逐渐认识到它不仅仅是一套方法论，还是一整套世界观、人生观、价值观。罗马教廷也认识到亚里士多德理论与奥古斯丁基督教传统之间存在巨大的冲突，对亚里士多德理论采取了禁绝和打压的政策。有很多学者试图全面地调和两大传统，阿奎那的老师大阿尔伯特已经开始了这项事业。这一事业正是在阿奎那手中完成的。罗马教廷也认为阿奎那的调和是成功的，宣布他的理论为天主教官方神学。1323 年，在阿奎那逝世后不到 50 年，教廷追封阿奎那为圣徒（称为"圣托马斯"），并赐予"天使博士"的称号；16 世纪中期召开的托特兰主教会议规定托马斯主义为天主教会的正统学说；1879 年，教皇利奥十三世发布通谕《永恒之父》，将阿奎那学说尊为天主教神学的典范。

二、信仰与理性的调和

为了适应当时形势的需要，阿奎那以基督教信仰为前提，修改、利用了亚里士多德理论中能够与基督教神学相适应的因素，调和宗教与哲学、理性与信仰的矛盾，给理性和经验以一定的地位。阿奎那认为，信仰至上，理性是信仰必要而有益的补充。这种调和构成了阿奎那神学政治理论的思想基础，是阿奎那神学政治思想的基本特点。

阿奎那调和信仰与理性的核心原则是"天恩不会取消本性而只会使本性完善"①。"天恩"即上帝的恩典（grace），代表着信仰；"本性"即"自然"（nature），代表着理性。奥古斯丁所树立的信仰主义认为，上帝的恩典与人的本性之间是"全"与"无"的关系。只有依靠上帝的恩典，人才能得救；人的本性是罪，是需要被克服的。恩典与本性之间是一种严格的对立关系。阿奎那将恩典与本性改造为一种和谐的等级关系。恩典仍然是首要的，信仰的地位不可动摇，关键是本性不再是恩典的对立面，不是需要完全被克服的对象，而是与恩典具有内在一致性的，值得而且可以发展和完善的。这一基本关系的改变意味着信仰与理性的关系也随之改变，在坚定信仰的前提下，理性有其积极的作用，它也是上帝创造的，人的理性是上帝赋予的，因而有其正面的合理性。理性不再无足轻重，而是信仰的有益的补充和助手，它能够帮助人类认识上帝、坚定信仰。尽管阿奎那承认理性的作用，但要求理性服从信仰，为信仰服务，理性的目的就是阐释信仰所指示的真理。

阿奎那的调和运用了独特的论证方法。与奥古斯丁和其他神学家一样，阿奎那的研究方法仍然是"从头入手"，一切论证皆以《圣经》为首要依据，但阿奎那还采取了理性的和经验的论证，将三重论证结合为一个整体。阿奎那在思想方法上持守"中庸之道"，总是在两个（甚至更多）极端的观点之间寻求合理的选择。无论多么极端和激烈的观点，阿奎那从不完全否认它的合理性，试图将它完全驳倒，而是论证这些观点在某种程度上也是正确的，但没有看到更高层次的问题，因而是不全面的。阿奎那把前人的观点都吸收到自己的理论当中，成为自己理论的一个次要组成部分，从而建立起他庞大的神学理论体系。

阿奎那充分重视辩证法的运用，给予理性和经验以一定的承认，无论在深度上还是广度上都将经院哲学提高到了一个新的阶段。同时他也为基督教神学注入了新的生命力，使基督教神学能够适应社会现实的发展变化。

三、国家学说

阿奎那庞大的神学体系当中包括了大量的政治理论，其中最重要的内容之

---

① 《阿奎那政治著作选》，马清槐译，商务印书馆1963年版，第12页。

一就是国家问题。在这一问题上,阿奎那学说仍然是调和信仰与理性、调和奥古斯丁基督教传统与亚里士多德理论,"通过利用亚里士多德的学说来重申政治的价值,主张政治与政治生活在道德上是积极的活动,与上帝造人的目的是一致的"①。阿奎那借用亚里士多德理论,在神学中给予政治和国家以积极的、肯定的地位,改变了以奥古斯丁为代表的基督教对世俗政治的疏远态度。

阿奎那国家理论的基本命题是"人天然是个社会的和政治的动物"②。它是对亚里士多德名言"人天然是个政治的动物"的改造。阿奎那原则上承认亚里士多德的国家起源学说,认为国家起源于人的本性以及由此派生的社会性,他在论证过程中强调了人的"社会性"。每个人的知识和技能都不可能满足自身所有的需要,因而人与人之间的社会分工和彼此依赖是必然的。但是,由于人性倾向自私,社会生活中的斗争与矛盾难以避免,所以社会需要某种"治理原则"来调节相互冲突的个人利益,维护社会团结,实现公共幸福。"国家"正是建立在人的社会性基础之上的公共机构,目的是保护和促进人的公共幸福。

与亚里士多德的城邦理论不同,阿奎那强调国家具有基督教的道德目的。所谓幸福并不是单纯的世俗幸福,在基督教信仰之下,它还意味着按照基督教教义过有道德的生活。因而,国家的重要目的是促成人类过上有道德的生活。阿奎那认为,国家是人们过上有道德的生活必不可少的条件。道德生活的基本前提有三点:首先是社会的融洽和谐,团结一致;其次是这个社会必须以行善为目标;再次是需要必不可少的物质基础。确保这三个条件的实现和发展是国家的基本职能。阿奎那对国家的相关论述没有完全否认传统基督教对世俗政治的疏远态度,也没有完全否认传统基督教对国家的非常低的评价;但是,他的理论对国家的态度和立场变得比较温和。政治不再只是人类在此岸克制罪恶的消极活动,它也可以成为促进道德生活、坚定信仰的积极活动;国家不再只是人类"以恶制恶"的、管理短暂此岸事务的消极工具,它也可以成为实现人类共同幸福、共同道德生活的积极工具。在基督教信仰的前提下,政治和国家的重要性提高了。

与温和的政治观和国家观相一致,阿奎那对精神权威和世俗权威关系的看

---

① Norman Kretzmann and Eleonore Stump eds. : *The Cambridge Companion to Aquinas*, Cambridge: Cambridge University Press, 1999, p. 217.
② 《阿奎那政治著作选》,马清槐译,商务印书馆1963年版,第44页。

法也是温和的。11世纪,西欧爆发了叙任权之争,在"精神权威与世俗权威孰高"的争论中,教会取得了前所未有的优势,但教俗双方的紧张局势仍然持续了数百年。阿奎那在世的时候,双方的斗争正处于又一个白热化阶段,阿奎那必须对这个重大问题发表自己的见解。他坚持一贯的"中庸之道":一方面,作为教会的理论家,他决不支持极端王权派的主张,即教会对世俗政权没有任何权力;另一方面,他也不支持极端教权派的主张,即教会对世俗政权拥有直接的权力。阿奎那继承了精神权威与世俗权威并列的传统,坚持精神权威与世俗权威各自独立,各自拥有自己的目的、属性和管辖范围。世俗权威(国家)的目的是实现人对社会生活的需要,使社会生活成为一种追求共同幸福的有道德的生活,这是世俗统治者的任务。精神权威(教会)的目的是实现人的信仰纯正和最终拯救,教皇是教会的领袖。根据目的论的规定,世俗权威的任务要服从精神权威的任务,因而,世俗权威低于精神权威。但这并不意味着精神权威可以随意干涉世俗事务,更不意味着精神权威可以完全控制或取代世俗权威。两者应该形成一种良好的合作关系,共同完成上帝赋予的使命。

对于世俗权威,阿奎那承认它来源于上帝,它有神圣的依据。阿奎那认为,世俗权威有两种,一种是对奴隶的统治,这是出于上帝的安排;另外一种是对自由民的管理和管辖权,也就是政体问题。阿奎那对政体的论述深刻地反映出他所处时代的政治现实。他遵循亚里士多德理论,按照正义与非正义、统治者人数两个标准,将政体划分为君主政体、贵族政体、平民政体、僭主政体、寡头政体和暴民政体。阿奎那认为,最好的政体是君主政体,因为它最"自然":"既然自然始终以最完善的方式进行活动,那么最接近自然过程的办法就是最好的办法。"① 支配权总是掌握在单一个体手中,政治共同体只有一个统治者,就如同心脏支配整个身体、蜂王支配整个蜂群、上帝支配整个宇宙一样。然而,阿奎那也承认,君主政体会蜕变为僭主政体,而僭主政体是"最坏的政体"。为了防止这种蜕变,阿奎那遵循传统,认为人民可以在某些方面参与政治,统治者手下需要有德之人参与治理,这种设计类似于古代理论家倡导的混合政体。

四、论法的性质与分类

阿奎那的法律学说是其庞大神学体系的重要组成部分,与政治和国家学说

---

① 《阿奎那政治著作选》,马清槐译,商务印书馆1963年版,第49页。

紧密相连。阿奎那认为，"法是人们赖以导致某些行动和不作其他一些行动的行动准则或尺度"①。人的行动准则是人的理性，理性通过意志支配人的行动，意志"受到理性的节制"就具有了法的权能。人的理性是上帝理性的体现，归根结底，法的本质是上帝的意志。既然理性追求过道德的生活，那么，作为"受理性节制的意志"的法就应该促成有道德的社会生活，促进整个社会的福利是法的目标。法的特征在于意志的强制性，如果法不具有强制的力量，就不能卓有成效地促进有道德的社会生活。由此，阿奎那以"强制性"为标准，将同样作为规范的"道德"同法律区分开。

阿奎那关于法律性质的学说与法律分类的学说是紧密联系在一起的，"圣托马斯的《神学大全》第一次系统地论述了人类法，——它与自然和神的高级法区分开来，而同时与之有着至关重要的关联"②。阿奎那根据起源和功能，将法律分为永恒法、自然法、人法和神法。

永恒法是"上帝对于创造物的合理领导，就像宇宙的君王那样具有法律的性质"③。永恒法意味着上帝的理性充满了整个宇宙，整个宇宙的秩序就是上帝意志的体现。永恒法源于上帝的智慧，是一切法律之母，具有最高的终极权威。这是基督教信仰和神学在法律理论中的反映和实现。

自然法是理性动物参与永恒法。自然法低于永恒法，是上帝理性在理性被造物身上的投射。人是理性的被造物，上帝爱人的一个重要体现就是让人分享了他的理性，人因此与其他被造物相区别。人参与和分享了永恒法，自身也遵循相应的"法"，这种法即自然法。人赖以辨别善恶的"自然理性之光"就是自然法，是上帝的荣光留在人身上的痕迹。人性因为分享了上帝的理性而获得了积极的意义，自然法在每个人心中。自然法的第一原理就是趋善避恶，人通过理性去遵循自然法，过道德的生活。

人法是理性从自然法的箴规出发，借助推理的力量得出的特殊安排。人法低于自然法，是自然法在人类的具体社会政治事务中的应用。人法包括了以下四个基本特点：源于自然法，以共同体的公共福利为目标，由共同体统治者颁布，是支配共同体成员行为的法则。阿奎那对人法的四重规定，既强调了人法的神学基础和合法性基础，又强调了人法的道德目的和道德属性。这两层意义

---

① 《阿奎那政治著作选》，马清槐译，商务印书馆1963年版，第104页。
② [爱尔兰] J. M. 凯利：《西方法律思想简史》，王笑红译，法律出版社2002年版，第126页。
③ 《阿奎那政治著作选》，马清槐译，商务印书馆1963年版，第106页。

集中体现在人法与自然法的关系上:"如果一种人法在任何一点与自然法相矛盾,它就不再是合法的,而宁可说是法律的一种污损了。"① 人法必须服从自然法,人法和自然法都必须服从永恒法。

神法就是教会法,是记录在《圣经》中的上帝的法。它的功能在于指导人们达到永恒的福祉。神法的存在是非常必要的:首先,人追求永恒福祉的终极目标超越了人的理性,人仅凭理性能力无法实现这一目标;其次,人的判断并不可靠,会影响他们实现追求永恒福祉的终极目标;再次,人法只能规范人的外在行为而不能规范人的内心,须以神法引导人的内心保持正直;最后,人法不能惩罚并禁止一切恶行,因此需要一种防止各种罪恶的神法。神法与自然法并不矛盾,不会使自然法无效,它是人的理性以更高级的形式对永恒法的参与,人法需要神法来指导。

阿奎那关于法律性质和分类的学说吸取了古典法律传统与基督教神学传统。他不仅将一切法律置于永恒法之下,而且论证了教会法应当高于国家法律的主张。阿奎那用上帝的理性为自然法披上了神圣的外衣,但他也承认自然法是人类的普遍理性,并将有利于人类保全和禁止毁灭自身作为自然法的普遍规则,这些都为近代自然法理论提供了思想材料。

阿奎那是中世纪基督教神学和神学政治观的最高权威、经院哲学的集大成者。从本质上说,他建立的庞大的神学体系,特别是其中的伦理、政治思想是为维护教会的神权统治服务的,是唯心的、反动的理论。同时,他的神学思想带有调和、折中的面貌和特征,因而具有很大的欺骗性,从而对挽救基督教神学信仰的危机,维护教会的统治起到了很大作用。正因如此,阿奎那受到了历代教廷的重视和赏识,并形成所谓"托马斯主义"和"新托马斯主义"。

第四节 神学异端与宗教改革家的政治思想

一、神学异端的政治思想

"异端"(Heresy)一词,最早出自希腊语,意为"选择",指不依靠权威,根据自己的理性决定自己的思想和行动。基督教创教之后不久,教会开始编订

---

① 《阿奎那政治著作选》,马清槐译,商务印书馆 1963 年版,第 116 页。

《圣经》，有些篇目被公认是在上帝的感召下写成的，而许多其他的教导则受到教会的谴责，被称为"异端"。异端"这个词本来是指一些哲学流派的独特原则，但教会一开始使用这个词，就使它有了错误的及有害的意见的涵义"①。

在基督教历史上，数不胜数的"异端"产生的深层次原因是基督教统一的客观需要。基督教诞生之后，不仅要将自己与犹太教区别开来，而且还要面对数不胜数的各地异教，如果不保持教义的统一，基督教将无法生存。因而，自《圣经》的编订开始，教会一直不遗余力地维护自身阐释教义的权力。在"异端"与"正确"的理论问题背后，实质上是教会统一的政治问题。对上帝的启示有多种理解，但只有教会的标准才是正确的；与之相左，就是异端。宣布某种学说或某个流派是异端，是教会的权力。教会逐步强化这种权力，在中世纪后期专门成立异端裁判所来打击各种异端。所以，异端几乎都带有反罗马大公教会的性质。在历史上，大公教会的"大一统"正是在与异端的不懈斗争中取得的。

自基督教诞生之日起，异端就层出不穷。11世纪叙任权之争爆发之后，以教皇为代表的大公教会在与神圣罗马帝国和各王国的斗争中逐渐取得了政治上的优势地位，反罗马的情绪愈演愈烈。如果说奥古斯丁时代的阿里乌派、帕拉纠派只是以自己的方式理解教义，目的并不是与教会抗衡，那么，叙任权之争以后的异端则更明显地出于和教皇对抗的政治目的。中世纪最著名的反罗马异端有巴黎的约翰、但丁、马尔西利奥和奥卡姆的威廉。他们理论的共同政治目的都是否定教皇至高无上的权威，他们都将教会认定为"信徒的团体"，以与"公民的团体"区分开。"信徒的团体"只拥有劝导的道德权力，"公民的团体"（世俗王国）才拥有制定法律等各种强制性的权力。中世纪异端的共同特征是只反对罗马教会，并不反对基督教本身。

但丁（1265—1321）是文艺复兴运动的先驱。他在《论世界帝国》和《神曲》中都对教权派的主张予以严厉批驳。但丁坚持精神权威与世俗权威并列和分工的原则，坚决否认君主权力来自教皇权力的各种观点。上帝授权君主，以理性治理国家，使尘世成为"人间乐园"；上帝授权教皇，以圣灵化人，遵循上帝的教导，能进入"天上乐园"。君主权力并非来自教皇，而是直接来自上帝，不需要任何中介。

---

① ［美］G. F. 穆尔：《基督教简史》，郭舜平等译，商务印书馆1981年版，第54页。

第四节 神学异端与宗教改革家的政治思想

马尔西利奥（约1280—1342）是反教权理论家中的激进派。他在《和平的保卫者》中运用亚里士多德的理论捍卫世俗权力，与教权展开对抗。世俗政治共同体是公民的团体，教会是信徒的团体；公民团体拥有强制性的权力，根源在于"人民主权"，而信徒的团体只有规劝的权力，并不具有强制性。马尔西利奥通过两种团体和两种权力的对比，彻底否认教会拥有强制性权力，发出了反对教权派的最强音，同时他的人民主权理论也对后世产生了巨大的影响。

除了巴黎的约翰、但丁、马尔西利奥、奥卡姆的威廉这些理论家之外，12世纪以后，随着罗马教会政治压迫的加剧，民间也兴起了许多反罗马教会的运动，罗马教会也将它们判为异端，加以严厉打击。作为旧势力总代表的罗马教会，它的压迫和腐化激起了包括新兴市民阶级在内的欧洲人民的普遍反抗，"这种情况下，一切针对封建制度发出的全面攻击必然首先就是对教会的攻击，而一切革命的、社会和政治的理论大体上必然同时就是神学异端"①。著名的异端教派包括：12世纪的阿尔诺德派、12世纪末13世纪早期的卡塔尔派和瓦尔德派、14世纪的胡斯运动。这些异端教派的共同点是反对罗马教会贪婪、腐化的生活，反对罗马教会对社会财富的巧取豪夺和对世俗政治的粗暴干涉；主张教会放弃财富和权力，回归教会早期的简朴而纯正的生活方式。他们的观点都来自《圣经》，缺乏系统性；他们都将基督教早期的团结、互助、清贫、虔信当作理想和运动的旗帜，体现出对精神独立和思想自由的热切追求，反映了农民阶级对教会压迫和剥削的反抗。

在这些著名的异端运动当中，胡斯运动受到了英国理论家约翰·威克里夫的影响。正因为以威克里夫的理论为指导，胡斯运动与从前的异端运动相比，显示出更加明确和坚定的目标，也更具有了近代的意味。威克里夫的神学初步阐述了宗教生活个人化、教会民族化、教会管理国家化这些具有近代特征的基本立场。威克里夫认为，只要虔诚信仰上帝，认真阅读《圣经》，忠实履行个人义务，普通信徒不需要牧师管理也是可以得救的。教会根本就不需要强制性的司法权力，现存教会不仅多余而且有害。基督教信徒的团体需要有形的组织，也需要管理，而这些事务在实践中应该由合法的世俗统治者来进行。王国就是教会，国王是教会最为适当的管理者。威克里夫与从前的异端运动的最大区别就是坚决支持民族教会，这一主张反映了新兴市民阶级的政治和宗教要

---

① 《马克思恩格斯文集》第2卷，人民出版社2009年版，第235—236页。

求,顺应了时代的潮流。民间异端运动,尤其是以威克里夫理论为指导的胡斯运动,不仅为宗教改革运动确立了大致的方向和内容,而且为宗教改革运动奠定了广泛的群众基础。

二、路德的宗教改革政治思想

自11世纪以来,反罗马教会的斗争逐渐从星星之火发展为燎原之势。教皇和教廷逐渐陷入世俗事务当中,对财富和权力的贪欲不仅招致国王和贵族们的普遍不满,也导致广大民众对教会的普遍失望和反感。在经济上,教会的盘剥使农民阶级和新兴市民阶级不堪重负;在政治上,教会粗暴干涉各国事务;在精神上,教会对教义的解释已经沦为各种恶劣行径的辩护词。"新教异端的不可根绝是同正在兴起的市民阶级的不可战胜相适应的;……第一次大规模的行动发生在德国,这就是所谓的宗教改革"①,领导这场运动的正是马丁·路德。

路德(1483—1546)出生于德国的艾斯莱本。1501年,路德进入爱尔福特大学学习法律和哲学,在获硕士学位之后放弃法学,选择了神学。1505年路德进入了符腾堡修道院,三年后他被聘为符腾堡大学的文科教员,1509年成为《圣经》课程的讲师。1511年,他前往罗马出差,在罗马的所见所闻令他大失所望,萌生了反罗马教廷的思想。1512年,路德获符腾堡大学的神学博士学位,不久成为该校神学教授。在此后的教学过程中,路德悟出了"因信称义"的道理。

1517年10月31日,路德在符腾堡大教堂门口贴出反对罗马教皇售卖"赎罪券"的《九十五条论纲》,拉开了宗教改革的帷幕。路德认为,"那些宣讲赎罪票者,说教皇的赎罪票能使人免除各种惩罚,而且得救,乃是犯了错误"(第21条),教皇的宣传不过是"欺骗"(第24条),"是在传与基督教不符的道理"(第35条)。②《九十五条论纲》迅速传遍德国全境,人们为路德仗义执言而欢欣鼓舞。许多守旧的神学家在"赎罪券"贩卖者的策动下与路德展开论战,论战日趋激烈,触动了教廷。其间,路德发表了《致德意志基督教贵族书》《论教会的巴比伦之囚》《论基督徒的自由》等著名文章,阐述了他的宗

---

① 《马克思恩格斯文集》第4卷,人民出版社2009年版,第310页。
② [德]马丁·路德、[法]约翰·加尔文:《论政府》,吴玲玲编译,贵州人民出版社2004年版,第48—49页。

教改革思想。1521年，教皇又一次发布敕谕谴责路德，帝国会议也要求路德忏悔认罪。路德拒绝之后，被教廷宣布开除教籍，帝国议会也宣布通缉路德。此时，萨克森选侯"智者"弗里德里希庇护了路德。在受庇护期间，路德将《圣经》翻译为德文，对德国语言和民族文化的发展起到了巨大的推动作用。路德的思想不仅鼓舞了德国民众，闵采尔领导的德国农民战争随后爆发，冲击了德国的封建秩序；而且还迅速流传到德国境外，整个欧洲都卷入了宗教改革运动。

路德反对罗马教会提出的通过各种悔过形式实现得救的主张。他继承了保罗《罗马书》中提出的"义人因信得生"的思想。在他看来，对上帝的真心信仰是基督徒获救的唯一条件，"你需要那为你受苦而复活的基督；你既已信他，就因这信可以成为新人，使你一切的罪都得赦免；并且你因另外一位的功德，就是单因基督的功德，得以称义了"①。路德思想的要点在于，"人类不仅不能在神面前得到功德，事实上，他在原则上也不能这样做。总而言之，人类的救恩，完全视神的怜悯而定"②。教会的种种胡作非为的神学根源都在于高估了人的理性的作用和地位，妄图取代上帝的作用。基督教会真正的圣库是上帝赦罪的恩典，而绝不是搜刮而来的金银财宝。

在"因信称义"的基础上，路德对罗马教会权威进行了批判。在他看来，罗马不是什么圣地，罗马教廷是教民血汗的榨取者和剥削者。而且，罗马教廷内部已经腐败不堪，买卖圣职、欺诈行骗、信口撒谎、偷摸盗窃、伤风败俗、腐化堕落和各种亵渎上帝的行为比比皆是。针对教会的种种恶行，路德提出了改革教会的方案。首先，他向罗马教廷的"宗教等级制"提出了挑战，主张"在教会里的人都是祭司"③。其次，他主张宗教会议的权威高于教皇权威，每一个基督徒都有权为宗教会议的召开竭尽全力。真正的教会"是世上一切基督教徒的集会"，即有共同信仰的信徒的集会。最后，路德还提出了许多重要的具体改革措施，比如禁止向罗马交纳首年捐及一切其他收入，取消罗马任命德国教职人员的权力，实行彻底的政教分离，等等。

---

① ［德］马丁·路德、［法］约翰·加尔文：《论政府》，吴玲玲编译，贵州人民出版社2004年版，第70页。
② ［美］罗杰·奥尔森：《基督教神学思想史》，吴瑞诚、徐成德译，北京大学出版社2003年版，第410页。
③ ［德］马丁·路德、［法］约翰·加尔文：《论政府》，吴玲玲编译，贵州人民出版社2004年版，第79页。

路德明确提出了精神权威与世俗权威彻底分离的主张。路德生活的时代是世俗权威成长，民族国家建立的时代。路德遵循基督教精神权威与世俗权威并列的传统，阐述了自己的"两个世界"的思想。他指出，上帝建立了精神的和世俗的"两个世界"：一个是暂时的世界，它是由剑统治的可见的世界，另一个是精神的世界，由仁慈和对罪行的宽恕进行统治。① 精神世界是由真正基督徒组成的世界，它的领袖是基督。在这个世界中，爱和相互帮助构成了它的精神原则。在这个世界中，所有的基督徒人人平等，享受着基督徒的自由，世界上的法律、权威都不能高于真正的基督徒的天良。与之形成对照的是世俗世界。在这个世界中，"政府的管制对整个世界是必不可少的，用来维持和平，惩罚罪人，遏止恶行。因此，基督徒乐于被政府治理，他们交纳税务，尊重执政的，服事帮助他们，尽力支持他们的政权，使他们可以继续工作，对执政者的尊重和惧怕必须要坚持"②。

路德的宗教改革思想主要集中在宗教范围内，他的矛头直指罗马教皇，他维护的是一个不受罗马控制、维护自身民族利益的德意志国家。他主张维护王权和现存的政治秩序，受到了欧洲君主和诸侯王公的欢迎；他的思想在一定程度上推动了欧洲绝对君主制国家的发展，具有一定的进步意义。

三、加尔文的宗教改革政治思想

加尔文（1509—1564）与路德齐名，并列为宗教改革的标志性人物。加尔文之所以能够在众多的宗教改革家当中取得如此崇高的地位，与他在理论上和实践中两个方面的重要贡献密切相关。

在理论上，1533 年，年仅 24 岁的加尔文写出了《基督教要义》。1536 年，这部著作正式出版，它是宗教改革时代逻辑最为清晰、系统化程度最高、最具可读性的新教神学著作。在实践中，从 1541 年开始，加尔文在日内瓦城掌握大权，建立了典型的"神权统治"。加尔文治下的日内瓦，信仰虔诚、道德纯良、秩序井然、生活朴实，虽然失之严苛，但在教皇贪婪、教会腐化的欧洲，在人们对宗教和道德的纯洁普遍产生疑惑的欧洲，加尔文的日内瓦在当时人们的心目中成了宗教和道德的虔诚之城，成了与罗马相匹敌的宗教中心。而且，加尔

---

① 参见朱孝远：《欧洲涅槃：过渡时期欧洲的发展概念》，学林出版社 2002 年版，第 252 页。
② ［德］马丁·路德、［法］约翰·加尔文：《论政府》，吴玲玲编译，贵州人民出版社 2004 年版，第 12 页。

文在日内瓦建立了一所专门训练新教神学家和改革家的大学，在那里求学的约翰·诺克斯将日内瓦称为"自使徒时代以来世界上最完美的基督教学校"。诺克斯日后成了苏格兰新教运动的领袖，他的徒子徒孙又将加尔文新教带到了北美新大陆。

如果说路德神学可概括为"因信称义"的话，那么加尔文神学就是"神的主权"。新教神学的一大特点就是反对阿奎那的托马斯主义，回归奥古斯丁主义，强调"预定论"。加尔文和路德一样，极力强调上帝和《圣经》的权威，同时极力反对罗马教会的权威。加尔文认为，上帝是全能和至善的，人是脆弱和邪恶的，两者之间极其悬殊，完全是天壤之别。人因为信上帝而成为义人，义人自然就会去行善。但是，行善的人不一定得救，是否得救是上帝预定的。加尔文强化了路德"因信称义"的原则，强化"预定论"，将一切的原因都归为上帝的决定，从而完全"否认罗马教廷得以提出原罪和救赎问题的根据与前提条件"①。

加尔文与路德一样痛恨教会的腐败堕落和教皇的虚伪独断，因而他完全否定教皇的权威和以之为首的教阶制度，主张完全废弃教皇和教阶制度，不设教皇和主教。他认为，教会不能掌握在诸侯和贵族的手里，应当交给大众来管理；教会应该按照民主的原则进行组织和建设。神职人员由教徒选举产生，依照上帝的权威，一位牧师当在众人面前公开选出，而且当由众人证明为合格而适当的人选。加尔文否定了以往以君主制的办法来治理教会的制度，支持主权归教民，教职人员由民主选举产生，以共和制改造教会。这种主张集中代表了新兴市民阶级对"廉价的教会"的普遍要求。② 在政府体制上，加尔文列举了君主制、贵族制和民主制并分析了它们各自的局限。他倾向于建立一种混合型的教、俗贵族制度。在这种制度中，民众和贵族自愿结合起来。对于现实政治，加尔文劝导基督徒服从现实的世俗权力，"职分本身值得尊重，所以无论是谁来做我们的治理者，只因他的职位，就当受我们的尊敬"③。

加尔文反对只有僧侣的职业才是神圣的，他主张每个人可以而且应该在一

---

① [美]列奥·施特劳斯、约瑟夫·克罗波西主编：《政治哲学史》上，李天然等译，河北人民出版社 1993 年版，第 353 页。
② 参见《马克思恩格斯文集》第 2 卷，人民出版社 2009 年版，第 236 页。
③ [德]马丁·路德、[法]约翰·加尔文：《论政府》，吴玲玲编译，贵州人民出版社 2004 年版，第 109 页。

切有用的事业当中增添上帝的荣耀，并不是只有专门的宗教职业才能做到这一点。加尔文将路德神学中谦卑、温和的道德原则改造为积极进取、热情洋溢的道德原则，鼓励人们在每一种职业中去努力奋斗，完成上帝赋予的使命，为上帝增添荣耀。这一原则体现了新兴资产阶级和资本主义发展对上层建筑的积极要求，促进了新兴资产阶级和资本主义的发展。①

如果说路德教的基础是土地贵族的话，那么加尔文教的基础就是富裕、有知识的市民阶层和商人。加尔文教会改革的主张，对革命时期资产阶级民主、共和制的建立产生了直接的影响："加尔文的教会体制是完全民主的、共和的；既然上帝的王国已经共和化了，人间的王国难道还能仍然听命于君王、主教和领主吗？当德国的路德教派已变成诸侯手中的驯服工具时，加尔文教派却在荷兰创立了一个共和国，并且在英国，特别是在苏格兰，创立了一些活跃的共和主义政党。"②

四、宗教改革运动的历史地位与评价

13世纪至17世纪发生的异端运动和宗教改革运动，顺应了历史潮流的发展。宗教改革运动反映了新兴市民阶级的呼声，当时，按封建制度的尺度剪裁的天主教神学世界观已经不能适应新兴市民阶级的要求及其生产和交换的要求。新的阶级为了摆脱万能的神学的束缚而进行了宗教改革运动。所以，一切宗教改革运动按其性质说都是"使旧的神学世界观适应于改变了的经济条件和新阶级的生活方式的反复尝试"③。

宗教改革直接导致西方基督教内部形成了天主教与新教两大阵营。所谓"新教"（Protestantism）是针对"旧教"的"抗议"（Protest）。抗议的内容主要有四个大问题：人如何得救？宗教权威的标准是什么？教会是什么？基督徒的生活真谛是什么？按照旧教（天主教）的说法，人得救依靠上帝的恩典，也依靠自己的善功；宗教权威的标准是教皇和教廷会议发布的命令；教会是具有强制力的信仰和道德管理机构；基督徒的生活真谛就是在服从教会的前提下获得拯救。路德、加尔文和其他宗教改革家们将这一整套说法修改为：人获得拯

---

① 参见［德］马克斯·韦伯：《新教伦理与资本主义精神》，康乐、简惠美译，广西师范大学出版社2007年版，第186—190页。
② 《马克思恩格斯文集》第3卷，人民出版社2009年版，第511页。
③ 《马克思恩格斯全集》第21卷，人民出版社1965年版，第546页。

救只靠信仰，不靠善功；宗教权威的标准除了《圣经》别无其他；教会只是基督徒的团契，人人都是祭司；生活的真谛是在一切有用的职业中侍奉上帝，不分神圣或世俗。新教的这四条核心主张是新兴市民阶级的崛起在宗教领域的集中表现。

短期来看，天主教与新教两大阵营的对峙直接导致了毁灭性的宗教战争，政治秩序受到严重的威胁，法国和德国遭到惨痛打击。两个阵营都怀着极大的宗教热情，试图通过武力彻底消灭对方，国内战争与国际战争相互纠结，除了造成巨大的经济损失和人员伤亡之外，在统一信仰的问题上并未取得丝毫的进展。最终的结果是"教随国定"原则的彻底确立，信仰的归属彻底成为一国的内政事务。在宗教战争的过程中，西方人普遍地意识到政治权威的重要性，路德、加尔文支持世俗权威的宗教理论在法学、政治学领域得到了直接的传承和呼应。比如，博丹正是为了避免宗教战争而写就《国家六论》，系统地阐述了近代国家主权理论。总之，宗教改革导致的宗教战争促使西方世界更为迫切地认识到政治秩序和政治权威的极端重要性，西方近代政治理论在此期间结出了近代国家主权理论等硕果，为近代民族国家的形成和发展提供了理论支持。

长期来看，宗教改革与文艺复兴一起，开启了西方的近代化历程。文艺复兴使"大写的人"站立起来，促成了西方由神本主义向人本主义的转变；宗教改革使"个人主义"在宗教领域得以确立，促成了西方由集体本位向个人本位的转变。宗教改革确立了个人与上帝直接沟通、个人存在的意义直接来自上帝等基本原则。个人（自然）权利、自由主义、代议制等一系列西方近代政治基本原理和制度都得到了"宗教个人主义"的支持。同时，宗教个人主义为西方近代崛起的资本主义提供了巨大的精神动力，赚取利润不再被视为违背道德的奸行，而成为增添上帝荣耀的神圣事业。

宗教改革不仅是一次重要的社会政治运动，而且还是一场影响深远的精神和思想解放运动，目的是将人从中世纪的精神压制和繁文缛节中解放出来，以便发挥自己的潜力和创造力。但是，宗教改革对封建天主教会的批判是不彻底的，就像马克思在评论路德时所指出的那样，他"战胜了虔信造成的奴役制，是因为他用信念造成的奴役制代替了它。他破除了对权威的信仰，是因为他恢复了信仰的权威"[1]。这种不彻底性还表现在社会政治问题上，他们号召信徒服

---

[1] 《马克思恩格斯文集》第1卷，人民出版社2009年版，第12页。

从世俗统治者，"像信奉圣经那样，坚信诸侯和地主们拥有践踏人民的神圣权利"①。所以，当德国广大人民群众发动激进的斗争运动时，路德便站到贵族和诸侯一边，仇视和镇压人民的斗争："神授君权、唯命是从，甚至农奴制度都由圣经认可了。……这样，路德不仅把下层人民的运动，而且连市民阶级的运动也出卖给诸侯了。"②

思考题

1. 中世纪政治思想的主要特征及其形成的原因是什么？
2. 奥古斯丁"双城论"的主要内容和历史意义是什么？
3. 阿奎那是如何调和信仰与理性之间的冲突的？
4. 路德和加尔文的主要政治观点是什么？

▶ **本章拓展资源**

---

① 《马克思恩格斯全集》第3卷，人民出版社2002年版，第486页。
② 《马克思恩格斯文集》第2卷，人民出版社2009年版，第244页。

第四章　文艺复兴时期的政治思想

文艺复兴时期是西方近代政治思想的奠基时期。近代城市和城市共和国的兴起，资本主义经济和市民阶级的发展，统一的民族国家的形成和专制王权的出现，使市民阶级与王权联合起来共同反对封建教会与贵族。文艺复兴运动及其形成的人文主义思潮从人性与人的经验出发观察政治现象，对政治思想摆脱神学的影响产生了重要作用。这一时期政治思想最重要的成就是近代国家观念的形成，马基雅弗利与博丹对此作出了重要贡献。马基雅弗利在诸多方面开始背离西方政治思想的古典传统和基督教传统，国家概念在他那里出现了新的内涵，博丹提出并论证了国家主权学说，格劳秀斯推动了中世纪自然法向近代自然法的转变，他也是近代以主权国家为主体的国际法的开创者。

第一节　西方近代政治思想的奠基

一、城市共和国的兴起和民族国家的产生

欧洲中世纪的大部分时期都处于农业社会，居民主要由贵族和农民构成，他们都属于乡村居民，即使是国王和贵族，也往往居住在乡下的庄园里。从11世纪末叶起，随着商品经济的发展，真正意义的城市，也就是作为经济中心的商业城市开始发展起来。正如恩格斯所指出的："在意大利、法国南部和莱茵河畔，古罗马的自治市从灰烬中复活了；在其他地方，特别是在德意志内部，兴建着新的城市，这些城市总是用护城墙和护城壕围绕着……发展了中世纪手工业（十足行会的和小规模的），积累起最初的资本，产生了城市相互之间和城市与外界之间商业来往的需要，而与此同时，也逐渐产生了保护这种商业来往的手段。"① 城市是经济生活中一个新的因素，也是政治生活中一个新的因素。城市造就了一个新的社会集团，即市民等级。市民是一个新的等级，其生活方式、社会地位、精神气质等与乡村的贵族和农民迥然不同。

市民的突出特征在于其自由身份和相对平等的地位。由于在封建秩序下，

---

① 《马克思恩格斯文集》第4卷，人民出版社2009年版，第215页。

凡地皆有领主，所以城市的土地也属于领主。在名义上，一切城市仍受领主统治，城市像附庸一样，对领主承担封建义务；但是，城市的居民却以自由为条件领有土地，对领主不负担封建义务，对领主没有人身依附关系。领主对城市土地的占有权主要体现在城市向领主缴纳一定数量的货币地租上，所以，城市的居民可以自由买卖土地，自由迁徙，受自己的司法机关审判等。习惯法甚至确认，农奴逃到城里一年零一天，就自动获得自由身份，所以当时流行一句话："城市的空气使人自由"。

伴随着城市的发展，市民开展了争取自治的运动，并相继获得自治权，共和主义在理论和实践层面开始复苏和发展，城市共和国兴起。城市共和国是一种新的社会共同体，继承了古希腊经古罗马传续下来的共和主义思想与实践，其特征包括：一是实行自治，二是关注自由和平等，三是推行法治，四是强调公共生活。获得市民资格，就意味着成为城市共同体的一员，受城市法律的约束和保护，能够参与市政官员的选举。城市的政治制度和政治关系在许多方面既是古典城邦的复兴，也是近代国家的雏形。城市生活培育出来的市民精神，是近代政治思想重要的和直接的来源。罗马法的复兴带来了对罗马法中公民身份的精细研究。亚里士多德阐述的古希腊公民观念，也随着"亚里士多德革命"的影响而广为人知，启发了市民的自我意识，形成了近代民主理论的萌芽。

受城市商业活动的影响，城市共和国孕育了一种世俗文化。市民教育程度较高，眼界开阔，思想活跃，他们虽然并不直接反对教会，但对教会及其宗教信条已经不再那样虔诚和驯服。在这种文化氛围中，产生了反对教权的思想家和市民异端政治思想。早期市民一般与君主结盟，共同抵御教会权力的扩张，从此，教会及其官方神学理论遇到了真正强有力的对手。

近代西方民族国家产生于封建社会解体、资本主义生产关系形成的社会剧烈动荡的时期。15—16世纪，威尼斯、佛罗伦萨、米兰、热那亚等意大利城市成为欧洲经济发展的先导。印刷、冶炼等新兴产业迅速发展，纺织业、造船业随之崛起，矿业开采技术也有了突破。与此同时，金融业的发展为远距离的经济活动和大规模的集资提供了条件。资本主义性质的工场手工业和农牧场开始出现，新兴的资产阶级和早期无产阶级同时产生，资本主义生产关系在封建社会内部逐渐形成。

资本主义生产关系的出现，瓦解了封建社会的基础。封建贵族为了维护其政治统治和特权地位，加紧对劳动民众的压迫和剥削，阻碍和破坏资本主义的发展。中世纪以来，天主教是封建制度的精神支柱，以罗马教廷为首的教会组织，成为封建制度的组成部分和各国封建势力的国际中心，这就使资产阶级和广大人民群众反封建斗争的矛头往往首先指向封建教会。反封建与反教会的统一是这一时期政治斗争的鲜明特征。

此时的资产阶级刚刚登上历史舞台，力量还很薄弱，不能提出夺取政权的要求，为了求得自己的生存和发展，他们在政治上支持壮大中的王权，希望借助王权实现和巩固民族国家的统一，为资本主义的发展扫清道路。16世纪，欧洲国家普遍发生了政治体制的重大变革，大多数国家建立了强有力的君主制。西班牙最早建立了君主专制政体，在16世纪的大部分时间里雄踞欧洲强国的地位。法国、英国也开始建立中央集权的君主专制制度。16世纪起伏跌宕的宗教战争最终促使以专制王权为特征的民族国家在北方兴起。"王权依靠市民摧毁了封建贵族的权力，建立了巨大的、实质上以民族为基础的君主国，而现代的欧洲国家和现代的资产阶级社会就在这种君主国里发展起来。"①

为了抢占新的领土和财富，新兴国家在国际领域展开了长期的角逐。哈布斯堡家族称雄欧洲，亨利八世统治下的英国频频干预欧洲大陆政治事务，法国与西班牙先后为占有意大利，控制德意志，直至最后夺取欧洲霸权而进行着争斗。这就使后进国家争取民族统一、国家强盛的任务格外艰巨。民族国家的形成过程呈现纷繁复杂的局面。

与封建主义体系的瓦解、民族国家的兴起以及资本主义的产生及其发展相一致的是，这一时期的政治思想在三个方面呈现了新的面貌：一是人文主义思潮兴起，二是新的国家概念形成，三是空想社会主义产生。

二、文艺复兴与近代人文主义思潮

新兴资产阶级反封建的斗争，首先在思想领域展开。在当时的历史条件下，他们继承、借鉴了古希腊罗马文化，猛烈攻击教会的统治地位、封建特权和等级制度。资产阶级在反封建、反神权的旗帜下开展的这场斗争中，重新阐释和创新欧洲古典文化，形成了近代历史上的文艺复兴运动。

文艺复兴运动是资产阶级的一次思想解放运动。"文艺复兴"一词源于意

---

① 《马克思恩格斯文集》第9卷，人民出版社2009年版，第408页。

大利语"Rinascimento",意为再生或复兴,它揭开了近代欧洲历史的序幕,其发祥地集中在意大利北部城市。一般以 14 世纪彼特拉克开创的人文主义作为文艺复兴运动的发轫。15 世纪,运动开始波及欧洲各国,至 16 世纪达到鼎盛阶段。文艺复兴促进了新的民族语言,如意大利语、法语、德语的产生,促进了教育、文学、艺术的勃兴以及印刷术的发展,并促进了哲学的更新和近代政治学的创立。

文艺复兴运动是近代人文主义(humanism)思潮的发端。人文主义是一种社会价值取向注重人的个性,强调维护人性尊严,提倡宽容,反对暴力,主张自由、平等和自我价值实现的哲学思潮与世界观。人文主义在西方文化中的发展分为古代人文主义和近代人文主义,文艺复兴运动开启了近代人文主义思潮。

在文艺复兴运动中,人文主义思想家提倡理性,反对神性;提倡个性自由,反对封建等级桎梏;提倡个人现世的幸福,反对教会的禁欲主义。他们把理性和追求个人幸福看作人类普遍的、永恒的本性,以此论证他们要求摆脱教会和封建制度的束缚,追求自由与幸福的合理性。这种思想的提出适应了资本主义生产关系的要求。

随着文艺复兴运动的发展,人文主义思想传播到欧洲各个国家,为资产阶级提供了一种新的文化和世界观,成为一种流传广泛的社会思潮。当时的政治思想家在人文主义的影响下,提出了许多不同于古代和中世纪的观点。首要的是,政治观念开始摆脱神学的影响,从人性和人的经验出发,具有了世俗的特征。这一时期的许多政治思想家,如意大利的马基雅弗利、康帕内拉,法国的博丹,英国的莫尔等,已经开始"用人的眼光来观察国家了,他们从理性和经验出发,而不是从神学出发来阐明国家的自然规律"[1]。用这种观点看待社会政治问题,国家被解释为人的需要的产物,政权的得失成了人的实力相互较量的结果,法律也成为理性与权利的表现。这样,不仅教会披在国家身上的神圣外衣被剥掉了,而且古代人将国家看作人们为了追求某种道德目标而组成的共同体的观点,也失去了依据。权利代替神意和道德,成为国家与法律的基础。近代新型的资产阶级政治思想就在这一基础上产生和发展。

三、国家新概念的出现

现代意义的国家观念,即把国家视为一种抽象的公共权力的观念,在文艺

---

[1]《马克思恩格斯全集》第 1 卷,人民出版社 1995 年版,第 227 页。

复兴时期就已经萌芽。这一观念经过了漫长的历史演变过程，从一些城市共和国政治思想家使用"State"一词表示国家开始，经马基雅弗利，最后于16世纪后期完成，博丹的国家理论是对这一转变过程的总结。

西方各国语言用大致相近的词汇来表达"国家"，如英文的"State"、法文的"Etat"、德文的"Staat"、意大利文的"Stato"等，这些词汇都来自拉丁文的"Status"一词，原意指立场、状况、条件或身份。根据英国学者斯金纳的研究，现代国家概念的形成，不在于人们是否使用了"Status"或"State"，而在于人们在什么意义上使用这一词汇。现代国家概念是指与统治者和被统治者相分离的、抽象的公共权力，并在某种限定的领土范围内构成最高权力。斯金纳认为，这种观念的形成必须具备四个前提条件：一是政治学被看作道德哲学的一个独特分支，即研究国家统治的科学从神学中分离出来。这一点是通过恢复亚里士多德的传统而实现的。13世纪50年代，穆尔贝克的威廉首次出版了亚里士多德《政治学》的拉丁文译本，13世纪60年代，但丁的老师布鲁内托·拉蒂尼出版了《宝鉴》一书，这可以看作政治学作为研究统治的科学开始从神学中分离出来的标志。二是国家权力的独立性。在这方面，法学家巴特鲁斯和他的学生作出了重要的贡献，他们论证了意大利北部各王国和城市共和国对神圣罗马帝国的合法独立性，确定了现代国家观念得以形成的法律基础。三是国家权威的至上性和绝对性。这主要是指国家权力而非统治者的权力被看作政府的基础。帕多瓦的马尔西利奥在1324年发表的《和平的保卫者》一书中宣称，一切强制性的权力按其定义都是世俗的，任何神职人员在其职务方面拥有的最高权力只能是教育和行道，而不能行使任何强制权力或进行世俗统治。此后，经过法国的罗马法学家和路德派理论家的论证，到16世纪末，认为国家是其领土内最高权力享有者的思想逐渐树立起来。四是教权与俗权的分离。经过胡格诺战争和三十年战争，一些政治理论家认识到，要实现国内的和平，国家权力必须同维护宗教信仰的责任相分离，只为政治的目的而存在。只有当上述四个条件基本具备的时候，即15—16世纪，现代意义上的国家概念才开始出现。

马基雅弗利是第一个在现代政治学意义上使用"国家"这个术语的西方思想家。他在《君主论》一开篇就写道："过去曾经和现在正在对人类行使统治权的一切国家、一切领地，不是共和国就是君主国。"[①] 在这里，马基雅弗利用

---

① ［意］马基雅维利：《君主论：拿破仑批注版》，刘训练译注，中央编译出版社2017年版，第6页。

"Stato"一词来指称他所说的一切国家,并作为不加区别地概括一切政体的总体名词,使国家具有了一种独立的价值。

现代国家概念的形成虽然始于意大利,却是在法国完成的,因为只有 16 世纪的法国才具备上述各种社会政治条件:统一的中央政权、官僚机构的增长和明确的国家边界。最终完成中世纪国家观念向现代国家观念转变的标志是法国思想家博丹的著作《国家六论》。在此书中,博丹首次把主权和国家联系在一起,并区分了国家权力与统治者权力,区别了国家与全体公民,提出政治权力与宗教无关,明确地表达了国家是一种抽象的公共权力的观念。

从 13 世纪下半叶到 16 世纪末,清晰的现代国家概念逐渐完备,其结果是国家的权力而不是个人的权力被当作政府的基础。"在 16 世纪末之前,至少在英国和法国,我们发现'State'和'Etat'二词已经开始首次在近代的意义上使用。"[①] 这种关于国家的新概念和新观念反映了新兴资产阶级对于国家的新认识和新要求,构成了西方近代全部政治思想的基础。

四、空想社会主义的产生

资本主义在其发展的初期就已显露出自身的种种弊端,它们使广大劳动群众陷入更加贫困的境地。从城市平民和破产农民中产生的早期无产阶级,开展了反对资产阶级的最初斗争。适应这种斗争的需要,产生了代表早期无产阶级要求的空想社会主义。

早期空想社会主义的主要代表人物是英国的托马斯·莫尔(1478—1535)和意大利的托马斯·康帕内拉(1568—1639)。莫尔是西方近代最早的空想社会主义者。1516 年莫尔发表了《关于最完美的国家制度和乌托邦新岛的既有益又有趣的金书》,简称《乌托邦》。该书模仿《理想国》的对话体裁,以文学游记的形式揭露了现代社会的种种罪恶,并展示了美好社会的蓝图,引起巨大反响,"乌托邦"也因此成为空想社会主义的代称。康帕内拉的《太阳城》一书对空想社会主义的发展作出了重要贡献,是继《乌托邦》之后空想社会主义的又一重要文献。

早期空想社会主义政治思想的主要内容包括两个方面:一是控诉批判资本

---

① [英]昆廷·斯金纳:《近代政治思想的基础》上,奚瑞森、亚方译,商务印书馆 2002 年版,前言第 3 页。

主义社会的不平等和种种罪恶，揭露私有制是造成社会不平等的根源。莫尔用"羊吃人"深刻地揭露和批判了资本主义原始积累的罪恶，指出现在的一切国家无非是"富有者的狼狈为奸"。康帕内拉也指出现实的社会是贫富严重对立的罪恶世界，并将私有制看作社会各种问题的"总祸根"，是私有制使利己主义弥漫整个社会，并使由利己主义造成的"诡辩、伪善和残暴"成为社会的三大祸害。二是描绘未来理想社会的蓝图。早期空想社会主义思想家都将未来社会建立在公有制的基础上，没有剥削、没有贫富差别，一切生产和生活资料都为全体社会成员共有，实行人人劳动、按需分配的原则。社会的政治组织主要是管理社会的生产和生活。在这方面，他们提出人民有权选举、监督甚至罢免管理者的思想，但还较多地受到柏拉图理想国思想的影响，都把哲人王或类似哲人王的"太阳"作为社会政治生活的最高领导者和管理者。

作为一种崭新的社会政治思潮，空想社会主义具有与西方以往政治思想不同的一些特征。首先，早期空想社会主义改变了西方古代以来的认为政治制度决定一切社会问题的传统观点，而将社会制度的变革看作政治的首要的和根本的问题。这是因为早期无产阶级不仅受到封建特权阶级和专制政权的剥削与压迫，而且更为直接地遭受到资产阶级的剥削与压迫，他们处于社会的底层，比任何一个阶级都更深刻地感受到社会的不平等，作为资本主义经济发展的直接受害者，他们能够最先观察到还在形成、发展中的资本主义社会的种种弊端。因此，他们为了自身解放所进行的斗争的矛头总是直接指向社会的不平等，以及造成社会不平等根源的私有财产制度。批判不合理的社会制度，揭露不平等产生的私有制根源，是空想社会主义政治思想的前提和重要内容。早期空想社会主义的这一特点使其政治思想尽管在理论形式上还不能摆脱资产阶级的窠臼，但在其批判性和深刻性上已远远超出以往的政治思想。其次，早期空想社会主义关于理想社会政治制度的描绘还很粗糙，主要集中在社会生产生活的组织管理，而不是如何实现政治统治的制度设计上。他们虽然提出民主选举、监督和罢免管理者的思想，但仍不能摆脱柏拉图哲人王思想的影响。所有这些都表现出其政治思想的空想性特征。

空想社会主义思想是一种崭新的社会政治思潮。它既继承了原始基督教财产公有、人人平等的千年王国理想，以及农民和平民宗教异端的社会平等思想，又深受文艺复兴以来人文主义思潮的影响。但作为一种崭新的社会政治思潮，它猛烈地抨击资本主义社会的种种罪恶，特别是社会的不平等，提出建立消灭私有制，实现财产公有、人人劳动、平均分配的新社会的理想，并描述了未来理想社会的蓝图，其内容和原则已远远超出资产阶级人文主义思潮的范围。早期空想社会主义思想的产生标志着近代社会主义思潮的形成，并为科学社会主义的产生提供了思想材料。

第二节　马基雅弗利的政治思想

一、生平与著作

尼科洛·马基雅弗利（又译马基雅维利，1469—1527）是意大利文艺复兴时期著名的政治家和思想家。他博学多才，涉猎广泛，在许多领域都能独辟蹊径。恩格斯称马基雅弗利是"政治家、历史编纂学家、诗人，同时又是第一个值得一提的近代军事著作家"①。

15、16世纪之交，意大利周围的法国和西班牙已经建立了统一的民族国家和君主专制制度，资本主义经济有了很大的发展。意大利虽然是资本主义萌发最早的国家，但是由于地理大发现和新航路的开辟，世界贸易中心逐渐从地中海转移到大西洋沿岸，意大利的经济发展反而迟缓下来。当时的意大利，在政治上处于四分五裂的状况。新兴资产阶级的弱小、国家的分裂，使教皇得以在意大利各小国之间不断制造事端、挑起战争。邻近的法国、西班牙、德意志等强国也乘虚而入，使意大利处于内忧外患、灾难深重的境地。政治的分裂和动乱也造成社会的世风日下，人与人之间普遍充斥着危机感与不信任。统一意大利、发展资本主义经济是当时意大利资产阶级最为迫切的要求。

马基雅弗利1469年出生于意大利佛罗伦萨一个没落的贵族家庭，由于家境贫寒，主要靠自学成才。在他青年时期，佛罗伦萨处在美第奇家族统治之下。1494年，佛罗伦萨人民发动起义，驱逐了美第奇家族，建立了新的共和政府。1498年马基雅弗利出任佛罗伦萨共和国第二国务厅秘书长，兼任共和国军事委员会秘书，负责外交和国防。任职的14年间，他曾多次出使外国，出入欧洲各国的宫廷。多年的政治实践，使他痛心于意大利的分裂和软弱。同时，他得以目睹各国统治者之间尔虞我诈、玩弄阴谋诡计的种种伎俩，这使他积累了丰富

---

① 《马克思恩格斯文集》第9卷，人民出版社2009年版，第409页。

的政治经验。社会风气的普遍堕落,同样深深地刺激了马基雅弗利。当时,忠诚和守信成为无用的代名词,武力和欺诈是成功的诀窍,挥霍和骄奢淫逸已经不足为奇,图谋私利不再需要任何掩饰,成功即合理成为公式,残忍手段和谋杀行为变成政界的常策。他的故乡佛罗伦萨还饱经党派纷争之苦,得势一方常常无情地诛戮政敌。种种内忧外患更加激发了他的爱国精神,迫使他不断思考意大利腐败衰弱的原因和挽救祖国危亡的途径。

1512 年美第奇家族重新控制佛罗伦萨,马基雅弗利失去一切职务。1513 年他又受到牵连被投入监狱,受到严刑拷问。出狱后,他在佛罗伦萨郊外的祖传农庄隐居起来,过了一段劳作、读书与著述的生活。但是,他从政的志向未泯,仍然积极谋求获得美第奇家族的宽宥,重返政坛。后来,美第奇家族授予他史官和其他一些不重要的职务。1527 年,美第奇家族的统治再次被推翻,共和国恢复,马基雅弗利希望得到以前的官职。但因为他曾效力于美第奇家族,不被共和国所用,郁悒成疾,58 岁即去世。

马基雅弗利一生著作很多,涉及政治、外交、军事、历史和文学等方面,主要著作包括:《君主论》《李维史论》《佛罗伦萨史》《战争的技艺》等。

二、经验主义与人性观

不重教条重实际,从人性、历史的和现实的经验出发研究政治问题,是马基雅弗利政治思想的鲜明特征。他告诫政治家一定要区分实际情况和对事情的想象:"人们实际上怎样生活与人们应当怎样生活,两者差距如此之大,以致一个人要是为了应当做什么而置实际上做什么于不顾,那么他非但不能自保,反而会招致毁灭。"① 他重视历史的经验,古希腊城邦、罗马共和国、中世纪欧洲各国以及教会的人物故事,经常汇聚于他的笔端,但他只是利用历史来解释或说明他观察现实预先得出的结论。他的理论迥异于古代和中世纪道德、宗教为先的观念,开始把政治建立在现实的基础上。

马基雅弗利从经验出发,认为历史事件相似的原因在于人的天性。这一认识成了他观察政治现象的出发点。在具体描述中,他赞扬古罗马和同时代瑞士的公民道德,感叹他们纯正的家庭关系、独立健康的个人交往、简朴的生活方

---

① [意] 马基雅维利:《君主论:拿破仑批注版》,刘训练译注,中央编译出版社 2017 年版,第 198 页。

式和尽职认真的工作态度。至于现实中的人性，他总体上倾向于性恶论。他认为，性本善的观点可能非常人道，但用在政治生活中却是极为荒谬的；所有历史学家和论述政治统治的学者，都不能把性善论作为基本原则，因为一旦有了适宜的机会，人心就会自然堕落。特别是当时的意大利，成了社会腐败的典型。他激烈地批评其同胞个人品德趋于败坏，政治家缺乏献身精神，宗教信仰失落，社会秩序混乱，人们目无法纪，暴力事件层出不穷，财富与权力分配不均。他认为古罗马共和制崩溃的主要原因在于人民的腐化，即人们不再关注公共利益，而且将个人利益置于社会利益之上。这正是他既赞扬古罗马的共和制，又主张当时意大利只能实行君主制的深层原因。

马基雅弗利把其人性观贯穿在他的国家学说中。在考察国家的产生时，他认为人类最初和动物一样，是分散活动的，追求权力和财富是人最基本的欲望。权力和财富总是有限的，而人们的欲望却没有穷尽，因此人与人在争斗中彼此的关系是虚假、伪善的，如果任凭人的本性发展，必定会造成一个互相争夺、残杀的战争局面。人们为了更好地保卫自己而联合起来，从自己的队伍里选举最有力、最勇敢的人担任领袖，服从他的领导，于是颁布了反对欺凌弱者的法律，确定了刑罚，产生了国家。

在某种意义上讲，马基雅弗利是从国家间关系的角度考察国家问题的。从当时意大利内部四分五裂、国际上强邻逼近的形势来看，领土的统一与权力的集中是国家亟待解决的核心问题，所以他讲的权力就是使人畏惧的实力或暴力。他对自由的理解，也不是从个人权利出发，而是和国家紧紧相连的。他指出，自由首先意味着独立，即不受外来侵略势力与暴政的干涉，一个自由的民族应该有自己管理自己的权力，而不是屈服于强权的统治。

此外，马基雅弗利十分重视财产因素在国家中的作用。他将财产看作国家生活的重要内容，认为国家应保障每个人自由地使用财产，保障每个人的安全。他特别告诫统治者不要强占他人的财产，否则会招致人民的憎恨而导致灭亡，因为"人们忘记父亲之死比忘记遗产的丧失来得还要快"①。马基雅弗利无意探讨国家的起源或目的等抽象理论，他所关心的只是国家兴衰的原因与统治者运用权力的手段。之所以这样，是因为他是在面对急剧变动的现实环境中

---

① ［意］马基雅维利：《君主论：拿破仑批注版》，刘训练译注，中央编译出版社2017年版，第218页。

写作的，而理解现实的着眼点在他看来就是恒久不变的人性。

三、论君主的统治方法

马基雅弗利政治思想的核心是主张国家的根本问题是统治权，统治者应以夺取和保持权力为目的。因此，君主如何取得并维持国家的权力是马基雅弗利最为关注的问题。《君主论》一书是他写给佛罗伦萨的统治者小洛伦佐的，其目的是教导当权者如何巩固其统治，进而统一意大利。他相信，有一种国家的艺术是专门属于君主的艺术，它和医生的技艺很相似。医生的技艺包括诊断、治疗、预后三个部分，其中诊断最为重要；国家事务中最重要的是预先觉察潜伏中的祸患，并迅速加以救治。

首先，马基雅弗利极力主张君主应以实效为原则，不要受传统的基督教道德准则的束缚，可以采用一切手段去实现自己的目的。马基雅弗利反对当时的一些人文主义者的道德观念，这些人文主义者认为，一个君主要维持他的国家、获得名声和完成伟大的事业，应该具备古典的和基督教的美德。马基雅弗利否认这种观点。在他看来，对于君主，作恶比行善带来的后果更好。一个君主不仅不必具备各种美德，而且，如果真具备这些美德并永远遵循的话，那对君主来说反而是十分有害的。但是，君主必须在表面上伪装成具备这些美德，要做到在人们看来是宽厚仁慈的、笃守信义的、诚实可靠的、虔诚信神的和纯洁自持的。君主以实效为原则，凡是有利于维持统治及权力巩固的事都是可行的。君主要保持自己的地位，就必须知道怎样做不良好的事情，并且必须知道视情况的需要是否使用这一手。马基雅弗利认为，如果君主言而有信的话，那么，这种君主是值得称道的。但经验表明，所有干大事、成大业的君主，都不重视信义，正是这种背信弃义的君主征服了信守诺言的君主。

其次，马基雅弗利主张君主应当注重实力，培植一支忠实于自己的军队，以维护良好的法律。他重视法律的作用，认为君主应该用法律来治理，人民只有在法律的约束下，才会变得坚定、审慎。然而，人是贪婪的，欲望是无穷的，法律有时也无能为力，因此法律必须以武力为后盾。在他看来，一切国家，其主要的基础乃是良好的法律和良好的军队，如果没有良好的军队，就不可能有良好的法律，哪里有良好的军队，哪里就一定会有良好的法律。在谈到军队的类型时，马基雅弗利以切身经验沉痛地指出，为封建领主服务的雇佣军不能适应国家的需要。因为他们是无法无天的亡命之徒，对任何人都不忠诚，谁出的钱最多，他们就为谁卖命。外国援军也会使国库耗竭，在危急中又几乎肯定给统治者带来失败。他主张国家必须训练一支由自由市民组成的国民军，所有17岁至40岁、身体健康的市民都要接受军事训练；部队要做到装备精良、纪律严明、忠于国家。他特别强调君主要重视战争的技艺，将主要注意力和心思用在这方面。只要君主手中的军队装备精良，国家又有良好的同盟，就能对付任何危险。

再次，马基雅弗利主张君主应当遵守使人畏惧而不遭人憎恨的基本原则。他认为，对于君主来说，争取民心是至关重要的，因为君主治理国家的困难主要来源于臣民方面和国外势力，而抵御这些困难的最好武器就是争取民心，不为人民所憎恨。君主"最好不过的堡垒就是不要被人民憎恨；因为就算你拥有堡垒，但如果你结仇于人民，任何堡垒都挽救不了你"①。为了不遭人憎恨，他提示君主，应该将不得人心的事情假手于人，而将示恩分惠的事情自己来做，而且应做到不侵犯公民的财产，不玷污他们的妇女，不杀戮无辜，不横征暴敛。

另外，马基雅弗利还提出了许多具体的统治手段。例如，一是君主应当善于采取暴力和欺骗相结合的方法。在他看来，古代作家已经教给世人，许多君主是由半人半兽的马人喀戎抚养、管教成人的，这无非是说君主必须懂得如何运用人性和兽性。他还指出，凡是聪明的君主，都应该同时效法狐狸和狮子，因为狮子虽凶猛但不能够防止自己落入陷阱，而狐狸虽狡猾但不能够抵御豺狼。君主应当学会同时扮演狮子和狐狸两种角色，既要凶猛，又要狡猾，也就是善于采取暴力和欺骗相结合的方法。二是君主应当效法前人，并依靠个人的能力赢得尊敬。马基雅弗利提出，君主应当阅读历史，学习伟大人物的作为。他认为，世界上没有任何事情比得上伟大事业和卓越范例更能使君主赢得人们的尊敬。所以，君主必须依靠自己的能力和行动来赢得声誉。三是君主必须善于用人，选择良臣，避开谄媚者。他指出，善于用人对于君主来说是一件极其重要的事情。如果他左右的人都是有能力的并且是忠诚的，他就常常被认为是明智的。因此，君主如果能识别大臣的优劣善恶，激励优善，矫正劣恶，就能把国家治理好。同时，君主应当避开谄媚者。他建议，君主应当在国内选拔一

---

① ［意］马基雅维利：《君主论：拿破仑批注版》，刘训练译注，中央编译出版社2017年版，第288页。

些有识之人，让他们享有对君主讲真话的自由权，而且谁愈敢言，愈应受鼓励，君主应经常听取他们的意见。

四、共和主义理想

创建自由的共和国是马基雅弗利的理想。遵循古典传统，他认为，人类历史上曾依次出现过君主政体、贵族政体和民主政体这三种正确形式的政体，而僭主政体、寡头政体和群氓统治则是它们对应的堕落形式。这些政体周而复始地循环更替，都不稳定持久。因此，同波利比乌斯一样，他认为最好的形式是混合政体，即将三种正确形式的因素结合在一起，让人民代表、贵族代表和选任的国家元首同时行使政权。"三种好的短命，而三种恶的则有害。因此，在那些精明地制定法律的人认识到这个不足之后，就会避开这些方式各自本身，而选择一种可以将它们全都包括在内的方式，认为它更加稳定而持久：因为当在同一城邦内兼行君主制、贵族制和民主制的时候，它们可以相互制衡。"[①]

马基雅弗利在考察、判断各种政体的相对优劣时，赞赏罗马的共和制，认为罗马在混合体制下，创建了一个完美的共和国。他在《李维史论》中列举了共和制的许多优越性：其一，共和政体最符合平等、自由的要求，能增进公共福利，保证公民的安全和财富增长。马基雅弗利认为，在共和国里无须担心统治者的营私舞弊，因为统治者是选举出来的，贵族处于人民权力之下，他们的权力欲望也就不会造成危害。同时，共和政体有利于促进人民的福利，有利于实现自由平等，这有助于发展人的才能，有助于培养公民的美德和对公共事业的热爱。唯有在共和国才重视共同利益。其二，民众能够比君主更好地顺应时局。马基雅弗利并没有附和那种指责人民反复无常的观点，而是在《李维史论》中写下了题为"民众比君主更明智、更坚定"的一章，宣称人民比君主更稳健，有着更好的判断力，他们的统治更优秀。他认为，人民的声音就是上帝的声音，大众的意见对事态的预言是非常灵验的。与君主国相比，共和国有着更强盛的活力、更长久的好运，就是因为它有各种公民，能够比君主更好地顺应时局。其三，共和政体以优良的法律为基础。马基雅弗利指出，建立一个国家同维护一个国家不同，当一个国家真正建立之后，自由、公平的法律是十分

[①] [意] 马基雅维利：《君主论·李维史论》，潘汉典、薛军译，吉林出版集团2011年版，第151页。

必要的。古罗马的共和政体就是以优良的法律为基础的，这样的政体既能约束贵族的专横，也能恰当地约束人民，使其坚定、审慎。

马基雅弗利认为共和制是一种合理的政体，但主张它必须在一种有秩序的社会中才能实行。他认为，当时只有在瑞士和德意志的一些地方可以建立这种制度，因为那里还保持着一种坚实的文明生活；而在紊乱、腐败的意大利，是不宜实行共和制的。因为，有几种势力妨碍了意大利的统一与强盛。首先，他猛烈地抨击罗马教廷，指责教廷是造成意大利分裂的总根源，并且还运用它的国际影响招致外国的侵略。其次，他痛斥封建贵族是一切文明的不共戴天的仇敌，是沽名钓誉的废物。他特别指出，同土地有联系的贵族是一切秩序的反对者，而拥有城堡的封建主则特别有害，因为他们总是要求独立，企图成为国中之国，从而妨害政治上的统一。

基于现实，马基雅弗利主张在意大利建立君主专制。他说："在人民腐化到如此程度，连法律也不足以控制它的地方，必须连同那些法律一起，组建一种更强大的权力，这种权力是一种帝王般的铁腕，可以利用其绝对的和非常的权力，抑制住有权势者的过分的野心和腐败。"① 在《君主论》中，马基雅弗利一再激励当时的君主们认清时代的特征，维护自己的国家，完成空前的伟业，夺取最高的名誉和声望。他还就建立强有力的君主制、君主国的种类、君主维持与夺取权力的方式、实现国家统一的具体方略等问题，提出过许多具体的见解。

马基雅弗利只是将君主专制看作挽救意大利的临时措施。他认为，君主的暴力只是政治的药剂，只能治疗病态的国家，而不可视为普适的最好的政体。在国家统一后，还是应该实行共和制。如果君主不想交出他的权力，则应该使用暴力迫使他交出权力。马基雅弗利在上美第奇家族谈佛罗伦萨政体的意见书中，也表达了同样的观点，即同意维持君主制，待时机到来时，再恢复共和国，将统治权移交给大议会。由此可见，马基雅弗利拥护君主制度，实际上是要借助王权的形式，实现意大利的统一，建立近代的共和国，发展资本主义经济。

五、历史地位与评价

马基雅弗利被公认为西方近代政治学的奠基人，同时也是西方政治思想史

---

① ［意］马基雅维利：《君主论·李维史论》，潘汉典、薛军译，吉林出版集团2011年版，第295页。

上争议最多的思想家之一。

马基雅弗利对西方近代政治学的贡献主要有以下几个方面：首先，在探讨政治问题的方法上，摆脱了古代的目的论形而上学和中世纪的神学世界观的影响，完全从人性、人的历史和现实的经验出发，总结国家兴衰成败的原因，讨论治理国家和维护权力的方法，评价政治与法律制度的优劣。在马基雅弗利之前，虽然有思想家对神学政治观进行了批判，但他们都没有摆脱基督教的伦理观和传统自然法理论的束缚。马基雅弗利则彻底抛开了基督教，完全从世俗的角度，用人的眼光来观察政治现象，他对宗教的讨论也完全是从历史和现实的角度展开，着眼于宗教的政治功能。在其著作中，没有运用传统道德的说教，也不谈上帝的启示，而只是反复引证历史经验和个人经历来说明当前实际的政治问题。

当然，他对待历史的态度是随意的，他的经验主义方法是不自觉的，更不是科学的；他的人性观是粗糙的，以性恶论作为考察政治的出发点也是唯心主义的，不可能揭示政治现象的本质。

其次，在关于政治核心问题的看法上，第一次把政治看作纯粹的权力（统治权）问题，不再将正义、善等抽象的道德目标以及维护基督教信仰视为政治的目的，而是将法律、宗教、军队和治国术等视为权力的工具，如何维持统治权、实现国家的安全和强大成为他唯一关心的问题。所以，马克思和恩格斯指出，从马基雅弗利开始，"权力都是作为法的基础的，由此，政治的理论观念摆脱了道德，所剩下的是独立地研究政治的主张，其他没有别的了"①。

需要强调的是，不能简单地说马基雅弗利第一次实现了政治与道德的分离，更不能说马基雅弗利是不讲道德的。马基雅弗利确实强调，在特定的条件下，政治不应当受制于道德的束缚，但他这里所说的道德主要是指古典的道德和基督教的道德；即使为了达到更高的政治目标，有时可能不得不触犯人类的某些道德规范，但他也提醒要谨慎使用不道德的手段；而且在《李维史论》中，他多次赞扬罗马那些培养公民美德的制度，肯定个人的德行对于维护共和国自由与强大的重要性。

不过，也要看到，马基雅弗利还仅仅停留于将权力看作政治的主要内容和基本手段，更没有考虑到权力背后深层的经济基础与阶级关系；他满足于把政

---

① 《马克思恩格斯全集》第 3 卷，人民出版社 1960 年版，第 368 页。

治学简化为权术论,对政治与道德关系的看法也过于简单、机械。

再次,他关于国家的概念、国家权力的目的与构成基础的论述,是对西方近代政治思想最重要的贡献。与此前的多数政治思想家不同,他不是把国家看作为了实现某种正义或善的组织,而是明确地将国家看作一个权力的组织。据此,他提出国家的根本问题是统治权,掌握国家权力的统治者的目的不是追求道德的目标,而是国家的安全、统一与强大。国家权力的存在不但是一种事实,只能从现实去把握其存在的理由,而且国家权力的运作也有自己的一套规则。马基雅弗利是最早在现代意义上使用国家概念的思想家,以后博丹、霍布斯等人从不同角度发展并完善了他的国家学说。

最后,要客观、公正地评价马基雅弗利的政治思想还需要区分马基雅弗利与"马基雅弗利主义"。虽然马基雅弗利确实表达过"目的证明手段"的思想,并且主张统治者为了实现国家的统一和强大可以采取各种"不道德"的手段,但他始终设定了政治的公共目的,并附加了特定的历史条件。因此,那种鼓吹暴力、玩弄权术、为达目的不择手段的所谓"马基雅弗利主义",显然与马基雅弗利本人的思想是有区别的,不能把"马基雅弗利主义"简单地等同于马基雅弗利的政治主张。不过,马基雅弗利的权术思想一方面表现了他对实现意大利统一和强大的渴望,另一方面也暴露出他作为早期资产阶级思想家在政治道德观上的阶级局限性。

第三节 博丹的政治思想

一、生平与著作

让·博丹(1530—1596)是法国著名政治思想家,近代西方国家主权理论的创始人。他出生于法国安吉尔省的一个中产阶级家庭,年轻时在大学学习法学,毕业后留校任教,担任法学讲师;不久独立开业担任律师,同时从事学术研究。1556年,博丹出任安吉尔省议会的代表和法国三级会议的第三等级代表。1576年,博丹获得法王亨利三世垂青,出任宫廷辩护官。晚年,博丹担任阿朗松公爵的顾问,并参与法国宫廷的政治活动。

博丹和马基雅弗利是同时代的人,但两人生活的社会历史环境有所不同。16世纪的法国已经建立了中央集权的君主专制制度,国王信奉天主教,在一定程度上推行有利于资本主义发展的工商业政策和对外扩张政策。然而，在当时的条件下具有进步意义的专制王权在 16 世纪下半叶受到来自国内外的各种因素的干扰。尤其是 1562 年至 1598 年，法国爆发了天主教和胡格诺教两派政治势力之间长达 30 多年的宗教战争。这次战争严重地削弱了君主专制制度，国家和民族的统一面临破裂的威胁，发展中的资本主义经济受到摧残。鉴于这种状况，资产阶级迫切希望维护和强化君主专制。博丹的政治思想正是法国内战的产物，他公开声称王权是和平与秩序的支柱，自己的目的是加强国王高于一切宗教与政治派别的地位，并以此批评胡格诺教派反抗君主的理论。

1576 年博丹发表了《国家六论》。在书中，与马基雅弗利一样，博丹试图历史地考察国家。他的方法是将各个国家的法律体系以及主要国家的民众习惯汇集在一起，进行比较研究，以便认识国家的产生、成长的条件以及变化与衰落。博丹批评马基雅弗利的著作缺少哲学，认为自己的方法是将历史与哲学结合起来，让历史赋予哲学以生机，所以相比之下他的体系性、学理性更强。他从内容到形式都借鉴了亚里士多德的政治思想体系，发挥了其政体学说和地理环境对社会政治制度起到影响作用的观点，这对后来孟德斯鸠的著作有很大影响。

二、国家主权理论

在西方政治思想史上，博丹是第一个系统地提出和论述国家主权学说的思想家。古希腊、罗马和中世纪的政治思想家都对"最高权力"的性质进行过分析和论述，但总体上都把它理解为统治者享有、掌握的一种至高无上的权力。博丹首次把主权和国家联系在一起。主权从此不再属于某个具体的统治者，而是作为一种抽象的至高权力，归属于国家。

博丹从人类的历史经验出发，解释国家起源问题，提出家庭是国家的基础。他承袭亚里士多德的观点，认为国家是从家庭发展而来的。家庭及以后各种社会团体的产生在于人的自然需要与欲望，如养育后代、安全防卫、自然的群居性。家庭是在家长的最高权力支配下的一群人，家长拥有绝对的权力，完全控制家庭成员的人身、财产，甚至生命。一群家庭基于共同的利益，在适当的地域内结合为村落、城市以及其他各类社会团体。村落与城市之间争夺地域，出现共同的防卫与追求各自利益的需要，人们再通过强力的争夺，加上神授的社会本性的启示，异族之间联合起来，形成国家。

博丹用家长的权力比喻国家主权，认为在一家之中，家长居于统治地位，妻子要服从丈夫，子女要服从父亲；同样，一个国家也必须具有至高无上的主权，公民要服从主权者。他把主权定义为"共同体所有的绝对且永久的权力"①，它是超乎公民和臣民之上、不受法律限制的最高权力。他指出，主权是国家的最本质特征，没有主权就不是国家。这样，博丹首次把国家与主权联系了起来，提出和论述了国家主权的概念。

博丹指出，主权与家长的权力性质有很大不同。国家主权的特征包括：第一，永久性。这主要指国家主权在时间和任期上是不受限制的，因为国家主权依靠自己的权利而存在，所以它也是不可转移的。第二，最高性。博丹认为主权具有至高无上性，是不受任何限制并超越于法律之上的。如果主权受到同时代的、此前时代的法律以及政治团体的限制，那么主权也就不能成为主权。第三，不可分割性。博丹的一个著名论断就是提出主权是统一的、不可分割的、不可转让的。他认为，分割主权的一切行为都会导致纷乱，因此即便存在混合政体的话，那也是一种不能长治久安的政体。

为了防止君主侵犯新兴资产阶级的利益，博丹提出绝对不受限制的主权者是不存在的。他认为，主权和主权者是有区别的。国家主权是绝对的和无限的，但这种权力在具体运用时是受限制的。首先，主权者要受到神法和自然法的限制。在这一限制中，主权者尤其不能触及私有财产，这是自然法和神法早已规定了的，不得到各等级的同意，主权者无权随意征收捐税。其次，主权者不必遵守法律，但要遵守契约。博丹区分了法律与契约，认为法律是由主权者制定的，他要求的是臣民的服从，而自己不受它的限制。对于君王和另一人签订的契约，则任何一方都不能违反，君主并不比臣民占据更大优势。这样，在博丹的思想中，主权在具体运用时是受限制的，处在外在法的制约之下。

关于主权应该包括的内容，博丹列为九项。第一，立法权。主权是一切法律的唯一渊源，法律是主权者的命令，主权者就是立法者。第二，宣布战争、缔结和约的权力。第三，任命官吏权。主权者可凭借其最高权力，任命各级官吏。第四，最高裁判权。主权者是国内的最高裁判官。第五，赦免权。属于最高裁判权的一部分。主权的其余四项重要权力包括：尽忠权、铸币权、度量衡

---

① ［法］让·博丹著、［美］朱利安·H. 富兰克林编：《主权论》，李卫海、钱俊文译，北京大学出版社2008年版，第25页。

的选定权和课税权。

博丹指出，主权中最重要的是立法权，"拥有主权的君主首要的特征性权力就是为全体臣民制定普适性的法律和专门适用于个别人的特别法令"①。从维护君主专制出发，他进一步补充说，君主制定法律不必经过其他任何人同意，不管其地位高低。如果要征求上级的意见，他就只是一个臣民；如果要征求与他同等人的同意，他们就是在分享主权；如果要征得比他地位低的人的同意，他就不再是一个主权者，因为主权者就是立法者，法律则是表示主权者意志的命令。主权者的意志高于法律，是法律的来源，因此，他主张立法权是不能分属于他人的，除主权者以外，一切人均不能拥有立法权，议会也无权立法。

博丹坚持主权的绝对性，强调公民必须服从主权者的命令，这表明他的主权学说是维护君主专制的。但是，他又明确区分主权与主权者，强调主权永远属于国家，君主不过是代国家行使主权；公民在国家中享有财产自由，主权者要服从神法和自然法，不得侵犯公民的财产权利，则体现了资产阶级希望建立统一的、中央集权的民族国家，以求保护其经济利益的要求。总之，博丹的主权学说摆脱了宗教神学的影响，第一次系统地论述了国家主权的产生、性质与内容，为当时法国的君主专制提供了论证，同时也对近代欧洲民族国家的形成起到了推动作用。

三、论国家类型与政府类型

博丹把主权作为国家的根本，但主权并不是抽象存在的，而是和国家制度的建构联系在一起的。在这一问题上，博丹在西方政治思想上的一个重要贡献，就是试图按照主权者的人数与权力行使的方式区分国家类型（form of state）和政府类型（form of government）。就前者而言，主要指国家主权的归属；就后者而言，主要指运用主权的组织形式，即政府的管理形式。

博丹认为，主权掌握在谁的手中，决定着国家的类型。他根据主权者的人数将国家分为三种类型：主权由一个人掌握，是君主制；主权由少数人掌握，是贵族制；主权由多数公民掌握，是民主制。根据这种划分方法，他反对波利比乌斯的混合政体理论。在他看来，主权是统一而不可分割的，一旦权力分

---

① ［法］让·博丹著、［美］朱利安·H. 富兰克林编：《主权论》，李卫海、钱俊文译，北京大学出版社 2008 年版，第 107 页。

散，就不成其为最高权力。博丹反对混合政体有其所指，因为一些贵族分裂势力曾以法国历史上存在的等级君主制为依据反对法国的统一。因此，他坚持君主制，主张国家的政治稳定和统一。

博丹认为君主制是最好的国家类型，是实现真正统一和不可分割的国家权力的唯一形式。在他看来，只有君主才能耸立于国家的一切因素之上，调和各种对立愿望和要求，保证各种对立因素的和谐与统一；君主能够对外征服，建立一个幅员辽阔的国家。但是，博丹拥护的是合法的君主制。他认为，君主制也有三种不同的情况：一种是合法的君主制，君主尊重神法和自然法，人民能够享有财产和自由权利，是理想的类型；一种是专制君主制，类似家长与奴隶的关系；最后一种是僭主制，君主不遵守自然法和神法，任意残害人民，僭主不是靠选举、继承或正义战争取得权力，而是靠暴力篡夺成为统治者，这是博丹坚决反对的一种制度。

博丹赋予君主制以绝对主义的特点。他承认君主改变法律与习惯时需要议会的同意，但这并不意味三级会议可以对君主下命令，除征税问题以外，君主并不受议会的约束，因为君主不受法律和习惯的限制。此外，他认为任何臣民个人或臣民整体都不许以各种借口反对君主的荣誉、生命和尊严，不许公开发行煽动叛乱的书籍，不许以反暴政为由武装反抗君主。但他又提出根据神法和自然法的要求，君主有两个主要义务：一是要关心臣民的福利，不得侵犯他们的私有财产；二是应履行自己与臣民之间的契约。这些同对主权者的限制是一致的。

博丹还考察了国家类型更替及其原因等问题。他提出，国家类型的变更有两种方式，即变迁和革命。如果主权的归属不变，哪怕法律、宗教、制度都改变，也是变迁；如果主权的归属转移，哪怕各种制度都不改变，也是革命。他相信，君主制最易于防止革命的发生。

博丹还对政府类型进行了分析。在他看来，在不同的国家类型中，由于行使权力的方式不同，可以划分为不同的政府类型。他认为，每一种国家类型都可以分为不同的政府类型，但这些不是国家的不同类型，而是政府不同的运作形式，政府仅仅是行使国家主权的机构。例如，在一个君主制的国家中，可以按照民主原则进行统治，国王可以不考虑人们的出身、财富和道德，把门第、官职和晋升无差别地分配给所有的人，也可把土地、财富和官职分配给贵族，实行贵族统治。政府的类型也可以是混合式的，即政府权力可以由民众、贵族和君主共同行使。

博丹还注意到影响国家兴衰的自然原因。他发挥了亚里士多德关于地理环境决定民族性格的观点，提出由于各国地理环境，如土地、气候的不同，形成各国人民各自不同的特性。一般而言，北方人体格强壮，南方人才智优越，而中部地区的人民体格与才智均可优越。他又提出，国家最可靠的基础，是使国家形式适合人民的天性和气质。他由此得出结论，作为地球中部地区的法国人，最富于正义和理性，因此也最适宜建立君主制。从中可以看出，博丹的这种地理环境论有为君主制辩护的用意。同时也表明，他已经试图从国家本身以外的原因去寻求影响国家形式的各种因素了。

博丹是继亚里士多德之后对政体问题考察得极为详尽的政治思想家。他的政体理论第一次试图把国家类型和政府类型加以区别，加深了人们对权力的组成与行使方面复杂现象的认识。从总体上说，博丹的政体思想和他的主权学说一样，鲜明地反映了当时法国资产阶级希望通过中央集权的君主制实现国家统一、发展资本主义的要求。

博丹的主权概念、国家学说和政体理论表明，他已经在现代的意义上使用国家这个概念，指出国家是一种抽象的公共权力。这在西方近代政治思想史上具有奠基性地位。但是，博丹并没有对国家公共权力的产生以及主权者与公民的关系作出论述，也没有对限制主权的自然法给予近代化与世俗化的论证，完成这个任务的是17世纪的格劳秀斯、霍布斯和洛克。

第四节　格劳秀斯的政治思想

一、生平与著作

胡果·格劳秀斯（1583—1645）是荷兰著名的政治思想家和法学家，国际法学的奠基人、近代自然法学说的创始人之一。

格劳秀斯生活在欧洲大陆资本主义深入发展的时期。16世纪中期，欧洲贸易中心的转移，促进了尼德兰资本主义生产关系的发展。当时的尼德兰已经有300多座城市，阿姆斯特丹、鹿特丹、安特卫普位于当时欧洲经济最繁荣的城市之列。1609年，资产阶级取得革命的胜利，在北方七省建立了荷兰共和国，革命的成功为荷兰资本主义的发展开辟了道路。

17世纪初，荷兰的工商业、航运业以及海外殖民扩张都有新的发展。它掌握了波罗的海和北海的贸易，造船业居世界首位，转口贸易极为发达。一百多年间，荷兰的商船遍航世界各地，素有"海上马车夫"之称。荷兰对外经济贸易发达的特点，使它与英国、法国、西班牙等欧洲强国的海上争夺十分激烈。

在政治上，17世纪荷兰的政权由富商和贵族寡头联盟掌握，首席执政由奥兰治家族世袭。资产阶级还不能充分表达自己的要求，新贵族没有割断与封建制度的联系，这些都限制了有利于资产阶级的改革。而且，荷兰国内仍存在着激烈的宗教纷争，教会在荷兰还有很大的势力。进一步批判宗教神学，论证海上航行自由与新的国家秩序是资产阶级面临的重要任务，格劳秀斯的政治思想体现了那个时代的要求。

格劳秀斯出生在荷兰商业城市代尔夫特。他11岁进入大学学习，18岁受聘担任拉丁文编年史官。1604年，由于和西班牙、葡萄牙的海上冲突，荷兰东印度公司把前往海军部为该公司利益辩护的任务委托给他。为此，他在1604—1605年写了名为《论对战利品的权利》的论文。1609年，格劳秀斯发表了其中一章，题为《论海上自由》，宣扬一切国家航海自由的主张。1613年，格劳秀斯卷入国内的宗教论争，这种冲突后来演变为政治斗争。1618年，议会反对派领导人被捕，格劳秀斯被判处终身监禁。三年后，他设法逃到法国巴黎，受到国王路易十三的厚待。1625年，他发表了《战争与和平法》，这部著作奠定了他在西方政治思想史上的重要地位。直到1631年，格劳秀斯才返回荷兰。他再度参加了议会中的激烈辩论，无视执政腓特烈·亨利的干预，又受到逮捕的威胁。1634年，格劳秀斯担任瑞典驻法大使再度来到巴黎。他在外交活动之余，写作编辑了有关文学和历史的著作。1644年，格劳秀斯应邀到达瑞典，成为瑞典国务会议的成员，次年8月，在返回巴黎的途中因沉船丧生。

格劳秀斯在西方政治思想史上有着重要的地位。他是近代最早将几何学的演绎方法引入法学与政治学的思想家，从而开创了"法学和政治学的'论证'体系的时代"①。他第一次把国际关系问题引入政治学说，把主权国家作为国际法的主体，改变了古罗马以个人权利和契约关系为基础的万民法概念，奠定了近代国际法的基础。他提出主权不仅有国内最高统治权的意义，而且有对外独

---

① [美]乔治·霍兰·萨拜因著、托马斯·兰敦·索尔森修订：《政治学说史》下，刘山等译，商务印书馆1986年版，第483页。

立的意义，从而丰富了博丹的主权学说。他在西方传统的自然法学说中最早提出了人权原则，在法的分类和方法论上明确地用人的理性排斥神学信仰，使自然法摆脱了神学，成为西方近代政治思想的重要理论基础。

二、自然法学说

17世纪欧洲大陆出现的各种变化要求给予自然法新的解释，格劳秀斯是近代西方第一个比较系统地论述自然法理论的思想家。他汲取了古希腊、罗马思想家自然主义自然法理论的精华，摆脱了中世纪神学主义自然法的桎梏，开创了近代理性主义自然法的先河。他对自然法理论的改造主要是把自然法与宗教神学分离，用"人的眼光"，从人的理性出发来重新考察作为国家与法律基础的自然法。

格劳秀斯认为，自然法的基础存在于人性之中。在他看来，"爱社交性"是人类共同的本性。人的本性要求过一种和平而有组织的生活，人们对有秩序的和平生活的要求是一切法律的根源，也是自然法存在的依据。

格劳秀斯用理性来解释自然法，反对将自然法解释为有益的社会习俗。他指出："自然法是正当理性的命令，它指示任何与合乎本性的理性相一致的行为就是道义上公正的行为，反之，就是道义上罪恶的行为。"[①] 他坚持认为自然法不依从于上帝，而是以人类的本性为基础。在他看来，理性是人人具有的天赋能力，并不限于任何一个种族的人。人类可以自己找出道德上的行为规范，即使没有上帝，人类也能够依据自己的理性行事。他宣称："自然法是如此不可改变，甚至连上帝自己也不能对它加以任何改变。尽管上帝的权力是无限广泛的，然而有些事物也是其权力延伸不到的……二加二，必然等于四，而不能有任何其他之可能。另外，凡是内在地为恶的，一定不能不是恶的。"[②] 在他看来，甚至上帝的行动也要受这条规则的裁判。由此可见，尽管格劳秀斯还没有摆脱神法，但是他已经把理性置于上帝之上，明确提出自然法高于神法，改变了中世纪神法高于自然法的观念。

在法的分类问题上，格劳秀斯也抬高自然法而贬低神法的地位。他把法分

---

① ［荷］胡果·格劳秀斯：《战争与和平法》，［美］A.C.坎贝尔英译，何勤华等译，上海人民出版社2017年版，第23页。
② ［荷］胡果·格劳秀斯：《战争与和平法》，［美］A.C.坎贝尔英译，何勤华等译，上海人民出版社2017年版，第24页。

为两大类：自然法和意志法。其中，源于人类理性的，是自然法；源于意志的，是人类法和神法，人类法又分为民法、国内法和国际法等。格劳秀斯比较了自然法和神法，指出了它们之间的区别。他认为，自然法也是神圣的，它来源于人类的理性；神法来源于神的意志。自然法是普遍地适用于全人类的；神法或给予一般的人类，或给予某一特殊的人民。自然法不仅存在于人类的自然状态时期，而且流行于人类社会建立之后；神法只是在历史上的神创造人类之后、洪水之后和耶稣之后三个时期由神给予人类。总之，格劳秀斯主张一切意志法应该适应、体现理性的要求。在他看来，自然法比神法更具有合理性、永恒性和普遍性。

维护私有财产，初步提出自然权利观念是格劳秀斯自然法学说的重要内容。格劳秀斯指出，自然赋予每一个动物自卫和自救的力量，因此人们可以凭借暴力手段保卫自己。格劳秀斯主张权利具有"直接和人有关"的意义，就是指"个人所具有的一种道德品性，由于具有这种道德品性，正好使他可以拥有某些特殊的权利，或者有权作出某种特定的行为"①。在这一意义上，"权利"常常被称为"特权"，每个人都有属于自己的特权。这种权利包括：自由权、对他人拥有的权力（如父亲对孩子的权力，主人对奴隶的权力）、财产权和要求清偿债务的权利。这样，他便把生命、自由、财产看成不可侵犯的自然权利。

格劳秀斯把资产阶级所要求的自由和私有财产权归结为自然法的内容，并将其说成是一种自然权利，表明他的自然法学说已具有近代的特征。不过也应看到，他把主人对奴隶的权力也说成是自然权利则反映了他维护剥削阶级利益的立场。此外，他关于个人自然权利的论述也是不充分的、零散的。

格劳秀斯和古希腊罗马的思想家一样，把共同的道德规范看作维系人类社会的重要纽带。他认为，一切动物生来就只有自己的利益，这句话是不能适用于人类的。人拥有善与恶的观念，不会做出伤害他人的行为，即使因此会给自己带来不便和损失。在人类社会中如果只以自己为标准，社会就没有存在的可能。为此，他提出了人类社会应该共同遵守的规则，包括信守诺言、承认人的平等、正义原则、父母责任、婚姻忠贞等。值得注意的是，在格劳秀斯的自然

---

① [荷] 胡果·格劳秀斯：《战争与和平法》，[美] A. C. 坎贝尔英译，何勤华等译，上海人民出版社 2017 年版，第 21 页。

法学说中，孤立的个人并没有成为政治学说的唯一基础。他还没有用明确的自然权利为政治社会中的政治权利作辩护，他更多的是讲个人的道德义务而不是个人的自然权利。

关于证明自然法的方法，格劳秀斯认为有两种，即先验的证明方法和经验的证明方法。前者参照人类的本性；后者参照普遍的事实，依靠理性的推论。因此，自然法既与逻辑推理相符合，又是一切人所承认的法则。它是真理，是实际存在的东西。

三、国家主权理论

格劳秀斯政治学说的一个重要特点是在研究国际法中讨论国家和主权问题。他并未专门论述国家的起源，而是在论述其法律学说、抵抗权、私有财产的起源等问题时有所提及。事实上，他提出了两种不同的解释：当他在论证自然法的约束力时，将人的热爱社会生活的本性看作政治社会产生的原因；当他在讨论国家主权问题时，又运用社会契约论来解释国家的起源。

格劳秀斯认为，在政治社会以前有过一个自然状态。在自然状态中没有财产之分，人人平等自由；人们只受自然法的约束；个人是自己权利的保障者，有权抵抗他人不正当的行为。人们在自然状态中过着和平、宁静的生活。人类的发展造成财产上的分割，人们觉得孤立的家庭不足以抵抗强暴的威胁，于是他们同意组成政治社会。人们订立契约的目的之一，是为了运用公众的力量，并征得公众的同意，保证每个人有权使用自己的财产。他认为，国家"是一群自由的人为享受权利和谋求他们共同的利益而结合起来的一个完美的联合体"[①]。

在格劳秀斯政治学说中，主权问题占有重要位置。在他看来，凡行为不从属于其他人的法律控制，从而不致因其他人意志的行使而使之无效的权力，称为"主权"。主权者直接具有公共性质的行为构成国家主权，包括决定战争与和平、缔结条约、征收赋税以及对臣民及其财产行使权力的其他类似行为。格劳秀斯对主权的分析表明，他主要是从国际法角度考虑主权问题的。也就是说，他不仅从主权对内最高方面来考察主权的性质，而且还考察了主权对外独立方面。所以格劳秀斯明确指出，主权就是不受另一个权力支配的权力，国际

---

① ［荷］胡果·格劳秀斯：《战争与和平法》，［美］A. C. 坎贝尔英译，何勤华等译，上海人民出版社2017年版，第27页。

活动的主体是主权国家。在格劳秀斯以前，博丹只是从加强君主专制的需要出发，提出主权最高、永久、不可分割等性质。格劳秀斯这种关于主权国家对外独立的观点，是对博丹主权理论的补充和发展。

由于格劳秀斯是在国际法范围内研究主权问题的，因此，他又往往把主权的对内最高和对外独立两种特殊性交错在一起，既要解释对内主权，又要解释对外主权。如在主权的归属上，他既承认主权由社会全体，即国家掌握；又主张由一国的习惯或法律所指定的一个人或少数人掌握，而且在他具体地讨论问题时，几乎只限于第二种意义的主权者。在法律上，他既主张主权经过社会契约产生，又认为征服者经过正当的战争，可以对被征服者拥有完全的主权。在期限上，他既承认永久拥有主权，也承认暂时地拥有主权，这两种主权者在权力上都是最高的，不受限制的。在权限上，他既承认如果主权者对人民有过誓约，一旦违约就会丧失主权，又承认主权是超越于社会之上的权力。在行使方式上，他既承认主权本身是统一的，又承认主权可以在几个君主或君主与人民之间分享。在国与国之间，他既承认主权不受另一个权力支配，又认为被保护国、附庸国、纳贡国的君主都是主权者，只在地位上有高低之分。

格劳秀斯主权学说的突出特点是排斥人民主权。他否定主权掌握在人民手中，人民有权因君主滥用权力而对其施以限制和惩罚。他认为，人们本来都拥有自然权利抵抗侵害行为，以便保护自己；但自从为了维护和平的文明社会成立之后，国家就产生了一个超过个人以及比个人权力更高的权力。为了维护公共和平与良好秩序，国家有权制止人们彼此之间无限制地利用自然权利。格劳秀斯虽然反对人民主权，但他又认为在某些极端情况下，比如君主违反法律和国家的利益时，君主把国家转让给他国，或使国家变成另一个国家的附属国时，人民可以反抗君主。但是，为了保证国家的秩序，格劳秀斯从根本上否认反抗君主是一种良好办法。

为了否定人民主权原则，格劳秀斯从几方面做了理论上的论证：第一，人民不能任意改变政府形式。人民或出于理性的启示，或由于本性的驱使，或战败后以奴役换取生存，或经过契约，产生政府权力。这时人民可以任意选择政府的形式，贵族制或君主制都是合理的政府形式。但是，政府一经选定之后，人民自身便失去了政治上的作用，不能任意改变政府形式。第二，主权是主权者的一种私权。格劳秀斯认为，与拥有一块土地或一种通行权一样，主权者对主权拥有所有权或使用权，可以购买或赠送。他虽然说主权不宜轻易转让，但是他又承认转让并不与人民的自由相冲突。他认为，君主转让主权并不是转让臣民本身，而只是转让统治他们的权力。第三，他反对一切政府的目的是为了人民的福利。他认为从政府的性质来观察，君主，特别是拥有完全主权的君主，治国时可以完全以自己的利益为目的。

四、国际法思想

关于国际法理论的研究并非自格劳秀斯开始，早在古罗马时期，就有人讨论有关战争和条约问题，不过当时人们并没有国际法的概念。历史上，从奥古斯丁、阿奎那到博丹，也都讨论过有关宣战、休战及对敌人维持信义、实行人道主义等问题。但是，真正将国际法作为一门独立学科进行完整系统的理论论述，则是从格劳秀斯开始的。

格劳秀斯认为，国际法是一种在适用范围上更加广泛的法，其权威来自所有国家，或者至少得到了许多国家的同意。它是支配国与国相互关系的法律，是维护各个国家的共同利益的法律，其目的在于保障国际社会的集体安全。他指出，一国的法律，目的在于谋求一国的利益，所以国与国之间也必然有其法律，其所谋取的非任何国家的利益，而是各国共同的利益。因此，国际法的核心准则是"为全人类的安全和利益服务的"。国际法的来源，虽然也出于各国的利益需要，但更重要的是人类对于共同生活的自然要求。在由全体人类或人类的一部分构成的、以国家为单位的共同社会里自然就应有共同遵守的法律。

虽然格劳秀斯对自然法和国际法也做了区分，认为自然法是可以由人类理性自然推论出来的，而"万民法"是各国共同采用的，但是在他的论述中，却往往把两者混同起来。在他看来，除自然法外，很少能够找到任何其他法律是对所有国家共同适用的，所以自然法本身常常被称为"万民法"。他区分自然法和国际法的目的，不过是要为国际社会树立普遍的规范原则。

在格劳秀斯看来，国际法的最终目的是寻求和平，尽力减少战争。他认为国家和人一样，都希望有一个和平的社会秩序。他提出公海自由等进步的主张，要求人们以最大努力防止战争。他批评当时战争造成的种种罪恶，明确地区分开正义和非正义战争，鲜明地支持正义的战争，相信正确的理性和社会本质将允许以暴力行为反对那些反社会的暴力行为，即侵犯别人权利的暴力行为。他主张各国在备战和作战时具有一些共同的权利，各国为了自卫和自救，都可以在必要时使用武力。此外，他提出战争的正义性要求手段与目的一致，即要遵循公平和人道主义。他提出了一系列人道主义原则：坚持宣战的原则，反对不宣而战的狡猾行为；坚持战争中的人道主义原则，反对杀害妇女、儿童等非参战人员，反对杀害放下武器的战斗人员；坚持公海自由通行的原则，任何国家和个人阻止非武装船只在公海上自由通过都是国际法准则所不允许的。此外，还要遵循保护交战双方外交代表安全的原则。在格劳秀斯看来，战争的目的是缔结和约，维持国际和平。格劳秀斯提出的这些人道主义原则，对于17—18世纪乃至以后的政治学说有很大影响。

格劳秀斯的国际法理论第一次改变了古代以来万民法的含义。在古罗马共和国时期，万民法是指未取得罗马公民资格的各民族通行的关于财产、契约及婚姻等事项的法律或习惯。到了罗马帝国时期，它几乎混同于自然法。在中世纪，万民法常用来指团体之间、国家之间交际时满足私人利益的习惯、战争的惯例等。到了格劳秀斯这里，虽然他使用的概念仍是"万民法"，但其主体已是拥有主权的国家。国际间的战争与和平，取决于主权者的明确决定以及其他一些条件。至此，现代意义上的国际法概念产生了，国际法成为维护国家与国家之间，即国际关系的公法通则。古代万民法的主体是个人，现代国际法的主体是主权国家。这一转折是以格劳秀斯为标志的，正是这一点区分开古代、中世纪的万民法和现代的国际法，表明了格劳秀斯在现代国际法学说中的开创性地位和贡献。

格劳秀斯的国际法理论有深刻的社会历史根源。17世纪的荷兰是海上强国，当时为了和葡萄牙、西班牙、英国争夺海上霸权，发展资本主义，荷兰新兴资产阶级需要提出有利于自己的国际法理论。同时，17世纪欧洲大陆发生了三十年战争，许多国家卷入了这场混战，给广大人民带来了灾难，也妨碍了资本主义的发展。这个时期的资产阶级迫切地需要确立有关战争的国际法。

格劳秀斯的国际法与国家主权思想就是从早期资产阶级的利益出发，针对专制主义统治下欧洲大陆的混乱状况，要求以自然法为基础处理国际关系中的各种问题和纠纷，呼吁国际和平与秩序。这反映了发展资本主义的时代要求，具有历史的进步意义。与此同时，他又否认人民主权，拥护君主专制，他的这种态度反映了当时资产阶级的软弱性和局限性。

思考题

1. 西方近代政治思想产生的社会历史条件有哪些？

2. 如何理解马基雅弗利对西方近代政治思想的奠基性贡献？
3. 如何看待《君主论》与《李维史论》之间的冲突与一致？
4. 博丹主权理论的主要内容及贡献是什么？
5. 如何认识格劳秀斯对近代国际法学说的开创性贡献？

▶ **本章拓展资源**

第五章　17世纪英国的政治思想

17世纪的英国处于封建社会向资本主义社会的过渡时期。1640—1688年的资产阶级革命，实现了从封建政制向近代资本主义宪政的转变，开辟了欧洲历史的新纪元。在资产阶级革命孕育、发生、发展的过程中，英国出现了两大政治思想家："近代政治哲学之父"霍布斯和"自由主义始祖"洛克。他们都采用社会契约论来解释国家的产生，但内涵与结论却颇为不同。霍布斯综合了个人主义和利维坦式国家这两个形式上对立的观念，洛克则全面地阐述了自然权利、法治和分权的基本观点。资产阶级革命和自由主义奠定了西方现代民主国家的基本观念和制度框架，对世界历史产生了深远的影响，其典范意义使得英国被称为"近代宪政第一国"。

第一节　英国的宪政传统与资产阶级革命

一、英国的宪政传统

英国的宪政传统是一个复杂的历史现象。它发端于盎格鲁-撒克逊人的原始部落民主习惯，到17世纪基本形成。它塑造了英国资产阶级革命和近代自由主义的特色。

首先，英国的等级君主制强化了政治协商的宪政传统。所谓等级君主制，是君主借助等级代表会议进行统治的一种政制。17世纪英国"王在议会"（king in the parliament）的政治决策方式，体现了等级君主制的特点。事实上，英国议会并非当时的发明，而是起源于史前的长老议事会，到盎格鲁-撒克逊时期演变为贤人会议，诺曼征服后扩充为御前大会议。此时的议会从仅仅是国王的咨询机构，转变为有立法、司法、行政决策职能的综合政治机构。1265年，大贵族西门召开了著名的"西门议会"，除了原有的教俗贵族代表外，首次从各郡和各市召集了两名市民代表，扩大了议会的代表性。尽管这次议会斗争最终失败，但由于其广泛的代表性，使原有的议会脱胎换骨，成为近代意义上的议会。随着英王对外战争造成的财政困难和贵族与国王之间权力斗争的加剧，到14世纪，议会逐渐获得了参与立法、控制税收、批评监督政府等法定权力，并制定了相对成熟的程序规定。16世纪都铎王朝的亨利八世曾对议会说过,君为首脑,议会为四肢,联为一体组成国家。这意味着"王在议会"俨然成为一种受到认可的政治建制。英国的等级君主制,建立在君主与议会长期对抗和妥协的基础之上,限制了君主的绝对权力,为政治协商提供了组织基础,也为利益表达提供了渠道,它开创的代议制先河,成为宪政传统中必然的组成部分。

英国之所以出现不同于欧洲大陆绝对君主制的等级君主制,源于英国独特的封建主义和习惯。一方面,英国自古有"国王的事务要花国王自己的钱"的习惯,而由于连续不断的对外战争和内部事务,国王需要不断地征税以满足自己的财政需求,合法的征税需要议会的同意,因此国王对议会有一定的依赖性。另一方面,英国的贵族和市民也需要议会作为限制王权的斗争工具。在欧洲大陆国家,领主制是层层分封的,有"国王封臣的封臣,不是国王的封臣"之说;而英国的领主制则是国王分封各层贵族,可谓"国王封臣的封臣,还是国王的封臣"。一切封建主都和国王直接建立起封建关系,都直接受到国王征税及统治的影响,也都需要议会这一渠道,与国王进行协商或斗争。另外,当时英国的贵族制具有开放性,只要年收入超过20英镑,就有权获得骑士称号。新兴的富裕市民成为贵族后,希望通过议会的渠道表达自己的利益要求,获得更好的政治保障。普通市民由于代表名额的扩展,也有可能参与到近代议会中。封建贵族和普通市民对议会的普遍参与,促使英国从君主—贵族的二元权力结构,发展为君主—贵族—平民的三元权力结构,使政治协商和代议制成为稳定而不可移易的政治传统。

其次,1215年《大宪章》运动以契约的形式,巩固了法律限制王权、保障权利的宪政观念。1199年,约翰就任英格兰国王,他的残暴统治以及在与教皇斗争中的失利,激起了社会的普遍不满。1215年春,贵族集结武装,逼近伦敦。约翰迫于形势,于当年6月与贵族签署了《大宪章》。一方面,《大宪章》明确规定了国王不经过公意许可,不得增加税收等对王权的重重限制;另一方面,《大宪章》还保护了教会、贵族以及自由农民、市民的一系列自由权利。其中最著名的是第39条对非依法不得逮捕、监禁、剥夺财产与法律保护的权利的规定,以及第40条国王不得对任何人滥用、拒绝或延搁权利或赏罚的规定。①《大宪章》是西欧封建社会中第一个限制王权、保护自由的宪法性文件,

---

① 参见《大宪章》,陈国华译,商务印书馆2016年版,第44—46页。

为英国此后的宪政斗争提供了法律依据。其后的两百多年间，对《大宪章》的修正达37次之多，以至于有人认为"英国全部制宪历史都不过是对自由大宪章的注释而已"①。另外，《大宪章》虽然主要维护了贵族的特权，但也为平民争取自由提供了可以借鉴的途径。它通过妥协解决问题的经验，彰显了英国连续的、渐进的宪政之路。

再次，英国普通法传统强化了法律至上的法治观念。12世纪中后期，英王亨利二世通过司法改革，实现了司法体制的中央集权化，普通法逐渐产生。英国普通法最早的权威解释者是格兰维尔和布雷克顿。前者讨论了程序和令状问题，后者以"国王不应在任何人之下，但应在上帝与法律之下"而名垂青史。此后的数个世纪，在普通法院与国王的斗争中，司法逐渐独立于行政权力，衡平法的产生补充了普通法的缺陷，判例制度的初步形成巩固了普通法的实施，律师学院的建立提供了独立、专业的法律人群体，这些实践都为普通法传统奠定了经验基础。16世纪下半叶，英国法治思想得到深入发展。安立甘宗（英国国教）伦敦主教艾尔默1559年在伊丽莎白一世登基后不久宣称，国王不是具有统治权的女王，而是法律，表达了"法律即王"的观念。17世纪初期，国王控制的法院和普通法院关于管辖权的冲突愈加激烈。1608年，针对詹姆斯一世蔑视普通法的言论，首席法官柯克公开为法律至上，即普通法至上辩护。他甚至宣称，如果议会制定的法律与普通法相悖，普通法法院可以宣布其无效。1628年，柯克领导下院通过《权利请愿书》，重申了保护公民自由和正当程序等具有法治精神的原则。② 普通法由于具有社会法、注重程序、司法独立、陪审制和对抗制等特点，推动英国宪政不断发展，它的意义被19世纪英国宪法学家戴雪概括为宪法存在于普通法的运行之中。③

最后，自然法和契约论思想，为宪政秩序的产生提供了有力的论证。理查德·胡克（1554—1600）是安立甘宗神学思想的创始人之一，其主要著作为《论教会政体的法律》。胡克虽然维护宗教改革时期的英国国教，与清教徒辩论，但他适应时代的变化，从自然法和契约论角度论证了公共权力的产生和法治的观念。他的观念不仅启发了霍布斯和洛克，还对英国宪政传统作出了直接

---

① William Stubbs: *Constitutional History of England*, Oxford: The Clarendon Press, 1903, p. 572.
② 参见郑永流：《法治四章——英德渊源、国际标准和中国问题》，中国政法大学出版社2002年版，第一章。
③ 参见[英]戴雪：《英宪精义》，雷宾南译，中国法制出版社2001年版，第244—245页。

的贡献。胡克提出，自然的平等是人类互爱义务的基础，人类互爱的义务产生了正义的准则，正义的准则就是自然法，它是现实法律的依据，对任何人都有约束力。政治社会最初起源于人类喜欢群居的本性，为了摆脱利益纠纷带来的损害，人们通过和解与协议组成公共政府。公共政府享有人们授予的统治权，给人们带来和平、安宁和美满的生活。在政府制度方面，胡克把君主制看作公共权力的承担者，认为它只是一种职位，并非唯一的统治形式。国家的各种权力包括君权都必须服从法律，法律是公共意志的体现，是国家的最高意志。立法权属于整个社会，可以随着社会的变化而修改。这些具有自由主义性质的宪政观念在洛克的《政府论》下篇中多有引用。

独具特色的君主制度，历史悠久的契约观念，根深蒂固的法治传统，使英国走上了一条独一无二的宪政之路。英国的宪政观念，为英国资产阶级革命的到来提供了思想资源，也为近代自由主义的形成奠定了理论基础，更对后世各国的启蒙运动和政治发展影响深远。

二、资本主义的发展与资产阶级革命

从马克思主义唯物史观来看，英国资本主义的发展是英国政治和法律转型的决定性因素。15世纪的地理大发现和新航路的开辟，使英国、荷兰成为大西洋航线的中心，英国开始对海外进行海盗式的掠夺和殖民。都铎王朝君主权力的相对集中和海军的相对强大，为殖民争夺提供了强大的支持。1588年，英国打败西班牙的"无敌舰队"，开始建立世界海上霸权。海外贸易和殖民的巨大利润，造成了对羊毛的强烈需求，引发了圈地运动，刺激英国改变对土地的使用方式，资本主义化的土地使用方式代替了封建的土地使用方式。国内资本主义化的土地使用方式和工场手工业的发展，反过来又进一步促进了海外贸易的增长。这种相互作用加速了英国资本主义的原始积累，并打破了原有的政治社会平衡。

政治社会平衡的打破首先通过阶层的变化体现出来。由于采用货币和工业化方式使用土地，资产阶级化的新贵族不断从封建贵族中分化出来，新贵族不仅与资产阶级有共同的利益要求，而且与资产阶级、自由农民之间没有明显的等级界限。农民由于圈地运动丧失了土地，被迫流入城镇的手工工场，成为自由劳动力。越来越多富裕的市民、分化的新贵族向着资产阶级转化，丧失了土地的小农向着无产者转化，国王和教俗大贵族则沦为更加封闭、数量锐减的小

集团。这些都意味着封建主义的基础已经处于瓦解的过程中。

上述阶层的变化最终演化为王权与代表资产阶级利益的议会在政治、经济、宗教等领域的一系列尖锐冲突，这些冲突的本质在于争夺统治权，因此不可调和，最终导致英国内战。1603—1649 年，在詹姆斯一世和查理一世先后统治时期，两位国王力图实行专制统治，在征税、与天主教国家亲善、弹劾权、工商业专卖等方面，普遍地损害了国内资产阶级的利益，国王与议会的斗争日趋激烈。1628 年，查理一世解散议会，开始 11 年的"无议会暴政"。1637—1640 年的苏格兰起义结束了"无议会暴政"。1640 年在短期国会和长期国会召开后，针对国王的征税要求，议会与国王互不相让，最终双方集结军队，于 1642 年 8 月爆发英国内战。

从 1642 年起，英国经历了数次军事斗争和政变。由克伦威尔率领的议会军在英国两次内战期间先后击败了国王的军队。1649 年 1 月，第二次内战结束后，国王查理一世被处决，5 月，议会宣布成立共和国，克伦威尔以护国公的名义建立军事专政。克伦威尔去世后，斯图亚特王朝复辟，查理二世和继任的詹姆斯二世依然推行专制主义。1688 年，英国发生"光荣革命"。英国的资产阶级、新贵族和国教徒邀请詹姆斯二世的女婿、荷兰执政威廉来英国，保护英国的宗教、自由和财产。1688 年 11 月，威廉率军队登陆英国，詹姆斯二世逃亡法国。1689 年 1 月，英国议会提出《权利法案》，规定了议会高于君主的主权地位，威廉和玛丽公主接受了该法案，即位为英王和女王。由于这是一次不流血的革命，因此史称"光荣革命"。从此，英国确立了君主立宪制，英国资产阶级革命以资产阶级取得议会主权而告终。

从历史的角度看，英国资产阶级革命有四个特点：第一，革命具有宗教性。英国 16 世纪开始的宗教革命并不彻底，天主教制度在国教中得以保存。资产阶级与新贵族组成的政治反对派，以国教分裂派的形式展开了反对王权的斗争。这个教派要求清除国教中一切与天主教相似的东西，因此被称为清教；这次革命也被称为清教革命。"光荣革命"后英国君主不能是天主教徒成为定制。第二，革命具有反复性。英国在内战中先后经历了共和制、护国公制、君主复辟和君主立宪制，尝试和失败的循环反复，促使君主立宪制成为英国人的历史选择，也强化了英国人对该历史选择的认同。第三，革命的本质是争夺统治权，主要形式是议会斗争。正是对统治权的争夺，造成了内战的发生和政变的反复，最终，确立了议会主权的君主立宪制度。议会获得了立法、财政、军事、规定王位继承等主要的权力,国王只有在议会广泛限制的范围内,才享有有限的决策、行政、大臣任免等权限。第四,革命具有保守性。革命的目标侧重于限制王权,而非消灭王权,从形式上延续了君主统治的传统。另外,由于议会代表资格的限制,广大人民群众还无法进入议会参与政治,实质上并没有获得民主权利。

三、革命时期各种政治思想派别

英国资产阶级革命时期,政治思想内容丰富,派别众多,它们所代表的利益、阐释的主题各有不同。总体看,这些政治思想有两个特点。首先,财产权问题成为政治思想的出发点和归宿。围绕着税收、工商业和土地所有制这些政治思想斗争的焦点,保王派认为它们都属于国王的统治权限,而革命一方则强调财产权是个人不可转让、不可剥夺的自然权利,共和派甚至提出土地公有的土地自由使用制度。其次,国王与议会的关系成为政治思想的中心内容。保王派力图维护专制王权,中上层资产阶级和新贵族的代表倾向于君主立宪制,代表工商业资产阶级的激进派则主张废除王权,建立人民主权或议会主权的共和国。

保王派代表封建王权和上层贵族的利益,代表人物是罗伯特·菲尔默(1588—1653)。他在主要著作《论父权》(1680年作为遗著出版)中,从父权论的角度论证了王权的合法性。菲尔默根据《圣经》指出,上帝将世界给予了亚当,即授予了他统治整个家庭及其后裔的权力。由于亚当不仅是第一个家长,还是第一位国王,因此父权构成统治权的基础。后世社会都源出于亚当统治的父权家庭,其权力模式自然代代流传。英国国王是亚当的继承人,所以英国国王享有统治权。关于该统治权的地位,菲尔默辩称,亚当的统治权仅对上帝负责,意味着国王的权力高于任何大众的自然权利,因此也不存在什么人民建立的主权。菲尔默针对主权的归属、自然权利、人民主权等各种争议,进行了充分的、有逻辑的驳斥,成为保王派的第一辩护士。洛克在《政府论》上篇花费了大量篇幅,对他的观点进行层层反驳,可见其影响之深。

独立派代表革命中的资产阶级和新贵族的利益,代表人物为弥尔顿(1608—1674)和哈林顿(1611—1677)。弥尔顿的代表作有《论出版自由》《为英国人民声辩》和《再为英国人民声辩》等。弥尔顿在充满斗争精神的声辩中提出,政府的目的是保障人民的自由。在广泛的自由中,他认为出版自由最为重要,"是一切伟大智慧的乳母"。君主制与自由互不相容,所以,弥尔顿猛烈抨击君主制,并主张人民有权废黜暴君。他认为,与自由相适应的制度是没有国王、没有上院的议会主权的共和制。其中,人民代表组成议会,构成国家最高权力机关,法律是人民意志的体现,享有最高权威,保护人民的自由、安全和福利。在王政复辟前,他还提出实行地方自治,防止中央权力走向专制。弥尔顿并不反对君主立宪制,因为他把政体形式看作实现自由的一种手段。在英国资产阶级革命过程中,弥尔顿不断为英国资产阶级辩护,给革命斗争以极大的鼓舞,但是他对封建君主表现出来的妥协态度,反映了其革命思想的不彻底性。

哈林顿在其代表作《大洋国》(1656年)中则提出了政府组织原则和防止专制君主复辟的设想。他认为,财产是政府的基础,土地"产权的均势"决定政府的形式。同时,心灵因素影响着政府形式的好坏,由理性支配的是"法律的王国",由情欲支配的是"人的王国"。如果能够把财产均势产生的权力原则和理性产生的权威原则结合起来,将形成完善的政府和自由的国家。鉴于英国已经建立了自由国家的现实,哈林顿提出,当前的任务是防止封建制度复辟。为此他建议:第一,政府颁布《土地法》,保障财产的均势;第二,改革政府组织和选举,扩大共和国的民主基础。他提出了"均分和选择"的原则,论证上院提出议案、下院表决的合理性。[①] 哈林顿看到了土地所有权对国家制度的决定作用,这种观点超前于他同时代的许多政治思想家;但他所谓的民主的基础并不包括贫苦的人民,还声称人民不享有自然权利,这充分表明其民主观不过是为有产者考虑的政治设想。

平等派代表相对激进的中下层人民的利益,代表人物是约翰·李尔本(1614—1657)。在他最有影响的小册子《人民公约》(1647年)中,李尔本提出通过普选建立共和国,实现人民的政治权利平等。他坚决反对专制和特权,提出英国人民有生命、财产、信仰、言论自由等与生俱来的权利,而且人人权利平等。他主张人民通过普选产生议会,议会的权威来自人民的委托,议会不得做任何使人民比选他们之前更不安全、更不自由的事。

掘地派代表了广大贫苦农民的利益。1649年4月,一批贫苦的农民在泰晤士河畔的小山坡上建立了一个原始农业公社,垦荒维生,因此得名掘地派,其

---

① 参见[英]詹姆士·哈林顿:《大洋国》,何新译,商务印书馆1996年版。

代表人物是温斯坦莱（1609—1660）。温斯坦莱在其代表作《自由法》（1652年）中，把土地私有制度看作一切压迫、奴役的根源，认为这是人类最大的祸害。由此，他揭露了封建制度的不合理性，并进一步批判英国革命后建立起来的资产阶级共和国。他说，人民在革命中作出了很大的贡献和牺牲，结果不过是"出现了新的主人"。温斯坦莱用法律条文的形式，描绘了在土地公有制的基础上，建立真正的自由共和国的蓝图。在这个理想国度中，真正的自由是自由地使用土地，而真正的共和国是民主的共和国。温斯坦莱提出了一些制度设想，例如：公职人员由选举产生，每年改选一次；共和国最高权力属于议会，法律在通过一个月后才能生效，以便人民表达意见；公民和专门机关监督公职人员。他还非常重视法律，是以法律形式制定理想社会方案的第一人。马克思曾称掘地派为"真正能动的共产主义政党"，是"最彻底的共和主义者"。[①] 但由于这一派别力量过于弱小，无论是从理论上还是从实践上，都局限于自发的思考和行动，无法实现自己提出的美好设想，无法切实地维护贫苦人民的权利，因此其观点带有浓郁的空想社会主义性质。

第二节　霍布斯的政治思想

一、生平与著作

托马斯·霍布斯（1588—1679）是17世纪英国唯物主义哲学家和政治思想家，西方近代政治理论的开创者。霍布斯出生于英国南部威尔特郡的一个贫苦牧师家庭。据说当年霍布斯的母亲听到西班牙无敌舰队炮轰英国的消息，受到惊吓而早产，生下了霍布斯，因此他在自传中称自己和"恐惧"是双胞胎。霍布斯儿时父亲离家出走，他由叔父抚养长大。14岁时，霍布斯进入牛津大学，学习经院哲学和亚里士多德哲学，但是很快就把兴趣转向新的科学。1608年毕业后，20岁的霍布斯担任了英国最有势力的家族德文郡伯爵的家庭教师，从此开始了与上层贵族的密切交往。

英国革命前夕，霍布斯虽然是保王派，但对社会政治问题采取居中的立场，既不满意国王的政策，又反对新贵族在下院的激烈态度。1640年春末，霍

[①] 《马克思恩格斯全集》第4卷，人民出版社1958年版，第334页。

布斯发表《法律、自然和政治原理》，从个人自然权利出发，论证了至高无上的王权对保卫国内和平的重要性。该书的发表激怒了国会中的资产阶级。1640年12月，他怀疑国会将要惩罚他，离开英格兰逃往巴黎。

在欧洲大陆期间，霍布斯于1646—1648年担任了流亡的威尔士王子即后来的国王查理二世的数学教师。1651年，他出版的《利维坦》又激怒了流亡的王党分子和法国天主教会，于是在1652年逃回英国，向克伦威尔表示归顺，但是婉拒了克伦威尔邀请他担任行政部长的职务。复辟时期，伦敦遭遇瘟疫和火灾，教会宣布是霍布斯的渎神言论所招致，霍布斯惊惧之下焚毁了自己的手稿，后来又遭到王党的迫害。内战时期的曲折遭遇以及内战所引发的近代国家建构和合法性问题，构成了霍布斯的问题意识。1679年，他在德文郡伯爵的庄园去世。

作为贵族的幕友，霍布斯受到了王权与上层新贵族政治思想的长期影响。担任贵族子弟的教师期间，霍布斯多次到欧洲大陆游历，他在欧洲大陆逃亡十年，旅居法国。欧洲大陆的种种经历给霍布斯留下了两方面的深刻印象。其一，他目睹了欧洲的政治混乱状况。霍布斯先后经历了法国国王亨利四世被天主教徒暗杀事件、三十年战争的全欧混战，混乱的形势无时不刺激、搅扰着他。法国专制王权保障下资本主义的发展，也成为霍布斯观察的经验现象。其二，欧洲的新科学对霍布斯产生了决定性的影响，为他考察主权问题提供了科学视角。16、17世纪的新科学开创了新的宇宙观，最终完成于第一次科学革命——牛顿革命。霍布斯与新科学的推动者有着深入的交往。他曾为培根担任秘书，培根重视科学或哲学的实际效用，强调知识就是力量；霍布斯游历欧陆时曾访问伽利略，非常赞赏伽利略用数学演绎和实验归纳的方法开创的运动物体的科学；霍布斯逃亡巴黎时与笛卡儿也有交往，后者是唯理主义哲学之父，在数学、物理、生理和心理学方面都颇有造诣，他对人体机器功能的决定论研究，直接影响了霍布斯。霍布斯曾言，欧洲之行给他带来了"真正的智慧"。

这"真正的智慧"表现为霍布斯的唯物主义和经验主义。霍布斯认为，世界是物质的，一切物体都按照一种必然的因果规律运动着。国家也是一个"人造的物体"，国家的运动也受到因果规律的支配。只要找到国家产生的原因，按照几何学的方法进行推导，就可以找到国家运动的规律。霍布斯根据自己的观察，把国家产生的原因定义为人的感觉，认为它是一切思想、意志的源泉。由这个源泉进行推导时，他采用的是几何学的方法。几何学的方法包括两种：

一为综合法，即从最初的原因推理出结果；一为分析法，从结果或事实推导出原因。霍布斯正是采用了分析的方法，首先获得人性论这一逻辑起点，再按照综合法，推理出了政治国家的本质。由于他把政治学建立在数学、几何学和物理学的基础上，强调逻辑论证、机械动力、唯物主义的方法，因此他自认为是第一个真正的政治哲学家，并宣称整个传统政治哲学无论在真理方面，还是在引导人们走向和平方面，都是失败的。

霍布斯的政治学代表作是《论公民》（1642 年）和《利维坦》（1651 年）。前者从自由、统治、宗教三个方面，阐述了人的义务，使传统自然法转变为现代的自然权利观念。后者则通过人类、国家、基督教体系的国家和黑暗的王国四部分，探讨了国家的本质。他提出的国家之利维坦本质，成为所有近代国家的抽象原型。由此，《利维坦》也被誉为自柏拉图的《理想国》以来西方最伟大的政治哲学著作。

二、论人性与自然状态

人是国家的"制造材料"和"创造者"，这是霍布斯在《利维坦》中探讨的第一个问题，也是其政治逻辑推理的起点。霍布斯提出，人是"大自然"——也就是上帝用以创造和治理世界的艺术——最精美的艺术品，而号称"国家"的这个庞然大物"利维坦"只是一个人造的人。[①] 人创造了国家，是国家的原因而非相反，这种个人主义的方法论不仅是霍布斯国家起源学说的特色，使他区别于传统的政治哲学家，而且也奠定了自由主义的方法论基础。

霍布斯认为，人创造国家的原则来自个人的感觉，感觉的运动从背后推动人，导致了其他人为的产物，例如国家。感觉产生了记忆、知性、意见和意志，先于理性和道德，并且是理性和道德的基础。在此逻辑下，霍布斯提出了利己主义的人性论。他认为，人背后的动力既然是感觉，而欲望或憎恶是驱使人朝向或躲避某种事物的感觉，因此，人都是趋利避害的。理性不过是服务于感觉的内在运动，也就是趋利避害罢了。霍布斯进一步说，在种种无限的欲望中，人类第一共同的欲望就是对权力不断的、无休止的欲求，自我利益是人性的动力，是理性和道德的基础。

关于人相互之间的状态，霍布斯否定了亚里士多德提出的"人是天生的政

---

① 参见［英］霍布斯：《利维坦》，黎思复、黎廷弼译，商务印书馆 1985 年版，引言。

治动物"这一观点,他借助自然权利、自然状态和自然法三个概念阐述了自己的学说。

霍布斯认为,在自然状态下,人人都是平等的。他们既有身心能力的大体同等,也有对于同一事物的同等权利。同时,人人又都是自由的,每个人都有运用自己的权利以保全自己的本性,即保全生命的自由。这种自我保存是人们一切欲望包括权力欲望的目标,每个人都可以利用一切可能的办法来保卫自己的权利。个人拥有"自我保存"的权利,是霍布斯深入论述的中心和基础。

由于人人都是权利平等的,人人又只顾保全自己,对别人从不信任,因此,当人们同时想占有某物而不能共有或分享时,则必然成为仇敌,每个人都企图用伤害他人的手段来达到自己的目的。霍布斯认为,竞争、猜疑和荣誉是导致人们互相争斗的三种主要原因:竞争是为了求利,人们使用暴力去奴役他人及牲畜;猜疑是为了保全这一切;荣誉之争则是因为一些鸡毛蒜皮的小事产生的藐视。结果,人们便处于"一切人反对一切人的战争状态"下。暴死的恐惧超过其他感觉,自我保存成为压倒一切的欲望,这就是霍布斯所描述的自然状态。这是狼群社会,是原子化个人的状态,"在这种状况下,产业是无法存在的,因为其成果不稳定。这样一来,举凡土地的栽培、航海、外洋进口商品的运用、舒适的建筑、移动与卸除须费巨大力量的物体的工具、地貌的知识、时间的记载、文艺、文学、社会等都将不存在。最糟糕的是人们不断处于暴力死亡的恐惧和危险中,人的生活孤独、贫困、卑污、残忍而短寿"①。

对于他所描述的自然状态,霍布斯并不认为整个世界会普遍出现这种状况,但是在没有共同权力使人畏惧的地方,例如当时美洲的一些野蛮民族,则必然会出现这样的状态。因此,霍布斯部分地肯定了自然状态的真实性。由于自然状态中没有公共权力,因而没有法律,所以也就没有公正或不公正可言。

霍布斯认为,在自然状态中,由于人人为敌,个人反而无法自我保存,对死亡的恐惧促使人摆脱自然状态。正是理性帮助人们发现了自然法,为解决上述问题提供了方便的准则。自然法就是理性所发现的戒条或一般法则。② 自然法通过它的律令禁止人们做伤害自己生命的事情,具体内容包括:第一自然法要求人们寻求和平、信守和平,在不能得到和平时,利用一切可能的办法保卫

---

① [英]霍布斯:《利维坦》,黎思复、黎廷弼译,商务印书馆1985年版,第94—95页。
② 参见[英]霍布斯:《利维坦》,黎思复、黎廷弼译,商务印书馆1985年版,第98页。

自己;第二自然法可以概括为为了和平与自身安全,每个人都应该放弃对一切事物的权利;第三自然法是应当履行契约,等等。在霍布斯提出的22条自然法中,他重点阐述的是前三条自然法。这些法则强调了和平的重要性,并且指出只有每个人都对第一自然法作出承诺,在人与人之间达成契约,和平才能得以保障。

由于自然法无法保障人们必然履行关于和平的契约,霍布斯提出,必须有一个大于一切人的权力的公共权威,用恐惧震慑住每一个人,才能实现自然法所强调的对和平的保障。这个公共的权威,就是国家。

三、契约论与国家学说

霍布斯从契约的角度论证了国家的产生。为了建立一种抵抗外来侵略和制止内部互相侵害的共同权力,道路只有一条,就是大家把所有的权力和力量托付给一个人或一个集体,用以代表他们的人格,使全体人真正统一于一个人格中。其方式就好像每个人对每个人承诺说:"我承认这个人或这个集体,并放弃我管理自己的权利,把它授与这人或这个集体,但条件是你也把自己的权利拿出来授与他,并以同样的方式承认他的一切行为。"[1]

这个统一在一个人格中的一群人,就称为国家。人们在彼此订约后,国家就产生了。国家的本质就可以定义为:一大群人相互订立信约,每个人都对它的行为授权,以便使它能运用全体的力量和手段,按其认为有利于大家的和平与共同防卫的方式,形成一个人格。承担这一人格的,就是主权者,其余的人都是他的臣民。[2] 霍布斯用《圣经》中"利维坦"(leviathan)一词象征国家。利维坦是海中的怪兽,上帝称之为"骄傲之王",象征着国家具有威慑所有人的恐怖力量。

霍布斯社会契约论具有以下特点:一是人们订立契约时交出了全部的权利;但由于订约是为了自我保存,因此为了保卫自己的生命而抵抗侵害的权利是不可剥夺的,人们交出的实质上是惩罚、侵害他人的权利。二是主权者没有参加契约,不受契约的约束,享有绝对的、至高无上的权力;但由于主权者是订约产生的,所以又受到订约宗旨的限制,即不可违抗自然法。

---

[1] [英]霍布斯:《利维坦》,黎思复、黎廷弼译,商务印书馆1985年版,第131—132页。
[2] 参见[英]霍布斯:《利维坦》,黎思复、黎廷弼译,商务印书馆1985年版,第132页。

霍布斯区分了两种取得主权的方式，一是按约建立，一是以自然之力取得，比如战争。无论哪种方式，都是建立在人们在自然状态中的恐惧基础之上的，因此不具有本质差别。

沿袭传统的观点，霍布斯根据主权的归属把国家分为三种政体形式：君主政体、贵族政体和民主政体。在霍布斯看来，任何国家的本质都在于拥有"利维坦"式的暴力，所以并不存在君主制和民主制之间的本质区别，它们的差别仅仅在于便利程度。由于主权者都会追逐私利，只有在公共利益和主权者私人利益密切统一的地方，公共利益才会得到最大限度的满足。因此，霍布斯提出君主制是最好的制度。这是因为在君主制中，君主的私利和公益合二为一，君主的私利就是公益；而在民主制中，各种政治力量角逐私利的结果往往会造成派系分裂和内战冲突。在君主制中"只会有一个尼禄，而民主制中可能会有同吹捧民众的雄辩家一样多的尼禄"①。贵族制则徘徊在两者之间，越靠近君主制越好，越靠近民主制越差。无论哪种政体，霍布斯强调，权力都必须集中在主权者手里，而不能交给人民。

四、论主权者的权力与义务

霍布斯提出，主权是国家的灵魂，是至高无上、不可分割、不可转让的。主权者的权力不受任何个人、团体权力的限制，也不受法律的限制。否则，就将意味着主权者之上又立了一个新的主权者，必然导致国家混乱和灭亡。主权者也不能将权力的任何部分授予或转让他人，部分权力的丧失会导致全部权力的丧失。例如，没有审判权，立法机关制定的法律就不能执行；没有军事权，立法、审判、决定和与战的权力就无法行使；没有文字检查权，谬论邪说就可能引起叛乱。所以，霍布斯反对分权、混合政体、有限政府的主张。他认为这些主张是把主权的对象当作主权本身，权力的不一致将招致内战爆发和政府解体。

主权的范围和内容涉及与公共和平、安全有关的一切事务的权力，具体包括：立法、决定和平与战争、统帅军队、任免官吏、征税、审判、授勋等。霍布斯甚至把对各种学说、书刊的检查权以及指派大学教师、任命教会的教职、

---

① [美]列奥·施特劳斯、约瑟夫·克罗波西：《政治哲学史》下，李天然等译，河北人民出版社1993年版，第482页。

规定宗教教义的权力都归属于主权。

霍布斯也提到了臣民的自由。他认为，国家和法律是人们为了自身安全与公共和平而制造的，法律是主权者的命令，也是加上了主权者权威的自然法。因此，臣民的自由是遵守法律的规定，在法律未加规定的一切行为中，人们都有自由去做自己理性认为最有利于自己的事情。法律没有规定的范围，属于自由的范围，今天的公民权利行使原则"法无禁止即自由"与霍布斯对自由的理解一脉相承。

具体而言，霍布斯论述的臣民自由包括：买卖或其他契约行为的自由，选择自己的住所、饮食、生业，以及按自己认为适宜的方式教育子女的自由，等等。霍布斯把经济生活的自由看作人民的基本权利，认为经济领域的自由不会影响主权的权威。所以，他主张贸易自由，反对封建的专卖制度。由此可以看出，霍布斯把国家权力限制在了政治领域，而把经济领域作为自治领域留给了个人。他的经济自由思想直接影响了洛克，继而影响了自由放任的古典自由主义观念，更主要的是，他的经济自由观为英国资本主义的发展开辟了理论空间。

霍布斯还讨论了人民自我保存的自然权利，即生命自由权。他将这一权利看作国家不得侵犯、不得剥夺的基本权利。如果主权者侵害了个人的这一权利，那么，个人就有拒绝服从乃至抵抗的自由。但是他同时提出，个人不能为了他人而反抗主权者，也不能组织起来反抗。霍布斯第一次从个人权利的角度，承认个人为了自己的利益而反抗主权者是被允许的和正义的行为，但这仍然是从自我保存的个人目标延伸出来的。

根据臣民的权利，霍布斯规定，主权者的根本义务是保障人民的安全。他认为，安全不仅指保全性命，还包括每个人通过合法的劳动，在不危害国家的条件下可以获得生活上的一切其他的满足。主权者的义务具体包括：

第一，主权者必须保护好权力。主权者如果将任何一种权力让渡给别人或加以放弃，就违背了自己的义务，因为放弃手段的人就是放弃目的。主权者还应让人民了解主权者权力的根据和理由，以防止人民由于误解而反抗国家。

第二，主权者必须确定和保护人民的私有财产权。霍布斯提出要以法律的形式确定和保护每个人的财产权，他提到了土地的私人所有权以及彼此交易的权利。为了论证这一点，霍布斯反复阐述国家强则人民强、人民强则国家强的道理。他特别强调，主权者只有在作为国家公共利益的代表时，才能对人民的财产有最高所有权；如果主权者是作为私人利益的代表，就对人民的土地、财产不具有任何权利。而如果主权者为了私利侵害了人民的财产，人民可以到法院，像对待一个普通臣民那样对主权者提出诉讼。

第三，主权者应根据良好的法律和平等的原则进行统治。霍布斯要求主权者制定良法，即为人民的利益所需而又清晰明确的法律，然后根据良法进行统治。执法应平等，不应有贵贱之分。征税也要公平，根据消费多少而不是根据财产多少进行征税。霍布斯还谈到了主权者应具有使奖赏有益于国家、选择法官、甄选良好的参议人员等具体的义务。

五、历史地位与评价

霍布斯在西方政治思想史上具有非常重要的地位，产生过持久深远的影响。

首先，开创性地将新科学和政治哲学融会贯通。作为"第一个现代唯物主义者（18世纪意义上的）"[①]，机械唯物论是霍布斯研究社会政治问题的理论基础。在他看来，一切物体都在按照必然的因果规律运动，国家作为"人造的物体"也受因果规律支配，这种规律就存在于人类的心灵之中，可以通过经验观察到。他还娴熟地使用各种新的科学成果和方法来论证其政治观念。他多次强调自己与传统政治哲学家不同，因为他第一次将几何学的"真正科学的方法"运用到政治学中，自己的政治学说体系是一门新的"政治科学"。

其次，首次彻底贯彻个人主义。霍布斯将自我保存视为个人最基本的自然权利，视为第一条自然法，独立并优先于其他自然法，这就根本区别于人依附于自然和秩序的传统自然法观念。由此，在他那里传统自然法实现了向现代自然权利观念的转变。国家产生于个人的契约，因此，个人在逻辑上优先于国家。正是这些观念，使得霍布斯被称为"现代人之父"。他的这种彻底的个人主义也为自由主义的权利政治观奠定了理论基础。

再次，首次系统地用社会契约论解释国家的起源。霍布斯从抽象人性原则和人的理性概念出发，借助社会契约论，确立了近代资产阶级国家学说的基本形态。虽然在他之前，格劳秀斯阐述过自然法与自然权利，阿尔色修斯使用过契约论，但他们都没有像霍布斯这样赋予其完整的结构、精确的推理和严密的

---

① 《马克思恩格斯文集》第10卷，人民出版社2009年版，第599页。

逻辑。霍布斯的社会契约论成为此后许多政治思想家的理论起点，无论是支持君主专制的普芬道夫（1632—1694），还是主张自由主义的洛克和斯宾诺莎（1632—1677），或者激进民主主义者卢梭，不管他们是赞成还是反对霍布斯的结论，都无法绕过他的社会契约论，都要说明自己接受或者拒绝它的理由。

最后，完整地论述近代国家主权观念。自马基雅弗利以来，西方思想家就开始关注国家主权问题，博丹虽然揭示了主权的性质与内容，但他的理论并不完整，只有到了霍布斯这里，主权学说才得到完整的论述。这标志着西方近代政治思想史上国家主权学说的正式形成。

当然，霍布斯政治思想的局限性也是非常明显的。首先，他的人性论是抽象的、机械的。他关于人性的论述实际上是把资产阶级的利己本性抽象化、普遍化为人的本性，而他关于自然状态的描述实际上只是当时英国内战和欧洲大陆频繁的战争所导致的混乱状况的一种反映。他自己也承认，这不过是一种虚构和想象，从来也不存在这样的战争状态。在此基础上建立起来的关于国家起源和本质的理论，自然也是唯心的、反历史的。这种理论歪曲了国家形成的真实原因和过程，抹杀了国家阶级专政的实质。

其次，他的权利观和自由观是狭隘的、片面的。在他看来，人们在自然状态下最根本的自然权利便是自我保存，而在国家产生之后，主权者不得侵犯、不得剥夺的基本权利也只有这一项。他在关于人民的权利和主权者的义务的具体规定中，肯定了人们在法律限制之外享有"做自己的理性认为最有利于自己的事情"的自由，并特别强调了经济自由和贸易自由。这种权利观和自由观忽视了人民应该享有的其他基本权利，没有考虑到广大人民群众的发展需求和相应保障。他表达的不过是新兴资产阶级对国家的根本要求，即保障资产阶级的人身安全、财产权利和经济自由。

最后，他的专制主义主张是保守的、不现实的。尽管霍布斯构造了一套精致的关于个人—契约—国家的学说，但他的结论却是"利维坦式"的国家，公然为君主专制辩护。正如恩格斯指出的，霍布斯最终"起而维护至高无上的王权，呼吁专制君主制镇压那个强壮而心怀恶意的小伙子，即人民"①。霍布斯竭力想通过强化统治者权力来维护资产阶级的利益，这种主张的背后，反映了当时的大资产阶级和新贵族对普通民众的恐惧和防范。然而，从现实性上说，资

---

① 《马克思恩格斯文集》第 3 卷，人民出版社 2009 年版，第 513 页。

本主义的发展又不能依靠专制政权。结果他的主张既不为保王派所接受,也得不到资产阶级的支持,最终被后起的思想家们所抛弃。

第三节 洛克的政治思想

一、生平与著作

约翰·洛克(1632—1704)是英国著名的哲学家、政治思想家。他生于英国南部萨默塞特郡一个有名望的乡绅家庭,父亲是一位律师、清教徒,内战时站在议会一方,曾参加过克伦威尔的新模范军。洛克早年在议会派控制的威斯敏斯特学校学习,后来进入牛津大学基督教会学院,学习哲学、自然科学和医学,1658年获得文学硕士学位后留校任教。

从1667年起,洛克担任艾希利勋爵即后来的沙夫茨伯里伯爵的秘书。沙夫茨伯里伯爵坚定地支持君主立宪制,在查理二世复辟时期,反对查理二世的弟弟、信仰天主教的詹姆斯继承王位,并创立了辉格党。洛克与沙夫茨伯里伯爵关系亲密,被视为辉格党的哲学家。1683年,洛克随沙夫茨伯里伯爵流亡荷兰。在流亡期间,洛克与各派学者进行广泛交流,积极参加反对英王专制的政治活动。1688年"光荣革命"后,洛克随玛丽公主同船回到英国,先后担任了高等法院法官和负责贸易及殖民事务的大臣等职务。他在晚年辞去公职,回归故里,潜心著述,直到1704年去世。

"光荣革命"后,洛克匿名发表了《论宗教宽容》《政府论》,以及哲学著作《人类理解论》。针对各种政教不分、宗教迫害的观念,他在《论宗教宽容》中针锋相对地提出了信仰自由和政教分离的主张。他认为,教会和国家是完全不同的组织,"教会是人们自愿结合的团体,人们加入这个团体,是因为他们认为能够用上帝可以允许的方式礼拜上帝,以达到拯救灵魂的目的";而"国家是由人民组成的一个社会,人们组成这个社会仅仅是为了谋求、维护和增进公民们自己的利益",政治与宗教应有独立的领域。① 洛克还提出,宗教迫害和宗教狭隘都违反了福音的精神。造成宗教偏执的原因是人们坚信自己信仰的正

---

① [英]洛克:《论宗教宽容——致友人的一封信》,吴云贵译,商务印书馆1982年版,第8、5页。

统性而缺乏仁爱,然而,纯正教会的基本特征不在于仪式华丽和炫耀正统,而在于基督徒之间的相互宽容。只有具备"仁爱、温顺以及对全人类乃至对非基督徒的普遍的友善"①的人,才是真正的基督徒。

洛克最著名的政治著作是《政府论》(1690年)。《政府论》上篇主要驳斥菲尔默通过父权制为君权神授所进行的论证。洛克区分了政治权威的产生与其他大量的支配关系,如主与仆、夫与妇、父与子等,反驳了菲尔默"父权是统治权"的论证逻辑。他还明确质疑英王是否为亚当的嫡子。由此,他有力地否定了君权神授学说,为论证政治权威的世俗起源清除了理论障碍。《政府论》下篇则被公认为更有理论价值,可谓现代政府理论的奠基之作。它采取了与霍布斯类似的社会契约论的方法,从自然状态的假设开始,也同样以个人主义作为逻辑起点,但是却得出了有限政府的结论。

洛克的《人类理解论》所阐述的唯物主义经验论的认识论,是他研究社会政治问题的理论基础和方法。虽然洛克同霍布斯一样将抽象的人性视为决定社会政治问题的基本因素,但他认为,要了解人性不能仅仅依靠对人的行为的观察,还必须了解人掌握知识的智能。洛克继承和发展了培根的唯物主义经验论,反对笛卡儿的唯心主义天赋观念论。他提出,人的知识和道德观念并非先天的,而是后天的;人类心灵最初就像一块白板,一切知识都是从经验中获得的,人在经验基础上通过归纳和演绎的思维活动来获取知识和观念。

二、论自然状态与自然权利

与霍布斯一样,洛克也是从自然状态出发来建构社会契约论的,但是,洛克描述的自然状态与霍布斯的描述截然不同。霍布斯认为,自然状态是一种战争状态,在自然状态下人们为了自己的利益相互仇视、猜忌、残杀。洛克的自然状态则是一种"完备无缺的自由状态",人人平等、友善、互助。在自然状态下,人人都是自由的,可以根据自己认为合适的想法采取行动和处理财物;人人又是自然平等的,没有一个人享有更多的权利和管辖。

洛克所谓的自然状态并不意味着为所欲为的状态。人们虽然享有无限的自由,但不能任意地损害别人的利益,因为既然人类都是平等的,人与人之间便

---

① [英]洛克:《论宗教宽容——致友人的一封信》,吴云贵译,商务印书馆1982年版,第1页。

无高低贵贱之分，人们之间也无权彼此侵害和毁灭；还因为人们具有理性和语言，能认识到自然状态中存在着支配人类行为的理性——自然法。"理性，也就是自然法，教导着有意遵从理性的全人类；人们既然都是平等和独立的，任何人就不得侵害他人的生命、健康、自由或财产。"[①] 自然法交付给每个人自由地执行，人人都有权惩处违反自然法的行为和制止违反自然法的现象，这使得保护自然权利具有了互助性。

洛克提出，在自然状态中，每个人都享有自然权利。这种自然权利就是"生命、自由和财产"，先于政治社会而存在。在自然权利中，财产权是最基本的权利。洛克从"劳动起源论"的角度重点论述了财产权的产生和限制，这一点是洛克自然权利理论中最具特色的内容。洛克提出，上帝最初把自然物品包括土地赐给人类共同享用，个人通过劳动，使自己的人格加于自然物之上，因此获得了占有该物品的个人财产所有权。这种由于劳动产生的财产权并不是无限的，而是受到人类劳动和生活所需的双重限制。如果财产未经适当利用而被毁坏，或者财产超过了必要用途和生活所需，那么该财产的所有者就是违反了自然的共同法则，侵犯了他人的应享部分，也就不再享有财产权利了。[②] 洛克关于用劳动解释财产权、财产积累应受到限制的观点，关注到了物质生产对法权界定的作用，对于思考财产权问题具有很大启发意义。

洛克论述的自然状态中虽然没有国家，但这个自然状态已经是一个社会形态，它先于国家而产生。洛克实际上提出了社会与国家分离、先于并独立于国家的观念，这同样是自由主义的基本观念之一。

尽管自然状态中的人们享有自然权利，但自然状态仍然存在着巨大的不便。有些人由于利害关系而有所偏私，或者对自然法缺乏认识而不遵守，常常用强力去侵犯他人的自由和自然权利。在自然状态中，既没有一种明文规定的法律作为裁决纠纷的共同尺度，又缺少公共裁判者或公共权力来保证裁决的执行，它还妨碍了人们专心积累财产的过程。人们通过社会契约结束自然状态，正是为了摆脱这些明显的"不便"。

三、政府的起源与目的学说

自然状态的不便，可以归结为缺乏确定而周知的法律、著名而公正的法

[①] [英]洛克：《政府论》下篇，叶启芳、瞿菊农译，商务印书馆2011年版，第4页。
[②] 参见[英]洛克：《政府论》下篇，叶启芳、瞿菊农译，商务印书馆2011年版，第25页。

官,以及当判决正确时坚定的执行权力。为了克服自然状态的不便,更好地保护个人的自然权利,人们自愿放弃自己行使的惩罚权,交由他们中间被指定的人来专门行使;并要按照社会全体成员或其授权代表所一致同意的规定来行使。"这就是立法和行政权力的原始权利和这两者之所以产生的缘由,政府和社会本身的起源也在于此。"① 这就是洛克论述政府起源的社会契约论。他还提出,由契约产生的政府,其目标在于保护人们的生命、自由和财产,最根本的是保护人们的财产。为此,他强调,最高权力没有经过本人的同意,不能取走任何人的财产的任何部分,即使是征税,也必须得到人们的同意。

洛克的社会契约论,与霍布斯的社会契约论存在许多重要的区别。第一,自然权利观不同。洛克认为生命、自由和财产是人们不可放弃、不可转让的自然权利;而霍布斯认为最基本的自然权利是自我保存,即保存生命的权利和权力。第二,交出的权利和方式不同。洛克认为人们把惩罚权"委托"给政府,因此政府受到契约的限制;而霍布斯强调人们把全部权利包括伤害他人的权利"让渡"给了政府,因此政府或主权者不受到契约的限制。第三,订立契约后产生的政府权力的性质也不同。洛克认为,政府权力的性质不是,也不能是专断的,因为即便在自然状态中,任何人也不拥有超过别人的管辖权;霍布斯认为,国家是利维坦,拥有专制权力,因为在自然状态中,个人就拥有伤害他人的权力。

在洛克的社会契约论中,强调政府的合法性必须来源于人民的同意。首先,契约的形成是每个人同意的结果;其次,每个成员都同意通过全体或代表的多数原则,来建立立法机构;最后,征税需要人民的同意。这意味着,政府的权力来源于人民的委托,类似于信托机构,委托人的地位高于被委托人,被委托人必须在委托范围内行动,一旦违反委托,则委托人可以撤回委托。

政府的权力来源于人民的委托,表现为人民选举代表参加议会的相应制度;同时政府的权力是有限的,受到委托的限制,如果政府辜负了人民的委托,人民可以解除原有的委托,重新委托一个新的政府。在洛克的社会契约论中,人们并未完全交出在自然状态下所拥有的权利,因此政府被委托的权力是有限的。此外,政府的权力还受到契约内容的约束。根据契约的内容,政府权

---

① [英]洛克:《政府论》下篇,叶启芳、瞿菊农译,商务印书馆2011年版,第78—79页。

力本身"不是、并且也不可能是绝对地专断的"①,而只能是保护人民的。人民把权力授予政府时,规定政府的权力只能用来保护人民的生命、自由、特别是财产权。洛克明确提出,没有经过本人的同意,不能取走任何人的财产的任何部分,即使是为了维持政府活动而应当缴纳的赋税,也必须得到人民的同意。洛克关于人民同意、委托和有限政府的论述,构成了现代西方政府理论的基本内容。

四、法治与分权思想

洛克吸收了以胡克和柯克为代表的英国传统法治观念,并根据英国的政治实践提出了分权理论。他从法治与自由、法治与统治的关系上来论证法治。在法治与自由方面,洛克提出法律的目的不是废除或限制自由,而是保护和扩大自由。由于自由意味着不受他人的束缚和强暴,所以"哪里没有法律,哪里就没有自由"②。自由意味着在法律许可范围内,根据自己的自由意志处置自己的人身、行动及其全部财产。因此,法治与自由两者密不可分。在法治与统治方面,洛克提出政府只能以正式公布和经常有效的法律,而不是以临时的命令和未定的决议进行统治。法律的目的,只能是为人民谋福利。

洛克主张法治,常常与对专制的批判联系在一起。他认为,专制是一个人对另一个人的一种绝对专断的权力。它既不是自然所授予,也不是契约所让与,而是以野兽的强力作为权利准则,最终也将被毁灭。③ 洛克不仅反对暴君的专制,也反对"贤君"的专制。因为贤君一旦取得专制权力,就可能通过王位继承转变为暴君的专制。洛克明确提出,君主专制政体和公民社会不相调和,完全不可能是公民政府的一种形式。④

为了保护人民的生命、自由和财产,实现法治,反对专制,洛克又提出了分权学说。

洛克认为国家有三种权力:立法权、执行权和对外权。立法权是指导如何运用国家的力量以保护这个社会及其成员的权力;执行权是负责执行被制定的

---

① [英]洛克:《政府论》下篇,叶启芳、瞿菊农译,商务印书馆2011年版,第84页。
② [英]洛克:《政府论》下篇,叶启芳、瞿菊农译,商务印书馆2011年版,第35页。
③ 参见[英]洛克:《政府论》下篇,叶启芳、瞿菊农译,商务印书馆2011年版,第109—110页。
④ 参见[英]洛克:《政府论》下篇,叶启芳、瞿菊农译,商务印书馆2011年版,第54页。

和继续有效的法律的权力；对外权是负责决定战争与和平、联合与联盟以及同国外进行一切事务的权力。三种权力中，立法权最高，是"给予国家以形态、生命和统一的灵魂"①，但立法权不是专断的权力，以不超过人民的福利为限度。

根据立法权的归属，洛克区分了三种政体形式：立法权由社会大多数成员直接行使，并通过由他们自己委派的官吏来执行法律的是民主政体；立法权由少数精选的人行使的是寡头政体；立法权由个人行使的是君主政体。洛克对这三种政体都不满意，他提出，最符合法治原则的政体应在这三种政体的基础之上采取一种复合形式。

在这种复合形式中，洛克认为三种权力的关系应该是：立法权由议会行使，以保护人民的生命、自由和财产；执行权和对外权都是执行性质的权力，合并在一起由君主掌握；立法权和执行权（执行权和对外权的结合）必须分开，立法权高于执行权，执行权对立法权负责。

法治和分权的目的都是对个人权利的保障。洛克对一切权力都保持着审慎的怀疑态度，坚持人民有反对暴政的权利，并提出政府解体和革命的观点。洛克认为，当政府违背人们建立它的目的时，便面临着政府的解体。解体原因有三种：第一，君主以专断的意志代替立法机关制定法律，或阻止立法机关自由行使权力，或变更选举制度导致立法机关变更；第二，君主玩忽或放弃职责，导致法律无法执行；第三，立法机关或君主中任何一方在行动上侵害了人民的人身、自由和财产。

出现上述情况后，人民有反对暴政的权利。由于政府权力来自人民的委托，当政府违反了委托的目的时，人民当然可以取消委托，并把委托重新授予他们认为能够保障他们安全的人。洛克明确提出"用强力对付强力"的原则，并声称所造成的混乱或困境根源于政府，而不应责备革命的一方。他坚持认为，社会始终保留着一种最高权力，以保卫自己不受任何团体，即使是立法者的攻击和谋算。这里，洛克为"光荣革命"辩护的色彩非常鲜明。

尽管洛克论证了人民的革命权，但他并没有得出人民主权的结论。"一个国家的成员是通过立法机关才联合并团结成为一个协调的有机体的。"② 他认

---

① ［英］洛克：《政府论》下篇，叶启芳、瞿菊农译，商务印书馆2011年版，第135页。
② ［英］洛克：《政府论》下篇，叶启芳、瞿菊农译，商务印书馆2011年版，第135页。

为，人民有权革命，建立新的政府，但人民不应自己行使立法权，必须重新将立法权交给议会。议会接受了人民赋予的权力，便是神圣的和不可变更的。由此可知，洛克实际上是议会主权论者。

五、历史地位与评价

在西方政治思想史上，洛克第一次从自然权利、私有财产、人民同意、有限政府、法治与分权、宗教宽容、议会主权等方面系统地论述了近代自由主义的基本原则。他的政治思想标志着西方近代权利政治观的形成。因此，马克思和恩格斯称他为"自由思想的始祖"[①] 和"一切形式的新兴资产阶级的代表"[②]。

洛克的政治观点在伏尔泰、孟德斯鸠的著作中得到高度的肯定和重新阐发，并深刻地启发了卢梭。他的著作在北美殖民地广为流传，直接影响了杰弗逊等美国建国者。由此，他的政治思想对美国独立战争时期、法国大革命时期的思想和制度都产生了深刻的影响。此外，他的经验主义哲学为休谟所继承，形成英国的经验主义传统。他的经济思想为亚当·斯密所关注，体现在古典自由主义的经济学之中。所以，马克思评价说："因为洛克是同封建社会相对立的资产阶级社会的法权观念的经典表达者；此外，洛克哲学成了以后整个英国政治经济学的一切观念的基础。"[③]

作为英国资产阶级革命时期最具代表性的思想家，洛克的政治思想直接为英国资产阶级革命进行了辩护，他"在宗教上和政治上都是1688年的阶级妥协的产儿"[④]。这既是他政治思想的历史价值所在，然而也是其阶级局限性所在。

首先，他极力推崇英国"光荣革命"的妥协底色。他一方面主张保留王权的地位，另一方面又提出君主必须服从议会，宣扬议会主权，从而维护资产阶级的最高统治权，而人民群众却始终被排除在政权之外。

其次，他为私有财产权做辩护。在他看来，财产权是人人都享有的自然权利，并通过"劳动起源论"来论证其合理性。然而，他根本无视普通劳动者的

[①] 《马克思恩格斯全集》第7卷，人民出版社1959年版，第249页。
[②] 《马克思恩格斯全集》第31卷，人民出版社1998年版，第472页。
[③] 《马克思恩格斯全集》第26卷，人民出版社1972年版，第393页。
[④] 《马克思恩格斯文集》第10卷，人民出版社2009年版，第599页。

财产权,他们的劳动并不能使他们享有财产,因为"我的马所吃的草、我的仆人所割的草皮……都成为我的财产"①。可见,他不过是把资产阶级的私有财产权宣布为自然法的要求,是神圣不可侵犯的;而所谓的财产"劳动起源论"也不过是在美化资本主义的雇佣剥削制度罢了。

最后,他为英国的殖民行为做辩护。他多次提到,美洲处于世界的初期,那里的状态恰恰符合他所描述的财产权产生的最初阶段。他还用了不少文字来阐述货币的产生对财产积累的影响,认为货币积累属于财产的合理积累,并不违反其限度。这种观点重新解说了英国土地所有制的变化和商品流通的出现过程,并在根本上为资本主义的原始积累做了辩护。

思考题

1. 英国资产阶级革命前后都有哪些主要政治派别,各自提出了何种政治主张?
2. 霍布斯如何论述国家的起源?
3. 如何评价霍布斯在西方政治思想史上的地位?
4. 洛克与霍布斯的社会契约论有何区别?这些区别对各自的政治思想有何影响?
5. 如何看待洛克关于财产权的"劳动起源论"?

▶ 本章拓展资源

---

① [英]洛克:《政府论》下篇,叶启芳、瞿菊农译,商务印书馆2011年版,第19页。

第六章 18世纪法国的政治思想

18世纪的法国，伴随资本主义的发展、社会结构的转型以及近代自然科学和人文科学的快速成长，思想文化领域掀起了一场轰轰烈烈的启蒙运动。启蒙思想家的重要代表孟德斯鸠系统阐述分权制衡理论，奠定了近代西方宪政制度设计的思想基础。另一位代表卢梭则以独具特色的平等思想和人民主权学说，直接推动了法国大革命时期的激进民主实践，并对后世政治思想产生了深远的影响。

第一节 18世纪法国的社会政治状况与启蒙思想

一、资本主义的发展与社会矛盾的激化

在法国历史上，18世纪是社会结构全面转型的重要时期。在这一时期，小农经济虽然仍旧占有重要地位，但资本主义工商业获得了迅速发展。冶炼业和采矿业开始使用机器，纺织工业发展也很快。巴黎、里昂、马赛等城市成为工场手工业的中心，与此同时，法国北部还出现了资本主义农场。经济形态的这些变化，悄然改变着法国的社会结构，逐步造成了利益关系的新格局和阶级矛盾的新形势。

伴随资本主义工商业的发展，资产阶级逐步成长起来，至18世纪下半叶，已成为经济实力最强大的阶级。在转型期的多元社会格局下，资产阶级内部分成不同的阶层和集团。大工商业资产阶级、中等工商业资产阶级和小资产阶级，社会地位不同，利益要求也有所不同。但是，绝大部分工商业资产者被排斥在权力体系之外，他们希望通过政治制度变革分享更多资源，为新兴工商业的发展扫清道路。

近代法国是欧洲大陆典型的君主专制国家。在15—16世纪，君主专制体制曾为统一民族国家的创建做出过历史性贡献。但是，到了18世纪，这种体制与资本主义的发展越来越不适应，主要表现在：国王控制着全部国家权力，治理机制僵化，行政机构陈旧低效；宫廷生活奢华，财政支出无度；司法专横，监狱制度混乱不堪；国内没有统一的货币和度量衡，旧的封建省区和国王的各种

行政区域重叠并存，彼此间关卡林立，难以形成统一的大市场；政府凭借强权和苛刻的法规从手工业行会中攫取财富，官员腐败，权钱交易盛行。这些都阻碍了正在兴起的资本主义工商业的快速发展。

自路易十四时代起，法国多次发动对外战争，结果是生灵涂炭，民困财尽，政府债台高筑。国家治理的重重矛盾和财政危机的不断加剧，不仅使资产阶级和下层人民同专制制度的对立日趋尖锐，也使统治集团内部的摩擦愈演愈烈。专制王权内外交困，逐渐成为众矢之的。

二、法国的等级制度与第三等级的平等要求

大革命前的法国，社会等级森严。依据经济与政治地位的不同，整个社会被划分为三个等级：第一等级是高级教士；第二等级是贵族，包括王公和大封建领主；其余社会阶层是第三等级。前两个等级属于特权阶层，高居于第三等级之上，国王是他们的总代表。高级教士多半出身贵族，不仅拥有自己的教产和买卖，占有全国约百分之十的耕地，还有权向农民征收"什一税"。高级贵族享有税收豁免权，同时拥有自己领地上的种种特权。整个特权阶层虽不及全国人口的三十分之一，却占有全国一半以上的土地，每年还向农民征收总收成四分之三以上的地租和捐税。特权阶层在政府、军队和教会中把持着几乎所有重要的位置，封闭了其他等级成员进入国家权力机构的机会。为维护自己的特权和既得利益，他们竭力阻碍任何形式的社会改革。

包括资产阶级、农民、城市贫民和工人在内的广大民众属于第三等级。第三等级各群体内部成分复杂，依据其地位和利益的不同，又可细分为若干阶层。

由银行家和大包税商组成的金融资产阶级是资产阶级内部的上层集团。他们包收国家的各种捐税，贷款给贵族和宫廷，与统治集团有着千丝万缕的联系。他们有的从农村收购负债贵族的大片领地和贫苦农民的纳税地；有的从政府手中买来贵族头衔和高级官职而成为穿袍贵族。这些人事实上已跻身社会上层，只是在精神上仍然受到老贵族的蔑视。他们同统治者存在一定的矛盾，在政治上只要求些微的改革。

除金融资产阶级之外，资产阶级内部还有一个工商业资产阶级集团。大工商业资产阶级包括工业家、大商人、农场主、船主、工场主等。他们具备不凡的经济实力，但绝大部分人不享有政治权利，与专制政权也较少往来。同他们相比较，中等工商业资产阶级的地位则更为低下。整个工商业资产阶级都对特权等级和专制统治心怀不满。他们要求与自己的经济影响相匹配的社会地位和政治权利，要求更多地参与国事，要求国家提高行政管理效率和财政政策的公平性，要求对专制王权进行必要的监督和法律约束。不过，他们对封建特权和专制王权的反对，只限于提出改良方案。大体而言，以君主立宪为制度样板的开明君主制，是他们的政治理想。

在大革命前的法国工业中，分散的小型手工业工场占多数，城市小生产方式和城乡家庭手工业起主导作用。小资产阶级人数众多，包括行会师傅、小商人、小作坊主、工匠等。他们更富于革命精神，不仅迫切希望取消封建特权和社会不平等，坚决抵制专制王权的压迫，同时还反对大资产阶级的排挤，渴望在社会中获得自由发展的空间。平等派的政治思想，甚至更为激进的民主主义的政治主张，就是从他们中间萌发的。

法国当时是一个小农经济的国家，两千多万农民构成第三等级的绝大部分。其中，除少数富农、农业资本家以及少地或无地的贫雇农外，基本上都是佃农。佃农以对分制租种领主的土地，即每年将收成的一半作为地租缴纳给领主，同时负担对贵族、教会、国王和地方官吏的名目繁多的捐税和义务，另外还受着包税人、土地承租人、高利贷者的层层盘剥。他们中的绝大多数终身依附于土地，从事着勉强维持生计的原始农业劳动。大革命前，阶级分化不断加剧，农民的贫困状况日益恶化。当时农民最迫切的社会要求，就是免除苛捐杂税，解决土地所有权问题。

总的来看，大革命前的法国，社会结构呈多元化态势，利益关系错综复杂。但是，随着等级制度的存废成为矛盾焦点，整个社会实际上分成了两大阵营：第一等级和第二等级极力维护旧秩序，而广大第三等级则打出平等的旗号，要求变革君主专制制度，取消贵族和教士的经济与政治特权。在当时的历史条件下，资产阶级成了第三等级的领导力量。

三、法国启蒙运动及其影响

从文化史的角度看，宽泛意义的"启蒙"发轫于文艺复兴和宗教改革。18世纪的法国思想家不仅继承其精神遗产，而且在更高基点上将近代欧洲资产阶级反封建思想革命推向了一个新的阶段。

像近代欧洲多数专制国家一样，18世纪法国专制统治的维系，不仅依靠暴力机器，而且有赖于一套愚弄民众的意识形态，天主教神学教义即是其核心部分。正因如此，通过启迪民众的觉悟而瓦解专制统治的合法性基础，就成了反封建革命的一项重要内容。

18世纪的法国，资本主义工商业迅速发展，但君主专制体制和公开确认不平等的法律体系，却在政治生活中把资产阶级和其他底层民众排除在外，由此引发了经济基础和上层建筑之间的尖锐矛盾。商品经济是一种"以物的依赖性为基础的人的独立性"[①]为特征的经济形态，它的发展，必然催生人们对财富、权利、平等和自由的追求。当这种追求受到封建制度和社会旧势力的阻碍时，代表新兴生产方式和经济关系的资产阶级思想家，便以大写的"人"的代言者自居，拿起"理性"的武器，对旧制度、旧势力和旧思想展开了猛烈批判。这是18世纪法国启蒙运动的经济基础和阶级基础。

启蒙运动也受到了近代自然科学及哲学认识论发展的影响。18世纪初，英国科学家牛顿创立的经典物理学对宇宙进行了成功的解释，纠正了中世纪许多权威理论的错误，促使人们崇尚理性，相信通过理性分析，就可以破解自然和社会的全部奥妙。近代哲学认识论的发展，在坚持理性主义的同时，也注重经验主义方法，使哲学摆脱了对神学的依附。人类开始以自身的理性而不是以宗教启示作为知识的来源；理性的目的也不再是为了证明宗教戒律的合理性，而是服务于人类的世俗幸福。可以说，启蒙时代就是一个"理性时代"。

在18世纪的启蒙运动中，法国涌现出一大批杰出的思想家，因而成为整个欧洲的思想文化中心。其代表人物有孟德斯鸠、伏尔泰、狄德罗、卢梭、达朗贝尔、爱尔维修、霍尔巴赫、孔多塞、拉美特利以及重农学派的魁奈和杜尔哥等。就品格特征而言，18世纪的法国启蒙思想家是一群自觉背负历史使命、积极推动社会变革的知识分子。他们不仅在书斋里埋头著述，还在沙龙和咖啡馆中进行政治论辩，具有鲜明的行动意向。其思想传播，一方面刺激并加剧了法国民众对社会现实的不满与怨恨，另一方面也提升了他们对自由、民主、平等和人权的理想期待。

伏尔泰（1694—1778）是法国启蒙运动中最负盛名的思想家之一。他出身于大资产阶级家庭，年轻时因得罪贵族而被投入巴士底狱，出狱后流亡到英国。英国的政治自由、宗教宽容、科学与哲学的繁荣以及商业的发达，与法国

---

① 《马克思恩格斯文集》第8卷，人民出版社2009年版，第52页。

的社会状况形成强烈反差，这对伏尔泰产生了重大影响。回到法国后，伏尔泰写作《哲学通信》，向他的同胞介绍英国的自由政治制度，并对当时法国社会的种种弊端予以抨击，从此开始了他致力于思想启蒙的终生事业。伏尔泰著述甚丰，哲学著作有《哲学通信》《哲学辞典》等，历史著作有《路易十四时代》《风俗论》等，此外还有多部戏剧和文学作品。

作为启蒙运动的先锋人物，伏尔泰对当时法国的最大影响就是高举理性旗帜，以辛辣的笔触和果敢的抗议行动，与教会势力和专制制度展开不停息的斗争。他把宗教神学和专制制度看作理性的最大敌人，其反宗教的座右铭——"踩死败类"，成为启蒙运动的口号。他用"傻子遇上骗子说"来解释宗教的起源，认为宗教是蒙昧的化身，而启蒙运动所追求的目标，就是用理性之光照亮人的内心，使"世界狂怒地挣脱愚笨的束缚"。在政治思想方面，伏尔泰相信自然权利学说，主张人生而自由，法律面前人人平等。他对英国式"开明政府"颇为欣赏，认为英国政体中的权力分立，尤其是上院、下院、君主之间权力的混合与制约关系，能够有效地保障自由、平等和正义，是一种良好的制度安排。对开明君主制的推崇，体现了伏尔泰温和而非激进的政治发展观。相对于暴力革命，伏尔泰更倾向于自上而下的社会改良。但他晚年对开明君主制的前景失去信心，转而支持共和政体，认为共和政体是一种最宽容、最自然、最合理的制度。这一主张更靠近"百科全书派"的观点。

启蒙运动的一项伟大成就是由狄德罗任主编、达朗贝尔任副主编的《哲学、艺术与工艺百科全书》（简称《百科全书》）。参加这项工作的撰写者极为广泛，几乎包括了当时法国所有重要的思想家。伏尔泰、孟德斯鸠、卢梭、霍尔巴赫等人的观点虽然各不相同，但在狄德罗的组织下，都为这部书写过词条。《百科全书》的出版一直受到政府的阻挠，狄德罗屡遭迫害，印刷工作几次转入地下，全书历时30年才出齐35卷。

《百科全书》的许多重要撰稿人都是无神论者，他们通过所撰写的词条表达自己的犀利见解，从各个角度对旧社会展开了批判。譬如，狄德罗认为国家起源于社会契约，君主的权力来自人民协议，因而君主必须按契约的要求为人民服务；爱尔维修持一种功利主义观点，认为评判政治制度好坏的标准是看政府能否满足社会中大多数人的需要；霍尔巴赫则持有一种"自然政治论"观点，认为自爱是人的本性，社会政治制度的安排必须顺应人的这种自然本性。《百科全书》高举理性旗帜，宣扬自由、平等、博爱，对当时法国社会的一切现存事物重新进行评估,是一套系统宣扬启蒙精神的巨型文献,为即将到来的资产阶级革命奠定了思想基础。

在启蒙运动中,法国还有一批为早期无产者和贫苦人民代言的空想社会主义者,如梅叶、摩莱里、马布利等。他们采用当时流行的自然状态、自然权利等概念,对当时一系列社会、经济和政治不平等及道德败坏现象进行了愤怒声讨,提出并论证了未来理想社会的基本原则。梅叶设想的公社制度,以小教区公社为基层单位,全体人民共同占有土地资源和劳动财富,人人依据平等权利从事正当有益的工作,同样享受美好衣食和住所。在摩莱里设计的未来社会里,有三条基本法,即财产公有、人人劳动与社会供养、人人促进公益的增长。马布利也强调,在理想社会中,应该没有国王和庶民、大人物与小人物、主人与奴隶、统治者与被统治者之分,人们尽多少义务,就享有多少权利。

空想社会主义者大都认为,建立在财产公有基础上的理想政治体制,仅承担简单的公共管理和服务职能。马布利设想,在未来的共和国中,只要每年从家长中选出一些家政管理员,负责国家的公共仓库,按照每个人的需要分配工作和生活必需品,维护公民道德即可。围绕如何向理想社会过渡的问题,空想社会主义者也提出了诸多方案,有的希望借助教育的力量来提升理性,有的主张逐步限制和消除私有制,有的呼吁通过三级会议实现改革计划。

18世纪法国空想社会主义者的理论主张虽然带有乌托邦色彩,但是,他们站在早期无产阶级和劳苦大众的立场上批判社会现实,论证未来理想社会的基本原则,在空想社会主义发展史上具有承前启后的地位。他们的平等理论和财产公有理论,对后来法国的平等派运动以及19世纪法国空想社会主义运动,都产生了深刻影响。

大致说来,启蒙思想家的政治思想具有如下特征:首先,他们认为理性是人类知识的唯一来源,也是推动文明进步的主导力量。人类若能按照理性的要求生活,社会就将不断改善并最终达至理想境界。对此,恩格斯曾这样评论:"他们不承认任何外界的权威,不管这种权威是什么样的。宗教、自然观、社会、国家制度,一切都受到了最无情的批判;一切都必须在理性的法庭面前为自己的存在作辩护或者放弃存在的权利。思维着的知性成了衡量一切的唯一尺度。"[①]从根本上说,启蒙运动用理性反对蒙昧、用人权反对神权、用自由反对

---

① 《马克思恩格斯文集》第9卷,人民出版社2009年版,第19—20页。

专制，就是要求资产阶级掌握国家权力，以使自身利益得到保障。其次，他们推崇天赋人权学说，坚持人生而自由和平等，提倡个性解放，反对禁欲主义，关切人的现世幸福。最后，他们的反封建斗争，往往抛开宗教外衣，直接在政治战线上作战。启蒙思想家对当时法国社会的宗教制度、等级制度和君主专制制度的批判，不仅在思想意义上而且在行动意义上充当了法国大革命的先导。

不过，启蒙阵营并非是无差别的统一体，其内部不仅存在意见分歧，甚至有着激烈的思想碰撞。这主要是因为，尽管启蒙运动的主流思想家都推崇理性，但他们对理性的社会政治作用的理解往往见仁见智，于是就在许多问题上得出了不同的结论。其中最特别的思想家无疑是卢梭。启蒙运动的主流思想家不仅是理性主义者，还是坚信工商文明进步的乐观主义者。然而，卢梭却持一种相反的观点。在他看来，理性的误用使人类精于计算而变得狡猾，艺术的现代发展使人类变得虚荣而失去了纯朴的美德，商业的发展作为诱导人类自私的力量更是一种彻底的腐化。因此，在卢梭与启蒙运动主流思想家之间，横亘着一道难以跨越的鸿沟。

第二节　孟德斯鸠的政治思想

一、生平与著作

孟德斯鸠（1689—1755），法国著名启蒙思想家、政治哲学家，近代法理学和社会学的奠基人之一。原名夏尔·德·色贡达，生于法国波尔多城的一个贵族家庭。少年时期在教会学校读书时即对古希腊和罗马的政治、历史和文学产生了浓厚兴趣。1705 年入波尔多大学攻读法律，毕业后担任律师。1716 年继承伯父的遗产和爵位，改称孟德斯鸠男爵，出任波尔多法院庭长。1721 年匿名发表《波斯人信札》，以两名波斯游客通信的体裁，讽刺路易十四时期的法国专制制度，嘲笑上流社会的恶习，谴责宗教迫害。全书贯穿批判精神，出版后获得了巨大成功。

1722 年，孟德斯鸠去巴黎，靠贝里克公爵之助，进入宫廷。后结识朗贝尔夫人等，出入文艺沙龙。1726 年，出卖世袭的大法庭庭长职务，潜心著述，漫游欧洲各国。在英国旅居期间，结交当地开明人士，旁听议会辩论，浏览各种政治杂志，认真研究洛克等人的著作，对英国的君主立宪制心生好感。1731 年结束旅居生活回到家乡，闭门整理几年来搜集的大量资料。1734年发表《罗马盛衰原因论》。该书认为，罗马兴盛的原因，就在于它建立了共和制度，法律严明，社会有序，公民具有热爱祖国和遵纪守法的优良德行；而罗马衰亡的原因，则在于恶劣的执政者实行专制统治，无度地对外扩张征战，最终败坏了法律秩序和公民美德。因此，一国的兴衰，根本说来是由该国政治制度和风俗习惯的优劣所决定的。

1748年，孟德斯鸠的名作《论法的精神》问世。该书是孟德斯鸠一生研究的系统总结，被西方学术界誉为继亚里士多德《政治学》之后的又一部综合性政治学著作。在这部巨著中，孟德斯鸠跨越法学、哲学、政治学、社会学、历史学乃至经济学等多个领域，叙述了法律的历史变迁，探讨了政治自由的条件及保障，阐发了著名的分权制衡学说；批判了专制政体，痛斥了宗教盲从和迷信，为宪政、自由和人权提供了重要理论基础；同时，还以法国的社会现实为参照，指出了社会变革的必要性及其途径。此书直接影响了美、法等国的资产阶级革命，也对近代中国的政治思想界产生了一定的影响。

二、论法的精神

孟德斯鸠是自然法传统的继承者和发扬者。自然法传统特别重视法律的客观基础，坚持正义原则的绝对性和普适性。《论法的精神》也以此为立论的出发点。该书开宗明义地宣称，"从最广泛的意义上来说，法是源于事物本性的必然关系"①。就此而言，上帝有上帝的法，物质世界有物质世界的法，人类也有人类的法。法的形式多种多样，但其理相通，都源于事物的客观本质，不论这里的事物指的是自然还是生命。这是孟德斯鸠对"法"的广义解释。

撇开物质世界的运行法则，就适用于人类的法律而言，孟德斯鸠认为，可以将法分为自然法、人定法和神法三大类。自然法是人类在进入社会之前所遵循的法律。在自然状态下，人类行为受四项公道准则的调节，即渴望和平、寻找食物、互相爱慕以及向往合群性的共同生活。这是自然法的核心理念。人定法是人类进入社会之后为自己制定的法律。在社会状态下，由于利益冲突加剧，处理统治者与公民、公民与公民、一国与他国的关系变得越来越复杂，已非自然法之力所能及，于是政治法、公民法、国际法等便应运而生。神法是人

---

① [法] 孟德斯鸠：《论法的精神》上卷，许明龙译，商务印书馆2009年版，第9页。

类在处理与宗教的关系时所遵循的法律。这种法律的力量来自人们对神的虔敬信仰，与人定法分属不同的领域。人定法在世俗领域，神法在宗教领域。应由人定法规定的东西不应由神法规定，应由神法规定的东西也不应由人定法规定。

在适用于人类的诸法中间，孟德斯鸠讨论最多的是人定法。他将人定法分为国际法、政治法和公民法三大部分。国际法是处理各国人民之间关系的法律，其制定应遵循三条原则：第一，在和平时期，应尽力谋求福祉；第二，在战争时期，应在无损自身利益的情况下尽一切可能减少伤害；第三，战争的终极目的是保全自己。政治法是处理国家统治者与被统治者之间关系的法律；而公民法则是处理一国全体公民之间关系的法律。孟德斯鸠认为，一个国家既是一个政治国家，也是一个公民国家。如果公民的意志不能协同，那么，各种社会力量联合成一个政治国家就难乎其难。

孟德斯鸠认为，谋求良好的秩序和治理虽是一切政治法和公民法的终极目标，但是，不同的国家有不同的情况，所以，"法律应该量身定做"[①]。每一国家的法律都有其特殊性，必须周全考虑其制约因素，其中包括：业已建立或想要建立的政体的性质和原则；国家的地理环境、气候条件、疆域大小和人口多寡；贸易状况以及财富累积与分配状况；民众的生活方式、宗教信仰和风俗习惯等。此外，各种法律也是彼此关联和相互影响的。孟德斯鸠强调，必须从所有这些方面去审视法律，而"所有这些关系组成了我所说的法的精神"[②]。

"法的精神"是孟德斯鸠提出的一个核心概念，意在说明构建良好法治社会所仰赖的支持或约束条件。依据孟德斯鸠的相关阐述，"法的精神"大致可以从"一般"和"特殊"两个方面去理解："一般"指的是制定法律的原则或评判法律的标准，"特殊"指的是各国在运用这些原则或标准时所必须综合考虑的各种复杂关系。孟德斯鸠认为，从自然法的角度看，在制定成文法律之前，就已经有了公道和正义的可能。因此，良法的基础是客观的和必然的。但是，各国情况不同，所以，制定和评价法律又必须对各种制约因素作综合分析与全面把握。《论法的精神》一书的基本立意，就是要结合具体情况，将规范人类良好政治生活和社会生活的种种必然关系揭示出来。然而，孟德斯鸠将法

---

① ［法］孟德斯鸠：《论法的精神》上卷，许明龙译，商务印书馆2009年版，第12页。
② ［法］孟德斯鸠：《论法的精神》上卷，许明龙译，商务印书馆2009年版，第12页。

的精神认定为那些支配法律的永恒的客观原则,是一经揭示便不会变易的永恒规律,从而混淆了法律和自然规律,并从本质上模糊了法律作为统治阶级意志的基本性质。

三、政体学说

孟德斯鸠认为,在构成法律精神的诸多因素中,最具影响力的是政体的性质和原则。对亚里士多德关于政体性质的经典分类,孟德斯鸠并不完全赞成。他举例说,波斯和斯巴达均被亚里士多德归为君主政体,可是,波斯是专制国家,斯巴达却是共和国。孟德斯鸠认为,造成这一问题的原因在于,亚里士多德对政体的考察主要基于君主好坏等偶然因素,或者暴政变更等外部因素,并未从政体内部去探寻究竟。孟德斯鸠提出了一种按政制结构和权力分配划分政体的新思路。据此,可将政体分为共和政体、君主政体、专制政体三大类,每一类政体又都遵从相应的原则。所谓政体原则,就是"使政体运动的东西",或者说,是推动此政体成为此政体而非彼政体的人的情感,上述三类政体的原则分别是品德、荣誉和畏惧。

共和政体是指全体人民或部分人民掌握最高权力的政体,分民主政体和贵族政体两类。当全体人民掌握最高权力时,就是民主政体或平民政体;当部分人民掌握权力时,就是贵族政体。民主政体的特点是:人民立法,且唯有人民可以立法;人民既是君主,也是臣民;公职选举以抽签的方式进行。孟德斯鸠并不盲信平民的才能,因而主张将民主政体下的人民分为若干等级以示区别。[①]贵族政体的特点是:贵族集团立法并执法,他们和其他人民的关系类似于君主和臣民的关系;公职选举必须以挑选的方式,而不是以抽签的方式进行;当贵族人数庞大时,必须设置一个元老院来帮助处理相关事务。孟德斯鸠认为,共和政体的推动力是人民的品德,即爱国家和爱平等。他强调这是一种政治品德,而非基督教品德或其他伦理品德。并且他认为,品德是支持民主政体的唯一力量,而贵族政体则更需要一种以品德为基础的节制。

君主政体是指一人依照已有法律单独执政的政体。其与专制政体的区别在于,它有一个保障权力得以依法行使的中间渠道。换言之,君主政体的运作枢纽,是由一个中间势力构成的权力地带。这个中间势力就是贵族集团。因此,

---

① 参见〔法〕孟德斯鸠:《论法的精神》上卷,许明龙译,商务印书馆2009年版,第20页。

对于君主政体而言，"没有君主就没有贵族，没有贵族就没有君主"①。除贵族集团之外，君主政体还需要一个法律监护机构，以确保君主能够依法执政。毫无疑问，在这种政体之下，一切政治权力的源泉在于君主。因此，君主政体的原则是荣誉，即索求优遇和赏赐的情感，它促使各政治集团在追求自身利益的同时也在向公共利益聚拢。

专制政体也是一人单独执政的政体，但它不是依法办事，而是全凭个人意愿和心情来处理问题。在这样的政体下，没有法律监护机构，只有宗教和习俗才能获得尊重；人人都是奴隶，都被要求绝对服从专制君主。因此，专制政体的原则是畏惧，它被用来扑灭一切有可能引起造反的野心和勇气。

孟德斯鸠试图借助政体原则表达自己的政体主张，但实际上，正如马克思所说，孟德斯鸠"求助于君主政体、专制制度和暴政三者之间的区别。但是这都是一个概念的不同名称，至多是在同一原则下习惯有所不同罢了"②。

孟德斯鸠认为，以上三种政体中最不可取的是专制政体，它永远不可能在政治上宽和。此外，另两种政体都有可能向其他政体转化，例如，共和政体会因某一人被赋予过高权力而变成君主政体，甚至更糟；君主政体当其中间力量被铲除时，则会变成平民政体或专制政体。因此，他主张，立法应与政体原则相符合：在共和政体下，法律应尽量唤起人们对平等和节俭的爱；在君主政体下，法律应该尽力支持贵族，让它成为君主和平民之间的纽带；专制政体由于法律根本不受尊重而无所谓立法原则。同样，有关教育的法律也应当与政体原则相符合，例如，共和政体的教育应以品德为目标，君主政体的教育应以荣誉为目标，专制政体的教育则以畏惧为目标。

当政体原则开始腐化时，政体也开始走向腐化。孟德斯鸠列举了历史上很多政体衰亡的例子来说明这一点。譬如，古代雅典和罗马的衰败就是因为人民的品德已经不复存在，腐败、贪婪和欲望最终毁灭了共和国。君主政体的腐化也始于荣誉原则的腐化。当荣誉成为奴役或恶行的标志，当中间力量越来越偏离人民，以致造成治者与被治者之间的极端不平等时，君主政体也就腐化了。专制政体则不存在腐化问题，因为它一直都在腐化，其存续只是由于特殊局势而造成的。孟德斯鸠还强调，不能把民主政体下的平等理解为一种极端平等，

---

① [法] 孟德斯鸠：《论法的精神》上卷，许明龙译，商务印书馆2009年版，第26页。
② 《马克思恩格斯全集》第47卷，人民出版社2004年版，第59页。

因为这会把共和国引向一人治国的专制政体；而贵族政体若要防止腐化，则必须设法避免极端不平等出现在治者与被治者之间，以及统治集团成员之间。总之，一旦政体原则腐化后，再好的法律也会变坏；当政体原则完好时，就算坏的法律也会产生好的作用，因为政体原则的力量可以带动一切。

既然政体原则对一个政体如此重要，那么，如何保持原则便成了问题的一个关键所在。孟德斯鸠提出这样一个观点：小国适于共和政体，中等国度适于君主政体，庞大的帝国则适合专制政体。他主张，任何缩小或扩大疆域的做法都会改变已有的政体原则，古罗马共和国的衰退就是一个例子。孟德斯鸠的这种观点，加上他对地理环境之于法律重要性的强调，为他招来了"地理环境决定论"的批评，然而，他确实看到了一国疆域大小对治理的影响，以及大国在施行共和政体上的困难。他认为，共和政体虽然内部管理良好，但施政效率却没有专制政体高，抗御外敌的能力也不足；君主政体施政迅捷，对外总体防御能力强，却容易在内部治理中走向专制。有鉴于此，孟德斯鸠试图设计一种集两者之优越性的政体，这便是一个联邦共和国。在孟德斯鸠看来，联邦共和国的成立是有一定条件的，除了共同承认的契约之外，它的成员国还必须性质相同，最好是共和国；每一位新成员的加入必须征得其他成员国的同意；另外，联邦共和国的选举必须在公共会议上按比例进行，而不能由各成员国委派。孟德斯鸠的这一看法影响了后来的美国制宪。但是，也很难说孟德斯鸠更倾向联邦共和国或其他某一政体，事实上，他对公民品德的强调、对中间力量和贵族精英的信赖，使他在反对专制的同时，并不反对共和政体和君主政体。就像他在《论法的精神》序言中所说的，他所做的乃是"向所有人提供新的理由，促使每个人热爱他们的义务、他们的君主、祖国和法律，在他们所在的每一个国家、每一个政府和每一个岗位上更加感到幸福"①。

四、权力的分立与制衡思想

孟德斯鸠认为，在现实生活中，民主国家和贵族国家都不一定是自由国家，更不用说君主专制国家了。但是，一个政体如果妥善分配权力，形成权力的制约与平衡的局面，那么，即使在君主国家中，也可以实现公民自由。孟德斯鸠把国家权力分为立法权、行政权和司法权三大部分，并系统阐释了三权的

---

① ［法］孟德斯鸠：《论法的精神》上卷，许明龙译，商务印书馆2009年版，第4页。

分立与制衡理论。分权思想并非孟德斯鸠首创，却是经由他才被详尽阐明。最早提出分权学说的是洛克，不过洛克并没有将司法权归入三权之中，他讲的是对外权。孟德斯鸠对洛克的分权学说予以发展，同时强调，分权的目的是为了保障公民自由。

自由可从多个角度去理解。孟德斯鸠所讲的自由是政治自由。在他看来，政治自由绝不意味着随心所欲。在一个有法可依的社会里，它仅仅是指人们"做他应该想要做的事和不被强迫做他不应该想要去做的事"。换言之，"自由是做法律所许可的一切事情的权利；倘若一个公民可以做法律所禁止的事情，那就没有自由可言了"①。孟德斯鸠认为，在现实生活中，政治自由表现为一种公民心境的"平安状态"。从政体的角度看，要获得这种自由，必须实行分权制衡。

孟德斯鸠分权制衡思想的形成，得益于他对古代罗马共和国治国经验和近代英国君主立宪政体的研究。按照他的看法，古代罗马共和国走向强盛的原因之一，就在于把有限的国家权力分配给人民、元老院和执政官，使他们彼此之间既相互配合又相互限制，从而避免权力的滥用。近代英国君主立宪政体，在新的条件下实现了权力的分立与制衡，形成了依法治国的局面，使公民的权利和自由得到了有效保障。

孟德斯鸠的一个著名论断是："自古以来的经验表明，所有拥有权力的人，都倾向于滥用权力，而且不用到极限绝不罢休。"② 在孟德斯鸠看来，要防止权力的滥用，不应寄希望于个人品德，而必须以权力制约权力，形成一种分权制衡的政治法律制度。他告诫说，当立法权和行政权集中在同一个人或同一个机关之手，自由便很难存在。因为人们会担心这个国王或议会制定出暴虐的法律，并暴虐地执行。如果司法权不同立法权和行政权分立，自由也不会存在。因为，司法权同立法权合而为一，法官就是立法者；司法权同行政权合而为一，法官就将握有压迫者的力量。如果这三种权力集中在同一个人、同一些人或同一个机构手中，即便它没有专制君主的外表，也会实质性地导致暴政。

基于分权制衡的原则，孟德斯鸠对立法权、行政权、司法权的性质、功能及组织实施做了具体阐述。他认为，立法权是国家意志的表达，包括创制权和

---

① ［法］孟德斯鸠：《论法的精神》上卷，许明龙译，商务印书馆2009年版，第184页。
② ［法］孟德斯鸠：《论法的精神》上卷，许明龙译，商务印书馆2009年版，第166页。

反对权两大方面。创制权指自己制定法令或修改别人制定的法令，反对权指取消别人所做的决议。行政权是维持治安、防止外敌入侵的权力。司法权是惩治犯罪、裁决讼争的权力。孟德斯鸠强调，三种权力要分开掌握和行使。

首先，在一个自由的国家里，立法权应归人民集体享有。孟德斯鸠认为，考虑到普通民众的能力以及议事的不便，宜采用代议制，即由人民选举代表来制定法律。代表按地域选出，有权决定具体问题；公民在选举代表时应有投票权，但社会地位过于卑微的人除外。他同时指出，贵族对国家政治生活十分重要，应将立法机关分为贵族院和众议院，各设自己的议会，相互制衡。不过，贵族院只有反对权，没有创制权。立法机关应定期开会，除制定法律、逐年决定国家税收外，还有权监督和审查法律的执行情况。

其次，行政权执行国家意志，应掌握在国王手中。这样可以提高国务处理的效率。其权限包括领导军队，决定宣战或媾和，派遣或接受使者，维护公共安全，防御侵略等。为达成权力的制衡，孟德斯鸠主张，行政机关在接受立法机关必要监督和审查的同时，也有权制止立法机关的越权行为，通过行使"反对权"参与立法。但行政机关不参与立法事项的讨论；对立法机关决定的税收，也只表示同意。

最后，司法权应交给法院行使，其成员选自人民，存续期视需要而定。司法权在每年一定的时间内，按法律规定的方式来行使。法官与被告处于平等地位。孟德斯鸠认为，一般情况下，司法权不能与立法权的任何部分结合，但有两种例外：一是对贵族的传唤必须由立法机构中的贵族集团组成一个必要的法庭来执行；二是当某个公民在公共事务中侵犯了人民的权益时，必须由立法机构中代表人民的集团向立法机构中的贵族集团提起诉讼。

孟德斯鸠的分权制衡学说，借鉴了古典共和主义思想家关于混合均衡的政制设想，尤其受到洛克分权思想和英国政制的启发，但其系统性和严整性大大超越了前人。它的提出，对反专制、反暴政的近代政治变革具有重大意义。在孟德斯鸠的笔下，无论权力的归属还是权力的行使，都表现出适中有度的特点。不过，他主张保留国王的神圣地位，赋予贵族很大的立法与司法权力，同时对普通民众的政治能力表示怀疑并认为应限制其政治权利，这反映了他代表中上层资产阶级的利益要求。

五、历史地位与评价

孟德斯鸠是 18 世纪法国最重要的启蒙思想家之一。首先，他关于宪政与法治、权力分立与制衡、公民权利与思想自由的思想，是西方政治思想史上的重要内容。其次，他的政治思想深刻影响了法国资本主义发展的历史进程。最后，他的思想还影响到世界上许多国家的政治思想、政治实践和政治体制。

在西方政治思想史上，孟德斯鸠摒弃霍布斯等人的集权主张，汲取洛克的自由与分权学说并使之进一步系统化和完善化，明确提出三权分立、相互制衡的思想，成为现代西方政府的基本组织原则之一。不过，他的所谓三权分立、相互制衡，只是资产阶级统治集团中的权力分配与制衡，是统一的资本主义国家机器内部的分工，归根到底是适应资本主义生产关系和社会结构，为资本主义发展和资产阶级统治服务的。马克思主义经典作家深刻地指出："在某一国家的某个时期，王权、贵族和资产阶级为夺取统治而争斗，因而，在那里统治是分享的，那里占统治地位的思想就会是关于分权的学说，于是分权就被宣布为'永恒的规律'。"① 但是，资产阶级政治家和思想家们"以极其虔敬的心情把这种分权看做神圣不可侵犯的原则，事实上这种分权只不过是为了简化和监督国家机构而实行的日常事务上的分工罢了。也象其他一切永久性的、神圣不可侵犯的原则一样，这个原则只是在它符合于现存的种种关系的时候才被采用"②。邓小平在谈到这个问题时特别指出，"有些事情，在某些国家能实行的，不一定在其他国家也能实行。我们一定要切合实际，要根据自己的特点来决定自己的制度和管理方式。"③

在法国大革命中，资产阶级执政时期的政策深受孟德斯鸠思想的影响。1789年通过的《人权与公民权宣言》（简称《人权宣言》）公开宣称，凡权利无保障或分权未确立的社会，就没有宪法，同时还确认，公民享有言论、信仰、出版自由，私有财产神圣不可侵犯，这些都明显采纳了孟德斯鸠的政治原则。1791年宪法第一次以宪法形式肯定《人权与公民权宣言》的原则，还提出积极公民的概念，规定了立法议会代表在财产资格方面的限制，这些都与孟德斯鸠的政治主张不无联系。

孟德斯鸠的政治理论，尤其是分权制衡学说，对美国革命也产生了重大影响。美国独立战争前的报刊大量介绍孟德斯鸠的著作；美国的政治精英大都熟悉《论法的精神》中阐述的理论，宪法起草者们更把分权制衡原则直接吸纳到

---

① 《马克思恩格斯文集》第1卷，人民出版社2009年版，第551页。
② 《马克思恩格斯全集》第5卷，人民出版社1958年版，第224—225页。
③ 《邓小平文选》第3卷，人民出版社1993年版，第221页。

了美国宪法之中。

19世纪末，孟德斯鸠的政治理论传到了中国。严复翻译了《论法的精神》，取名《法意》。该书的出版和传播对近代中国的政治理论和政治实践产生了明显影响。孙中山的五权宪法，就是在对西方分权制衡理论加以改造的基础上提出来的。

第三节 卢梭的政治思想

一、生平与著作

让-雅克·卢梭（1712—1778），18世纪法国启蒙运动中独树一帜的政治思想家，激进民主主义者，近代欧洲浪漫主义运动之父。卢梭生于瑞士日内瓦一个钟表匠家庭，幼年丧母。10岁时，其父与他人发生纠纷，离家出走。他为一位牧师收养，当过徒工、差役。1728年，因不堪虐待而逃离故乡日内瓦，过起流浪生活。独特的人生经历，使他熟悉社会，对下层人民的疾苦满怀同情。

卢梭没有受过正规的学校教育，靠长期的刻苦自学和个人奋斗而成才。1732年，他移居法国南部一个叫尚贝里的乡村小镇。1742年又转至法国首都巴黎，开始了与狄德罗、伏尔泰、达朗贝尔等启蒙思想家的交往。1749年，法国第戎学院有奖征文，议题是科学和艺术的进步是否有助于淳风化俗。卢梭撰《论科学与艺术》应征，提出文明进步扭曲人类天性、应崇尚自然生活的独特论点。该文获得头奖，卢梭遂一举成名。此后不久，他应达朗贝尔之邀，为《百科全书》撰写政治经济学和音乐条目。1754年，第戎学院再次征文。卢梭以《论人类不平等的起源和基础》应征，对文明进程所导致的人性的沉沦及经济与政治的不平等进行了深入剖析和激愤批判。1762年，发表《社会契约论》，提出人民主权学说，阐发其关于美好政制的设想，形成了一个相对完整的激进民主主义理论体系。

卢梭对道德和教育问题十分关切。1761年发表小说《新爱洛漪丝》，描写一位平民青年与贵族女儿的恋爱故事，抨击封建伦理纲常，宣扬感情生活的重要。1762年出版讨论人格教育问题的《爱弥儿》，主张保护儿童的自然本性，听其身心自由发展，反对封建教育和经院主义。这激起了新旧教会的愤怒和行政当局的谴责，其著作被查禁，本人也遭到迫害，不得不辗转流亡。1766年，卢梭应哲学家休谟之邀，到英国避难，1767年回到法国。晚年写成自传体作品

《忏悔录》，未及看到出版就于 1778 年 7 月 2 日去世。法国大革命时，其遗骸被安放在巴黎先贤祠。

二、平等思想

平等是卢梭政治思想的核心。在他看来，要实现个人的自由，离不开平等，因为没有平等，自由不可能存在。正是基于这样的认识，卢梭提出了人人生而平等，财产占有应该尽可能平等，以及在法律规定上的人人权利平等的原则，为人民主权奠定了理论基础。卢梭的平等思想是通过他对不平等演变历程的辩证思考，对不平等产生根源的深入探讨，尤其是对各种不平等现象的无情批判系统表达出来的。

在一个极端不平等的社会，平等诉求必然具有抗议性质，这是活生生的辩证法。18 世纪的法国，资本主义工商业有了相当程度的发展，但其政治体制却是一套封建等级制度。在这种体制下，社会不平等问题不仅是严重的，而且是扭曲的，主要表现在三个方面：首先，社会的等级划分得到陈旧法律的确认和维护，政治不平等几乎被推到了极致。其次，工商业的发展带来严重的贫富分化，而且，专制制度的强势作用，还使权钱交易的腐败现象与经济不平等的加剧相伴随。最后，政治上无权、经济上穷困的底层民众，在文化上也遭受歧视，被上流社会判定为庸俗的贱民。这是卢梭提出和阐发其平等思想的社会背景。

从利益表达的角度看，现实社会不平等格局下的平等诉求，是一种反映底层民众心声的抗议性理想；而要使这种抗议性理想得到正当辩护，在逻辑上，又必须悬设一个高扬平等旗帜的"应然"价值标准。在近代欧洲，许多思想家致力于解答这个问题。比较起来，卢梭对这个问题的思考最深入，回应最激进，社会政治影响也最广泛，可以说，他不仅为法国大革命提供了重要思想武器，而且为整套现代西方政制确立了一条基本原则。这条原则就是在形式上把平等的要求抽象表述为大写的"人权"。

在回忆自己心路历程的时候，卢梭曾说，《论人类不平等的起源和基础》一书的构思，源于一次郊外旅行的启示。旅行期间，他每天钻到树林深处，冥思苦想"原始时代"的生活情境，终于领悟到，回答人类不平等的起源问题，必须拿"人为的人"和"自然的人"作对照。①所谓"人为的人"，就是在时代

---

① 参见［法］卢梭：《忏悔录》第二部，范希衡译，人民文学出版社 1982 年版，第 480 页。

推移中被打上各种社会烙印的人;所谓"自然的人",则是剥离社会加诸人的层层外壳后还原出来的本真意义的人。就卢梭对人类不平等起源问题的考察和分析来说,"自然人"不是一个严格的历史概念,而是一个用以评判社会现实的价值标尺。

18世纪法国主流启蒙思想家大都认同霍布斯在《利维坦》中表达的一个论点,那就是把"自然人"看作自私动物,再把"自然状态"视为人与人之间残酷竞争和相互倾轧的战争状态。对此,卢梭不予接受。在他看来,这样的"自然人"和"自然状态",实为卑劣社会现实的写照,是本真的人性随着历史变迁而遭到扭曲的结果。与之相反,卢梭所设想的"自然人",没有被功利浊水污染,也不受权势名望拖累,是单纯质朴和自主独立的。他们生活于其中的"自然状态",尽管物质匮乏,却不像丑陋的文明社会一样,奉行歧视人和压制人的奴役性规则。那时候,个体生命之间虽存在体能和智力上的某种天然差别,可是,自然禀赋不同的个体生命,在人格上却能保持独立,彼此间也能给予同情和怜悯。在这个意义上,非奴役的"自由"和无歧视的"平等",正是人类原初"自然状态"的本来特征,也是人之为人所应该享有的天赋权利。

作为一个生活于现实社会的思想家,卢梭深知,不管"自然状态"多么美好,它终究成为遥远的过去了。"自由"被"奴役"取代,"平等"被"歧视"置换,是卢梭所观察到的同时也是最深恶痛绝的人类生活实况。问题是,这一切是怎样发生的?其根由何在?卢梭认为,"自然状态"之所以被超越,追本溯源,在于人拥有一种"自我完善化的能力"[①]。凭借这种能力,人得以发明和使用工具,改进和提高生产技术,逐步发展起农业和冶金业;同时还出于生产和生活的需要,构建了依赖程度越来越高的分工协作体系。但卢梭辩证地指出,"自我完善化的能力",一方面使人类跨入文明社会,不断积聚物质财富;另一方面也使人丧失了在"自然状态"下原本具有的质朴和单纯,不仅变得自私自利,更滋生超乎"生理需要"的贪婪欲望,最终蜕化成了"人类自己的和自然界的暴君"[②]。就此而言,文明进步同时也是一种退步。这是卢梭所揭示的历史发展悖论。

在此基础上,卢梭描述了人类不平等的演化过程,并对各种不平等现象予

---

① [法]卢梭:《论人类不平等的起源和基础》,李常山译,商务印书馆1962年版,第83页。
② [法]卢梭:《论人类不平等的起源和基础》,李常山译,商务印书馆1962年版,第84页。

以愤怒声讨。按照卢梭的看法，人的自私欲望的恶性膨胀与物质生产的日益累进相互交叠，导致私有制的确立，造成并不断扩大财富占有的两极分化，这是人类不平等演变过程的第一个阶段，即经济的不平等。富人为了永保自己的强者地位，诱骗穷人缔结契约，组织政府，制定法律，使自己成为合法的统治者，通过压迫和剥夺穷人来维护自己的特权与利益，这是人类不平等演变过程的第二阶段，即政治的不平等。专制制度将政治不平等恶性推进，及至暴君上台，把一切人变成盲目顺从的奴隶，不仅实施暴虐统治，还为这种统治制造所谓道德辩护和舆论支持，致使善良观念和正义原则消失得无影无踪，这是人类不平等演变过程的第三个阶段，即社会的不平等。卢梭总结道："富人和穷人的状态是为第一个时期所认可的；强者与弱者的状态是为第二个时期所认可的；主人和奴隶的状态是为第三个时期所认可的。"① 在卢梭看来，确认并强化主人和奴隶之别的暴君统治，是人类不平等发展的顶点。因为，在这种专制制度下，臣民除了君主的意志以外，没有别的法律；君主除了自己的欲望以外，没有别的规则。但是，物极必反。卢梭强调指出，"以绞杀和废黜暴君为结局的起义行动，与暴君前一日任意处理臣民生命财产的行为同样合法"。因此，对暴君来说，"暴力支持他；暴力也推翻他"②。这是《论人类不平等的起源和基础》一书所得出的最后结论。

比较同时代的其他思想家，卢梭对人类不平等问题的剖析有许多更深刻和独到的地方。主要表现在：第一，卢梭联系物质生产的发展来探究私有制的确立，认为各种形式的不平等最后都必然要归结到财富上去，这种论点蕴含着质朴的唯物主义思想。第二，在看到人类凭借其自我完善的能力，通过改造自然和社会的实践而推动文明进步的同时，卢梭也深刻反思人类在文明进程中付出的代价，认为进步的另一面实际上就是退步，这是对历史辩证法的深入阐发。第三，卢梭不仅以历史形式考察人类不平等的起源和演变，而且在道义上对各种不平等现象提出强烈指控，还把暴力革命视为推翻专制制度的路径选择，这为法国大革命提供了重要的思想武器和行动指南。

不过，卢梭虽然意识到私有制是一切社会不平等的根源，但他并不主张废除私有制，而只是将小私有制当作"防止财富分配的极端不平等"的理想方案

---

① ［法］卢梭：《论人类不平等的起源和基础》，李常山译，商务印书馆1962年版，第141页。
② ［法］卢梭：《论人类不平等的起源和基础》，李常山译，商务印书馆1962年版，第146页。

罢了。① 偏爱温馨的小康乡村生活，贯穿卢梭的一生，这使他在反思社会进步所付代价的同时，显露出某种反对和拒斥现代工商业文明的极端倾向。

三、社会契约论

卢梭关于美好政治制度的设想，是在《社会契约论》一书中得到系统表达的。该书开篇就说："人是生而自由的，但却无往不在枷锁之中。"② 这个论断表明，废黜压抑人和奴役人的旧制度，是卢梭的根本政治主张。在考察人类不平等的起源时，卢梭曾提及一种富人诱骗穷人订立的恶劣契约，并把这种契约斥为"自由"的大敌。③ 既然如此，设法找到一种与"自由"相容的政治结合形式，也就成为问题的要害所在。卢梭本人曾对《社会契约论》一书的主题构思做过这样的解释："我发现，一切都从根本上与政治相联系；不管你怎么做，任何一国的人民都只能是他们政府的性质将他们造成的那样；因此，'什么是可能的最好的政府'这个大问题，在我看来，只是这样一个问题：什么样的政府性质能造就出最有道德、最开明、最聪慧、总之是最好的人民？"④

可见，《社会契约论》一书的立意，不是现实性地讨论政府的存在何以必要，而是在理想意义上阐释"最好的政府"何以可能。按照卢梭的理论，"最好的政府"至少要满足两个基本条件：

其一，人在"自然状态"下拥有的天赋自由必须得以保全，新的社会契约不能成为禁锢自由的枷锁。

其二，完美的政治结合，应该一方面利用文明成就，赋予人在"自然状态"下无法获得的力量，同时还要祛除人在"社会状态"下被贪婪欲望及恶劣统治带来的自私性和狭隘性，从而造就"道德""开朗"和"聪慧"的"人民"。

更简洁地说，新型社会契约的基本宗旨，就是要从根本上化解"自由"与"服从"、"个人"与"全体"之间的矛盾。一如卢梭所言，"要寻找出一种结合的形式，使它能以全部共同的力量来卫护和保障每个结合者的人身和财富，

---

① ［法］卢梭：《论政治经济学》，王运成译，商务印书馆1962年版，第20页。
② ［法］卢梭：《社会契约论》，何兆武译，商务印书馆2003年版，第4页。
③ 参见［法］卢梭：《论人类不平等的起源和基础》，李常山译，商务印书馆1962年版，第128—129页。
④ ［法］卢梭：《忏悔录》第二部，范希衡译，人民文学出版社1982年版，第500页。

并且由于这一结合而使得每一个与全体相联合的个人又只不过是在服从其本人,并且仍然像以往一样地自由"①。"服从他本人"这个论断,形象地说明了卢梭社会契约论的特征与矛盾。他力图把自由和服从这两种对立的东西统一在国家整体里。

为达成"自由"与"服从"的和谐统一,卢梭提出了每个人把自己的一切权利全部转让给集体的缔约设想。从思想史的角度来看,这样的社会契约模式具有双重特点:一方面,与霍布斯不同,卢梭强调,在缔约过程中,每个结合者不是将自己的自然权利让渡给像君主那样的个人,而是让渡给"整个的集体"。另一方面,与洛克不同,卢梭又强调,在缔约过程中,每个结合者不是让渡自己的"部分"自然权利,而是让渡自己的"全部"自然权利。在一定意义上,前一特点使卢梭成为"人民主权"的坚定捍卫者和辩护者,后一特点则使卢梭饱受忽视乃至漠视"个人自由"的非议与批评。

卢梭本人对其社会契约模式做过三点说明:第一,由于每个人都把自己的自然权利全部奉献出来,因此,其间达成的契约就没有什么例外的特权条款,因而充分体现了公正与平等原则。第二,因为自然权利的让渡是毫无保留的,所以,每个人也就不再提什么非分要求,这就使联合体能够真正成为大家共同的代言者和裁判者,从而尽可能地趋近完美。第三,每个人既然是向"全体"而不是某一"个体"奉献自己的自然权利,则他就不仅实质性地拥有自己所让渡的一切东西的等价物,还借此获得了更大的力量。就此而言,理想社会契约所创制的,与其说是普通的政府,毋宁说是一个"道德的共同体"或"公共的大我"。② 卢梭将它的核心精神称作"公意"。

所谓"公意",简单地讲,就是国家全体成员的普遍意志或公共意志。按照卢梭的区分和界定,公意与个人意志不同。个人意志受自私欲望摆布,而公意以谋求全体人民的共同幸福为宗旨。公意也与团体意志不同。团体意志有一种狭隘的宗派倾向,而公意则立足全局,无私无偏。公意甚至也与众人意志不同。众意是个别意志的简单累加,而公意则放眼远量,诉求根本,"永远以公共利益为依归"③。事实上还可以推论说,公意既然能深刻洞察和由衷关怀全社会的公共幸福,那它也就实质性地代表了个人的最高价值。在公意中,个人的

---

① [法]卢梭:《社会契约论》,何兆武译,商务印书馆2003年版,第19页。
② 参见[法]卢梭:《社会契约论》,何兆武译,商务印书馆2003年版,第19—21页。
③ [法]卢梭:《社会契约论》,何兆武译,商务印书馆2003年版,第35页。

孤立性、片面性、狭隘性被扬弃，正因为这样，他的能力发展了，思想开阔了，情感高尚了，人格升华了，一句话，他的本质复归了。

卢梭认为，在缔结社会契约的过程中，应该给承载公意的政治体赋予"支配它的各个成员的绝对权力"[①]。按照卢梭的逻辑，由于公意具有完美的道德属性，因此，它就成为每个人的最好代言者。在这个意义上，个人服从公意就是自己服从自己。反过来，同样因为公意具有完美的道德属性，它又成为每个人的最好裁判者，公意支配个人也是自己支配自己。卢梭甚至强调，个人若不服从公意，则全体就要迫使他服从，这恰如"迫使他自由"[②]。可以说，坚持个人服从全体并为之出示道德论据，构成了卢梭社会契约论的显著特色。

卢梭的社会契约论高扬"公意"，推崇"平等"，与霍布斯、洛克等人的学说相比，具有更浓的民主色彩。所以，它强烈地吸引了同时代人，鼓舞他们投身于大革命之中。这是卢梭被奉为民主主义代表人物的一个重要原因。同时也要看到，卢梭虽然珍视个人自由，但他的社会契约论更加突出"公意"的优先性。他否认私意，这与市场经济发展的历史大势不太吻合；他拒斥众意，也就等于无视不同利益和倾向的多元社会政治集团的合理存在。

四、人民主权学说

在西方政治思想史上，卢梭不是提出人民主权学说的第一人，但他对这一学说做了最为系统和深刻的论证。他的论证方式，简要说来，就是把"主权""公意""人民"三者整合在一起。卢梭认为，主权实质上由"公意"构成。由于"公意"显示为一个"集体的生命"，因此，主权完整而不可分割。特别重要的是，因为"公意"永远以维护和促进公共幸福为根本关怀，所以，它所负载的主权便是神圣的和至高无上的。按照卢梭的看法，在公共生活中，当"公意"以"大我"的形式呈现为统一而不是分裂的"道德人格"的时候，就是"人民"。

经由卢梭的努力，主权在民最终完成了对主权在君的置换。在政治发展史上，这一置换的重要意义，不仅在于为推翻君主专制的法国大革命提供了思想指导，还在于为整个现代民主政治奠定了一个像公理一样的价值基础。这是卢

---

① ［法］卢梭：《社会契约论》，何兆武译，商务印书馆2003年版，第37页。
② ［法］卢梭：《社会契约论》，何兆武译，商务印书馆2003年版，第25页。

梭人民主权学说的巨大理论贡献。可是，作为主权者的人民，能否在操作意义上亲自治理国家？一旦面对这样的问题，卢梭的民主理论就不仅显示出理想化的色彩，而且具有不切实际的浪漫意味。

　　在论述主权特征时，卢梭强调三点：首先，主权是不可转让的。因为，任何形式的转让都意味着非本源性和可变动性，设若如此，主权也就不成其为主权了。再说，作为主权者的人民，是一个有意志的集体人格。人民要是向某一个人或团体转让主权，岂不等于出卖自己的意志，选择和认可一个高高在上的主子？这是荒谬的。① 其次，主权是不可分割的。因为，承载主权的公意或人民意志，既在道德上完美，也在表达上完整。分割一个完美的东西，只能使它变得糟糕；分割一个完整的东西，只能将它弄得支离破碎。如果把立法权、行政权、司法权平行并列，分而治之，那就等于把主权者变成了由若干残肢拼凑起来的怪物。② 最后，主权是不能代表的。因为，发自公意或人民意志的本真声音，一经中间人的转达和过滤，就很可能被曲解甚至遮蔽。在这个意义上，代议制不过是民主败落的征象。其实质在于，人民仅在选举"代表"的时候才是自由的，但"代表"一上任，就立刻沦为顺从的"奴隶"了。③

　　卢梭强调人民必须直接行使主权。一方面，与霍布斯的专制主张不同，卢梭不是将人民排除在政治生活之外，而是将人民完全纳入政治生活之中。另一方面，与洛克的自由主义有别，卢梭不仅让人民参与议会代表的选举，更让人民参与整个国家公共事务的处理。对他来说，无论在权力的归属上还是在权力的行使上，人民都是不可或缺的主体，是国家的真正主人。因此，人民自己制定法律、自己安排政府、自己治理国家的直接民主制，就成了卢梭心目中最理想的政体类型。

　　卢梭认为，这样一种理想政体的确立、维持和良好运作，在根本上仰赖四个条件：第一，国家规模要小，人民容易集会，公民成员彼此相识；第二，社会风尚要淳朴，以免发生繁杂的事务和棘手的论争；第三，地位和财产要高度平等，使权利和权威的平等得到长久维持；第四，生活习惯要力戒奢侈，避免奢侈刺激贪欲，腐蚀人性，使公民丧失独立品格和公共精神。④ 很显然，卢梭

---

① 参见［法］卢梭：《社会契约论》，何兆武译，商务印书馆2003年版，第31—32页。
② 参见［法］卢梭：《社会契约论》，何兆武译，商务印书馆2003年版，第33—34页。
③ 参见［法］卢梭：《社会契约论》，何兆武译，商务印书馆2003年版，第121页。
④ 参见［法］卢梭：《社会契约论》，何兆武译，商务印书馆2003年版，第84—85页。

关于理想政制蓝图的设计，在形式上是一个袖珍型的民主共和国；而其制度样板，从历史和现实两个维度作考察，则既可以发现古希腊城邦的悠长身影，也可以发现卢梭的故乡——日内瓦共和国的深刻烙印。

卢梭对人民主权的论证，为现代民主政治确立了一个根本性原则；对直接民主制的推崇，蕴含着对政府官员的个人意志和政府组织的团体意志在政治过程中背离公共意志和人民意志的质疑和防范。但是，由于时代和阶级的局限，他最终没有找到能够真正实现公共意志和人民意志的现实途径。

五、历史地位与评价

卢梭是西方政治思想史上具有重要影响的政治思想家。首先，他的政治主张在法国大革命中发挥了巨大的影响。法国大革命期间的资产阶级民主派，特别是激进的雅各宾党人将卢梭的价值诉求整合为一种政治性的革命话语。马拉在大街上饱含激情地向公众朗诵卢梭的著作；圣鞠斯特主张处死路易十六，理由就是他违背了社会契约；罗伯斯比尔对卢梭更是推崇备至，将卢梭誉为"人类的精神导师"。大革命期间，雅各宾派不仅宣传卢梭的学说，使用卢梭的语言，而且在行动上将卢梭的思想付诸实施，提出了彻底砸烂封建制度、实行主权在民的民主共和的革命纲领。

其次，卢梭的政治原则影响了西方近代政治制度的建立。他的平等思想、天赋权利论、人民主权学说，在美国《独立宣言》和法国《人权与公民权宣言》等重要文献中都有所体现，并在不同程度上融入了西方各国的制度安排和政治实践。卢梭有关政府权力来自主权者人民、政府应服从人民并接受人民的监督等思想，被以后的民主主义者如潘恩、杰弗逊、康德、费希特等人所接受和发扬。卢梭的公共意志论也对德国的政治哲学产生了深刻的影响。康德和黑格尔都将自己政治原则的提出描述为自由意志的演化。

最后，卢梭的政治思想也深深地影响了中国。早在19世纪末20世纪初，卢梭的政治思想就传到中国，被康有为、梁启超、邹容等人代表的资产阶级改良派和革命派介绍与宣传，成为近代中国资产阶级民主革命的重要理论武器之一。

不过，也应看到卢梭思想的局限与不足。尽管他的政治思想内含革命的因素，但他的政治主张却是相当乏力的。他幻想改变人类社会的命运与法国的现状，却惧怕革命；他批判私有制的弊端，要求限制私有财产，实现社会财富的平均化，却又无力提出废除私有制的主张；他承认人类结成政治社会的合理性，却又无法提出符合现实的政治实践方案；他倡导人民主权，却因对代议制民主充满偏见，最终只能流于空想；他呼吁的平等归结起来仍然是建立在私有制基础上的法律上的平等，仍然是资产阶级的形式平等。他的公意理论也有很大的片面性，过分强调公意的至上性，极易导致对个人权利的压制，甚至导致当权者以公意的名义恣意妄为。

第四节　法国大革命时期的政治思想

一、法国大革命与《人权与公民权宣言》

18世纪中后期的法国，伴随资本主义工商业的发展，第三等级不断高涨的平等要求与封建专制和特权制度之间的矛盾越来越尖锐，同时，由于特权集团各行其是，统治阶级内部的摩擦也不断加剧。到1774年路易十六继承王位的时候，法国已是一个处于崩溃边缘的国家。天灾不断，粮食紧缺；财政失衡，赤字严重。走投无路的路易十六为解决财政困难，于1789年5月5日在巴黎召开三级议会。第三等级的代表识破国王的筹款图谋，借机提出取消会议等级划分、三个等级共同开会并按出席人数表决的改革要求。路易十六认为第三等级的要求大逆不道，不仅断然拒绝，还悄悄把效忠国王的军队调回巴黎。消息传出后，巴黎人民群情激奋，发动起义，并于1789年7月14日攻克了作为专制制度象征的巴士底狱。法国大革命爆发了。

法国大革命可以分为四个阶段：第一阶段从1789年5月5日三级会议的召开到1792年8月10日的巴黎人民第二次起义，期间君主立宪派占据主导地位；第二阶段从1792年8月10日到1793年6月2日的巴黎人民第三次起义，期间吉伦特派占据主导地位；第三阶段从1793年6月2日到1794年7月27日的"热月政变"，期间雅各宾派占据主导地位，是革命的高潮期；第四阶段则从1794年7月27日到1799年11月9日拿破仑发动"雾月政变"终结革命，期间热月党人占据主导地位。

君主立宪派的代表人物有拉法耶特、西耶士、米拉波和巴纳夫等人。拉法耶特是法国贵族子弟，曾经参加过美国革命，其政治理想是建立一个联合所有人的自由平等的立宪君主政体。法国大革命初期，拉法耶特的声望非常之高，在攻陷巴士底狱的第二天，曾被授命统领国民自卫军，但后来因镇压左派民众而声望受损，不得不离开法国。西耶士在革命前所写的小册子《论特权》和《第三等级是什么？》唤起了第三等级与特权等级的彻底决裂。他还参与起草了法国大革命最为重要的政治文献《人权与公民权宣言》。受孟德斯鸠的影响，西耶士认为宪法的制度设计应当坚持权力的分立与制衡，但他将公民分成"积极公民"与"消极公民"，认为只有前者才有权利参与政治。在君主立宪派的领导下，制宪议会通过法令，宣布废除封建制度，取消教会和贵族的特权，规定以赎买方式废除封建贡赋；制宪议会还通过了《人权与公民权宣言》，确立了人们拥有启蒙运动所宣扬的不可剥夺的自由、平等权利，并制定宪法，使法国成为一个君主立宪制国家。

吉伦特派在巴黎人民推翻了君主立宪派的统治之后掌权，代表人物有布里索、罗兰夫人、孔多塞等。布里索是吉伦特派的实际掌权人物，1792年3月奉命组阁。罗兰夫人是一位杰出的女性，被19世纪法国著名历史学家米涅誉为"吉伦特派的灵魂"。她头脑清晰，处事冷静果断，具有坚强的毅力和敏锐的洞察力，参与起草了吉伦特派的政治纲领，对吉伦特派的政策走向产生了重要影响。孔多塞则是"百科全书派中的最后一名成员"，其名著《人类进步史纲要》描绘了一幅人类社会随着理性的进步而不断完善的美好前景。孔多塞认为，只有共和制度才是与《人权与公民权宣言》所宣扬的自由平等理念相适应的政体形式，为此，他与主张君主立宪制的西耶士进行了激烈的论辩。[①] 他的言论对推动1792年法兰西第一共和国的建立起了很大的作用。在吉伦特派的领导下，国民议会废除了君主立宪制，建立了法兰西第一共和国，审判处死路易十六；取消了君主立宪派对"积极公民"和"消极公民"的区分，实行普选制度；组织法国军队和各地组织的义勇军参加战斗，并在9月20日的瓦尔米战役中打败外国联军；同时镇压要求进一步实现平等的雅各宾派。

雅各宾派的统治是法国大革命最为激进的阶段，其代表人物有罗伯斯比尔、丹东、马拉、圣鞠斯特、埃贝尔等。雅各宾派掌握政权后，镇压了吉伦特派组织的多次起义，并将其21位主要领导人送上了断头台；将逃亡贵族的土地一律没收，分配或低价卖给农民，使数十万农民获得土地，并废除了一切封

---

① 参见［法］伊丽莎白·巴丹特尔、罗贝尔·巴丹特尔：《孔多塞传》，马为民、廖先旺、张祝基译，商务印书馆1995年版，第210—219页。

建义务；制定了 1793 年新的《人权与公民权宣言》，宣示要保障公民享有人身、信仰、出版、请愿、结社的自由，享有受教育和受社会救济的权利；还规定，如果政府侵犯人民、滥施暴政，则人民保有起义的权利。另外，为了镇压国内外反革命势力和进一步实现革命理想，他们推行了非常时期的恐怖统治。这种恐怖统治一方面平息了国内不法商人的投机和叛乱，将反法同盟军赶出了法国，同时也将成千上万的人推上了巴黎的断头台，使巴黎成为一个人人自危、充满恐怖气氛的城市。

热月党人的统治是法国大革命的尾声。热月党人成立了督政府，结束了恐怖统治，但是政权仍然不时受到王党及雅各宾派的威胁。1799 年，英国组织了第二次反法同盟，督政府领导战斗失利。在战斗中，拿破仑·波拿巴凭借出色的指挥能力而渐露头角，并在 1799 年 11 月 9 日发动"雾月政变"，推翻了热月党人的统治，建立起个人专政，法国大革命至此结束。

法国大革命的精神最集中地体现在 1789 年制宪议会所通过的《人权与公民权宣言》中。这部宣言以美国的《独立宣言》为蓝本，是法国大革命的纲领性文件，也是资产阶级革命思想的集中体现。

宣言的内容包含两个部分：第一部分介绍制宪议会制定法案的理由，开篇写道："组成国民议会之法国人代表认为，无视、遗忘或蔑视人权是公众不幸和政府腐败的唯一原因，所以决定把自然的、不可剥夺的和神圣的人权阐明于庄严的宣言之中。"第二部分是具体内容，共十七条，可以分为描述个人的权利与自由的条款以及关于政治与法律制度建设方面的条款。

在个人的自由与权利方面，宣言表达了自由、平等的价值理念。其中一些语句在当时是非常革命的，今天则已成为得到广泛认可的基本政治信条，如人们生来是而且始终是自由平等的；自由就是指有权从事一切无害于他人的行为；自由表达思想和意见是人类最宝贵的权利之一；私人财产神圣不可侵犯；任何政治结合的目的都在于保护人的自然的和不可动摇的权利，这些权利即自由、财产、安全及反抗压迫。

在政治与法律制度建设方面，宣言肯定了主权在民的原则，指出主权的本原主要是寄托于国民；所有公民都能平等地按其能力担任一切职务。宣言规定，政府的目的是为了保障人们的权利，应按照法治和权力分立的原则来组织并接受人民的监督；武装力量属人民所有。宣言还确立了法治原则，指出法律是公共意志的体现，法律必须公开、公平，必须按照确定的程序来行使。在司法审判中应坚持无罪推定的原则，税收负担也应当合理分配。

《人权与公民权宣言》在现代政治发展史上有着非常重要的地位。首先，它是18世纪启蒙运动思想家所倡导的现代资产阶级价值理念的最集中体现。卢梭的主权在民思想、孟德斯鸠的三权分立思想、伏尔泰等人的自然权利观念都在宣言中有所反映。其次，它是法国历史上的第一个人权宣言，也是世界历史上的第一部正式的人权宣言。在此之前，英国议会曾在1689年通过了《权利法案》，但它主要强调的是对王权的限制；美国1776年大陆会议所发布的《独立宣言》，成文虽早，但其内容主要由殖民地人民对英王的控诉构成。与它们相比，《人权与公民权宣言》则是第一部彻底地对人类自然权利构成及其政治保障原则进行全面描述的文献，更能体现现代资产阶级的政治理想。最后，它对推动世界向现代资产阶级社会转变发挥了更为重要的作用。与英美不同，法国深处欧洲封建社会的腹地。法国大革命通过战争及思想传播大大动摇了欧洲封建社会的统治，嗣后也成为欧洲其他国家资产阶级革命仿效的榜样，并对亚洲和中国近代的资产阶级民主革命产生了一定的影响。

二、罗伯斯比尔的政治思想

罗伯斯比尔（1758—1794），法国政治家，雅各宾派领袖。出生于阿尔土瓦省阿拉斯城的一个律师家庭，1778年进入巴黎大学学习法律。喜读启蒙思想家尤其是卢梭的著作，曾亲自拜访卢梭，是卢梭学说的忠实信奉者。1781年在故乡担任律师。1788年撰写《致阿尔土瓦省人民的呼吁书》，受到当地农民拥护，次年当选为该省第三等级代表，出席全国三级会议。1790年3月，成为雅各宾俱乐部主席。

罗伯斯比尔在三级会议和制宪议会期间，主张男性有普选权，反对新闻审查，呼吁废除奴隶制和死刑，反对教士的奢侈，获得了"不可腐蚀者"的称号；在雅各宾俱乐部中领导雅各宾派先后与君主立宪派和吉伦特派决裂；在吉伦特派占统治地位期间，反对布里索所主张的法国向外部输出革命的战争政策，强烈主张处死路易十六。在雅各宾派取得政权后，他当选为国民公会主席，负责起草了1793年新的《人权与公民权宣言》及1793年宪法。为镇压国内的反革命叛乱和抵抗国外反法同盟军，罗伯斯比尔主导组建公共安全委员会，改组革命法庭，简化审判程序，实行雅各宾专政。1794年年初，在国内外威胁已经基本消除之后，围绕是否继续实行恐怖统治这一问题，雅各宾派分为左翼的埃贝尔派、右翼的丹东派和居中的罗伯斯比尔派。罗伯斯比尔镇压了左派与右派，建立起了个人的独裁统治，继续对革命队伍进行清洗。他的恐怖政策终于激起了国民议会的反抗，反对他的议员在1794年7月27日联合起来发动了"热月政变"，将他送上了断头台。

罗伯斯比尔领导的雅各宾派在很大程度上塑造了法国大革命的独特风格，因而，理解其政治思想对理解法国大革命有着特别的意义。罗伯斯比尔的政治思想主要见于他在各种场合所做的演讲以及由他所执笔的1793年新的《人权与公民权宣言》。归结起来，主要包含以下几个方面：

第一，人民主权。作为卢梭的信徒，罗伯斯比尔对人民主权思想推崇备至。他宣称："人民是主权者，政府是人民的创造物和所有物，社会服务人员是人民的公仆。"① 但需要说明的是，与美国革命确立的以个人权利为基础的人民主权原则有所不同，罗伯斯比尔的人民主权观念含有一种卢梭所强调的"公意"内涵。首先，罗伯斯比尔反对三权分立学说，认为人民主权应当是统一而不可分的、不可动摇的和不可让与的。他曾强调，权力均衡要么是幻想要么是灾难，因为，它会使政府毫无作用，甚至不可避免地使相互竞争的各种权力联合起来反对人民。其次，罗伯斯比尔主张，立法机关不应像美国一样分为两院，而应实行一院制。因为，立法机关的决议是人民意志的体现，理当拥有至高无上的权力，行政机关只是其执行机关。最后，为了保证人民主权，罗伯斯比尔认为，应实行广泛的选举制度，并由人民对政府实施有效监督。他执笔起草的1793年新的《人权与公民权宣言》规定："人民代表的违法行为，应当迅速从严惩处"，"人民有权了解自己议员的一切行为；议员们应当向人民提出自己管理事务的翔实的报告，并很尊敬地服从人民的判断。"②

第二，美德政治。按照罗伯斯比尔的看法，名副其实的共和国应当是一个人们有着良好公共美德的社会，应当是消除一切自私与邪恶的社会。在《关于政治道德的各项原则》的演说中，罗伯斯比尔将实现"永恒正义的王国"奉为革命的终极目标，声言要"以道义代替自私，以正直代替名声，以原则代替习惯，以责任代替体面……用共和国的一切美德和奇迹代替君主国的一切荒谬东西"③。据此，罗伯斯比尔主张革命者应组成一个纯洁的道德共同体。为了净化

---

① [法] 罗伯斯比尔：《革命法制和审判》，赵涵舆译，商务印书馆1965年版，第138页。
② [法] 罗伯斯比尔：《革命法制和审判》，赵涵舆译，商务印书馆1965年版，第139—140页。
③ [法] 罗伯斯比尔：《革命法制和审判》，赵涵舆译，商务印书馆1965年版，第170—171页。

法国的道德氛围，他在国民议会中提出十五条"花月法令"，设立最高主宰教，希望通过宗教的力量来纯洁人的思想，还认为共和国必须通过强制手段来保持美德。他下令处死雅各宾派的另一位重要领袖丹东，理由即是其品德腐化。

第三，恐怖专政。人民主权原则与美德政治思想是紧密联系的，原因在于，只有人民拥有主权的国家才能使公民拥有美德，反过来，也只有公民拥有美德才能确保人民主权原则的真正兑现。在现实生活中，要做到这一点，罗伯斯比尔认为必须推行恐怖政策。他的一个著名论断是："没有美德，恐怖就是有害的，没有恐怖，美德就显得无力。恐怖是迅速的，严厉的，坚决的正义。"① 雅各宾派掌权后，1793年9月5日，国民公会会议通过决议，"将恐怖提上日程"，实行政治、经济和宗教等全方位的恐怖政策，通过改组救国委员会、公共安全委员会及革命法庭等手段，不经审判就可以处死被认为犯了反革命罪的人。历史经验表明，雅各宾派的恐怖专政既缔造了伟业，也带来了残暴。

18世纪的法国，资产阶级正处于上升时期。从以卢梭为代表的启蒙思想家到以罗伯斯比尔为代表的革命政治家，都高举自由、平等、人权的旗帜，希望建立一个正义的理想国度。在当时的历史条件下，其思想和主张应当说反映了广大人民的诉求，反对封建主义的革命行动还是比较彻底的。但是，他们无法超越时代和阶级的局限。当资产阶级革命取得胜利，革命果实落到了资产阶级手中以后，其代表资产阶级利益的本质进一步暴露。他们在革命中提出的一些比较先进的理论主张并没有真正贯彻，自由、民主、平等、公正等对人民的基本承诺并没有最终兑现。正如恩格斯所指出的，"理性的国家、卢梭的社会契约在实践中表现为，而且也只能表现为资产阶级的民主共和国。"②

思考题

1. 18世纪法国启蒙思想的整体特征是什么？
2. 如何理解和评价孟德斯鸠的权力分立与制衡思想？
3. 如何看待卢梭的"公意"概念及其人民主权学说？

---

① ［法］罗伯斯比尔：《革命法制和审判》，赵涵舆译，商务印书馆1965年版，第176页。
② 《马克思恩格斯文集》第9卷，人民出版社2009年版，第20页。

4. 与霍布斯、洛克相比,卢梭的社会契约论有何特色?

5. 罗伯斯比尔的政治思想与雅各宾派的激进行动之间有何逻辑关联?

▶ 本章拓展资源

第七章　18 世纪美国的政治思想

18 世纪的北美面临着摆脱英国殖民统治、建立联邦政府两大政治任务，这也是这个时期美国政治思想的核心主题。独立战争期间，潘恩通过《常识》倡导美国独立思想，主张建立代议制共和国。杰弗逊在《独立宣言》中提出自然权利观念，反对暴政，宣扬人民的革命权。制宪会议期间，麦迪逊、汉密尔顿等通过《联邦党人文集》全面阐发美国宪法和政治制度的基本原则，提出在权力分立与制衡的基础上，建立强有力的联邦政府。美国政治思想既有鲜明的个性特征，又具有阶级和时代的局限性。

第一节　18 世纪美国社会和政治思想的特点

一、北美的社会政治状况与 18 世纪的政治斗争

英国自 1607 年在北美建立第一个定居点詹姆斯敦起，在一个多世纪的时间里，经过与西班牙、荷兰、法国等殖民者的激烈争夺，到美国独立战争前，已在北美大陆建立了 13 个殖民地。

英国在北美殖民地的统治方式大致可以分为三种：一是英王通过特许状将土地所有权授给一个业主或一个公司，管理一切民事和政务，如马里兰、宾夕法尼亚；二是通过特许状的形式，英王授权一定数量的移民在母国的保护下自行组织起来，在不违反母国法律的条件下实行自治，如康涅狄格和罗得岛；三是由英王直接任命的总督代表英王管理殖民地的各种事务，如纽约。各殖民地拥有自己的立法、行政和税收系统，在其之上没有统一的行政管理机构，同时，政治上相互独立。

当时的北美大陆是一个移民社会。各殖民地的居民主要包括殖民者、自由移民、黑人奴隶和白人契约奴、少数土著印第安人等。殖民者包括种植园主、农场主、工厂主、商人、政府和军队的高级官员等，他们主要来自英国，是社会的上层。自由移民大多来自英国和欧洲其他国家，成分比较复杂。既有逃避宗教迫害的清教徒，也有渴望淘金发财的市民和农民。他们拥有人身自由，是北美大陆居民重要的组成部分。黑人奴隶主要是殖民者从非洲贩运来的黑人，

他们是开发北美的主要劳动力。白人契约奴大多是来自英国和欧洲其他国家的破产农民和贫民,因为债务而沦为契约奴隶。印第安人是美洲的土著居民,他们酷爱自由,宁死不屈。殖民者对他们进行了残酷的屠杀。至18世纪,难以计数的印第安人被杀死,剩下的则被驱赶到偏僻的森林大山之中。

北美殖民地在经济上与英国乃至欧洲的资本主义市场紧密相连,是其主要的原料供应地和产品倾销地。每年都有大量的农牧产品由北美销往英国或经英国转售他国,而英国的工业产品则大量倾销到殖民地。北美殖民地经济从一开始就建立在资本主义经济基础之上,只不过与这种资本主义生产方式相结合的是奴隶制,因此,美国社会"一开始就建立在资产阶级基础之上的国家中"①。

北美殖民地实行村镇自治制度。受移民社会的影响,殖民地的乡镇政权从一开始就是自治的,在地方事务上完全独立自主。乡镇官员由民众选举产生,接受民众监督。托克维尔在考察美国后指出,美国的村镇自治传统是自然而然形成的,并非来自人为设计,"它是在半野蛮的社会中悄悄地自己发展起来的。使它日益巩固的,是法律和民情的不断作用,是环境,尤其是时间"。乡镇是自由人民的力量所在,"乡镇组织之于自由,犹如小学之于授课。乡镇组织将自由带给人民,教导人民安享自由和学会让自由为他们服务"②。

18世纪北美的社会矛盾集中表现为殖民地人民与英国统治者之间的对立和冲突。1763年英国战胜法国,成为北美殖民地的霸主。随着北美殖民地的发展及其对英国的重要性不断增强,英国开始加强对殖民地的控制和盘剥。为了减轻防务负担,转嫁财政危机,英国在北美殖民地不断增加税收,严重阻碍了北美资本主义的发展。殖民地人民要求独立的呼声越来越高,反抗运动日渐高涨。印花税危机、波士顿惨案、波士顿倾茶事件等一系列事件都是殖民地人民与英国统治者矛盾尖锐化的表现。

北美殖民地与英国在经济和政治上的冲突逐渐升级为军事上的冲突。1775年,北美13个殖民地组建了统一的武装力量——大陆军,由华盛顿任总司令。1776年7月4日,大陆会议通过了由杰弗逊等起草的《独立宣言》,正式宣告北美13个殖民地脱离英国。经过浴血奋战,1778年10月,大陆军在约克敦战役中迫使英军投降。1783年,英国正式承认美国独立。

---

① 《马克思恩格斯文集》第3卷,人民出版社2009年版,第518页。
② [法]托克维尔:《论美国的民主》上卷,董果良译,商务印书馆1988年版,第67页。

独立后的美国并没有建立统一的主权国家，而是组成了一个松散的邦联。13个主权实体各自为政，邦联国会的权力非常有限，几乎没有能力应付国内外的各种情况。独立战争结束后不久，美国经济陷入了严重的萧条，社会矛盾持续激化。1786年谢司起义爆发，为独立后的美国敲响了警钟。建立强大而统一的国家成为当时最为紧迫的任务。1787年5月，来自各邦的55位代表在费城召开了制宪会议，经过艰苦卓绝的协商和谈判，最终通过了《美利坚合众国宪法》，完成了这一历史重任。

二、美国政治思想的来源与特征

18世纪的美国没有自己独创的政治哲学，政治思想的来源比较复杂。

古希腊、罗马的政治思想在18世纪的美国十分流行。荷马、希罗多德、修昔底德、亚里士多德、普鲁塔克、西塞罗、恺撒等古典作家和英雄人物的著述在殖民地人民中极受欢迎。这些古典作品通常将残酷的现实与美好的过去相比较，不仅为美国政治思想提供了丰富的话语资源，也为殖民地人民提供了较为普遍的政治信仰。

英国和法国的启蒙思想对美国政治思想的影响最为直接，也最为深刻。洛克的自然权利观、卢梭的社会契约论、孟德斯鸠的三权分立学说、格劳秀斯的国际法理论、普芬道夫的自然法学说、休谟的理性批判思想等都在美国广泛传播。美国人民对启蒙思想几乎是不加批判地全盘接受。启蒙思想的引入为美国独立和建国提供了重要的理论支持，其中的不足和局限亦随之渗透到后来的美国政治思想中。

英国普通法思想也影响了美国政治思想的形成。17世纪英格兰普通法学家们的著述受到北美人民的重视，其重视程度甚至不亚于对洛克、孟德斯鸠思想的关注。美国人认为普通法是人类活动中所体现出的正义、平等及权利观念的经验宝库，有助于解释事件的运动发展及其现实意义。

英格兰清教徒的政治和社会理论也是美国政治思想的重要来源。美国的立国者们将清教教义与北美社会现实密切融合，借此提出英属北美殖民地的设立是由上帝一手设计以实现其最终目的的观点。这种观念大大增强了殖民地人民的信心，也为美国政治思想赋予了某种程度的宗教色彩。

作为一个移民社会，美国的政治思想主要来源于英国和欧洲大陆，但受其独特的自然地理环境、社会历史条件以及民族心理的影响，表现出与英国和欧洲各国不同的特征：

第一，以论证美国独立和建立联邦共和国为主题。美国的政治实践决定了美国政治思想的主要内容。北美为什么要脱离英国而独立？脱离英国对北美来说有利吗？英国的政治制度是不是优良制度？如何组织国家？怎样才能确保联邦的统一、强大，又不损害州的权力和利益？这些政治实践中人们反复讨论的问题自然而然成为美国政治思想的主题。

第二，具有务实性，很少进行抽象的理论论证。在独立战争和制宪期间，美国出版了大量的政治著作，呈现出各种不同的政治思想，但大多以小册子、时政论文、文件等形式出现，少有鸿篇巨制和系统严谨的理论体系。这一时期的政治思想家如杰弗逊、麦迪逊等都没有出版独立的著作，汉密尔顿亦是以在独立战争前后连续发表了三本小册子而成名，潘恩更有"小册子作家"的美名。造成这种现象的原因，一是17世纪英国革命和18世纪欧洲启蒙运动实际上已经为美国人民准备好现成的理论；二是围绕独立战争、制宪活动展开的思想论争，不是为了理论的争辩而是出于解决现实问题和制度设计的需要。当时的政治实践需要解决如何将欧洲已有的理论运用于美国政治实践的问题，人们更需要政治活动家而非政治理论家。

第三，追求幸福和机会均等成为自然权利的重要内容。同欧洲一样，对于自然权利的弘扬也是这一时期美国政治思想的重要内容。"革命时期的主要政治学说是那些称为'天赋权利'派的思想"。① 美国思想家在运用自然权利理论的时候，将"追求幸福"的权利纳入自然权利的范畴。他们认为追求幸福是人的行为动机和社会的起因，并且，人们在追求幸福的能力和机会上是平等的。杰弗逊接受了这一思想，明确地将"追求幸福"作为人的一项重要的自然权利写入《独立宣言》。

第四，建立权力均衡的联邦政府是政治思想的直接目标。在制宪期间，针对如何组织国家这个问题，几乎所有参与制定宪法的政治家、思想家都认为，权力的平衡是构建联邦政府的基本原则，只有按照这一原则建立的联邦政府才是完美的政府。人们普遍相信，应该使政府的各组成部分形成一种相互关系，各司其职而又彼此牵制。亚当斯和麦迪逊都坚持这一思想，汉密尔顿更将其概

---

① ［美］梅里亚姆：《美国政治学说史：从殖民地时期到内战结束》，朱曾汶译，商务印书馆1988年版，第50页。

括为"分权与制衡"的原则,并对如何运用这一原则及其带来的好处做了详尽的阐述。

第二节 潘恩的政治思想

一、生平与著作

托马斯·潘恩(1737—1809),美国独立战争时期著名的政治活动家、政治思想家。潘恩出生于英国诺福克郡塞特福特镇一个贫穷的手工业者家庭。13岁辍学后曾跟着父亲学裁缝手艺,先后做过裁缝、教师和税务官。1774年,时任北美殖民地驻英代表的富兰克林为潘恩写了介绍信,潘恩远渡重洋,踏上了北美的土地。在《宾夕法尼亚杂志》当编辑时,潘恩就曾以"人民之声"的笔名发表了一系列反对专制主义的文章。1776年,潘恩发表了《常识》,提出必须以武力实现独立建国。这本小册子犹如在干柴堆里投下的一团烈火,激发了北美殖民地人民独立的意识。《常识》当年发行了15万册以上,成为独立战争时期北美人的必读书,对美国的独立起到了极大的推动作用。

1776年,潘恩加入了华盛顿任总司令的抗英志愿军队伍,并应亚当斯和富兰克林的要求展开宣传鼓动工作,写下了《常识》的续篇《林中居民的信札》。不久,潘恩成为《独立宣言》起草委员会的成员。独立战争中,潘恩以"北美的危机"为题发表系列文章,激励士气。独立战争胜利后,潘恩回到英国。法国大革命爆发后,潘恩发表《人权论》,公开反驳埃德蒙·柏克的《法国革命论》。该书以自然权利理论为依据,主张人生而享有自由、平等的权利,捍卫法国大革命的正当性,抨击英国的"专制统治",引起了英国政府的高度紧张,英国政府随即对潘恩提起公诉并缺席审判。除了为法国大革命辩护的《人权论》之外,潘恩另一本小册子《理性时代》,在英国、法国、美国都激起了热烈的讨论。在这本小册子当中,潘恩主张宗教信仰自由,废除国教,认为一切国家的教会机关都是用以麻痹和恐吓人民的;他同时揭露了《圣经》中的种种自相矛盾和荒诞不经,充分表现了其"自然神论"的立场。

法国革命者在潘恩缺席的情况下授予他公民资格,选举他为国民议会议员,并选举他为九人宪法委员会委员。潘恩在法国大革命中倾向于吉伦特派。雅各宾派上台之后,潘恩被取消了议员资格,并被投入监狱。被释放后,潘恩再次回到美国，却受到冷遇，最后在病困交加中去世。

二、美国独立思想

人们常常将潘恩的《常识》视为北美独立的宣言书。在独立战争爆发前，尽管英美之间兵戎相见已经不可避免，但仍然有人将英国视为北美殖民地的母国，认为同英国的联系将会像从前一样：英国为北美提供必要的保护，继续促进北美的繁荣。针对这类想法，潘恩在《常识》一书中进行了批驳。

潘恩认为，英国远离北美，无法以公平合理的态度来对待北美事务，英国政府完全不能满足北美人民的需要，不可能给北美人民带来自由和安全，如果对英国在北美的统治听之任之，结果将是"北美大陆的毁灭"。那些反对独立的人只会"让政权的位置空着，从而为无穷的虐政敞开门户"。他主张北美独立，建立自己的政府。"除了独立（即联合殖民地的政权形式）以外，再没有别的方式能够维持大陆的治安。"[①] 只有独立才最符合北美大陆的利益，独立还将成为各殖民地人民团结起来的"唯一纽带"。

潘恩为了让北美人民放弃对英国的幻想，对英国的专制政府展开了猛烈的批判。他指出英国政体由国王、上议院和下议院三部分组成，"是羼杂着一些新的共和政体因素的两种古代暴政的肮脏残余"[②]。国王体现了君主政体暴政的残余，上议院体现了贵族政体暴政的残余，它们对自由的增进毫无贡献；下议院尽管体现了共和政体，但英国所谓的三个机构之间的平衡制约是荒谬而可笑的，因而下议院也不可能维护人民的自由。国王实际上昧于世事，却必须在他的国家中洞悉一切，这怎么可能？既然人民不相信国王，要通过议会牵制他，那为什么要把权力给他，为什么要有国王？英国自相矛盾的政府体制，在潘恩看来简直是糟糕之极。英国国王之所以不那么暴虐，完全是因为人民的高素质，而不是巧妙的政府体制。

潘恩从根本上否定了英国君主制政体的合理性，直接的政治意图在于号召北美人民脱离英国，建立属于资产阶级的民主共和国。

三、人权理论

在《人权论》一书中，潘恩阐明了自己的人权观，它是对法国大革命中

---

① 《潘恩选集》，马清槐等译，商务印书馆1981年版，第32页。
② 《潘恩选集》，马清槐等译，商务印书馆1981年版，第6页。

《人权与公民权宣言》的生动注解："一、在权利方面，人生来是而且始终是自由平等的。因此，公民的荣誉只能建立在公共事业的基础上。……二、一切政治结合的目的都在于保护人的天赋的和不可侵犯的权利；这些权利是：自由、财产、安全以及反抗压迫。……三、国民是一切主权之源；'任何个人'或'任何集团'都不具有任何不是明确地从国民方面取得的权力。"① 潘恩的人权理论代表了美国革命和法国大革命时代人民追求自由、平等的政治诉求，而且，潘恩以自然权利论作为人权论的基础，将资产阶级人权论的革命性充分发挥出来。

潘恩将自然权利、公民权利和政府权力联系在一起。潘恩认为，"自然权利"就是"人在生存方面所具有的权利"，包括智能或者思想上的权利以及不妨害他人自然权利而为个人谋求安乐的权利。在"自然权利"的基础上，产生了"公民权利"，即"人作为社会一分子所具有的权利"和"与安全和保护有关的权利"。② 公民权利来自自然权利，政府权力来自公民权利，因而，政府权力不能够侵害自然权利和公民权利。潘恩抛弃了原来契约论中关于统治者与被统治者作为契约双方的假设，而在个人权利的基础上构建契约理论。在潘恩那里，社会的构建就是人们达成协议来保障自然权利。因此自然权利成为人的社会权利的基础。为了保障公民权利，人们放弃了原来与他人所隔绝的自然权利，从而使社会权利成为可能。

潘恩强调革命的权利。在潘恩看来，革命权即反抗压迫权，是一种自然权利。政府的目的是为人民提供自由和安全，当政府违背了这一基本的目的，成为压迫人民的力量时，人民有自然权利进行反抗，结束暴政，组建新的政府。潘恩将反抗权上升为自然权利，充分体现了他的激进民主主义立场。

潘恩还充分论证了社会契约、政府权力的"代际约束"问题。他明确地否认了任何永远约束和控制子孙后代的权利或权力。"每一个时代和世代的人在任何情况下都必须象它以前所有的时代和世代的人那样为自己自由地采取行动。"③ 简言之，每一代人都拥有反抗压迫的自然权利，这种特殊的权利并不因为祖先结成了契约、建立了政府而完全消失。反抗压迫、追求幸福，对所有人都是平等的，对我们的后代同样如此。潘恩将自由的权利由一代人之间的平等

---

① 《潘恩选集》，马清槐等译，商务印书馆1981年版，第214页。
② 《潘恩选集》，马清槐等译，商务印书馆1981年版，第142—143页。
③ 《潘恩选集》，马清槐等译，商务印书馆1981年版，第115—116页。

延伸到不同代的人之间。

四、代议制共和国理论

潘恩对美国革命和政治思想发展的一大贡献是明确区分了"社会"与"政府"。

在《常识》开篇，潘恩就明确地指出：有些作者把社会和政府混为一谈，而实际上它们不但不是一回事，而且有不同的起源。"社会是由我们的欲望所产生的，政府是由我们的邪恶所产生的；前者使我们一体同心，从而积极地增进我们的幸福，后者制止我们的恶行，从而消极地增进我们的幸福。一个是鼓励交往，另一个是制造差别。前面的一个是奖励者，后面的一个是惩罚者。"①明确区分社会与政府，有利于看清楚政府的本质。在潘恩看来，不能把所有美好的价值都归于政府，政府仅仅"消极地"帮助我们，它仅仅具有"消极的"价值，它的目的在于止恶，而无法扬善。在最好的情况下，政府也只是一种"必要的邪恶"，它是人们"失去纯真的标记"，意味着人们失去了原始的自然权利。政府起源于人的德行的软弱无力，因而人们需要一种强有力的治理方式。从起源上看，政府的出现是为了补救人性自身无法克服的缺陷，因而，政府不能与其补救的初衷相抵触，它的目的只能是维护人的自由与安全。

潘恩以政府的起源为标准将政府划分为三类：

第一类是基于迷信的僧侣控制的政府。潘恩认为，这是一伙狡猾的人，以神谕为幌子，假装自己与神频繁往来，与神之间存在着神秘的亲密关系。而人们迷信这伙人与神之间的亲密关系，相信他们就是神的代理人，政府由此得以建立和维系。依靠迷信的统治者将所谓神谕都变成了法律，进而强化了迷信。迷信是这类政府的根基，政府与迷信共存亡。

第二类是基于权力的征服者的政府。征服者将政府建立在暴力的基础上，欺骗人民说他手中的宝剑就是权力的象征。这类政府以暴力建立，也以暴力维持。但为了长久维持统治，征服者及其子孙利用每一种有利于自己的手段，将欺骗与暴力结合起来，将宗教因素作为支持政府的基础，将精神权力与世俗权力混为一谈。

第三类政府是基于社会共同利益和权利的理性的政府。这类政府是由许多

---

① 《潘恩选集》，马清槐等译，商务印书馆1981年版，第3页。

个人依据自身的自然权利，经过订立社会契约而产生的，其目的是为了保障社会的共同利益和个人的权利。这类政府是理性的，不是专断的；是出自人民之中的，而不是凌驾于人民之上的。①

潘恩认为，只有第三类政府，即基于社会共同利益和权利的理性的政府，才是与"人人生而平等拥有自然权利"、与真理相一致的政府。这种政府是受宪法控制的，因而是理性的。潘恩特别强调了"宪法先于政府"这一重要的宪政观念："宪法是一样先于政府的东西，而政府只是宪法的产物。一国的宪法不是其政府的决议，而是建立其政府的人民的决议。"② 政府不仅不能改变宪法，而且政府也无权改变自己。由于政府本身并不拥有权利，只负有义务，因此政府与人民形成一种"信托"关系。这种信托基于两个原则：一方面，政府无权改变自己，改变政府是国民的权利，而不是政府的权利。另一方面，人们既然可以给予政府这种信托，当然也可以随时将它收回。

通过国民立宪行动产生的政府是理性的、合乎自然权利的，这种政府最好的形式是共和制政府。潘恩视政府为一个特别的全国性组织，它通过制止恶行来消极地增进人民的幸福，它起源于许多个人依据自然权利结成的社会契约。由它产生的最初原因所决定，政府应该按其产生的目的来履行自己的行为。因此，潘恩认为，政府不过是按社会原则办事的全国性社团。这一原则就是"共和国的原则"。

比较了古今的各种政体，潘恩认为代议制共和国是最优良的政体，"把代议制同民主制结合起来，就可以获得一种能够容纳和联合一切不同利益和不同大小的领土与不同数量的人口的政府体制"③。这里的"民主制"特指古希腊的城邦直接民主。潘恩更推崇代议制，认为它是实现现代国家有效统治的良方，可以实现不同利益、不同领土、不同人口的政治单位之间的联合。潘恩虽然反对选举权的财产限制，并且也谴责过私有制，但并不主张消灭私有制；他虽然主张实行普选权，但没有提出人民的罢免和监督权利。

在美国政治思想史上，潘恩被誉为"美国独立之父""属于全人类的人""自由的使者"。④ 他的思想对美国的独立、代议政治乃至民族政治品格的形成都

---

① 参见《潘恩选集》，马清槐等译，商务印书馆1981年版，第144—145页。
② 《潘恩选集》，马清槐等译，商务印书馆1981年版，第146页。
③ 《潘恩选集》，马清槐等译，商务印书馆1981年版，第246页。
④ [美] 利奥·顾尔科：《潘恩：自由的使者》，彭金瑞译，商务印书馆1984年版，第122页。

具有重要的影响。当然，潘恩的人权和民主思想反映了资产阶级激进派和广大人民群众的要求，但也存在一定的局限性。他的激进民主思想流于粗糙和空泛，缺乏审慎、细致的制度设计。他的普遍人权观念借用欧洲大陆抽象的自然法理论，没有考虑到当时北美的经济、社会等现实因素，难免带有乌托邦的色彩。

第三节　杰弗逊的政治思想

一、生平与著作

托马斯·杰弗逊（又译杰斐逊，1743—1826），美国著名政治家和思想家，美国民主传统的主要缔造者。杰弗逊出生于弗吉尼亚阿尔贝马郡的一个种植园主家庭。富有的家庭使他不但过着优裕的生活而且受到良好的教育。他自幼便熟读古代希腊、罗马的典籍，年轻时研修法律，并取得律师资格。1769年，当选为弗吉尼亚议员，开始政治生涯。他积极投入抗英斗争，是弗吉尼亚革命运动的重要组织者和领导者。1773年同帕特里克·亨利等人组成了弗吉尼亚"通讯委员会"，宣传北美独立的思想。1775年，代表弗吉尼亚出席第二届大陆会议，并受托起草了著名的《独立宣言》。大陆会议后，在弗吉尼亚进行立法的改革工作，1779年，当选为弗吉尼亚行政首长。

1785年到1789年杰弗逊出任驻法国公使，接触了法国大革命，进一步发展了民主思想。1790年回国后，被华盛顿任命为第一届联邦政府的国务卿。随后，由于就联邦政府的内外政策产生分歧，他和麦迪逊等人组建并领导共和党（1794年改称民主共和党），同以汉密尔顿为首的联邦党相互抗衡。1796年，当选为副总统。从1801年到1809年，连任两届美国总统。

杰弗逊学识渊博，精通多国语言，爱好古典文学、数学、自然科学和建筑艺术。他还热心教育，亲自创办了弗吉尼亚大学。他的政治思想与他亲身经历的北美独立运动紧密相连，从早期的《英属美洲权利概述》到《弗吉尼亚笔记》，再到《独立宣言》的撰写，杰弗逊民主思想不断成熟。其中，《独立宣言》是杰弗逊为美国人民反英斗争写下的最光辉的文献。在这部被马克思称为"第一篇人权宣言"[①]的文献中，杰弗逊以资产阶级自然权利的理论为依据，

---

① 《马克思恩格斯全集》第21卷，人民出版社2003年版，第24页。

揭露和鞭挞了以英王为首的殖民统治者，表达了美国人民联合反英、争取独立的决心，对北美人民的反英斗争起了重要的推动作用。

二、《独立宣言》与自然权利论

杰弗逊关于自然权利的理论主要体现在第二届大陆会议通过的《美利坚十三联合邦的一致宣言》（即《独立宣言》）中。在这份重要的革命文件中，杰弗逊代表北美人民宣布："我们认为这些真理是不证自明的：人人生而平等，他们被造物主赋与他们所固有的［某些］不可转让的权利，其中有生命权、自由权以及追求幸福的权利；为了保障这些权利，才在人们中间成立政府，而政府的正当权力，则得自被统治者的同意；如果遇有任何形式的政府成为损害这些目的时，人民就有权利改变或废除它，以成立新的政府，而新成立的政府，要奠基于这样的原则上，以这样的形式组织其权力，以期唯有这样才最能保障人民的安全和幸福。"① 生命、自由和追求幸福的权利是天赋人权，财产权不属于自然权利；政府基于被统治者同意取得正当权力，政府的目的在于保护公民权利，人民拥有革命权。

在权利来源的问题上，杰弗逊受当时欧洲大陆流行的自然法理论的影响，将人类权利的基础归结为自然法。他指出："我们的权利是建立在更广泛、更无可非议的基础上的，也就是建立在自然法和国际法的基础上的。"② 杰弗逊并没有像霍布斯或其他一些自然法理论的思想家那样列举自然法的内容，而是认为，自然权利就铭刻在每个普通人的心里。它赋予人们生命、自由，人们可以运用他们的才智，追求自身的幸福，而这一切是不受任何检查的。

正是从自然权利的角度出发，杰弗逊找到了政府存在的基础与原则。在他看来，政府的原则是建立在人的权利的基础上的。为了保卫权利，人们建立了政府。政府的目的是保障每一个社会成员的不可剥夺的权利，保证这些权利不受暴力的侵害，以增进他们的安全与幸福，这是政府的基础。

杰弗逊重视权利的平等性。他认为，权利面前人人平等，不应只惠及少数富人。"人生下来并不是背上装着马鞍，也不是得天独厚的少数人理当穿着皮靴，套着靴刺，堂而皇之地骑在他们背上。"③ 他还将权利平等视为共和制的原

---

① 《杰斐逊集》，刘祚昌、邓红风译，生活·读书·新知三联书店1993年版，第22页。
② 《杰斐逊选集》，朱曾汶译，商务印书馆1999年版，第300页。
③ 《杰斐逊选集》，朱曾汶译，商务印书馆1999年版，第696页。

则。他认为，每个公民在人身、财产及其管理上都有平等的权利是共和的"真正基础"，而"共和制最佳的原则就是使所有的公民具有平等的权利"。

杰弗逊还特别从代际权利的角度出发，强调要及时修改宪法。上一代人制定的法律、制度并不一定能适应下一代人的需要，下一代人有权修改上一代人制定的宪法、法律和典章制度。为了人类的和平与幸福，他甚至主张，必须在宪法里规定每隔十九年或二十年修改一次宪法。

杰弗逊继承了欧洲启蒙思想家的自然权利思想，用"追求幸福"的权利代替了财产权利，第一次用简明的语言，将天赋人权的革命原则载入《独立宣言》这一重要文件，不仅集中表达了美国资产阶级的革命要求，而且将资产阶级所要求的权利用法律的形式确定下来。

三、反对暴政与人民革命理论

在杰弗逊的政治思想中，反对暴政是他一直坚持的原则。在他看来，人民是国家权力的源泉，人民有权推翻政府。他抵制暴政，仇视暴君，在一枚心爱的图章上他刻着如下格言：反抗暴君，就是服从上帝。他曾经警告说，万一在美国出现个人独裁的暴政，一切为了争取自由而参加独立战争的人，都"一定会感到困惑和沮丧"。

在分析欧洲的政治制度时，他认为各国政府的发展趋向是权力的自我膨胀，以致超出了人民的控制，结果势必产生腐化和暴政，因此，必须实行"分权和制衡"原则，以防止政府权力膨胀产生暴政。他从横向和纵向两个维度出发进行思考。

从横向看，杰弗逊认为，立法、行政、司法三个权力相互牵制、互相平衡才是最完美的政府。把三个权力都集中在一个主体或个人手中，就会产生压迫人民的暴君；把三个权力都集中在一个机构上就是一个暴虐的政府，所以要分权。"选举产生的专制政府并不是我们所争取的政府，我们争取的政府不仅仅要建立在自由原则上，而且政府的各项权力必须平均分配给几个政府部门，每个政府部门都由其他部门有效地遏制和限制，无法超越其合法范围。"[①]

在人民选举产生的共和国官员当中，他认为最大的危险来自行政首脑（总统）的权力，因而他主动遵循华盛顿的先例放弃竞选连任。后来他又发现破坏

---

① 《杰斐逊选集》，朱曾汶译，商务印书馆1999年版，第229页。

三权的牵制平衡和侵犯人权的最大威胁来自最高法院。1803年，联邦最高法院首席法官约翰·马歇尔利用联邦宪法规定的司法权，在马伯里诉麦迪逊一案中确立了违宪审查的先例。杰弗逊虽然没有在政治行动上对司法权力的扩大提出明确的反对意见，但是他意识到司法机关的专权必然会违背大多数人的意志，威胁着民主。他警告说：在大多数人的法律停止被承认的地方，政府就会终止，最强者的法律就"取而代之"。

从纵向看，杰弗逊认为，美国这样的大国，除了实行联邦政府的横向三权分立，还必须实行地方分权制。他建议把国家的权力除防务、外交外都分散到地方各级政府。这样便可以把国家的权力制度化，防止政府蜕化，便于人民监督政府，使每个人都能够关心政治和国家大事，并可以避免形成臃肿庞大的官僚机构。

为了更有效地防止政府走向暴政和腐化，他又提出通过发展教育增加全体人民的知识，使人民更充分地行使自己的民主权利，更有效地监督政府，从而防止它蜕化变质，防止出现暴政和独裁者。杰弗逊认为，即便是最好的政府也可能转化为暴政，"为了防止这个转变，最有效手段，便是尽可能启迪所有人的心智"①。

主张人民革命的权利是杰弗逊反对暴政思想最激进的内容。他在《独立宣言》中声称：成立政府的目的就是为了保障人民的自然权利，"如果遇有任何形式的政府成为损害这些目的时，人民就有权利改变或废除它，以成立新的政府"②。虽然杰弗逊不是提出人民革命权利思想的第一人，但是他首次将其写进正式文件，并在美国人民反英斗争方兴未艾之际宣传这个思想，对于激发美国人民的革命精神和战斗力起到了不可估量的作用。

基于这样的思想，他认为，即使在共和政体下，人民对政府进行偶尔的反抗也并不是一件坏事，革命是防止政府腐化、促进政府健康发展的"良药"。对待谢司起义，杰弗逊持一种欢迎态度，"但愿我们每隔二十年发生一次这样的叛乱"，"反抗政府的精神有时是非常可贵的，所以我希望它始终生气勃勃地保持下去。在［政府］不公正时，这种反抗精神将时常加以运用"③。他指出，"自由之树必须经常用爱国者和暴君的鲜血来灌溉，使之鲜绿常青。鲜血是自

---

① 《杰斐逊集》，刘祚昌、邓红风译，生活·读书·新知三联书店1993年版，第392页。
② 《杰斐逊集》，刘祚昌、邓红风译，生活·读书·新知三联书店1993年版，第22页。
③ 《杰斐逊集》，刘祚昌、邓红风译，生活·读书·新知三联书店1993年版，第992页。

由之树的天然肥料"①。

杰弗逊在这里强调的是人民的革命精神，对于人民的革命行动，他明显谨慎得多。因此，他又强调，人民行使革命的权利是非常手段，只适用于暴虐无道的国家；对于"自由"的国家来说，人民无须诉诸革命行为，只要定期审查、修改国家法律即可。

由此可见，杰弗逊关于人民革命权、支持人民反抗政府的思想，只是表明他对人民反抗和斗争抱有某种同情，而并非真正站在人民群众的立场之上。他的出发点仍然是为了建立和巩固美国资本主义政治制度，反映了资产阶级民主派希望借助人民的力量，推进政府的民主化，以反对大资产阶级、大种植园主的专权，维护中小资产阶级、中小种植园主的利益和要求。

四、人民主权与民主自治理论

人民主权理论是杰弗逊民主理论的基础。他认为，正是人民的意志组成了国家；国家的权力来源于人民的授予与委托；人民在任何可以胜任的事情上都可以行使他们作为国家主人的权力，这一权力包括建立、改变和撤销政府机构的权力。

杰弗逊坚定地捍卫"国家的权力来源于人民"这一基本原则。他认为，那些组成社会或国家的人民是"所有权威的来源"，这构成了一个国家权力的基础。正是因为有了人民授予的权力，所有那些以国家权威名义行使的行为才是"国家的行为"，它们"绝对不能因为政府体制或主持政府的人改变而被废除或影响"②。既然权力来自人民，那么人民就有权收回权力。人民不但能够通过代理机构来处理日常事务，还可以以个人或集体的方式在他们喜欢的时候来改变这些代理机构。

针对汉密尔顿等人的反民主言论，他提出将人民自治作为代议民主制的基础和保障。杰弗逊将人民自治界定为人民自己管理自己、决定自己。人民自治应以个人自治为前提；个人应凭借自己的意志自我决定，自我管理。因此，个人自由是个人自治的必要基础。个人自由主要体现为以下自然权利：言论、结社、贸易、财产、反抗政府等。其中，杰弗逊特别强调

---

① 《杰斐逊选集》，朱曾汶译，商务印书馆1999年版，第413页。
② 《杰斐逊选集》，朱曾汶译，商务印书馆1999年版，第301页。

思想和言论自由的重要性。他反对将人民视为婴儿、需要保姆养育的观点，认为人民有能力管理自己的事务，应该让人民"在一切胜任的岗位上行使公权"，国家应建立在"每一个贡献财力或人力以支持国家的成年人实行的民治"的基础上。①

在杰弗逊看来，实现个人自治和人民主权的唯一途径就是推行人民参政。只有人民是可靠的，如果人民中的每一个人都享有几分最高权威，共和国就可以稳如磐石了。参政权非常重要，不应以财产标准来限制人民的选举权。另外，人民监督也是人民参政的重要手段。人民选出自己的代表后，必须经常监督代表，随时撤换不称职的代表，甚至可以在形式上或职能上改变代表的组织。

为了处理人民在参政过程中发生的分歧，杰弗逊强调少数服从多数的民主原则。在杰弗逊看来，多数决定原则是人民主权原则和民主性原则的一个体现。他认为："多数人的意志应该占上风。"② 他还将多数决定原则视为共和国的基本政治原则，在他看来，"共和主义的首要原则是'多数裁决'，它是一切具有平等权利的个人组成的社会的根本法"③。人民在管理国家时势必会产生不同意见，多数人的意志通过法定的投票程序体现出来，是国家行为的依据。值得注意的是，在杰弗逊的民主理论中，多数决定原则是与维护少数人权利结合在一起的。他认为，尽管多数人的意志在任何场合中都要占上风，但是，这种意志必须合理；而少数人也有平等的权利，必须受到平等的法律的保护，侵犯了这种权利就构成压迫。"正义是社会的根本大法；大多数人压迫一个人就是犯罪，是滥用自己的力量，是根据强权法则行事从而破坏了社会的基础。"④

杰弗逊的人民参政思想是其民主思想最闪光的部分。然而，在当时美国的历史条件下，大资产阶级、大种植园主不论在经济上、政治上都占据支配地位，资产阶级力量还相对软弱，而农民又属于不断分化的阶层。杰弗逊以小农为基础的民主共和国主张，特别是人民参政原则在当时是无法实现的。另外，杰弗逊也提出了废除奴隶制的主张，但他反对用暴力推翻

---

① ［美］菲利普·方纳编：《杰斐逊文选》，王华译，商务印书馆1963年版，第51、58页。
② 《杰斐逊选集》，朱曾汶译，商务印书馆1999年版，第417页。
③ 《杰斐逊选集》，朱曾汶译，商务印书馆1999年版，第647页。
④ 《杰弗逊政治著作选》（英文影印本），中国政法大学出版社2003年版，第293页。

奴隶制，幻想通过奴隶主的同意来释放奴隶，表现出资产阶级民主主义者的软弱性。

第四节 联邦党人的政治思想

一、联邦党人与《联邦党人文集》

在独立战争期间，北美13个殖民地按照大陆会议通过的《邦联条例》组成了一个松散的政治联盟。这一联盟在维护独立和各邦联合的过程中发挥了重要作用。但是，在获得独立之后，邦联体制暴露出种种弊端，各主权实体之间纷争不断。为了解决这些问题，1787年5月，来自各邦的代表在费城开会，商讨如何修改《邦联条例》，以加强各邦之间的联系，强化联邦政府权力。然而，在三个多月的讨论之后，会议完全放弃了《邦联条例》，制定了一份全新的联邦宪法。经过激烈的讨论，联邦宪法最终获得通过，这次会议也成为美国历史上著名的"制宪会议"。在制宪会议中，存在着不同的制宪主张，最终通过的1787年宪法草案是代表们相互斗争和妥协的结果。

詹姆斯·麦迪逊和亚历山大·汉密尔顿在制宪会议中主张相近，呼吁建立联邦代替邦联以维持一个更为稳固的联盟，构成了宪法草案的基础。他们在人性问题上持一种较为现实主义的态度，都强调联邦的重要性，强调分权与制衡原则，主张实行立法、行政和司法的三权分立，注重对权力进行制度上的制约。这些主张构成了美国制宪设计的主导思想。

联邦宪法在费城会议通过后，要经9个邦由人民选出的制宪会议分别批准。1787年9月，在各邦的批准过程中，大批以"反联邦主义者"为笔名的人士发表文章和公开信，强烈批评宪法草案，对各邦批准联邦宪法造成了非常不利的影响。为了驳斥这些批评，保证联邦宪法顺利通过，汉密尔顿邀请了麦迪逊和杰伊一起撰写支持宪法草案的文章。他们用"普布利乌斯"为笔名先后在纽约州的报刊上发表了85篇文章。随着联邦宪法在各邦得到批准，这些文章也被其他邦的报刊转载刊登，后来被结集出版，即著名的《联邦党人文集》。

《联邦党人文集》详细讨论了美国宪法的各项制度安排，包括联邦制、权力分立与制衡、政党制等，并运用《圣经》、古典作品和英国、法国思想家的著作进行论证，将现实政治主张与抽象政治理论融为一体，充分阐释了美国宪法及其内在的政治理念。

二、人性论

在人性论的问题上，联邦党人持人性恶的观点。他们几乎一致认为，人天生有一种权力本性，一旦他们掌握了权力而又不约束，就一定会滥用权力。在汉密尔顿看来，人民就是"强大的野兽"，为了实现利益，他们随时准备牺牲少数人的利益。就人们的行为来看，人们尽管可能有理性，但是，"人在很大程度上是一种习惯的动物，凡是难得打动一个人情感的事情，通常对他的思想影响很小"①。

正是在性恶论的基础上，汉密尔顿认为，大众是不可信任的，强烈主张精英政治。在汉密尔顿看来，"人是野心勃勃、存心报复而且贪得无厌"②的。对于普通大众而言，这些人性的弱点更为明显，而富人和那些血统高贵的人则更富于理智、善于判断。为了防止普通大众卑劣的人性造成政治的动荡，汉密尔顿主张精英政治，要求以精英的力量来制约大众民主的力量。

就人性论的基本内容来看，联邦党人更关注的是人的权力本性。麦迪逊认为，政府的实质是政治权力，而这种权力必然会出自人手，如果不加以限制，就会导致滥用。在《联邦党人文集》第 51 篇中，麦迪逊阐释了宪政设计的人性原则，他指出："人的利益必然是与当地的法定权利相联系。用这种种方法来控制政府的弊病，可能是对人性的一种耻辱。但是政府本身若不是对人性的最大耻辱，又是什么呢？如果人都是天使，就不需要任何政府了。如果是天使统治人，就不需要对政府有任何外来的或内在的控制了。"③

与人性论相通的是，在《联邦党人文集》第 10 篇中，麦迪逊提出了利益集团理论。他指出，政治活动中广泛存在的派系分裂是一种极为普遍的现象，其深深植根于人性之中，又因社会中财产的分配状况，人们不同的情感、习惯、见解以及人们所处社会地位的不同而得到加强。既然派系斗争不可能杜绝，政府只能驾驭和利用各种各样利益集团的斗争和博弈。基于这种利益集团

---

① ［美］汉密尔顿、杰伊、麦迪逊：《联邦党人文集》，程逢如、在汉、舒逊译，商务印书馆 1980 年版，第 134 页。
② ［美］汉密尔顿、杰伊、麦迪逊：《联邦党人文集》，程逢如、在汉、舒逊译，商务印书馆 1980 年版，第 392 页。
③ ［美］汉密尔顿、杰伊、麦迪逊：《联邦党人文集》，程逢如、在汉、舒逊译，商务印书馆 1980 年版，第 264 页。

理论，麦迪逊认为，好的政体形式应该是那种能够更好地控制派系斗争影响和结果的政体。

三、联邦主义

美国宪法是人类历史上第一部成文宪法。这部宪法不但完全改变了原来的国家结构形式，使北美由邦联转为联邦，而且在此基础上建立起了强大的联邦政府。因此，指出旧有邦联的种种弊病，论证新型联邦的种种优点，是《联邦党人文集》的一个重要任务。

《联邦党人文集》前二十几篇论文基本上是围绕着联邦的主题展开的。他们认为，旧有的邦联无力实行有效的管理：在内政方面，松散的邦联无法使有效的管理及于个人，法律没有保障，贸易得不到管理，缺乏有效的司法权，它只会带来无政府状态的蔓延；在外交方面，它没有形成共同的防务体系，无法形成统一的力量以抵抗外国的入侵。与此相反，新的联邦既能够对内进行高效率的管理，又适于解决争端。它不但能防止内部派别之争和暴乱，以共和政体促成政治上的稳定，而且能够推动工商业的发展，促进经济上的繁荣。

汉密尔顿认为，只有共和国的政体形式才能够保证联邦足够强大，应对内政外交的各种压力。在外交方面，汉密尔顿认为其他国家发动战争的威胁无处不在，分裂国家的离心力不可忽视。为了克服这种倾向，汉密尔顿主张建立一个统一而坚固的联邦，认为只有这样才能保障国家免受战争的威胁，使国家避免分裂和叛乱的危险，保障国家的富强和人民的安全。

在内政方面，由精英掌握的国家政权必须是统一的、强有力的，只有这样才能遏制民主政治的轻举妄动，保证国家的和平与安全。这样一个统一而强大的国家必须是代议制共和国。现代的共和政体必须是实行代议制的共和政体。与古代共和国局限于狭小的范围内不同，现代共和国通过采用联邦制扩大了制度的运行范围，现代共和制也通过采用一些新的手段来保留古代共和政体的优点，避免其缺点。在这些新发明中，"人民自己选举代表参加议会"是"完全崭新的发现"。①

麦迪逊也强调建立一个强大联邦的必要性，他通过区分民主制和共和制，

---

① ［美］汉密尔顿、杰伊、麦迪逊：《联邦党人文集》，程逢如、在汉、舒逊译，商务印书馆1980年版，第41页。

来为联邦采取代议制共和国的政体形式辩护。麦迪逊认为，由公民亲自组织和管理、采取多数决定制的民主政体可以防止少数人对多数人的压制，控制少数派系的政治影响。但是，更为重要的问题是如何控制多数人对少数人的暴政，民主政体在这点上恰恰无能为力，而共和政体在控制大众民主方面则优于民主政体。通过代议制度，共和政体将政府委托给公民选举出来的少数公民，与公民个人的智慧相比，经过代议制提炼的公众意见更为成熟，更符合公共利益。

麦迪逊进一步指出，联邦制是对代议制的优越之处的扩大和延伸。与公民亲自进行政府管理的民主制相比，实行代议制的共和政体能够将公民对国家的管理扩展到更大的范围，这正是联邦制的优势。在联邦制之下，代议制可以整合更多的利益团体和政治派系的意见。在联邦范围之内，利益集团的分化更为多元，彼此之间的竞争更为激烈，形成压倒性多数派系的可能性较小；同时，在联邦制的大共和国之中，也有更多合适的代表人选。因此，联邦制和代议制可以相互补充，更好地控制政府权力的滥用。

宪法的通过需要以州为单位进行投票表决。在这一点上，麦迪逊强调，通过宪法并不仅仅是国民的事，更是联邦的事。新宪法的通过，一方面需要得到人民的同意，从这个意义上讲，它是一部国家的宪法；另一方面，人民并不是作为单个的个人而批准，而是以州为单位同意和批准，从这个意义上讲，它又是一部联邦性的宪法。因而，拟议中的宪法"既不是一部国家宪法，也不是一部联邦宪法，而是两者的结合"①。

四、分权制衡理论

美国宪法严格遵循了权力的分立与制衡的原则。宪法的前三条分别规定了行政、立法和司法的权力以及它们之间的关系，实现了中央权力的横向分权；宪法的第四条规定了中央与各州的关系，实现了中央与地方之间的纵向分权。分权制衡原则是美国宪法的重要特点。

行政、立法、司法的三权分立和制衡体现为总统执掌行政权、国会执掌立法权、法院系统执掌司法权，但它们各自享有的权力均受到其他两个部门的制约，进而形成整个权力系统的均衡。总统是行政首脑，负责执行法律，拥有行

---

① ［美］汉密尔顿、杰伊、麦迪逊：《联邦党人文集》，程逢如、在汉、舒逊译，商务印书馆1980年版，第198页。

政决策权，而且是军队统帅，主要通过否决法案的方式制约国会，通过法官的提名权制约最高法院。国会是立法机构，由参众两院组成，负责制定法律，主要通过预算制约总统，通过人事同意权以及弹劾权制约总统和最高法院。法院系统是司法机构，负责司法审判，主要通过违宪审查权制约总统和国会。另外，联邦与州实行纵向分权，各有其权限和职责。《联邦党人文集》详细讨论了宪法草案中的上述规定，并充分论证了它们的合理性。联邦党人的分权与制衡思想直接受益于孟德斯鸠的理论。麦迪逊认为，孟德斯鸠思想的精髓是，"在一个部门的全部权力由掌握另一部门的全部权力的同一些人行使的地方，自由宪法的基本原则就会遭到破坏"①。

　　分权制衡论的基础是联邦党人对人性的认识，从人性恶的角度来构造政治制度是联邦党人的一个共同特点，认为人性中滥用权力的倾向必须以制度来加以克服。为了保障自由、防止专制，包括"选举的专制"，麦迪逊极力强调权力的分立与制衡原则，他坚持好的政治制度必须实现"没有一种权力能超出其合法限度而不被其他权力有效地加以制止和限制"②。麦迪逊认为，权力的野心必须由同样的野心来对抗，因而必须分权，"立法、行政和司法权置于同一人手中，不论是一个人、少数人或许多人，不论是世袭的、自己任命的或选举的，均可公正地断定是虐政"③。

　　三权分立和制衡虽然设定了行政、立法和司法之间的相互独立和相互制约，但它绝不意味着三权之间完全互不相关，也不意味着三权之间是完全冲突和对立的关系。通过对英国和各殖民地宪法的分析，麦迪逊指出，并不存在对立法、行政和司法完全分立的实例。与此相反，要想在权力之间建立起制衡机制，必须使三种职能在部门之间形成一定程度的混合，建立起法定的相互监督关系，由此，每种权力才能防止其他权力的侵犯。麦迪逊认为，这种以权力的分立、牵制和平衡为中心的分权措施形成了对政府权力的重要限制。

　　汉密尔顿同样坚决主张立法、行政与司法三种权力分立，使三种权力互相制约、互相渗透。在汉密尔顿看来，三权分立不应被理解为立法、行政、司法

---

① ［美］汉密尔顿、杰伊、麦迪逊：《联邦党人文集》，程逢如、在汉、舒逊译，商务印书馆1980年版，第247页。
② ［美］汉密尔顿、杰伊、麦迪逊：《联邦党人文集》，程逢如、在汉、舒逊译，商务印书馆1980年版，第254页。
③ ［美］汉密尔顿、杰伊、麦迪逊：《联邦党人文集》，程逢如、在汉、舒逊译，商务印书馆1980年版，第246页。

三种权力绝对分开,"只要各个权力部门在主要方面保持分离,就并不排除为了特定目的予以局部的混合"①。在联邦所拥有的三种权力中,汉密尔顿认为,立法机关最容易腐败,因而主张对立法机关的权力进行限制。由此,汉密尔顿主张设立参众两院制,在立法机关内部建立制约机制,而且,参众两院的规模不能过大,人数不能过多。他还提出,议会享有弹劾权,可以制约行政机关的不法行为。

与立法权力相比,汉密尔顿认为,司法权力更值得信赖。与孟德斯鸠一样,汉密尔顿认为,在三权之中,司法权的地位最弱。因此,他主张将审查法律的权力交给最高法院,为立法机关制定法律设定了限制。汉密尔顿指出:"法院必须有宣布违反宪法明文规定的立法为无效之权。如无此项规定,则一切保留特定权利与特权的条款将形同虚设。"② 尽管宪法草案并没有就司法审查作出明确的规定,但汉密尔顿实际上在此已经提出了司法审查的主张,为后来美国司法审查制度的形成提供了理论准备。

汉密尔顿主张在行政权力领域实行集权。汉密尔顿认为,行政首脑最必要的条件是强而有力,因此最适宜集权于一人。相反,如果既把"最重要的国民利益的管理交付给一个政府,而又不敢把适当而有效地管理所需要的权力交付给它,就必然是永远荒谬的"③。为了保证行政权力的强而有力,汉密尔顿认为,必须给予行政首脑统一、稳定、充分的法律支持。为此,他坚决主张建立对总统而非国会负责的行政班子,部长由总统任命,总统还兼任陆海军总司令。在他的制宪方案中,总统的任期不受限制,可以连选连任。

联邦党人认为在三权分立和制衡原则指导下制定的宪法草案能够保障人民的自由和权利,因此在宪法草案中写入"权利法案"是多余的。这一方面反映了联邦党人对三权分立以及制衡原则和相关制度设置的自信,但同时也暴露出他们保守的一面。他们反对大众民主的精英主义立场也渗透到三权分立制衡的制度设计当中,如总统拥有巨大权力,法官非经民主程序产生,享有不受民意影响的高度独立性,在民意机关参众两院内部实行分权制衡,等等。

---

① [美] 汉密尔顿、杰伊、麦迪逊:《联邦党人文集》,程逢如、在汉、舒逊译,商务印书馆1980年版,第337页。
② [美] 汉密尔顿、杰伊、麦迪逊:《联邦党人文集》,程逢如、在汉、舒逊译,商务印书馆1980年版,第392页。
③ [美] 汉密尔顿、杰伊、麦迪逊:《联邦党人文集》,程逢如、在汉、舒逊译,商务印书馆1980年版,第117页。

整体来看，联邦党人的政治思想适应了美国建国实践的要求，提出了比较完备的美国政治制度的建构原则。在麦迪逊和汉密尔顿等人的宣传和影响下，美国宪法顺利通过，联邦政府得以建立，美国资本主义长足发展。作为人类历史上第一部成文宪法，美国宪法对欧洲乃至全世界的立宪运动产生了深远的影响。

从洛克到孟德斯鸠和联邦党人，西方的政治思想家系统地阐述了分权与制衡思想，为资本主义宪政制度提供了理论论证和制度设计方案，形成了西方的宪政思想传统。概括起来其内容主要为：其一，个人的生命、自由、财产等不可剥夺的权利是国家和政府建立的基石，国家和政府的目的就是保护个人的权利；其二，由于人性的自私，任何掌握政府权力的人都会滥用权力，从而给个人权利带来更大的伤害，不受限制的权力必然导致腐败，绝对不受限制的权力必然导致绝对的腐败；其三，防止权力腐败的有效途径是法治，要保证法治的实现必须建立一套有效的制度，以权力约束权力，实现立法、行政、司法三种权力之间的相互制约和平衡。

分权与制衡思想是西方资产阶级反封建斗争和建立新政权需要的产物，具有历史的进步性，他们提出的不受限制的权力必然导致腐败，以及必须通过有效的制度保证法治和防止腐败的思想体现了新兴的资产阶级对权力认识的深化，是西方政治思想和政治文明发展的积极成果。同时也要看到：第一，分权制衡思想中所讲的人性是资产阶级本性的体现，他们所讲的个人权利也是资产阶级的权利，将个人权利作为国家和政府建立的基础，认为政府的目的是保护个人权利，不仅鲜明地体现出洛克、孟德斯鸠和联邦党人维护资本主义制度和资产阶级利益的立场，也使分权与制衡思想和依据其所建立的三权分立制度建立在资产阶级个人主义价值观的基础上；第二，分权制衡思想将国家权力分为立法、行政、司法三种权力，强调三种权力必须独立行使和相互制约，这种制度设计在一定程度上确实可以避免某一利益集团独揽权力，保证资产阶级内部的"民主"，因为资产阶级内部存在着大量的政治派别和利益集团，需要通过分权与制衡来协调资产阶级内部的利益矛盾和冲突。国家是阶级统治的工具，是组织严密的机器，国家的各种机关都是这个机器的有机组成部分。因此，分权与制衡的制度设计其本质是资产阶级国家不同国家机关的职能分工，是与资本主义经济政治文化特征相适应的精巧设计，是实行资产阶级专政，维护资本主义制度的有力工具。第三，分权制衡思想以人性自私和个人权利为依据，提出政府的目的是保护人权，任何人掌权都必然导致腐败，从逻辑上论证了限制权力的必要性，并得出政府是一种"必要的邪恶"的结论，这种论证不仅本身不科学，还将政府的职能仅仅限定在对个人权利的消极保护上；在制度设计上，分权制衡思想只强调以权力约束权力这一制度安排，而没有考虑人民群众对国家权力的制约和监督，这也鲜明地体现出他们维护资本主义制度和资产阶级统治的立场。第四，主张分权制衡的思想家和政治家虽然都生活在资产阶级革命时代，但他们都是从本国国情出发，从其各自国家的政治斗争和社会经济文化发展的具体问题出发进行理论思考和制度设计的，在权力制约的制度建构上并没有统一的模式。

思考题

1. 美国政治思想有哪些基本特征？
2. 潘恩的政治思想对美国独立和建国有哪些影响？
3. 如何理解和评价杰弗逊的民主理论？
4. 联邦党人分权制衡学说的主要内容有哪些？如何看待其局限性？

▶ 本章拓展资源

第八章 18世纪末19世纪初德国的政治思想

随着资产阶级革命的深入、工业革命进程的加速，英、法等国家相继发生剧烈的社会变革，相比之下，18世纪末19世纪初的德国依然十分落后。政治上的封建割据、经济上的缓慢发展，以及法国大革命的猛烈冲击，使这个国家充满了对革命的向往、对国家强盛和民族统一的渴望。由于自身的保守立场与软弱态度，德国资产阶级和知识分子的政治主张具有明显的双重性。他们善思辨，却少实践；倡导启蒙思想，却拒绝激进革命。这种立场与态度，使德国的政治思想呈现出明显的调和性：自由主义与国家主义并行。无论是康德的伦理政治观，还是黑格尔的普遍国家观，都体现着个人与整体、自由与权威的张力与冲突。

第一节 18世纪德国的社会状况与政治思想特点

一、德国的社会状况与资产阶级的特征

进入18世纪后，欧洲资产阶级革命引发的社会变革日益显现。英国率先掀起工业革命的序幕，法国紧随其后。随着机械化大生产代替作坊式手工业，生产方式发生了根本性变革，资本积累开始以前所未有的速度迅猛发展，英、法两国的实力空前强大起来。这些变化对欧洲其他国家产生了深刻的影响。各国纷纷行动起来，清理封建势力，建立民主制度，发展资本主义经济。然而，此时的德国却是另一番景象，由于长期内部纷争和绵延不断的战争，其经济、政治和社会发展过程远较英国和法国缓慢。

在政治方面，德国名义上是一个统一的帝国，实际上却只是一个松散的政治联盟，由数量众多的公国、诸侯国、自由市、皇室领地等拼凑而成。各邦在内政、外交和军事上完全独立，各自为政，长期处于封建割据状态。帝国的皇帝空有其名，面对依旧强大的封建势力，根本没有实际的权力，更谈不上至高无上的权威。实现国家和民族的统一仍是这个国家最为迫切的需要。直到19世纪中期，"铁血宰相"俾斯麦通过发动对丹麦、奥地利和法国的三次战争，才实现了德国的统一，但统一后的德意志帝国依旧实行专制统治，特权阶层和

军事官僚掌控国家权力，政治生活中毫无民主可言。

在经济方面，面临着战争破坏和封建割据的双重压力，德国的资本主义经济发展十分缓慢。封建生产关系仍占统治地位，农业依然是主要产业，大部分农民处于农奴地位，既没有政治自由，也没有经济自由。国内各地区间关卡林立，没有统一的市场、货币和度量衡。尽管德国西部地区的封建生产关系已有所松动，机器生产被普遍采用，工商业也得到了一定程度的发展，但从全国范围来看，资本主义整体发展依旧相当落后。随着拿破仑帝国覆灭造成的欧洲普遍反动时期的到来，封建势力强势反扑，资本主义经济发展的形势愈加严峻。

在这种特定的社会背景下，德国的资产阶级和知识分子表现得十分软弱和矛盾。法国大革命爆发之初，他们一度热情赞扬，积极拥护，表达对革命的支持和向往，但随着革命的深入和越来越多的人民被动员起来，他们立即由对革命的同情转为对革命的恐惧，害怕德国人民也采取如此激烈的革命行动。他们赞赏法国大革命倡导的自由、平等和人权观念，却批判它的暴力行为，只寄希望于君主制范围内的渐进改革。他们虽在思想上向往革命，却只能以纯粹德国式的、思辨的方式影响社会。正如马克思所说，德国资产阶级"只是用抽象的思维活动伴随现代各国的发展，而没有积极参加这种发展的实际斗争"[①]。

出于对封建制度的不满，德国资产阶级猛烈批判贵族阶级，主张废除封建关系和贵族特权，但最终未能在政治斗争中将其实现。德国资产阶级还面临着与无产阶级的阶级对立。19世纪40年代，以西里西亚纺织工人起义为起点的德国工人运动轰轰烈烈地开展起来，无产阶级从此走上历史舞台。在同时面对两大敌对阵营的政治斗争中，资产阶级最终选择了与封建势力妥协的政治策略，这再次表明了它自身的软弱性和妥协性。

二、18世纪末19世纪初德国政治思想状况

18世纪末19世纪初，英、法的经济与政治巨变激荡着德国的思想界。尤其是法国大革命的爆发，给还停留于思辨活动的德国知识分子带来了实践上的震撼。法国大革命的胜利引来德国思想界的一片欢呼，而它的失败也不可避免地引发对法国大革命的反思。狂飙运动和浪漫主义正面挑战了法国式的启蒙思

---

① 《马克思恩格斯文集》第1卷，人民出版社2009年版，第13页。

想和理性主义，确立了感性与理性、主观与客观的两分法。

在歌德、席勒等伟大诗人的引领下，德国的狂飙运动于18世纪中叶席卷而来。这场运动最初强调感性和精神在文化中的作用，后来逐渐由文艺思潮扩展成为一场社会思想运动。它既吸收了文艺复兴与宗教改革的精神，又对启蒙思想的偏差给予批判，在事实上成为一场德国式的启蒙运动。这一运动使文化民族主义逐渐在德国政治思想中占据重要地位，有力地推动了德国民族主义的兴起，并最终导致国家主义甚嚣尘上。这场运动提出了改革社会的要求，表达了反封建的意愿，但没有提出明确的政治纲领，后期发展也脱离了群众，因此虽然来势凶猛，却未深入持久，最终没能发展成为政治革命。

受狂飙运动的影响，德国的浪漫主义随即产生，并在19世纪初蓬勃发展。这一运动表现出了明显的双重性与调和性。它在同情整体主义的同时也承认个人主义的合理性，在高扬法国理性主义旗帜的同时也强调感性和经验对个体的重要性。这种对启蒙思想的批判和反思，构成了德国政治文化传统中强烈的主观性、非理性以及理想主义特色。这场运动强调传统的作用，宣扬渐进的社会演化，主张缓和因革命产生的社会动荡，从而为浪漫主义后来与保守主义的结合打下了基础。

德国古典哲学的兴起是这一时期思想运动的重要表现。古典哲学家的政治思想虽不及他们的哲学观点那样影响深远，但其精深的理论分析在西方政治思想史上占有重要的地位。德国古典哲学的主要代表人物有康德、费希特、黑格尔等。

费希特（1762—1814）一生处在欧洲和德国的社会大动荡年代。他不仅接受了启蒙学者的思想，而且深受法国大革命实践的影响。虽不像康德和黑格尔那样享有盛名，但他的政治立场更为激进，民主主义色彩更为鲜明。

自由是费希特政治思想的中心议题。他认为，自由不仅是个人固有的自然权利，而且是人们一切精神生活的基础，因此，在任何情况下都不能放弃自由，任何人也不能以任何理由对其加以剥夺。他继承了康德"人是目的"的思想，认为人永远是他自己的主人，不能被任意继承和买卖。同时，他接受了卢梭的人民主权原则，认为人民有权起来革命，以改变违背人民意愿的政治制度。如果君主或贵族对抗对自由的追求，人民有权使用强力手段改变不合理的制度。这种热情激越的天赋人权、主权在民的思想，比起康德冷冰冰的道德律令，自然更易于为人们所接受。

费希特认为，承认他人的自由，不侵害他人的自由，就要适当限制个人自由，并借助一种外在的强制力来实现。这就是国家之所以产生的缘由。国家不能建立在个人意志的基础上，只能建立在通过人们之间的契约形成的共同意志之上。这种由契约而形成的共同意志是国家的基础和国家作用的界限。保障个人权利是国家建立的目的，因此国家的使命与职能也就不能超出这一目的。一切权力都来源于人民，在人民之上不存在其他任何权力。

费希特的思想呈现出明显的阶段性变化。年轻时他倾向个人主义，强调个人的权利与自由，主张共和政体，但在晚年他逐渐倾向国家主义，强调国家对人们生活的支配和监督，寄希望于在君主制的范围内实现自上而下的改革。总体来看，费希特的政治主张介于康德的自由主义与黑格尔的国家主义之间。他思想的前后转变也在很大程度上体现了当时整个德国思想界的变化。

德国的自由主义在这个时期有了长足的发展。进入19世纪，自由主义在欧洲各国的发展各有不同。英国的自由主义已经放弃革命时期的自然权利学说而转向功利主义，法国的自由主义在批判和清理启蒙时代理性主义的基础上，将宪政改革作为政治思想的中心议题。相比之下，德国的自由主义表现得更加温和与务实：在整体上否定了自然权利学说中的革命倾向的同时，旗帜鲜明地反对国家干预，主张自由贸易和自由竞争。

威廉·冯·洪堡（1767—1835）是德国自由主义的领军人物。他早年接受了洛克、卢梭的启蒙思想，并深受康德学说的影响，与歌德、席勒等人交往甚密。他的代表作《论国家的作用》被誉为"德国自由主义的《大宪章》"。

洪堡认为，人是一切政治问题的核心，自由则是个人发展的必不可少的前提条件。他强调个人的崇高价值，认为个性是人们彼此相异的必需要素，也是人类发展的必要条件。洪堡一再重申，对于个人自由的实现，国家的作用是必不可少的，国家是一种"必要的痛苦"，"我们不是要通过摆脱国家享有自由，而是要在国家中享有自由"[①]。但国家的唯一目的就是最大限度地保障安全，捍卫合法的自由权利，除此目的之外的任何行为都应终止。他甚至呼吁，"国家不要对公民正面的福利作任何关照，除了保障他们对付自身和对付外敌所需要

---

① [德] 威廉·冯·洪堡：《论国家的作用》，林荣远、冯兴元译，中国社会科学出版社1998年版，第19页。

的安全外,不要再向前迈出一步;国家不得为了其他别的最终目的而限制他们的自由"①。

由此,洪堡提出了关于国家作用的最高原则:"既防范外敌又防范内部冲突,维护安全,必须是国家的目的,必须是它发挥作用的领域。"② 基于"最高原则",洪堡反对国家干预社会公共事务,包括公共教育、宗教事务、社会习俗等。对于公民个人自由,他坚决反对国家的干预,认为任何对个人自由的非法律形式的限制,都应被排除在国家作用的范围之外。

洪堡对自由理念的阐释,以典型的德国方式将近代以来确立的传统自由主义原则有机地融合进德国的政治思想,使自由主义在封建传统浓厚、资产阶级力量相对薄弱的德国生根发芽。在整个 19 世纪,洪堡的自由思想一直被德国乃至欧洲各国的进步思想家援引和阐发。

总体来说,18 世纪末 19 世纪初的德国政治思想并非消极地接受来自外部的先进观念,而是做出了自己独特的回应。与古典哲学一样,它从一开始就在一个新的起点上对英、法的政治理论与实践进行批判和发展。

三、德国近代政治思想的基本特点

德国资产阶级和知识分子虽然在反对封建主义的现实政治斗争中无所作为,但在精神领域却创造了令人惊叹的辉煌成果。马克思认为,德国古典哲学家的政治思想是"法国革命的德国理论"③。这种德国式的理论表达,使德国的政治思想呈现出与英、法等国不同的思想风貌。

第一,德国式启蒙。法国大革命浪潮的冲击,狂飙运动和浪漫主义的推动,使天赋人权、自由平等、社会契约等启蒙思想迅速普及,这也成为德国思想界最为直接的理论来源。然而,对于这些启蒙思想以及英、法的资产阶级革命理论,德国古典哲学家并非一味地接受,相反,他们持相对谨慎的批判态度,如康德对休谟的理性批判理论和卢梭的人民主权理论的修正,黑格尔对霍布斯的社会契约论和洛克的自然权利观念的批判,洪堡对卢梭式激进民主和边

---

① [德]威廉·冯·洪堡:《论国家的作用》,林荣远、冯兴元译,中国社会科学出版社 1998 年版,第 54 页。
② [德]威廉·冯·洪堡:《论国家的作用》,林荣远、冯兴元译,中国社会科学出版社 1998 年版,第 60 页。
③ 《马克思恩格斯全集》第 1 卷,人民出版社 1995 年版,第 233 页。

沁式功利主义的反思。德国思想家有意识地抛弃了法国启蒙运动关注个体、崇尚理性和鼓吹革命的观念，建构了一种以国家为先、侧重历史理性与情感、推崇渐进改革的德国式启蒙观念。

第二，思辨性。德国的政治思想并不是对英法政治理论和革命实践的简单反映，而是对近代西方政治思想的一种反思和推进。德国思想家并没有像英法启蒙思想家那样宣扬革命的历史必然性，也未提出明确的革命主张和政治策略。相反，他们将具体的革命内容置于思辨哲学的框架内，用抽象晦涩的语言来表达对现实的政治主张。他们把社会的进步理解为理性和道德的发展，要求在君主制范围内进行某种改良，更寄希望于通过国民教育在封建贵族集团领导下实现国家制度的彻底改造。黑格尔认为，国家本身就是目的，国家对个人具有绝对的权力，个人必须绝对服从；康德倡导个人权利，主张将人作为目的而不是手段，国家只是实现个人福祉的工具。虽然所持立场不同，但就国家观而言，两者都倾向从相互联系的观点看待国家、社会和个人，深度批判英法启蒙思想中抽象、普遍的个人观和纯粹个人主义的国家观。

第三，伦理政治观。德国政治思想家在深刻反思英法的个人权利、社会契约论和消极国家观的基础上，开始倡导一种具有深厚历史感的伦理政治观。这种政治观强调个体与整体的和谐、权利与义务的统一，强调历史的理性与延续性，强调个体与社会和国家相融合的可能性和必要性。康德将道德法则作为政治的根基，重新确立起道德与政治的统一，黑格尔也将国家看作伦理精神的体现，是自在自为的独立力量。这种政治观念开创了一条有别于英法权利政治观的思想路线，是德国政治思想家们的独特贡献。

第四，对民族与国家的强烈诉求。从政治文化的角度看，倡导整体主义的古希腊政治观以及新教伦理是德国的深层思想资源，再加上国家发展和民族统一的现实需要，因此，强调国家的强大和民族的统一，是德国政治思想的显著特点。在德国政治思想家们看来，国家与民族的发展是紧密联系在一起的，而根本性的力量则在于发扬"民族精神"。他们不仅赞赏德意志文化的成就，还宣扬日耳曼民族的优越性，表现出某种沙文主义和种族主义倾向。不过，他们也表现出思辨哲学家应有的高度，放眼整个欧洲甚至世界，进而提出"欧洲联邦""世界国家"等重要理论。康德以共和制为依托，提出了"永久和平"理论。黑格尔也认为，民族国家必将在"世界精神"的引领下过渡到"世界历史"之中。这些理论既反映了当时的社会状况，也反映了德国政治思想的现实性和丰富性。

第二节 康德的政治思想

一、生平与著作

伊曼努尔·康德（1724—1804），德国古典哲学的开创者和奠基人，德国自由主义的重要阐述者。康德出生于东普鲁士哥尼斯堡（今俄罗斯加里宁格勒）一个做马鞍的工匠家庭，家庭中浓厚的宗教气氛和刻板的道德教义，使他从小备感压抑和束缚。1740年，他进入哥尼斯堡大学。毕业后，当过一段时间家庭教师，然后继续进行学术深造。1755年，他获得博士学位，成为哥尼斯堡大学的编外讲师，此后便开始在哥尼斯堡大学教书立说，直到1796年退休，其间出任过哥尼斯堡大学哲学学院院长、哥尼斯堡大学校长等职。除了去但泽旅行过一次以外，康德一生从未离开过哥尼斯堡。

康德终生未婚，日常生活简单而有规律，当地居民甚至以他散步的时间来安排作息，还送给他"哥尼斯堡的时钟"的雅号。德国诗人海涅评论说：康德是没有什么生平可说的。然而，正是生活中的这份宁静和淡泊，最终成就了他思想成果的博大精深。恩格斯曾评价说："法国发生了政治革命，随同发生的是德国的哲学革命。这个革命是由康德开始的。"[①]

1790年以后，康德的研究重点从自然科学转向哲学和社会科学。他先后完成了《纯粹理性批判》《实践理性批判》《判断力批判》，即"三大批判"，建立起自己的批判哲学体系。康德并非仅仅生活在思辨的哲学世界中，他内心充满现实关怀。他质疑德国的封建制度，同情并支持美国独立战争和法国大革命。在法国大革命的影响下，他开始注重对国家、法律、政治等问题的研究，并先后写下一系列政治哲学与法哲学著作，包括《世界公民观点之下的普遍历史观念》《永久和平论》和《法的形而上学原理》等。

康德深受休谟和卢梭思想的影响。休谟对人性的判断，对知识的普遍必然性的怀疑，对事实与价值二分法的界分，直接影响了康德对人性的认识和对理性的批判。在延续并超越休谟的理性分析精神与方法的基础上，康德建构起以

[①] 《马克思恩格斯全集》第3卷，人民出版社2002年版，第489页。

"理性批判"为逻辑主线的思想体系。卢梭的人文精神和自由主张深深地感染了康德,《爱弥儿》更使康德爱不释手,甚至改变了他数十年如一日的散步时间。在康德看来,卢梭是第一个揭示出人的真正本质的思想家,是道德领域的牛顿。沿着这种认识人、尊重人的道路,康德深入研究作为人的本性的自由问题,明确提出应该始终将人看作目的而非手段的观点。

人是康德思想体系的出发点和归宿。康德认为,在一切领域里最应维护的就是人的尊严,而体现人的尊严的就是人的自由。要想实现自由,人们必须在行为上遵守三条道德律令:一是普遍律,每个人意志所遵循的准则应是普遍的立法原则;二是"人是目的",在任何情况,人都不能成为工具;三是意志自由,即"把每个有理性的存在者的意志当做普遍立法的意志"。三条律令虽然表述不同,但都共同指向"自由"这一核心价值。康德用抽象的语言表达了启蒙思想中的人权原则,这些"道德律令"实际上就是天赋人权的德国表述方式,或者说是"法国自由主义在德国所采取的特有形式"①。

二、伦理与权利学说

把法国富有革命精神的政治学说变成适应德国现状的抽象的哲学论证,尤其是用纯粹理性的道德观念阐述和解释启蒙思想,是康德政治思想的突出特点。其中,伦理与权利观最具代表性。

康德认为,人类理性的立法有两大目标,即自然和自由;与此相应,自然法则和道德法则就是人类理性立法的两个基本准则,这就是康德所谓的"头上的灿烂星空"和"心中的道德法则"。在这两大法则中,道德法则是康德政治思想的基础。在道德法则的基础上,他以自由、权利、法治与共和为主题搭建其政治哲学的基本框架。

道德法则是康德伦理学说的核心概念。在康德看来,道德并非建立于经验之上,而是来自人的善良意志。幸福也好,快乐也罢,这些经验都是感性的,是变化的,会因环境不同而异。人要想道德地行为,必须先有善良意志,而善良意志恰恰源自普遍的道德法则。所谓道德法则是指一个人必须这样行动:"你意志的准则始终能够同时用作普遍立法的原则。"② 这意味着,它是人们道

---

① 《马克思恩格斯全集》第3卷,人民出版社1960年版,第213页。
② [德]康德:《实践理性批判》,韩水法译,商务印书馆1999年版,第31页。

德行为的最高准则,任何人都要无条件地绝对服从,所以道德法则也称为"绝对命令"。判断一个人的行为是否合乎道德,既不能根据个人的意愿和爱好,也不能根据个人的经验,只能根据这个普遍的道德律令。从这个角度讲,实践道德法则是一个人的道德义务。

康德认为,在道德领域,人是绝对自由的,人是目的而不是实现目的的手段,"在任何时候都不应把自己和他人仅仅当作工具,而应该永远看作自身就是目的"①。道德法则是人为自己的行为设立的行为准则,它必须以意志自由为前提,这是道德法则得以成立的前提和保证。按照康德的观点,人人皆有意志自由,都知道什么是人的道德行为的最高法则,并能够按照它去行动。人越自由,便越能遵循道德法则去行动,道德就越发展;而人越按道德法则去行动,道德越发展,人越自由。如此一来,道德法则与意志自由便和谐统一起来了。

在康德看来,正义原则是一个社会共同体的道德基础。这种正义原则只能来自一种普遍的、根本的理性法则,一种与支配人们头上的星空的自然律一样的道德律,这种道德律既不可能在人类本性中去寻找,也不能在他所处的世界环境中去寻找,而是完全要先天地在纯粹理性的概念中去寻找。现实生活中的政治与法律都要受这种"绝对律令"的指导,政治与法律必然服从于道德。政治与法律必须具备道德法则这样普遍的合理性与适用性。按照这一要求,康德将"政治的道德家"与"道德的政治家"进行了区分,前者为了政治的需要而塑造道德,道德服从于政治;后者则将权利与政治结合起来,根据道德原则采取政治行为。康德反对前者,赞同后者。他信奉这样的格言:让正义盛行,哪怕世界为此而亡。在他看来,如果政治与道德发生冲突,道德应积极应对,用它的绝对律令克服人们对物质和行为结果的追求。对于一个历史事件的价值,他看重其中道德的进步。他希望建立一个在法律之下的个人与他人具有相同自由的统一的政治制度,这一理想制度的建立不是通过直接的政治实践,而是通过道德的不断完善和发展来实现。

从理念层面,康德把道德本身视为个人应据以行动的绝对命令,但他也承认,这种道德学说一旦进入现实领域,就会显得苍白无力。普遍性的道德法则往往无法证明自身是政治的现实基础。一旦两者发生冲突,更无法使政治必然服从道德。当然,康德也认为,良好的国家体制并不能期待于道德,相反,一

---

① [德]康德:《道德形而上学原理》,苗力田译,上海人民出版社1988年版,第86页。

个民族良好道德的形成首先要期待于良好的国家体制。这一观点既包含着对法国大革命原则的肯定，同时又把国家置于一种优先的地位，希望依靠国家来保证良好的道德。这表明康德的伦理学说中存在着理论与现实冲突的难题。

康德权利学说的基本原则是：让一个人的意志选择的自由与任何人的自由同时并存；通过限制一定的自由以获得完全的自由。自然状态下，人们处于毫无限制而又彼此侵犯的状态，没有真正的自由；只有各人放弃各自一定的自由，通过订立契约，在法律下自愿联合起来，才能获得真正的自由。由于契约的订立过程是理性选择的结果，因此，自由的实现虽然是借助了人们自愿立法作出的规定，但其实质却是先验的理性的产物，是符合道德法则的行为。

康德反对封建特权，反对君主专制，主张人民主权，主张代议民主。他接受卢梭的自然权利理论，认为公民与生俱来就拥有以下权利："1. 作为人的每一个社会成员的自由。2. 作为臣民的每一个成员与其他成员的平等。3. 作为公民的每一个共同体成员的独立。"[①] 在拥有以上权利的同时，公民也要对法律忠诚，只有这样才能实现真正的自由。由于过分强调对现存法律和秩序的服从，在某种程度上，康德削弱了人民的反抗权，为自由的最终实现设置了障碍。

康德将自由区分为伦理的自由和法律的自由，前者是指意志的自我决断能力，也就是意志自由，后者是指个人不受别人强迫约束的独立状态。自由是一切有理性的东西所固有的性质，因此，道德是从自由固有的性质中引申出来的。作为理性主体的个人，都应根据自己的意志行事，而意志总是自由的。由于个体有服从或不服从道德的自由，他就必须对自由的行为负道德责任。一个有道德的人，在任何时间、地点和条件下，都应克服内在和外在的因素制约，坚守心中的"绝对命令"。自由与义务紧密相连，"人是自由的"，首要的前提是人有绝对的尊严，有道德的义务，能够克制一己的欲望。任性的人是不自由的人，与禽兽无异；道德自主的人才是真正的自由的人。

在英、法自由主义的基础上，康德提出人是自由的，人是目的而非手段，道德法则是自由实现的前提和保障，而政治与法律则要为道德法则服务。这些重要理论使他在西方自由主义发展史上占据重要地位。但是，康德将资产阶级反封建的要求归结为空洞的伦理概念，则具有很大的局限性。就像马克思和恩

---

① [德]康德：《历史理性批判文集》，何兆武译，商务印书馆2009年版，第186页。

格斯所指出的："18世纪末德国的状况完全反映在康德的'实践理性批判'中……康德只谈'善良意志'，哪怕这个善良意志毫无效果他也心安理得，他把这个善良意志的实现以及它与个人的需要和欲望之间的协调都推到彼岸世界。康德的这个善良意志完全符合于德国市民的软弱、受压迫和贫乏的情况。"①

三、国家学说

借用社会契约论说明国家的起源，这是近代政治思想家的普遍做法。康德承认这种论证方式的合理性，并将社会契约论与先验理性结合起来论证国家的起源和本质，这是其国家学说的突出特点。他认为，在自然状态中，人们享有天赋的权利和自由，过着和谐友爱的生活，但人性的贪婪、虚荣，使得人与人之间相互侵犯，肆意妄为，再加上没有法律的约束，自然权利难以得到保障，自由时刻受到威胁。于是，人们就订立契约，放弃了自己的部分自由，从而获得了法律之下的真正的自由。各人的意志联合成为"公共意志"，国家也就产生了。

康德同时指出，社会契约只是一种理性观念，是对组织国家的程序的合法化说明，并不具有历史的真实性。"人民根据一项法规，把自己组成一个国家，这项法规叫作原始契约。这么称呼它之所以合适，仅仅是因为它能提出一种观念，通过此观念可以使组织这个国家的程序合法化，可以易为人们所理解。"②人们之所以会订立社会契约，是因为拥有立法意志，而立法意志又源于先验理性，因此，现实中的国家并非是人们实际需要的产物，而是"绝对命令"的产物，是先验理性要求的结果。"国家是许多人依据法律组织起来的联合体。这些法律必须要被看成是先验的必然，也就是，它们一般来自外在权利的概念，并不是单纯地由法令建立的。"③

由于国家是先验理性的体现，国家的目的只能是维护法律秩序和国家制度的存在。国家必须运用法律限制那些"粗野的无法律状态的自由"，以实现在

---

① 《马克思恩格斯全集》第3卷，人民出版社1960年版，第211—212页。
② [德]康德：《法的形而上学原理——权利的科学》，沈叔平译，商务印书馆1991年版，第143页。
③ [德]康德：《法的形而上学原理——权利的科学》，沈叔平译，商务印书馆1991年版，第139页。

法律基础上的完全的正当自由，使每个人意志的自由与其他人的自由共存。公民个人的幸福，必须以国家制度和法律原则的和谐一致为前提。因此，人民对国家统治只有服从的义务，没有反抗的权利。

与近代英、法思想家不同，康德在关注个人权利与自由的同时，更强调国家与个人的和谐统一，更关注作为整体的国家的重要意义。

康德接受了卢梭的人民主权学说。他认为，每一个真正的共和国只能是由人民代表的系统来构成，因为联合意志是一切公共契约的最后基础。国家的最高权力应由人民执掌，每个公民的一切权利，都必须从这个最高权力中派生。但他不认为人民主权与人民革命权之间存在必然联系。一个国家中的最高权力，对臣民只有权利，并无义务。在任何情况下，人民抗拒国家最高立法权力的行为，都是不合法的。人民没有暴动的权利，更无叛乱权。"对最高立法权力的一切对抗、使臣民们的不满变成暴力的一切煽动、爆发成为叛乱的一切举事，都是共同体中最应加以惩罚的极大罪行，因为它摧毁了共同体的根本。"① 康德猛烈批判弑君行为，认为这是一种国家的自杀行为。

作为启蒙思想家，康德渴望并呼唤社会变革，不过他主张应以"非暴力反抗"的方式代替革命的方式。因为革命可以推翻个人专制和社会压迫，但也会导致两方面的问题出现：一是法律的真空状态，"整个社会的法律状态会在一段时间内暂时消失"，这绝对是人类社会最糟糕的时刻；二是思想意识不会真正变革，社会变革的真正希望应在逐步改良、公众启蒙之上。康德试图借助自由的社会风气反作用于人民的内心世界，进而影响权力本身，从而使人类不断进步，最后达致"自由王国"这一终极归宿。具体做法是，将服从与自由结合起来，在公共事务中倡导理性的自由，在社会风气中培养思想自由，学者以世界公民的身份发言。

康德认为，国家的形式包含在国家的理性之中，应该从纯粹的权利原则来理解。每个国家的权力都可以划分为三种：立法权、执行权和司法权，其中立法权规定意志的普遍法则，是最高权力。康德认为有两种划分政体的方式：第一种是根据掌握最高权力的人数，把政体分为君主制、贵族制和民主制；第二种是根据统治者运用最高权力治理国家的方式，把政体分为专制和共和两种政体。

---

① ［德］康德：《历史理性批判文集》，何兆武译，商务印书馆 2009 年版，第 197 页。

康德认为，对于反对专制、保障自由这一目标而言，重要的不是由谁来掌权，而是如何行使权力。虽然是君主制，如果这个君主足够开明，能够实行分权和法治，真正体现公民的意志和自由，也可能成为一种良好的国家形式。同样，即便是民主制，也可能暗含专制的危机。国家应该由法律而不是由人来治理。

在这一点上，康德接受了孟德斯鸠的三权分立学说，强调权力分立与制衡的重要性。不过，他也注意到权力之间的彼此协作、联合和从属的必要性。一种权力应该是另一种权力的补充，这样才能使政体形式趋于完善；一种权力不能超越范围去篡夺或干预另一种权力的职能，每一种权力都拥有自己的原则，并在掌握它的人的手中保持它的权威与尊严。

康德毫不掩饰他对专制政体的憎恶和对共和政体的向往。前者是个人的独裁制度，后者则以分权为基础，而且由法律来统治，是最合理的国家形式。他不赞同卢梭的直接民主制，认为对于现代社会而言，代议制是现实而必要的，且只能在共和政体中实现。作为最合理的国家形式的共和国，只是一种永远无法实现的理想目标。

马克思曾经指出："康德认为，共和国作为唯一合理的国家形式……是一种永远不能实现但又是我们应该永远力求实现和牢记在心的目标。"① 康德对共和国的向往，对抽象民主制的反思，对现代政治哲学产生了重要的影响。他在强调个人权利的同时，也强调作为整体的国家的重要意义，因为国家是社会生活的形式，人类没有国家是不行的。然而，他虽然接受了卢梭的人民主权原则，却反对人民以革命推翻暴政，支持代议制的君主立宪政体。这一点充分体现了德国资产阶级的软弱性。他们害怕革命、害怕人民，没有条件和力量以革命的方式解决德国社会发展过程中资本主义与封建主义的矛盾，而只能寄希望于"开明君主"，企图依附封建势力进行自上而下的改良。

四、法律学说

康德继承并发扬了自古希腊罗马时期以来的理性主义法学传统，以意志自由为基础，坚持法律的理性原则和正义原则，对法律与道德的关系进行了深刻分析，对公法与私法的内容和体系进行了详尽探讨，为西方法学从古典自然法

---

① 《马克思恩格斯文集》第 2 卷，人民出版社 2009 年版，第 152 页。

学向实证法学转变准备了思想基础和理论前提。

康德将法律理解为这样一些条件:"根据这些条件,任何人的有意识的行为,按照一条普遍的自由法则,确实能够和其他人的有意识的行为相协调。"① 基于这一认识,他提出了权利与义务、权利与法这两对重要的概念,并进一步规定了关于公民法律义务的具体内容和体系,从而构建起自己的法律理论大厦。

康德首先提出了法律的普遍法则——外在地要这样去行动:你的意志的自由行使,根据一条普遍法则能够和所有其他人的自由并存。这就是说,法律的普遍法则意味着法律的义务。他继承并发展了古罗马法学家乌尔比安的三个公式,将法律义务具体划分为以下三种:一是正直地生活,"不能把你自己仅仅成为供别人使用的手段,对他们说来,你自己同样是一个目的";二是不伤害他人,"不侵犯任何人,为了遵守这项义务,必要时停止与别人的一切联系和避免一切社交";三是各得其所,"如果侵犯是不可避免的,就和别人一同加入一个社会,在那儿,每个人对他自己所有的东西可以得到保障"。②

围绕着自由这一目标,康德探讨了法律与道德的关系。康德认为,人同时面对两个世界,一个是自然世界,一个是道德世界,前者是必然的领域,后者是自由的领域。人在道德领域之所以是自由的,是因为人的行为源于自己的意志。自由又可以细分为两种:一种是外在的自由,一种是内在的自由。外在的自由是指人们在考虑了各种外部条件后,才有所行动。内在的自由是指人的行为只考虑自己的道德原则和命令,是真正的自由,也是真正意义上的道德。法律与政治,都是外在自由的条件,确保拥有理性意志的人们在行使自由时不至于侵犯和损害他人的自由。

在康德看来,道德讨论的是人的内在自由,法律讨论的是人的外在自由。法律是他律的,道德是自律的,因为法律的强制性是外在的,道德的强制性才是内心的。如果人时刻在心中遵守道德法则,那么人是自由的。人之所以为人,就在于他能自觉地限制人的自然性,接受理性的指导,达到意志的自由,受制于自由规律。当然,法律对于个人而言是自律的还是他律的,主要看这个

---

① [德]康德:《法的形而上学原理——权利的科学》,沈叔平译,商务印书馆1991年版,第40页。
② [德]康德:《法的形而上学原理——权利的科学》,沈叔平译,商务印书馆1991年版,第48页。

人是否真正达到了理性。因为，法律只对那些违反它的人来说是他律的、具有外在强制性的，而对于大多数自觉接受理性指导的人来说仍然是自律的。

康德根据动机和义务原则，进一步分析了法律与道德的区别。他认为，一切立法都可以根据它的"动机原则"加以区分，那种使行为成为义务而同时又是动机的立法，便是道德的立法；那种仅有义务、没有动机的立法，就是法律的立法。法律立法往往必须具有强制性，依据法律立法所确定的义务只能是外在的义务，而道德立法则相反，它拥有一切属于义务性质的东西，是一种内在的义务。法律与道德的区别，并不在于它们义务的不同，而主要在于它们立法动机的不同。

在康德的政治思想中，"法律"与"权利"的概念是合二为一的，康德的法哲学即他的权利哲学。康德划分了两种权利，即"自然的权利和实在规定的权利"，或者是"天赋的权利和获得的权利"。天赋的权利是每个人自然享有的权利，它不依赖法律条例而存在；而获得的权利则以法律条例为依据。在这两种权利中，一种是私人权利，主要由私法来规定，它是"不需要向外公布的法律体系"；一种是公共权利，主要由公法来规定，它是那些"需要公布的法律体系"。显然，康德将法分为私法和公法：前者规定私人之间的关系，后者规定人与社会、国家之间的关系。

康德认为，作为文明社会的成员，公民是为了制定法律的目的而联合起来，从而构成国家的，因此，每个公民都具有三种不可分离的法律属性：(1) 宪法规定的自由。这是指每一个公民，除了必须服从他表示同意或认可的法律外，不服从任何其他法律。(2) 公民的平等。这是指一个公民有权不承认在人民当中还有在他之上的人。(3) 政治上的独立。这个权利使一个公民生活在社会中并继续生活下去，并不是由于别人的专横意志，而是由于他本人的权利以及作为这个共同体成员的权利。

康德继承了自然法学派关于自然权利和自然法的理论资源，并有所超越。他将自由、平等和政治独立这些基本人权奠基于人类的理性之上，并将这一理性作为立法的依据，认为法律不只是对个人意义上的自然权利的维护，而且是更广阔的社会意义或人类意义上的对普遍理性的追求。显然，康德的法学具有强烈的伦理色彩，没有能够揭示法律的阶级属性。

五、永久和平论

永久和平论在康德的政治思想中占据着十分重要的地位。在他看来，这是政治的最高目标，是道德的内在要求。在国与国之间建立永久的和平是人类的共同目的，是历史发展的必然趋势。

康德珍视和平，痛恨一切侵略性的掠夺战争。但他也主张对战争持辩证态度：一方面，战争是和平的最大威胁，是文明民族的最大灾难；另一方面，在人类发展的特定历史时期，战争是带动文化继续前进的不可或缺的手段。这种辩证的态度，使他对消除战争、追求和平有着更为深刻的理解。

康德认为，和平状态不是自然而然产生的，而是被建立起来的。永久和平的建立需要必要的前提和保证：

首先，倡导共和制。康德认为，战争的根源在于各国的政治制度不合理，尤其是专制君主制，它使战争成为"全世界上最不假思索的事情"，而共和政体是最完美地符合人类权利的体制，它按照人民的公意行事，人民是反对战争的；同时它将追求和平作为一种道德义务。因此，永久和平是共和政体的必然状态。

其次，建立和平联盟。在康德看来，一般意义上的势力均衡根本无法实现持久的普遍和平，唯一可行的办法就是建立"自由国家的联盟"。这一联盟以追求和平为目标，坚持国家的独立和主权原则，绝非要取代国家或建立世界国家，而仅仅作为一种扼制战争的力量而存在。这样，国与国之间才能建立一种真正的和平状态，各民族公共权利的观念才能实现，而且，一旦发生分歧，也可以通过文明的方式而不是战争的方式加以解决。

最后，认可世界公民权利。康德主张，任何来至其他国土的陌生人都应受到尊重，而不应被视为外来者并因此遭受侵犯和歧视；每一个民族都享有对他们所拥有的领土的权力，不应受到任何外来的国家和民族的威胁。肯定世界公民权利的价值，可以使人们超越不同文化的国际伦理，从而形成可以规范人类行为的共同道德法则。

康德还指出，只有在法的基础上，将政治与道德结合，才能建立起普遍的永久和平。他提醒人们警惕那些坚持马基雅弗利主义的政治野心家们的伎俩：一是行动而后加以谅解，不放过任何争夺权力的机会，事后以体面的借口来粉饰暴力；二是做了绝不承认，在把人民引向绝望的困境从而引发暴乱时，反说是臣民执拗的结果；三是分而治之，将人民中的实力人物推选为首领，然后离间其与人民的关系。他指出，必须了解并揭露这些野心家的政治说辞，让他们名声扫地，才能保证各国人民和世界的永久和平。

康德将社会契约论应用于解释欧洲联合，得出了欧洲联合必然出现的论断，并对其持乐观的态度。他深信，这种国家的联合是人类社会的必然前途，国家共同体"终将有朝一日会成为现实"。尽管国家间的关系从对抗到和谐的过程有种种反复，不可能一次完成。在这一发展过程中，已经取得的进步可能完全毁掉，已形成的国家联合体也可能会被摧毁，然而，总的趋势仍然是朝着永久和平的方向不断迈进。

康德的永久和平论对现代西方国际政治理论产生了重要影响，但是这一思想在资本主义社会中具有明显的空想性质。他没有找到也不可能找到实现永久和平的真正道路。

第三节　黑格尔的政治思想

一、生平与著作

乔治·威廉·弗里德里希·黑格尔（1770—1831），德国著名哲学家，古典唯心主义哲学的集大成者，也是重要的政治思想家。

1770年8月27日，黑格尔出生于斯图加特市的一个税务官家庭。少年黑格尔勤奋好学，酷爱古典哲学。1788年，他进入图宾根神学院学习哲学和神学。大学毕业后，曾在瑞士的伯尔尼和德国的法兰克福等地担任家庭教师。1799年，他的父亲去世，留下了一笔遗产。于是，黑格尔打算到大学教书。1801年，在谢林的帮助下，他成为耶拿大学的编外讲师。1805年，晋升为副教授，开始着手他的第一部著作《精神现象学》的写作。拿破仑的军队占领耶拿后，黑格尔去班堡担任了一年的报纸编辑，并在1808年至1816年担任纽伦堡中学校长，在此期间他出版了《逻辑学》。1816年出任海德堡大学哲学教授，其间撰写了《哲学全书》。1818年受聘成为柏林大学哲学教授，直至1831年去世。柏林时期是黑格尔创作的高峰期。特别是1821年出版的《法哲学原理》，集中、系统地阐述了他的政治哲学。

黑格尔的政治思想是建立在他的客观唯心主义哲学之上的，他试图建立一个无所不包的思想体系，国家与法的问题只是作为其整个思想体系的一个组成部分。"绝对观念"是黑格尔哲学体系的出发点。在黑格尔看来，绝对观念是决定自然界和人类社会一切事物的源泉和主宰，万事万物只不过是它的表现。

绝对观念处在不断运动和发展中，它的发展经历了三个阶段：逻辑阶段、自然阶段和精神阶段。黑格尔的哲学体系也就由逻辑学、自然哲学、精神哲学三部分所组成。绝对观念在精神阶段的发展也经历了三个阶段：主观精神、客观精神和绝对精神。其中，客观精神阶段表现为人类社会制度、民族、国家的历史发展，这就是他的法哲学，包括抽象法（即权利）、道德、伦理三个阶段和形式。

黑格尔认为，抽象法、道德、伦理是自由在不同形式和阶段上的体现，较高阶段的自由比前一阶段的自由更具体，更属实，更丰富。在抽象法阶段，自由尚处在潜在阶段，只有抽象的形式的自由；在道德阶段，有了主观的自由；伦理阶段是前两个环节的统一，意志自由得到了充分具体的实现。按照他的观点，抽象的、形式的法是客观的，道德是主观的，只有伦理才是主观和客观的统一，才是客观精神的真实体现。黑格尔又将伦理阶段细分为三个环节，即家庭、市民社会和国家，它们是伦理精神发展的三个阶段。国家是伦理发展的最高阶段，自由意志在这里得到充分、完满的实现。

终其一生，黑格尔都对政治问题怀有浓厚兴趣。青年时期的黑格尔在法国启蒙思想和法国大革命的影响下，政治立场激进，对黑暗的封建制度深恶痛绝，他推崇理性，主张人权，拥护革命，赞美自由，渴望德意志民族和国家的统一与强盛。但到了晚年，黑格尔的政治思想渐趋保守，在继续主张进步改革的同时，极力论证普鲁士专制君主制的合理性。

对于法国大革命，黑格尔在不同时期、不同场合分别表达了肯定和批判两种截然不同的态度。在青年时代，他无疑是法国大革命的热烈拥护者，他中学时代的同学纪念册上写着"自由万岁""打倒暴君"，在《精神现象学》中他称赞法国大革命是一次壮丽的"日出"[①]。然而，到了晚年，他却在《法哲学原理》中将法国大革命称为"最可怕和最残酷的事变"[②]。这两种貌似矛盾的立场和观点，集中显示出黑格尔思想的二重性和辩证性。黑格尔认为，法国大革命及其自由意识是绝对精神作为认识运动和现实历史走向完善过程中不可缺少的环节，但法国大革命并没有完成对自由的认识。它以一种"绝对自由"的冲动破坏了旧世界，又不能建立新世界，最终只能以杀戮和恐怖收场。黑格尔

[①] ［德］黑格尔：《精神现象学》上卷，贺麟、王玖兴译，商务印书馆1979年版，第7页。
[②] ［德］黑格尔：《法哲学原理》，范扬、张企泰译，商务印书馆1961年版，第255页。

将法国大革命失败的根源归因于启蒙运动中对自由和平等追求的抽象性，革命则不过是启蒙运动内在矛盾的现实重演。

二、伦理自由观

黑格尔认为，真正的自由是"实体自由"，是"具体的自由"，是"自为自由"，是"肯定的自由"。自由意识的发展及其实现是一个过程。近代自由主义者提出的自由只是一种抽象观念，是自由意识的发展及其实现的必要环节。

黑格尔认为，要想理解自由的理论，必须从个人的概念出发。他首先批判了近代主体性哲学的个人概念，即个人主义的"抽象个人"概念。他通过引入"他人"概念——另一个自我意识，从自我与他人、自我意识与它的对方的统一中，揭示出自我和自我意识的形成，说明了自我确定性得以确立的过程。黑格尔说："我就是我们，而我们就是我。"① 这意味着在"我"与他人之间存在着一种实在的普遍性，这是一种作为相互性的普遍性。"我"与他人相互承认，意味着"我"与他人全都具有主体性，但绝不是唯我的，而是互为主体性的。一个主体得到其他主体的承认，意味着它的独立性和自由得到了承认。人是社会性的人，个人只能在他们的相互关系中生存和发展，个人的自由离不开相互间必然结成的关系。他以主人与奴隶之间自由与依赖的关系证明，从个人主义立场上进行的自然状态、社会契约的虚构，是一种有害的虚构。没有一种状态，在其中人既没有自由也没有依赖，或者只有自由而没有依赖；也不存在两个没有依赖的人订立契约。个人都既是独立的，又是依赖的，而且这两方面是统一的。

黑格尔将人类群体生活中的规范、价值观念和制度称为"伦理"，将以人的内心、意向和良心为出发点的行为标准称为"道德"，从而把两者区分开来。在他看来，道德的观点和自然权利的观点一样，都是抽象的，只有伦理的观点才是具体的；伦理永远高于道德，只有伦理性的规定才能构成自由的概念。

黑格尔认为，真正的自由是个体自由与伦理实体的统一。"当国家或者祖国形成一种共同存在的时候，当人类主观的意志服从法律的时候，——'自由'和'必然'间的矛盾便消失了。那种'合理的'东西作为实体的东西，

---

① ［德］黑格尔：《精神现象学》上卷，贺麟、王玖兴译，商务印书馆1979年版，第122页。

它是必然的。当我们承认它为法律,并且把它当做我们自己存在的实体来服从它,我们就是自由的。"① 这种自由不是来自每个人的偶然的、任性的意志,而是来自理性的、自在自为的意志。

伦理实体的自由概念必然表现在"概念"的各个环节中,它们的辩证发展过程体现了自由的理念。首先是个体在家庭中,以爱和感觉的形式扬弃个体的独立性,使自己成为其中的一员;接下来,直接实体性进一步发展,构成市民社会,在这里,每个成员都是作为独立自主的人互相对待;这一过程的继续发展就到了国家阶段,也是自由的最高阶段,它是最具体的形态中的自由。在那里,个体独立性和普遍实体性最终完成了统一。

黑格尔认为,自由具有社会性,是社会的法律制度与伦理制度给予人的一种地位,而不是人的一种天赋权利。作为国家成员的个人,没有从单一的自我意识出发的、脱离国家的自由和权利,而只有服从国家法律的自由和权利。自由永远是自由与必然性结合之下的自由,自由是相对的,没有绝对的自由。

黑格尔指出,自由具有两个内在规定性:个人自由的实现与国家相关;个人自由与社会责任和义务相对应。个人在获得自由时,也在实现着个性的发展,促进着社会的进步。但由于人们信念不同,能力不同,自由的实现就会存在不同程度的差别,进而形成社会的不平等,如此一来,自由反而引起了混乱和不安。为了保证自由的实现,避免社会的混乱,个人自由必然要受到国家和社会的限制。在现实生活中,这种限制往往表现为法律和道德。可以说,法律和道德是与自由相伴而生的,是对冲动、欲望、放纵和任意的约束。人们应当把法律和道德看作实现自由的基础,把责任和义务看作获得解放的必要条件。黑格尔强调说:每个人在涉及他人自由的时候,务必限制自己的自由;国家是这种相互限制的一种必要条件;而法律本身就是限制。

三、市民社会与国家理论

黑格尔认为,国家的本质是哲学思考的基本问题,必须揭示出国家之所以为国家而区别于其他事物的根本特点。作为一个客观唯心主义者,他没有在具体的历史现象中探究国家的本质,而是把国家与思想、精神、理念等同。在法

---

① [德]黑格尔:《历史哲学》,王造时译,上海书店2001年版,第40页。

哲学体系中，国家被置于最高阶段，既是客观精神，也是伦理理念的现实，甚至被神化，"神自身在地上的行进，这就是国家"①。

同亚里士多德一样，黑格尔是从个体到群体的聚集来解释国家的起源。首先个人组成家庭，随着家庭的扩大和分解，进而出现市民社会。市民社会是多个个人和若干家庭的聚集，是一种特殊的社会结合形式。独立的个人由于相互需要而联合成市民社会，他们彼此依赖，相互利用。市民社会由三个环节构成：首先是"需要的体系"。需要的目的只是为了满足主观的特殊性，但需要及满足需要的手段、方法，与他人的需要及满足需要的手段、方法之间，形成了一种相互关系，需要就可能成为"社会的需要"。通过以劳动为形式的实践教育，可以使人们的自然需要上升为社会需要。其次是"法律的体系"。由法律规定和维系各种财产关系、契约关系，通过司法保护所有权和人格。最后是警察和同业公会。通过它们预防社会危险、保护生命财产，把每个人的特殊利益作为共同利益予以关心。

在市民社会中，人们只是依靠法律来保护人身和财产，维护特殊利益和公共福利的秩序。一切人都在追求着各自的利益和目的，彼此间的结合只不过是达到私人目的的手段。由于缺乏普遍性和伦理，市民社会必然充满着各种矛盾：自我与他人，个人与社会，特殊利益与普遍利益，贫困与富足等，"市民社会是个人私利的战场，是一切人反对一切人的战场"②。对这些矛盾，市民社会本身无力解决，必须去市民社会之外且高于市民社会之上的领域，寻找能够调和与统一这些矛盾的力量。这个力量就是国家。

按照黑格尔的辩证法，一切事物都按照肯定、否定和否定之否定三个阶段辩证地发展。从家庭到市民社会再到国家的形成过程，就体现着这种辩证。家庭是发展的第一阶段，它处于一种低级形式的统一状态，内部矛盾尚未爆发。第二阶段即市民社会，它破坏了前一阶段的统一性，事物开始被区分开来，表现出各自的特殊性。因此，市民社会是对家庭的否定，而市民社会在形成国家的过程中也不过是一个中介，它发展并开始向第三阶段过渡。第三阶段即国家，它是事物在新的更高级形式上的统一，它是主观和客观、普遍与特殊、形式与内容的综合。也就是说，伦理精神的发展在家庭和市民社会阶段都是片面

---

① [德] 黑格尔：《法哲学原理》，范扬、张企泰译，商务印书馆1961年版，第259页。
② [德] 黑格尔：《法哲学原理》，范扬、张企泰译，商务印书馆1961年版，第309页。

的，只有到国家这一阶段才是全面的，它包容了前两个阶段，成为伦理精神发展的最高阶段。

黑格尔的国家与市民社会之间存在着这样的辩证关系：一方面，市民社会仅仅是国家理念的一个抽象因素，它不能离开国家而存在；另一方面，市民社会在发展阶段和性质上可与国家区别开来。黑格尔不仅强调了市民社会的抽象性和中介性，也论证了国家的普遍性和伦理性。他承认市民社会的特殊性，但也肯定了市民社会对国家形成的必要性。他没有像浪漫主义思想家那样否认市民社会，而是将市民社会视为历史演化的产物，是国家发展的中介。他也没有像传统自由主义思想家那样否认国家对社会干预的必要，而是强调了国家在社会生活中的重要作用。他既批评了市民社会与国家不分的个人主义，也批评了强调国家至上的国家主义。

黑格尔理解的国家与市民社会之间的二元分离关系，并非绝对的对抗，这种分离以国家保护和完善市民社会、克服市民社会的不足为前提，而克服市民社会的特殊性从而达致国家的普遍性的力量就在市民社会之中。

黑格尔的国家理论探讨的不是现实存在的国家事实，而是抽象的国家理念。关于国家的确切概念，他是这样界定的："一群人为共同保卫自己整个所有权而联合起来，这才能把自己叫做一个国家。这种联合不是单有自卫的意图，反之它要用真正的防御来自卫，不管力量和所企求的成功会是怎样。"① 基于这个定义，黑格尔认为当时的德国，无论在事实还是在现实上都不能共同自卫，因而不能被称为国家。

黑格尔把国家看作是伦理精神的体现，具有自身的根据和目的的独立力量。他多次重申，"国家是伦理理念的现实"，"国家是绝对自在自为的理性东西"，"国家的根据就是作为意志而实现自己的理性的力量"。② 他把国家看作是人类社会生活中最高的、最完满的形式，它高于市民社会、优于市民社会，是决定家庭和市民社会的力量。然而，正如恩格斯指出的："国家也不像黑格尔所断言的是'伦理观念的现实'，'理性的形象和现实'。确切地说，国家是社会在一定发展阶段上的产物。"③

黑格尔认为，国家的本质是公共利益和个人利益的结合，国家的目的在于

---

① 《黑格尔政治著作选》，薛华译，中国法制出版社2008年版，第28页。
② ［德］黑格尔：《法哲学原理》，范扬、张企泰译，商务印书馆1961年版，第253、259页。
③ 《马克思恩格斯文集》第4卷，人民出版社2009年版，第189页。

普遍的利益本身。国家的基础不是个人意志而是普遍意志。当然，他在强调国家的普遍性的同时，并没有彻底否定特殊利益，只是认为普遍利益包含着特殊利益，国家是普遍性与特殊性的统一。这种统一是现代国家的本质和原则，它构成了国家的稳定性。

在个人与国家的关系上，黑格尔明确认为国家是目的而不是手段，国家高于社会和个人，社会和个人要无条件服从于国家。国家拥有对个人的绝对权力，而成为国家成员是个人的最高义务。个人只能成为国家的成员，个人的人格、自由和权利才能实现，生命的目的与意义才能存在。

黑格尔把"国家政权力量"作为构成一个国家最为必要的东西。他说：一群人要形成一个国家，为此必不可少的是他们能形成共同防御和国家权力。这种国家权力应当具有至高无上的权威，对内能号令天下，对外能发动战争。国家能够把一个民族凝聚成一个有机的整体，能够形成一种"民族精神"，正是这种精神，才能使结合起来的一群人成为真正的共同体即政治国家。

黑格尔主张将国家的必要的组成部分和非必要的组成部分加以区分。诸如政体、国家组织形式等都不是本质性的东西，他甚至说："整个国家权力如何存在于一个最高结合点上，其方式和形式应算作国家现实的一个属于偶然情况的部分。掌权者是一个人还是数个人，这个人或这些人是生而就处于这种尊严地位，还是选举而成，对一群人能构成国家这一惟一必然的东西来说是不相干的。"[①] 除此以外，包括法律和诉讼程序、立法权的归属、参议会的设施、各城市和等级的权利，等等，他都认为不是国家的必要组成部分，这些部分之间即便是不一致的也无关紧要。

在黑格尔看来，国家的合理性是国家理念中最为重要的内容。他从自由的角度论证了国家的合理性。国家的合理性在于实现了实体性自由和具体自由。从国家的角度来讲，国家是个人的"实体"，作为伦理概念发展进程的结果，国家意味着伦理理念变成了现实。从个人的角度来讲，个人与国家之间没有壁垒，个人只要成为国家成员，即获得了自己的实体性自由。因此，成为国家成员是单个人的最高义务，"个人本身只有成为国家成员才具有客观性、真理性和伦理性"[②]。也就是说，特殊的主体意志只有与普遍的实体意志统一起来，才

---

① 《黑格尔政治著作选》，薛华译，中国法制出版社 2008 年版，第 30 页。
② [德] 黑格尔：《法哲学原理》，范扬、张企泰译，商务印书馆 1961 年版，第 254 页。

是自由的实现。国家作为具体自由的实现，体现为政治共同体与个人自由的完满统一。

四、民族精神与战争思想

黑格尔承认国家是自在的、独立的整体，由于国家主权是不可逾越的，在每个国家之上没有更高的权力主体。在国际关系中，国家只是一个个普通的个体，由于每个国家行使的都是自己的特殊意志，而不是超国家的普遍意志，因此，国与国之间实际上一直处于自然状态。

在黑格尔看来，历史是精神和理性转变为现实存在的场所，而世界历史无非是"自由"意识的进展。① 世界历史发展的每一个阶段，都是精神、理性和自由意识发展的必然环节，这些环节又是以一个个国家和民族作为担当者。世界历史实际上就是国家发展的历史，世界精神总是由一个民族来体现。那些体现了世界精神的民族往往会成为统治民族，随着历史的发展，原有的统治民族会被新的统治民族替代。

黑格尔认为，世界历史的发展依次经历了东方王国、希腊王国、罗马王国和日耳曼王国。日耳曼民族是世界精神最完满的、最高的体现，是世界上最优秀的民族，而其他民族在世界历史中只起着从属的作用。日耳曼民族建立的君主立宪制度是国家的理性形象和现实。

黑格尔提出，在世界历史进程中，一个民族替代另一个民族取得统治地位是通过战争实现的。他反对康德的永久和平论，认为"特殊意志之间不能达成协议，国际争端只有通过战争来解决"②。战争不应被看作绝对的邪恶，因为它可以防止内部骚乱，巩固国家权力。战争甚至还具有某种崇高的意义，它能防止一个民族由于长久的和平生活和闭关自守而堕落腐化，从而保存"各国民族的伦理健康"。因此，战争不仅是必然的，而且是应然的，有它的合理性和必然性。

黑格尔虽然对战争的作用予以充分肯定，但他也指出，处理国际关系时仍要遵循国际法。"在战争中，战争本身被规定为一种应该消逝的东西"，"和平的可能性应在战争中予以保存"，"战争的矛头不得指向内部制度、和平的家庭生活与私人生活，也不得指向私人。"③ 他还认为，一国既应得到别国的承认，

---

① 参见［德］黑格尔：《历史哲学》，王造时译，上海书店2001年版，第58、57页。
② ［德］黑格尔：《法哲学原理》，范扬、张企泰译，商务印书馆1961年版，第348页。
③ ［德］黑格尔：《法哲学原理》，范扬、张企泰译，商务印书馆1961年版，第350页。

它也应同时承认别国，尊重别国的独立自主，因为"独立自主是一个民族最基本的自由和最高的荣誉"①。

五、历史地位与评价

黑格尔在西方政治思想史上具有非常重要的地位。他在世的时候，其政治思想就引起了广泛的争论。恩格斯曾描绘过这样一种情形：黑格尔的"凡是现实的都是合乎理性的"著名命题在当时同时引起了"近视的政府的感激和同样近视的自由派的愤怒"。②黑格尔去世后，关于他政治思想的争论一直持续不断，有人视之为"革命哲学""进步哲学"，而把它宣判为"复辟哲学""反动哲学"的说法也从未间断过。

首先，黑格尔的辩证法使西方政治思维水平达到了一个新的高度。他的辩证法超越了近代以来西方政治思想家以个人主义为原点、以永恒理性的自然法和机械的契约论认识国家与政治现象的形而上学的认识方法，第一次从普遍联系的、对立统一的发展过程中认识个人、个人与社会、国家与社会的关系，使他的哲学与政治思想达到了前所未有的高度。他的辩证法的"合理内核"成为马克思主义哲学的重要理论来源。

其次，黑格尔将近代国家观念发展到一个新的阶段。在西方政治思想史上，黑格尔第一次对市民社会与国家作出现代意义的严格区分，并从市民社会与国家对立统一的辩证关系中解释国家的产生和本质。这一思想路径体现了黑格尔政治思想的深刻性，对后世政治思想具有重要影响。黑格尔的国家观念直接影响了马克思早期的国家理论。"德国的国家哲学和法哲学在黑格尔的著作中得到了最系统、最丰富和最终的表述。"③

最后，黑格尔对自由主义的发展有着持久的影响。对启蒙运动以来以自然权利观、社会契约论等为代表的近代政治思想进行反思和批判，是黑格尔政治思想的起点。这些批判和反思不仅构成了批判自由主义的思想资源，也成为自由主义自我修正的理论动力。在19世纪后期新自由主义的修正、两次世界大战之间自由主义的重建，直至自由主义的当代复兴过程中，黑格尔的政治思想一直发挥着重要的作用。

---

① ［德］黑格尔：《法哲学原理》，范扬、张企泰译，商务印书馆1961年版，第339页。
② 《马克思恩格斯文集》第4卷，人民出版社2009年版，第268页。
③ 《马克思恩格斯文集》第1卷，人民出版社2009年版，第10页。

当然，黑格尔的政治思想也存在着明显的局限性。首先，黑格尔的思想体系建立在客观唯心主义之上，对存在与意识"采取了唯心主义的头足倒置的形式"①。尤其是他的国家理论，完全颠倒了市民社会与国家的现实关系，抹杀了国家产生的现实基础，同时，国家权威被他无限夸大甚至神化，从而掩盖了国家作为阶级统治工具的本质。

其次，黑格尔的政治思想反映了德国资产阶级的双重性。作为德国式的资产阶级启蒙理论，黑格尔的政治思想暗含革命性。但是，他把革命要求掩盖在艰深晦涩的哲学语言下。他推崇王权和贵族精神，对普鲁士国王卑躬屈膝，资产阶级的软弱性和保守性显露无遗。

最后，黑格尔政治思想中的某些消极因素，在历史上产生过很大的负面影响。黑格尔原本寄希望于借助强有力的君主来实现德意志的统一，最终却选择神化国家，美化日耳曼民族精神，甚至试图借助战争来推动德意志的复兴和强盛。这些主张体现了他崇尚强权政治、蔑视其他民族的消极观念，在20世纪被法西斯主义加以利用，成为德国法西斯对外扩张的重要理论依据。

思考题

1. 18世纪德国的社会状况是如何影响这一时期的政治思想的？
2. 康德的伦理与权利学说有何特点？
3. 如何理解黑格尔的国家理论？
4. 如何看待黑格尔的民族精神学说及其影响？

▶ 本章拓展资源

---

① 《马克思恩格斯文集》第9卷，人民出版社2009年版，第539页。

第九章 18世纪末19世纪初的保守主义

英国资产阶级革命的胜利，使资产阶级上升为统治阶级，这一变化，使英国资产阶级的革命性削弱，保守主义思想抬头。1789年的法国大革命，以其彻底性和激进性，引起了欧洲社会和思想界的极大震动，一些代表资产阶级上层利益和传统封建贵族势力的保守主义思想家，开始反思并激烈批评法国大革命及其理性主义思想基础，提倡尊重历史和传统，强调宗教的价值，主张渐进式变革。保守主义在19世纪欧洲各国都有所表现，但由于各国的具体社会情况和历史阶段的差异，它的表现形式和性质也有所不同：既有资产阶级自由主义形态的保守主义，也有封建贵族正统主义形态的保守主义；既表现为革命成功后英国式温和、改良的守成意识，也表现为法国保王派对革命的激烈抗拒态度，以及德国式畏惧革命的心理。

第一节 保守主义的产生

一、保守主义兴起的社会历史条件

从一般意义上讲，保守主义是相对于激进主义而言的，它是一种主张维持现状、反对激烈变革的思想倾向。这种思想倾向在各个时代特别是社会转型时期一般都会有所表现，最早出现于18世纪晚期和19世纪早期。从历史的角度看，英国的保守主义与法国和德国的保守主义相比，产生的社会历史背景和呈现的思想特征都有所不同。

英国通常被视为保守主义的发源地，这有着深厚的政治、经济和思想等背景。英国资产阶级革命后，建立起君主立宪制的政体。到18世纪上半期，英国新的政治制度逐渐确定下来。国王和上议院虽然在形式上被继续保留，但是实权基本上转到了资产阶级占优势的下议院手中。同时，英国的两党制和内阁制日益成熟，代表工商业资产阶级利益的辉格党和代表大地主利益的托利党，成为政治舞台上占支配地位的政治力量。

18世纪60年代起，英国首先发生了工业革命，到19世纪30至40年代基本完成。这次革命是资本主义工场手工业发展到机器大工业的一个飞跃，是传统农业社会最终过渡到现代工业社会的一个历史性转折。工业革命使英国在19世纪进入自由资本主义的鼎盛时期，从经济、政治和社会等各方面深刻影响了19世纪英国的历史进程。

这一时期，资产阶级面临的主要任务，一是通过争取自由贸易发展资本主义经济，二是通过法律改革和议会改革，完善政治体制，缓和社会矛盾，扩大和维护自己的统治权力。英国社会的政治斗争主要围绕选举问题、自由贸易问题和工会的合法地位问题展开。无产阶级以合作社运动和工会运动为主要形式的经济斗争，逐渐上升为以争取政治权利为目的的政治斗争，迫使资产阶级不能无视无产阶级的利益和要求。在1867年的议会改革中，资产阶级为了巩固自己的统治，不得不对无产阶级在扩大选举权、保证基本自由等方面的要求做出让步。19世纪的英国政治思想就是这一历史背景的产物。

资产阶级政治地位的改变，使19世纪的英国政治思想由革命转向改良和保守；资产阶级政治任务的变化，使政治思想由"应然"变为"实然"，即由要求建立理想的政治秩序转向维护现存的政治秩序。英国保守主义政治思想的形成既是资产阶级由革命转向改良乃至保守的表现，又是资产阶级意识形态中自由主义和保守主义分野开始形成的标志。

18世纪后期的法国大革命以暴力的形式推翻了国王，彻底打碎了旧制度，在欧洲各国产生了极大的震动。尤其是大革命后法国社会陷入不稳定状态，经历了复辟与反复辟的激烈斗争，这引起了法国乃至整个欧洲封建保守势力的强烈反应。

在法国，作为革命的对象，贵族的生命和财产均受到威胁并蒙受巨大损失，他们成为政治上的保王派，代表他们利益的思想家则成为保守主义者，而且其立场多为右翼甚至极右翼。大革命后法国的保守主义以反革命和保王党的面目出现。革命迫使法国的王室、贵族和高级教士逃离巴黎甚至法国，开始"流亡运动"，流亡中他们对大革命进行最为严厉的抨击。流亡者忠诚于君主制和天主教传统，他们认为大革命破坏了社会的基本秩序，颠覆了传统的价值观，瓦解了教会、行会、家庭等传统社会纽带，使个人"原子化"。他们认为革命是非理性的运动，充斥着暴力，是人类低下本能的暴露，是打翻一切的毁灭性运动。保守主义思想家迈斯特是法国流亡贵族和天主教徒的理论代表。

在英国，"光荣革命"后的资产阶级和知识界害怕法国大革命中出现的无政府状态和暴力革命，担心法国大革命"传染"到英国，破坏现有的秩序，社会上弥漫着一种保守主义的氛围。这种英国式保守主义坚持君主立宪制，倾向于维持现有秩序，反对彻底改造社会。英国的保守主义以柏克为代表，其代表作《法国革命论》对法国大革命提出了全面的批判。不过，从哲学和政治思想的角度看，英国的保守主义可以追溯到休谟，他的怀疑论为保守主义提供了方法论基础。

德国的政治发展明显落后于英法两国，法国大革命爆发时，德国还没有统一，社会政治秩序还停留在旧时代。软弱的德国资产阶级既欣赏法国大革命的革命性，又担心其破坏性。处于民族国家形成阶段的德意志民族在拿破仑帝国的压力之下自保心理浓厚，德意志民族的历史和文化成为知识界普遍认同的精神温床，坚持传统和注重历史成为德国思想界的主流，这是德国保守主义产生的社会和思想基础。此外，德国思想界也受到英国保守主义的影响，赞成改良，反对革命。德国保守主义的出发点有两个：一是批判法国大革命，二是实现德意志民族的统一。在清理法国大革命影响的过程中，在德意志如何实现统一的政治议题下，德国思想界以自己的思辨传统，形成了独具特色的保守主义。德国早期的保守主义以浪漫派和历史法学派为代表，这两个学派的思想家都不是纯粹的政治思想家，而是文学家、哲学家、美学家或法学家。

总之，19 世纪欧洲各国保守势力对法国大革命的惧怕，人们普遍希望结束或避免动荡，恢复秩序，这些构成了保守主义产生的一般心理基础。但由于欧洲各国的社会历史条件以及民族文化的不同，各国保守主义呈现出不同的风格：出于守成的目的，英国的保守主义更为从容，能够上升到认识论层次；出于对革命的憎恨，法国保守主义的反动色彩更加浓厚；而作为担心被法国大革命波及的"旁观者"，德国的保守主义则推崇传统和历史，以抵抗激进革命思想的冲击以及拿破仑帝国的压力。

二、早期保守主义的思想特点

保守主义的产生具有明显的针对性，即反对法国大革命及其激进主义思想基础。欧洲当时各主要国家的保守主义的主要倾向是反对激进革命，主张维持现有的传统和秩序。保守主义者认为人没有能力设计一套理想的秩序，并按照这个蓝图改变世界。在他们看来，传统最可靠，因为人类时代智慧的结晶就体现在传统中。宗教、道德、等级秩序和君主制是传统中的精华，必须保留和尊崇。保守主义的一般特点，可以概括为如下几个方面。

第一，反对激进革命，主张以渐进、温和的改革推动社会发展。早期保守主义的一个鲜明特点是反对激进革命，其思想矛头直接指向法国大革命的破坏性。

保守主义者认为，法国大革命的错误在于，它以抽象的原则为依据，试图用一个包罗万象的体系来彻底改造社会，忽视了社会各部分之间的紧密联系。他们批评法国大革命的激进主义哲学，认为激进主义试图靠人类自身的力量创造一个理想的社会，根据抽象的原则，比如天赋人权理论和自由、平等、博爱的口号，来否定已有的制度，结果破坏了自然形成的社会秩序，抛弃了长期积淀而成的传统。在他们看来，激进主义盲目乐观，相信人类有能力重建社会，而实际上人类并没有这个能力；任何国家都不是基于某个规整的计划或经过统一的设计而形成的，而是一个由其组成部分所构成的相互依赖的有机体。

需要注意的是，早期的保守主义并不是完全否定变革和所有进步，而是提倡渐进改革，即"不是实质上的改变，不是对对象作根本性的修正，而是针对人们提出的弊病直接予以补救"①。保守主义者还强调改革应当是渐进而审慎的，应当在改革的过程中，既要尊重历史与经验，又要尊重人的尊严和价值。

第二，强调人的情感、本能等自然能力，不再单纯依赖理性能力。文艺复兴以来，欧洲社会思想界呈现乐观主义倾向，人们开始相信自己把握命运的能力，逐渐放弃了传统基督教关于人性的悲观态度。经过启蒙运动的强化，人们更加坚信理性的力量，认为世界不但可以认识，而且可以按照人类意愿进行设计和改造。随后兴起的激进主义则明确提出，人类的痛苦并不是来源于人的"原罪"，而是源于罪恶的社会。激进主义肯定人的理性能力并主张根据理性对社会中不合理的现象进行改造，从而产生出乐观主义的历史观以及进步论的甚至是激进的政治主张。

激进主义的理论资源是启蒙运动，而启蒙运动的哲学基础是理性主义，因而保守主义对启蒙运动及其哲学展开批判。保守主义认为启蒙思想家盲目地崇拜演绎法，抽象地讨论人的权利。为了使得政治权威获得正当性，霍布斯、洛克和卢梭用社会契约概念和自愿服从的意志来解释国家的起源，认为政治社会是人为的，不是自然的；存在着对政治权威的限制和约束；个人有权利创建政

---

① 《自由与传统——柏克政治论文选》，蒋庆、王瑞昌、王天成译，商务印书馆2001年版，第137页。

治社会，甚至还有权利解散政治社会。他们认为，所有这些政治真理都能为理性所验证。保守主义者强调怀疑主义，认为理性不足以成为政治生活以及理解政治的基础，他们强调感情、审美、传统和习俗对政治的重要性，而指责理性主义对已有的众多重要的价值观造成巨大的破坏。

保守主义者对人性持悲观主义态度，持一种性恶论的立场，认为人类天然存在缺陷，例如脆弱、嫉妒、自私、懒惰、邪恶、贪婪、易被诱惑，因此，政治制度的设计应该设法制约个人的权力扩张欲求。比如，休谟针对人性的弱点，提出了制度设计的"无赖假设"。保守主义者认为，人的理性并不足以解决世间的复杂问题，人有时候只是部分理性的，人的理性能力是有限的，无力实现任何乌托邦式的社会改革计划；他们认为政治家应该拥有审慎的美德，而不能在做出任何行动时不考虑其长远后果；他们不相信人类设计制度的能力，认为任何一个国家都不是基于人为的某种设计，而是社会自身不断演进的结果。

需要注意的是，保守主义者并没有把经验、情感以及本能与理性对立起来，而是认为理性与情感和本能是联结着的，人的理性是被感性推动着的。

第三，遵从传统，特别是尽力保持长久流传的社会制度与宗教信仰。在保守主义者看来，法国大革命之所以具有颠覆性，就在于其完全抛弃了传统，把人类实践的历史积累全部放弃，因而只有破坏，没有建设。保守主义者认为传统的存在有其必然性，传统是历史的积淀，其中包括人们的习俗、信仰和习惯，也包括各种社会组织和社会制度，比如教会、家庭、财产制度、君主制等。保守主义者据此反对社会契约论，认为政治和法律制度不是人与人之间的契约，而是历史形成的；社会并不是一个可以任意拼装的机械装置，而是一个由各部分所组成的相互联系的有机体，其演变是一个自然过程，在历史中逐步生长，因而现存的制度中包含前人的智慧。

在更一般的意义上，保守主义者认为传统是人们认识世界的一种资源，凝聚了先辈的智慧，反映出了在以往经历了时间检验的制度和活动所累积的智慧。传统是代代相传的东西，利用传统可以克服个人知识的局限，节约人们认识世界的成本，给人们提供一种归属感。"个人是愚蠢的。一群人不假思索而率然行事也是愚蠢的；但整个人类是聪明的，而且若有时间进行思考，人类的行动就总是正确无误的。"[①] 因此，为了当世和后代的福祉，传统不但应该遵

---

① [加] C. B. 麦克弗森：《柏克》，江原译，中国社会科学出版社1989年版，第73页。

守，而且应该一代接一代地保持下去。传统是维系社会秩序的支柱，世俗统治者由于体现了传统中先验的正当性而获得统治的合法性。正是因为在很大程度上倚重传统，保守主义对革命、政变等突然的变化心存惧怕。

在保守主义者看来，法国大革命试图建立一个全新的世界，而且不尊重已有的权威，不信奉宗教；但任何试图改变现行秩序的努力都将导致与其初衷完全相反的结果，而且其结果总是得不偿失。

法国右翼保守主义者迈斯特认为，法国大革命毁灭了社会秩序，造成了无政府状态。他强调宗教的神圣性，认为宗教的作用体现在其社会功能上，如果没有宗教，法律和道德将失去权威。宗教与人们的习俗也联系在一起，他认为权威、宗教与社群是社会稳定的基础，自由主义的问题在于宣扬个人主义、平等、自由等主张，不尊重权威，不信奉宗教。在保守主义者看来，政治制度也需要宗教的支撑，如果没有对神的信仰，政治制度就没有神圣性，也就没有权威，得不到人们的遵守。迈斯特认为，政治宪法来自上帝的授意，由某些英雄人物表达出来。法国大革命反对宗教，不信任权威，而"不承认神律权威的人，对人造的国家法律也不会多么尊重"①。自由主义的另一个问题是削弱个人生活于其中的社群；而保守主义坚持共同体高于个人，与国家相比，个人是微不足道的，国家是永存的。

保守主义以封建贵族和教会以及与教会密切相关的各个社会阶层为社会的中坚，其中右翼保守主义者主张维护君主制国家以及封建等级的社会秩序、信仰秩序和法律秩序。保守主义认为秩序对于个人的自由起到保护作用，且有其自身的承继性，而法国大革命却要毁灭这种秩序，因而是一种罪恶。保守主义者还尊重秩序、等级和权威，认为不平等、不正义、贫困是人类与生俱来而无法避免的；认为社会中的秩序、阶级和等级是合理的，反对启蒙运动提倡的平等，强调尊重各个领域中的权威，强调权威是社会凝聚力和社会稳定的基石；认为人与人之间存在天然差异，人与人之间难免有高下之分，社会因此必有等级存在，这样的社会才是健全的。

总体上看，18 世纪末 19 世纪初欧洲各国的保守主义在性质上存在一定的差异。随着英国君主立宪制的建立，通过妥协的方式，英国实现了新贵族和资产阶级的利益，同时保留了传统中适用于现代政治体制的因素。英国的自由主

---

① ［英］约翰·麦克里兰：《西方政治思想史》，彭淮栋译，海南出版社 2003 年版，第 353 页。

义在那个时候已经开始转向保守，但其保守的是"光荣革命"的成果，所以英国的保守主义包含着自由主义的政治遗产。自由主义在法国的一支被民主主义替代，革命行动被推向激进，最为典型的就是法国大革命中的雅各宾专政。法国的保王党充当了革命最激烈的反对者，他们是自由主义、也是民主主义的反对派。而在法国大革命前后，德国思想界的启蒙运动、狂飙运动和古典哲学中都孕育着自由主义的因素，社会曾经欢迎资产阶级的大胆行动。但是不久，这场横扫一切旧世界的激进革命就显现出其负面效果，人们开始反思激进革命的消极面。德国社会及其知识界便提出浪漫想象或历史缓进的替代方案，它们属于保守主义思潮中的观望派与调和派。

因此，从历史角度看，英国和德国的保守主义包含着不同程度的合理因素，许多属于自由主义的成果。它们反思激进革命给社会带来的巨大震荡，认识到国家是在历史中逐渐形成的，珍视民族的情感、习俗与传统，主张谨慎、渐进的改革。它们反对通过人为的设计，突然改变已有的制度，否认人们可以一次性地建立一个全新的国家。这些观点或者凸显了自由主义薄弱的一面，或者与自由主义的某些主张重合，可以视为对自由主义的补充。

但是，保守主义的许多观点又是不足取的。例如，它对传统的内涵的界定是不清晰的，保守主义对传统的捍卫往往是前后不一致的；它否认革命在促进历史进步中的作用，主张维护或恢复旧秩序；它怀疑普通民众的政治能力，强调精英的政治作用，维护等级制；它在哲学上全面批评理性主义，夸大理性主义与政治专制之间的联系，等等。这些都是错误的或片面的，也是违背历史潮流的，反映了其阶级局限性。

第二节　英国的保守主义

一、休谟的政治思想

1. 生平与著作

大卫·休谟（1711—1776），英国著名的哲学家和政治理论家，也是近代保守主义的先驱。休谟出生于苏格兰，12岁进入爱丁堡大学读书，晚年回到爱丁堡定居。休谟一生主要从事研究和写作，曾任家庭教师、英国驻法大使的私人秘书和副国务大臣。他的政治倾向并不明显，但基本立场属于保守主义。休谟在世的时候已经由于其著作而知名。他的研究领域涉及哲学、伦理学、宗教、政治、经济、历史等，其主要著作包括《人性论》《人类理解研究》《道德原则研究》《宗教的自然史》《自然宗教对话录》和《英国史》等，政治论著主要为若干篇论文。休谟采用经验主义的方法，致力于研究"人的理解、情感和道德"等人性的重要方面，"休谟那无所不包的'人性科学'，现在已成为各个领域专家——诸如心理学家、伦理学家、宗教学家、政府学家、经济学家和社会科学家——的研究对象。"① 休谟曾与卢梭、狄德罗、达朗贝尔、霍尔巴赫以及亚当·斯密等著名启蒙思想家有交往。

2. 怀疑主义

休谟的哲学思想以怀疑论著称，主张知识来源于感觉，对理性的能力提出怀疑。他认为知识来自人的经验，提出了著名的经验主义论断，即认为因果关系不过是一种习惯性联想，并以此来论证自然法和社会契约论的方法论错误。由于法国大革命的激进主张是以自然法和社会契约论为理论基础的，因此休谟对它的批判，便成为其后英、法、德各国保守主义的理论起点之一。

休谟生活在英国光荣革命完成的时代，资产阶级革命的一面已经削弱，作为统治阶级，其保守性逐渐显现。作为早期资产阶级革命思想武器的自然法和社会契约论首当其冲受到质疑。休谟率先从哲学的角度批评了自然法，指出自然法理论的错误在于夸大理性，他提出对真理、事实和价值的区分，把理性的作用限制在推理知识的范围内。在休谟看来，以往的学者在"理性""事实""价值"三种含义上使用理性概念，这三种含义分别为必然真理、事实联系、价值准则，它们与理性的关系需要进一步澄清。

所谓"必然真理"是指：如果某项前提能够成立，其合乎逻辑的结论也就随之成立。比如，关于数量的抽象推理，如果某项命题是真的，那么由其合乎逻辑地推出的命题也必然为真。这些观念之间具有"必然真理"性质，可以从前提中推断出观念之间的逻辑联系。休谟认为，这类由理性确定可靠性的知识，仅仅存在于数学的局部领域。像天赋人权、自然状态和社会契约等关于人类状况和社会状态的知识，都不是数量间的关系，而是关于事实的知识，无法通过理性推论出来。

---

① ［美］欧内斯特·C. 莫斯纳：《大卫·休谟传》，周保巍译，浙江大学出版社 2017 年版，第 15 页。

在休谟看来,"事实联系"不是观念之间的联系,人们不能靠逻辑推理得到关于事实的知识。关于事实关系的知识建立在经验基础之上,人们通过观察和体验,发现某些事实或事件之间存在联系,得出关于事实的知识。关于事实之间的联系,人们也在进行推论,但关于实际事情的推论立基于因果关系之上。理性主义者认为,人们对因果关系的把握是通过理性的归纳,因而因果关系是一种逻辑联系。休谟则认为,自然界的那些有因果关系的现象之间不存在先验的保证,因果关系来自人的一种习惯性联想,人们总是把相伴发生的两个现象之间看作有因果关系。作为一种习惯性联想,人们不能从今天的太阳从东边升起这个经验观察,推理出明天的太阳还会从东边升起。因此,休谟认为关于人类状况和社会状态,不存在天赋人权、自然状态、社会契约等先验的理论。

从经验主义的立场出发,休谟认为关于道德以及政治问题的判断不属于知识的范畴,而出于人们自身心理的判断。人们在作出价值判断时,依据的是当时的感觉和心理状态,而不是内在的道德标准。快乐的经验使人产生喜爱的偏好,痛苦的体验使人产生厌恶的判断。当人们评价某一种行为的好或坏时,不是基于理性决定,而是出自某种意向或愿望。人的道德行为受激情的支配,理性在这里无能为力。由于事实和价值无法自我证明,休谟把关于它们的知识称为"习俗",习俗与理性无关,而与人类的动机和爱好有关。人们习惯于运用习俗使事实和价值显得"有理",人们可以从中得出带有某种稳定性的行为规范,才使它们显得"有用"。像自由、平等、公正、权利这些价值判断,都是人们在长期实践中得出的习俗。

根据以上理论,休谟指出,自然法理论的一个错误在于把自由、公正等价值判断都当作真理,并以理性作为其真理性的依据。他认为,自由、权利等价值判断与人们的意愿和癖好有关,既不能来自理性本身,也不以经验为基础。总之,休谟在实然(to be)与应然(ought to be)之间划了一条鸿沟,坚持事实与价值的区分,认为人们无法从实然推导出应然。

3. 批评社会契约论

休谟认为关于国家起源的社会契约论也站不住脚。人类社会的基本原则不是来自原始契约,相反,政治制度和道德原则是人们为了适应环境的需要而制定的。

休谟对社会契约论的批评包括四个方面。第一,"自然状态"是哲学家的一种虚构。契约论者在追溯政府的起源时，把原始状态下的人类设想为野蛮、孤独、穷困和软弱的，人们通过建立社会弥补这些弱点，通过与他人的联合和互助保护自己，并借以满足个人更多的要求。休谟认为原始人尚未开化，没有如此强的计算能力，并由此结成社会；他们只是从满足原始的生存和繁衍的欲望出发，在家庭的合作中体验组成社会的益处。第二，社会的建立不是一蹴而就的，而是逐渐形成的，不会在某一时刻形成一份约束力永存的"原始契约"。实际情况是，为了避免对财产的争夺，解决稀缺资源的分配问题，人类逐渐达成了所有权的观念，财产、权利和义务等观念陆续出现。第三，人类社会的建立是一种习俗产生的过程。政治制度和道德原则并非出自人的理性构建，而是人们在实践过程中为了便利而形成的各种规则的累积。第四，契约论无法解释政府变动时合法性的来源。历史上没有哪一个政府实际上会去征得臣民的同意，有记载的任何政府都不是因人民自愿的"同意"产生的，多半是侵占的结果。[①]

4. 政府起源理论

在批评了社会契约论之后，休谟提出了自己的政府起源理论。他从人的自私本性和自然资源的稀缺两个方面来解释政府的起源。在休谟看来，人的本性是自私的，人们首要关注的是他们自己的需要或与他们最亲近的人的需要。人性的一个弱点是短视，人们无法看到自己的长远利益。由于自然界能够满足人们需要的资源是稀缺的，不足以满足每个人的欲望和需要，人际争夺因此不可避免。为了避免冲突，促进合作，需要正义原则来协调人际关系，需要政府来纠正人性的弱点。从正义观念形成的角度，"正义只是起源于人的自私和有限的慷慨、以及自然为满足人类需要所准备的稀少的供应"[②]。从政府形成的角度看，政府的存在是针对人性的缺陷，"人们无法根本地救治自己或他人那种舍远图近的褊狭心理。他们不能改变自己的天性。他们所能做到的就是改变他们的境况，使遵守正义成为某些特定的人的直接利益……因此，这些人不但在自己的行为方面乐于遵守那些规则，并且还要强制他人同样地遵守法度，并在全社会中执行公道的命令"[③]。休谟认为，只有通过政府制定规则，并使人们遵守它，才能实现人们的长远利益。

---

① 参见《休谟政治论文选》，张若衡译，商务印书馆1993年版，第122页。
② ［英］休谟：《人性论》，关文运译，商务印书馆1980年版，第536页。
③ ［英］休谟：《人性论》，关文运译，商务印书馆1980年版，第578页。

在休谟看来，能够使分工和协作得以维持，能够为社会成员普遍接受的正义观念包括三个基本原则：财产占有的稳定，根据同意的转让，以及允诺的践履。首先，确保财产权的有效，以便每个人都能够平静地享受凭运气和勤奋得到的东西；其次，在财产权分明的前提下，个人之间的财产交换能够公平和顺利地实现；最后，履行诺言的义务，因为如果人们不能用许诺来约束自己，前两条法则就无法实施。休谟特别指出，只有许诺才是一种契约行为，所以真正的契约在社会产生之前是不可能的，"许诺在自然状态中是不可理解的，也不是在人类成立协议之前就存在的；一个不知道有社会的人永远不会与他人订约"①。

从逻辑上讲，正义观念产生于政府成立之前，"他们如果没有正义，如果不遵守关于稳定财物占有、根据同意转让所有物和履行许诺的那三条基本法则，他们便不可能维持任何一种社会。因此，这三条法则是在政府成立以前就已存在，并被假设为在人们还根本没有想到对民政长官应该有忠顺的义务之前，就给人们加上了一种义务"②。

休谟认为，政府的产生是人类文明发展的重要里程碑，自政府产生以后，人类进入文明社会。由于有了财产权的概念，人们可以稳定和持续地占有财产，依据同意而进行财产转移，财富得以积累。文明社会的人们通过正义的观念建立政府，经过政府的统治约束人性的弱点，保障个人的权利。"这个政府虽然也是由人类所有的缺点所支配的一些人所组成的，可是它却借着最精微的、最巧妙的一种发明，成为在某种程度上免去了所有这些缺点的一个组织。"③

因此，个人有服从政府的义务，休谟称之为人为的美德。如果政府变成谋取私利的工具，那么反抗它就不是不道德的。政府有时会成为统治者谋取私利的工具，在这时，统治者很可能变得专制，臣民的生活因此被破坏。休谟认为，在这种情况下，如果臣民具有除去这些统治者的能力，则可以自由地推翻他们。证明政府的产生方式与为什么应该服从它，是两个完全不同的问题。人们是为了和平和有序的社会而服从权威，由于没有一个政府是建立在契约的基础上，而是建立在征服或篡夺的基础上，因此，坏政府有可能出现。

---

① ［英］休谟：《人性论》，关文运译，商务印书馆1980年版，第556页。
② ［英］休谟：《人性论》，关文运译，商务印书馆1980年版，第581—582页。
③ ［英］休谟：《人性论》，关文运译，商务印书馆1980年版，第579页。

从怀疑论哲学和反对理性主义出发，休谟提出了所谓的"无赖假设"，将其作为政治制度设计的出发点。为了避免坏政府的出现，在设计政治制度时，理智的方法是"每个人都必须被设想成无赖"，即假设每个人总是追逐私利。不能把好制度寄希望于统治者的善意，好政府不依赖统治者的美德而存在，而是能够确保个人追逐私利的行为受到控制，并把它引导到服务于公共利益上："许多政论家已将下述主张定为一条格言：在设计任何政府体制和确定该体制中的若干制约、监控机构时，必须把每个成员都设想为无赖之徒，并设想他的一切作为都是为了谋求私利，别无其他目标。我们必须利用这种个人利害来控制他，并使他与公益合作，尽管他本来贪得无厌，野心很大。"①

根据这种设想，政府的功能是限制那些力图通过不公平的行为谋取私利的人，限制那种出于急功近利的冲动而不顾长远利益的行为。这样的恶行源自人性的弱点，需要依靠政府来克服。政府基本的和主要的目标是实现公正，其实现的途径是保护私人财产和确保合约的履行。

总的说来，休谟对自然法、社会契约论及其背后的理性主义哲学的批判，在思辨上有一定的合理成分，但他的怀疑论、经验论和功利主义显然不足以指出自然法与社会契约论的真正缺陷，不可能揭示国家与政府的真正起源。而且，他自己提出的人性论、正义观与政府理论在其基本预设方面与社会契约论是一致的，仍然是抽象的、反历史的。他的保守主义思想保留了大量的自由主义因素，充分反映出当时英国资产阶级安于"光荣革命"以来之现状、反对激进革命的普遍立场。

二、柏克的政治思想

1. 生平与著作

埃德蒙·柏克（1729—1797），英国政治思想家，近代保守主义的创始人。柏克出生于爱尔兰一个富裕的律师家庭，曾先后在都柏林三一学院和伦敦中殿法学院求学，学习了法学、政治学和文学。柏克也是一位出色的政论家，这与他丰富的从政经历有关，他不但担任过官职，而且自1765年开始担任英国的下院议员，达28年之久。

柏克早期是自由主义者、坚定的辉格党人。他赞赏英国的"光荣革命"，

---

① 《休谟政治论文选》，张若衡译，商务印书馆1993年版，第27页。

支持议会独立，主张削弱王权，成为英国政体改革的支持者。北美殖民地爆发独立战争的时候，他支持北美革命，反对英国对北美殖民地的压迫。然而，柏克被法国大革命的强度所震撼，对法国大革命的原则进行了激烈的批评，不仅立场与支持法国大革命的辉格党人存在严重分歧，而且还加入了托利党领导的反法联盟。柏克一生政治立场的变化，正如英国学者阿克顿所言："柏克则是一个十足的保守主义性质的人，这种十足性也把柏克信奉的其他所有原则都涵括起来，使得柏克第一个成为既是自由主义又是保守主义的人。"①

柏克的著述大多是针对性较强的时评性论文、演讲和书信，他最为著名和系统的著作《法国革命论》（1790 年），被视为近代保守主义的开山之作。柏克没有创立一套完整的政治哲学理论体系，但他在讨论具体问题时所阐述的一些重要思想，都被后来的保守主义者视为基本的原则。柏克在《法国革命论》中所阐述的六个主要论题长期以来一直是英国保守党的思想基础。这些论题包括：强调宗教的重要性以及宗教被国家承认的意义；憎恨和谴责政治改革或社会改革过程中对个人权利的侵害；攻击革命的平等观念，认为等级和地位的差别是实际存在的和必要的；拥护私有制，认为它本身就是一种对社会幸福至关重要的神圣制度；认为人类社会不是一个机械体，而是一个有许多奥妙之处的有机体；基于社会有机体的特性，主张社会进步必须同过去保持连续性，尽可能使变革逐步进行，尽可能不去打乱原来的正常秩序。②

2. 批判传统的社会契约论

柏克反对启蒙思想家提出的社会契约论，认为个人的权利不可能来自以往某个时刻订立的一项社会契约。首先，柏克认为社会的契约关系是普遍的和连续的社会关系，需要每一代人的参与，因而不可能由某一代人单独完成。国家不仅是生者与生者之间的契约关系，而且是生者、死者和后人之间的契约关系。每个特定国家的每次契约只不过是永恒社会的伟大原始契约的一项条款而已。它把低级事物和高级事物联系起来，按照不可违背的誓约（它控制着一切物质和精神）所认可的固定契约，每个事物均各得其所。③ 可见，柏克扩大了

---

① 《自由与权力——阿克顿勋爵论说文集》，侯健、范亚峰译，商务印书馆 2001 年版，第 361 页。
② 参见［英］休·塞西尔：《保守主义》，杜汝楫译，商务印书馆 1986 年版，第 29—30 页。
③ 参见［英］柏克：《法国革命论》，何兆武、许振洲、彭刚译，商务印书馆 1998 年版，第 129 页。

对社会契约的理解，不是将其视为"原始契约"，而是视之为一种"代际契约"。

其次，柏克认为，如果按照社会契约论的观点，国家可能被看作不过是咖啡、织布、烟草这类"低等"生意中合伙关系的协定，可以为一时的利益而订立，随参与各方之意而解散。相反，他认为，人们必须带着尊崇的心态来看待契约，因为它不是一种只涉及从属于一般动物性生存的那些事物的合伙关系，这些事物总是暂时的、可灭的。国家是所有科学、所有艺术、所有品德与完善中的合伙关系。① 这样，柏克在另一种意义上扩大了对契约的理解，即把社会中具有普遍意义的、有关人际合作的关系，都看作契约关系。

最后，柏克反对当时流行的自然权利学说，认为自然权利学说本身存在谬误，把自然权利这种存在于非文明社会的事物运用于文明社会中，而社会人是没有自然权利的，人不能同时享有非文明社会和文明社会的权利。另外，对于人的权利包括哪些、人的权利从何而来这些问题，自然权利学说都无法解释。柏克认为，已有的惯例告诉人们有何权利以及权利来自何方；人的基本权利来自传统和习俗，而不是来自抽象的原则。

3. 尊重历史、传统与成见

柏克主张应当尊重历史、传统和成见。其具体观点和理由如下：

第一，反对剧烈变革，尊重已有的秩序和传统。柏克认为，秩序和传统是人类在长期的历史活动中形成的，是千百年来人们屡次尝试的结果，不可能都是糟糕的，为了社会的稳定，秩序和传统最好予以保持，历史则表现为人们接受和保有以及传递关于政府和权利等政治组织和原则。在英国资产阶级革命中，"英格兰人民非常清楚，继承观念能够产生出某种稳妥的保守原则和某种稳妥的承袭原则，而且丝毫不排斥革新原则。它让人们自由地获取新东西，也让人们守住业已取得的东西"②。历史的意义在于其超越某一代人的理性的力量，历史为每一个社会共同体的延续提供了纽带。比如，英国的典章制度自封建时代起便保持着连续性。自1215年制订的《大宪章》，经1628年的《权利请愿书》等宪法性文件，一直延续至今，构成了英国的宪政传统。1688年的

---

① 参见［英］柏克：《法国革命论》，何兆武、许振洲、彭刚译，商务印书馆1998年版，第129页。
② 《自由与传统——柏克政治论文选》，蒋庆、王瑞昌、王天成译，商务印书馆2001年版，第121页。

"光荣革命"既限制国王的权力,又规定了议会上院和下院各自的权力,同时维护了个人的自由权利。因此,柏克肯定英国资产阶级革命的成果。

第二,反对理性万能论。柏克注重历史、遵从传统的另一个依据在于人性本身的缺陷,即人的理性能力是有限的,人类行为中同样有很多非理性因素。在他看来,要了解一个现有的社会已经很难,人类如何从头再造一个社会呢?关于建立一个共同体或者对其加以更新和改造的科学所需要的知识,与任何其他的实验科学一样,不可能在事先获得。柏克认为,在法兰西的传统中,从笛卡儿到卢梭,革命思想家们大都有理性万能的倾向,他们偏好普遍的理念和原则,并且相信一切都可以而且应该以理性为依归、由理性来作出最后的判断。他们往往把局部的、个别的结论加以推广,用万能的理性重新建设世界,结果导致政治上的集权和暴政,法国大革命就是一个典型事例。

第三,推崇社会既有的成见。柏克认为,历史以习俗、惯例、成见等传统为载体,其中,成见是传统的重要组成部分,是历史长期积淀的精华。成见的一个功能在于,它们可以供我们在紧急情况下迅速加以运用,不会让人在决定关头犹豫不决。成见的另一个功能是使一个人的美德成为习惯,而不至于成为一系列无关联的行动。正是通过成见,一个人的责任才成为他天性的一部分。因此,"我们不是抛弃我们所有的那些旧的成见,而是在很大程度上珍视它们;……它们存在的时间越长,它们流行的范围越广,我们便越发珍视它们"①。

在成见的形成过程中,理性和情感均发挥作用。柏克认为,人的情感,特别是本能流露的情感非常重要。人性中"彼此同情和相近一致的情感"是结成社会的基础。把见解与情感结合起来,就是"合理的成见"。由于成见具有重要的指导功能,所以睿智者不是打破成见,而是利用成见中的智慧。如果他能够找到其中的智慧,便有助于行动的成功,因为包含着理性的成见能够为这种理性提供实践的动力,也能够提供一种使其永存的感情。

在英国,已有的成见包括教会制、贵族制和财产制,英国资产阶级革命的成功在于遵从成见,保留了私有财产,保护了议会的权利,并且尊重宗教和自由传统。法国大革命的错误在于,它"无法举出任何惯例为自己辩护。它侵犯的不仅是法国社会赖以存在的权利,也是所有社会赖以存在的权利。这些权利所依据的原则是普遍的原则,在其他国家与在英国一样是真实不谬(或荒唐不

---

① [英]柏克:《法国革命论》,何兆武、许振洲、彭刚译,商务印书馆1998年版,第116页。

实）的"①。

第四，尊重宗教。柏克认为宗教是值得珍视的传统之一，在他看来，法国大革命最不能容忍的便是其无神论行为，在法国大革命时期，国教被废除，教会的财产被大量没收。柏克认为，人在本质上是一种宗教动物，无神论不但违背人的理性，也违反人的本能。宗教是"公民社会的基础，是万善、万福之源"②。教会与国家是不可分割的两个概念，同时是整个宪法的基础。一方面，柏克承认国教是一个含有深邃的、广大智慧的成见，宗教在人的精神世界居于第一性和终极性的地位。教会的存在有利于道德和纪律，没有宗教，人们就不能摆脱一切从自私出发的贪念，就不能摒弃一切自私意志的诱惑。另一方面，他认为国教有必要把国家奉为神圣，以便使得自由的公民怀有健康的敬畏，并能够按照国家的利益去行事。作为国教的宗教具有约束统治者的功能，可以让一切管理人间政府的人对自己的职责和使命抱有崇高的观念，使他们能够免于一时的蝇头小利的吸引和转瞬即逝的赞扬，关注他们本性中稳固和持久的存在，注重长久的名誉和荣耀。柏克指责法国大革命对教会财产的剥夺是一种暴行，因为不能根据政治的理由剥夺财产，那是一种野蛮的哲学。

4. 保守的变革观

由于柏克生活在"光荣革命"后的英国，并考察了美国革命和法国大革命，因此，他对这三次革命有着比较深刻的认识。面对现实世界的巨变，他从保守主义立场出发，对三次革命表现出不同的态度，体现出一种保守的变革观。虽然柏克主张尊重秩序和传统，但是这并不意味着他反对一切变革，他只是反对激进的变革，主张渐变，让人们有一个调适的过程。

柏克认为，英国资产阶级革命既坚持了传统，也进行了变革，所以是成功的。英国资产阶级革命中进行的变革不是依据抽象的理论，而是依据过去的实践。不论某种理论如何貌似有理，人们也不应当根据这一理论去摧毁任何传统的政府制度。英国的体制是历史的积淀，其中包括了君主制、贵族制和议会制，它们分别由国王、上院和下院体现。1688年的"光荣革命"没有确立新的立国原则，而是继承了既有的宪政传统。英国革命通过立法，限制了国王的权

---

① 《自由与传统——柏克政治论文选》，蒋庆、王瑞昌、王天成译，商务印书馆2001年版，第178页。
② 《自由与传统——柏克政治论文选》，蒋庆、王瑞昌、王天成译，商务印书馆2001年版，第235页。

力，明确了议会的主权，和平解决了议会和王权之争。英国的智慧在于妥协，以宪政精神平衡了国王和国会，而且可以避免暴政。政治权力的结构体现了三种政治势力的平衡，"光荣革命"之后，国王依法继续拥有广泛的特权和影响力，有产阶级仍以出身和财产来排定等级，保有广泛的特权。"光荣革命"实际上是对大宪章精神的回归。

对于美国革命，柏克认为它起因于英国政府忽视个人财产权，单方面决定对北美殖民地征税，并以之作为对殖民地的主权体现。这种做法由于违反了英国代表权与征税权对应的观念，侵犯了殖民地居民的自由，导致殖民地的强烈反对，最终爆发了战争。传统上英国对殖民地不直接征税，至多只在英国本土对来自北美的输入商品征收关税。英国通过对北美商业的垄断，保证英国的商业获得利益，因此英国对于殖民地征税的做法不符合传统。柏克认为英国政府无权对殖民地征税，主张政府应该回到以往大英帝国对殖民地不直接征税的传统做法，呼吁英国议会"撤销法案，恢复旧章，重现古老的安宁与和谐"[①]。柏克同情美国革命的原因在于，他认为美国革命是从英国传统自由观念出发的。

柏克认为，法国大革命完全抛弃传统，从根本上动摇了社会秩序和自由的基础，把在漫长的历史过程中所形成的一切美好事物全部毁灭，所以是暴行。柏克谴责法国大革命中没收教会土地等破坏宗教的做法，反对彻底抛弃已有的制度，认为法国大革命破坏秩序，特别是破坏了等级秩序，就像是在没有地基的地方建楼。他甚至反对英国承认法国政府，要求对法国新政权发动战争。

柏克认为，法国大革命的错误在于以抽象的理性观念为依据。他否定法国大革命中坚持的天赋人权观，认为法国人以抽象权利的名义发动革命，推翻了法国有着长期传统的制度。法国大革命所标榜的"自由"乃是一种形而上学的抽象概念，而不是现实生活中的具体自由。法国大革命者们的自由是破坏而不是创造，这种破坏的后果是导致一种新的专制，以维持大革命后的秩序。柏克预言这种专制主义会蔓延到法国境外的整个欧洲。

柏克区分了变革（change）和改革（reformation）。他认为变革改变了对象自身的实质内容，而且在把一切连带的、附属的坏东西剪除的同时，把一切根本性的好东西也剪除掉了，变革是求新。他主张的改革不是实质上的改变，不是对对象进行根本性的修正，而是"针对人们提出的弊病直接予以补救。只要

---

① [英] 爱德蒙·柏克：《美洲三书》，缪哲选译，商务印书馆2003年版，第51页。

弊病一除，一切便臻于完善"①。因此，对于政治改革，一定要审慎，要一步一步地办理事务，每步只求落实一个目标。"审慎（Prudence），在所有事物中都堪称美德，在政治领域中则是首要的美德。审慎将领导我们去默许某些有限的计划（这些计划不符合抽象观念表现出来的充分的完美性），而不会引导我们去大力推行无限完美的计划（要实现这种计划就必须打碎整个社会结构）。"②

在政体问题上，他主张精英治理。出于对法国大革命中"大民主"的破坏性的惧怕，柏克对民主制度提出了激烈批评。他认为，民主制度对多数的权力没有任何限制，当民众中出现政治分歧时，公民中的多数便能够对少数施加压迫，而且这种对少数的压迫会扩大到更多的人身上，而且几乎会比我们所畏惧的单一的王权统治更加残暴。因此，"完美的民主制就是世界上最无耻的东西。因为它是最无耻的，所以它也就是最肆无忌惮的"③。柏克进一步分析了产生"多数人的暴政"的原因，即民主制度下多数决定的决策原则：人们常常将多数原则视为多数派说了算，明明是部分人的决定，却被推定为整体的决定。民主的另外一个弊病是，不能对权力实施有效的制衡，无法防止权力被滥用，个人专制或"多数的暴政"均难以避免。

柏克蔑视下层民众，认为像理发匠、小商贩以及从事更为低级职业的人没有资格和能力统治他人。他们对于政治既缺乏经验，又不具备相应的伦理观念。只有贵族、新兴农场主、工商业主和知识精英，才具备统治的能力和治国所需要的道德。这样的人士拥有固定财产，受过良好的教育。这个阶层是维系社会的纽带，保持秩序的依靠。柏克把这些人称为"天然的贵族"，认为"没有他们，就没有国家"，进而，"必然产生这种贵族的文明社会的国家是自然的国家，较之一种野蛮、散漫的生活方式，它更确实是如此"④。

通过总结法国大革命的教训和英国革命的经验，柏克认为，要保持良好的社会秩序，一是需要坚持已经自然形成的等级秩序，维护贵族的统治地位。不过，他所谓的"天然贵族"是一个开放的阶层，不是以名号或头衔论贵族，而是以那些贵族的特征为标准。只要具备了这样的特征，任何人都可以进入贵族

---

① 《自由与传统：柏克政治论文选》，蒋庆、王瑞昌、王天成译，商务印书馆2001年版，第137页。
② 《自由与传统：柏克政治论文选》，蒋庆、王瑞昌、王天成译，商务印书馆2001年版，第304页。
③ [英]柏克：《法国革命论》，何兆武、许振洲、彭刚译，商务印书馆1998年版，第125页。
④ 陈志瑞、石斌编：《埃德蒙·伯克读本》，中央编译出版社2006年版，第245页。

阶层。二是需要维持王室、贵族（上院）和下院之间的平衡。王室政府由国王及其大臣组成，具体管理国家的行政事务；议会上院由贵族代表组成，代表上层阶级；下院由人民选出的代表组成；议会两院拥有立法、财政和监督行政的权力。在谈到议会的代表性时，柏克指出，"议会是一个具有共同利益、整体利益的同一国家的决策性会议——在这里起主导作用的不该是地方利益、地方偏见，而应该是以全体人民的普遍理性为基础的普遍利益。"①

柏克还对政治精英的党派活动提出了限制原则。他从执政应该以公共精神或国家利益为先的原则出发，要求政党必须以国家利益为宗旨。柏克把政党规定为"是人们为通过共同努力以提高民族福利，并根据某种他们共同认可的原则而结成的组织"②。人们结为政党是为了依据他们共同认可的某一原则，同心协力，以推进国家的建设。加入政党之前，必须认同建党的一般性原则，一旦志愿加入某一政党后，其成员就必须遵守党的纪律，"即使在你自己的清醒想法与你的政党的观点直接对立时，你也得盲目遵循政党的观点，这是政治联合必然产生的后果"③。加入政党的政治精英应该与持相同观点的人一道行事，不让私人的考虑破坏他们对共同观点的忠诚。

柏克的政治设计既涉及国王、贵族和平民力量的平衡，也涉及如何处理党派利益和国家利益的关系问题。一方面，柏克主张把权力垄断在政治精英手中，以保证国家统治的正确性；另一方面，他又提出政党的行为准则，对政治人物的党派活动加以限制。自近代以来，英国政体的结构和政治运作的机制，基本上遵循着这样的原则。

柏克的思想不以深奥、系统著称，但其保守主义思想观点鲜明、内容丰富，使他当之无愧地成为保守主义的鼻祖，正如亨廷顿所言，"所有保守主义的分析家都承认埃德蒙·伯克是保守主义的原型，其思想的基本要素构成了保守主义的基本要素。"④《法国革命论》成为19世纪法国和德国保守主义的直

---

① 《自由与传统：柏克政治论文选》，蒋庆、王瑞昌、王天成译，商务印书馆2001年版，第166页。
② 《自由与传统：柏克政治论文选》，蒋庆、王瑞昌、王天成译，商务印书馆2001年版，第148页。
③ 《自由与传统：柏克政治论文选》，蒋庆、王瑞昌、王天成译，商务印书馆2001年版，第151页。
④ [美] 塞缪尔·亨廷顿：《作为一种意识形态的保守主义》，王敏译，载《政治思想史》2010年第1期，第158页。

接思想来源，并成为此后保守主义者不断援引的"圣经"。柏克对激进革命的批判、对社会与传统的诠释，促使人们关注革命有可能带来的灾难性后果和人类行为中的非理性因素，促使人们对传统持一种审慎的态度。柏克的观点虽然不无睿智、深刻之处，但其谬误与偏见也同样是显而易见的：他无法提供对社会、历史及其发展的科学认识，夸大传统的作用，没有对传统中的不同成分作出区分；同时，他的阶级局限也使得他推崇贵族制、等级制，贬低底层民众的力量，看不到革命在历史发展进程中的伟大意义。对于柏克的保守主义立场，激进民主主义者潘恩曾犀利地指出："他对触及他心灵的不幸的现实无动于衷，却被吸引他想象力的披着美丽外衣的现实所打动。他怜惜羽毛，却忘了垂死的鸟。"①

第三节　法国和德国的保守主义

一、法国的右翼保守主义

19世纪上半叶法国的保守主义者包括正统派代表人物迈斯特与博纳德。

1789年法国大革命爆发后，政治上出现保王党，史称正统派；思想界出现保守主义，强烈批评和反对大革命。法国右翼保守主义攻击启蒙运动中的理性与进步的学说，激烈地反对法国大革命，反对自由主义，认为革命破坏了社会秩序，造成无政府状态。他们主张恢复教会对欧洲的统治，恢复王权的权威。他们反对自由主义关于个人理性的观点，认为人性有缺陷，理性能力有限，需要来自上帝和权威的约束。他们认为法律是自然生成的，是对人们既有权利的宣布；法律不是国家创造的。迈斯特与博纳德是法国右翼保守主义的主要代表人物，与博纳德相比，迈斯特的思想更为系统。

约瑟夫·德·迈斯特（1753—1821），大革命后法国保守主义最重要的思想家，其最具代表性的著作是《论法国》（1796年），该书被视为法国保守主义的经典。作为贵族，迈斯特因大革命而蒙受重大私人财产损失，政治上也颇受挫折，因而仇恨和反对法国大革命。他的《论法国》概括地表达了法国流亡者的主张，因而他"被视为法国贵族流亡分子中的知识分子首领，因为他表达

---

① 《潘恩选集》，马清槐等译，商务印书馆1981年版，第126页。

了这个混乱的、分裂的、迷失方向的反革命流派的感情"①。通过这本书以及他的其他著作,如《主权研究》《圣彼得对话录》,迈斯特较为系统地阐述了他的保守主义主张。

迈斯特在哲学上秉承柏拉图—奥古斯丁的神秘主义,反对启蒙思想中理性主义的方法论,反对理性是万物的主宰这样的假设。"这便是迈斯特的核心信条:理性主义的观念全无用处"②,即认为理性并不能给人性带来光芒。从非理性主义出发,迈斯特反对抽象地谈论人,认为"人""自然"和"天赋权利"这些抽象的概念毫无意义。他只承认具体的人,比如法国人、英国人。对于人的本性,迈斯特认为,个人在本质上是懦弱、自私的,需要宗教和王权来约束。迈斯特据此反对作为自由主义思想基础的个人主义,认为个人主义最大的弊端在于削弱了社会稳定和秩序的基础——权威、宗教和社群。

在政治上,迈斯特维护"合法王统",为教权主义和专制政体辩护。迈斯特强调人并非是生而自由的,而是倾向于接受等级制和君主的命令,并认为人民的权利经常来自于君主的批准,这是可以由历史加以证明的。他指责法国大革命抛弃了教会和君主这两种原本起着社会纽带作用的制度,使得社会面临解体。大革命时期的法国人无所遵从,社会秩序被破坏,约束人的伦理链条断裂。大革命中邪恶当道,道德败坏,人们视自己重大的犯罪为儿戏,蔑视一切体面的事。③ 他还认为,启蒙运动对上帝的怀疑,导致了世俗社会对政治权威的敌视。

在宗教观上,迈斯特坚持一种神定论,认为世间的一切均是上帝意志的体现,并以此为基点解释政治现象。他认为,上帝的法则与物体运动的规律一样实在,民间习俗以及一些节日都是来自宗教的合法性,甚至法国大革命的破坏性也是神的旨意。上帝创造了人,人的自由来自上帝的恩惠,上帝也规定了个人自由的范围。更为重要的是,任何人类的制度,如果没有宗教基础的话,那么它将是无法持久的,政治权力的合法性也来自神定。倘若法律缺乏宗教基础,它将是一种缺乏神圣性的法律,宪法的权威来自上帝的授权,由一些英雄

---

① [意] 萨尔沃·马斯泰罗内:《欧洲政治思想史——从十五世纪到二十世纪》,黄华光译,社会科学文献出版社1992年版,第208页。
② [法] 约瑟夫·德·迈斯特:《论法国》,鲁仁译,上海人民出版社2005年版,第9页。
③ 参见 [法] 约瑟夫·德·迈斯特:《论法国》,鲁仁译,上海人民出版社2005年版,第59页。

人物根据神定的法律，把上帝的命令表达出来。迈斯特用历史来证明神意的存在，认为合乎正义的行为来自上帝，并且经过了人类历史长时间的检验。

在国家的起源问题上，迈斯特反对社会契约论。他主张，不要相信一个国民议会就能创立一个国家，政府的建立不像制造一台机器。政治制度既不能借助先前的推理，也不能靠协商来建成。卢梭的契约论区分了自然状态和社会状态，是主观的推想，"把社会状态描述为一种可以选择的状态，并且是建立在人们的同意、协商和原始契约的基础上，这是一个根本性的错误"①。任何政体都不是讨论的结果，成文的基本法只是宣布已有的权利。已有的制度主要是大量偶然情况的汇集；只有极个别的制度才是"奇才"所为，而这些非凡的立法者不过是搜集了民众在习惯和性格中早已存在的材料。迈斯特强调历史的延续性和人的社会性，认为社会与人同在，不存在一个人类先于社会而存在的时期。

在政体方面，迈斯特反对共和制，认为共和制在历史上从未有过，那些创建共和国的人，并不知道自己在做什么，"他们总是为时势所左右，先前的计划从不会得到落实"②。他维护法国的君主制，认为君主制是最为自然的政体，是人类政治智慧长期积累的结果，所有的国家都是国王创造的，自由是国王的赠品。君主制的依据之一是宗教，国王的权力是上帝赋予的，"这使它独树一帜，并使它1400年长盛不衰"③。在迈斯特看来，每一种制度都是神圣的产物，国王的权力是上帝赋予的，所有人被一根柔韧的链条拴于上帝的御座。法国君主制的合理性在于，宪法在给予国王立法权和司法权的时候，要求国王只能依法治国，不能因其好恶而做任何事。大革命前法国的宪法规定，国王在制定税收制度的时候必须经过国民同意，也规定了军队不应插手国家行政管理。"宪法将基本法律置于国王和三个等级的共同保护下，以便预防发生革命这种可能折磨人民的最大灾难。"④

迈斯特的政治立场和思想观点非常鲜明，就是要反对法国大革命，批判共和制、理性主义，要求恢复君主制、贵族制和教会统治。他的思想典型地反映了大革命后法国封建势力的反动要求和主张，在总体上是违背历史潮流的，注

---

① 《信仰与传统——迈斯特文集》，冯克利、杨日鹏译，商务印书馆2010年版，第133页。
② 《信仰与传统——迈斯特文集》，冯克利、杨日鹏译，商务印书馆2010年版，第4页。
③ [法] 约瑟夫·德·迈斯特：《论法国》，鲁仁译，上海人民出版社2005年版，第84页。
④ [法] 约瑟夫·德·迈斯特：《论法国》，鲁仁译，上海人民出版社2005年版，第92页。

定不会产生任何实际效果。

二、德国早期的保守主义

德国早期的保守主义大体是指 18 世纪末和 19 世纪初的历史法学派和浪漫派。德国历史法学派产生于当时德国法学界的理性主义与历史主义之争，其政治立场是反对在德国进行激烈变革，具体思想内容则主要表现为对自然法学派的批判。德国历史法学派的主要代表人物是胡果（1764—1844）和弗里德里希·萨维尼（1779—1861）等。萨维尼是德国 19 世纪最重要的法学家，他的主要著作有《论占有》《论立法和法学的当代使命》和《当代罗马法体系》等。这里以萨维尼的思想为主，评介德国历史法学派的政治思想。

法国大革命爆发时，德意志还处于政治上分裂割据的状态，统一是其首要的政治目标。资产阶级的势力虽然已经兴起，但是力量还很弱小。德国思想界受到法国启蒙思想的刺激，留恋既有的传统和秩序。当时，借助法国大革命和拿破仑在欧洲的战争，近代自然法学说和理性主义广泛流传，德国的一些法学家主张参照《拿破仑法典》，在德意志编纂统一的民法；历史法学派针锋相对，反对编纂统一的民法典。这在德国法学界引发激烈争论。理性主义的代表人物是蒂博特，历史主义的代表人物是萨维尼。二人之间的争论涉及法的性质、法的产生、民族的产生和国家的产生等法哲学和政治哲学问题，历史法学派的保守主义思想在论战中展开。马克思在批判历史法学派时曾指出，如果"把康德的哲学看成是法国革命的德国理论"，那么，历史法学派就是"法国旧制度的德国理论"。①

德国历史法学派的政治思想蕴含在他们的法学理论中。针对当时德国法学界关于学习法国，在德意志编纂统一的法典的主张，萨维尼等历史法学派思想家认为，法律只能来自经验的积累，"从事实中，以历史的方式来学习"，不能由理性建构。法是被发现的，不是被制定的。法学的任务只是说出那些先前已经从政治因素中成长起来的东西。"在萨维尼那里，我们被置于非理性因素之中，思想具有向前摸索的功能，具有阐释的功能，这种思想不是对世界计划的计算、中介或重建。它是对先于思想而存在的某些因素的一种澄清。"②

---

① 《马克思恩格斯全集》第 1 卷，人民出版社 1995 年版，第 233 页。
② [德] 卡尔·曼海姆：《保守主义》，李朝晖、牟建君译，译林出版社 2002 年版，第 183 页。

在萨维尼看来，习惯决定立法，法律的形成是一个历史过程。其次序是先成为存在于共同的民族意识中的习惯法，然后经过法学家之手而制定为法律。从内容上看，法律针对的是特定历史环境下的社会生活。因此，法律不是人们依靠理性创建的，而是历史的积淀。法律是一门历史学科，"萨维尼及其历史法学派就将法律视作一个历史上形成的文化现象，它萌生于特定民族的灵魂深处并在那里经过长期的历史进程而孕育成熟"①。

历史法学派认为，法没有普遍的适用性，不存在永恒有效的法律。各民族都有自己的法律，就像各民族都有自己的语言、习惯和制度一样。在法国是好的法律，在英国却可能不适用。萨维尼受到赫尔德民族主义的影响，认为每个民族都是独一无二的，并且有着自己的传统，经过不同的历史阶段在延续。法律是民族精神的体现，立法者不能修改法律，只能帮助人们展现民族精神、民族传统和民族习惯。法反映了一个民族的精神，不同国家的法反映了不同民族的民族性格。"有文字记载的历史初期，法律如同一个民族所特有的语言、生活方式和素质一样，就具有一种固定的性质。这些现象不是分离地存在着，而是一个民族特有的机能和习性，在本质上不可分割地联系在一起，……法律与民族生存和特征的这种有机联系也表现在时代前进的过程中。"②

基于历史主义的方法论和民族主义的世界观，萨维尼反对启蒙思想家的观点，认为他们忽略了国家和民族，在国家和民族之外，依据抽象的自然法则，来构建社会的乌托邦观念。他认为，法律、国家和民族等均是有机体，有其内在的品质，按照自己生存的环境演变，它们有自己的过去和传统。他也不赞成社会契约论关于国家起源和性质的主张，认为国家的合法性不能派生规范性的或私人性的原则，而是来自于共同的和有机的形成过程，国家是以历史的方式形成的。历史法学派不承认有理想的国家形式，也不认为人们可以按照理想的模式，重塑国家和民族。萨维尼接受柏克的理论，反对法国大革命，认为没有完全推翻一种秩序的理由，法国大革命的破坏性给社会造成的代价太大。历史法学派能够接受的是，遵照各个民族发展自身的脉络，在保持传统和秩序的前提下进行和平的改革。因此，有学者这样来定位萨维尼："一个憎恨法国大革

---

① [德] K. 茨威格特、H. 克茨：《比较法总论》，潘汉典等译，贵州人民出版社1992年版，第258页。
② 法学教材编辑部《西方法律思想史编写组》编：《西方法律思想史资料选编》，北京大学出版社1983年版，第526—527页。

命平等理性主义的保守贵族"，"一个反对法兰西世界主义理论的日耳曼民族主义者"。①

历史法学派之所以能够流传，也与拿破仑在1814年的战败有关，德意志在摆脱了强敌法国之后，面临着民族振兴的任务。作为欧洲现代化中的后起民族，又面临民族国家统一和建设的任务，于是民族主义在德国兴起。历史法学派的学术视角广阔，不是就法律问题而谈法律，而是把法律放在民族、国家的背景下，成就了德国早期的保守主义政治思想。

然而，历史法学派虽然以"历史主义"自居，但是他们的方法却是对历史的一种歪曲，他们对法律的解释带有浓厚的历史唯心主义色彩。马克思主义将法律看作社会发展的产物，看作随着社会基础和阶级斗争的发展而变化的现象，正是在这个意义上，马克思和恩格斯指出，法律是"没有自己的历史的"②。历史法学派的观点在政治上也是保守的，因为他们据此反对制定统一的德国法典，反对《拿破仑法典》，实际上就是反对资产阶级统一立法，维护封建旧秩序，所以马克思和恩格斯在早年一再对历史法学派展开严厉批判。

与历史法学派同时，属于德国早期保守主义的还有浪漫派。浪漫派兴起于文学、艺术和美学领域，其先声为歌德、赫尔德等人所代表的"狂飙运动"。浪漫派思想家起初受到法国启蒙运动的激发，憧憬革命；继而又不满法国大革命横扫一切旧制度的破坏性，转向批评法国大革命。

浪漫派渴望宁静的生活，反对变革，把宗教改革前的中世纪视为理想社会。与启蒙运动崇尚理性和科学的主张相反，浪漫派宣扬自我，突出情感的作用。法国大革命以理性主义为依据，与过去彻底决裂，构造全新的社会。然而，浪漫派认为，国家不是人为的机械装置，不能任意创造和改动，像法国那样在德意志发起革命，会导致社会的混乱与无序。"人们还可以把法国大革命视为这个时代最可怕、最荒唐的事，在这场革命中，时代最深刻的偏见、最暴烈的制裁被混合成了一个残酷的大杂烩。"③

浪漫派持一种有机体国家观。他们接受柏克的主张，认为契约论不能解释

---

① [美] E. 博登海默：《法理学：法律哲学与法律方法》，邓正来译，中国政法大学出版社1999年版，第90页。
② 《马克思恩格斯文集》第1卷，人民出版社2009年版，第585页。
③ 《浪漫派风格：施勒格尔批评文集》，李伯杰译，华夏出版社2005年版，第103页。

国家的产生，国家的形成不是一个契约过程，国家的建立是一个自然的发展过程。国家是一个有内在联系的有机体，是一个包含血缘、遗传、传统的有机体。每个有机体均有自己的发展历史，不是某个时刻由某些人构造的。国家是建立在人的情感、精神以及共识之上的结合体，是一种精神活动的产物，而不是功利性约定的产物。依靠功利目的只能维系工厂、协会等组织，依靠功利目的维系的国家不是真正的共同体，也不会持久。相反，国家应该是每个当事人发自精神和情感的需要而结合的共同体。除了国家和个体之外，还有众多的中间社群。在个人与社会之间，人们可以通过相互作用发现及发展自己的个性，并且通过人际互动去认识共同的个性。

国家以在历史中形成和发展的民族为基础，民族精神是国家的基础。浪漫派强调民族的独特性，也把民族看成有机体。赫尔德把民族比喻为植物和动物，有自己生长的周期和法则。他认为民族是国家的载体，民族的核心是自己的文化，民族作为有机体是靠民族精神来维系的。民族精神植根于本民族传统之中，经过代代相传，而不是靠理性构建的。民族语言是表达民族精神的工具，民族语言和民族共同体是民族文化的载体。每个民族均有自己发展的历史和传统，有自己的个性，不能人为地为其他民族的发展订立规则，所以应该反对民族同化。"赫尔德在承认外部因素的意义时，还是把内在的、有机的力量看作是社会发展（如同任何其他的发展）的主要动因。"①

在德国，浪漫派是费希特和黑格尔之间的过渡；在欧洲，浪漫派是法国启蒙运动与德国古典哲学之间的过渡。就政治思想而言，无论是他们对革命的看法、对情感的重视，还是他们关于国家的解说、对民族精神的强调，都与历史法学派有很多相似之处。历史法学派和浪漫派共同塑造了19世纪早期德国保守主义的风貌。

思考题

1. 18世纪末19世纪初西欧保守主义政治思潮主要有哪些特点？
2. 休谟是如何批判自然法与社会契约论的？
3. 柏克是如何批判法国大革命的？

---

① ［苏］阿·符·古留加：《赫尔德》，侯鸿勋译，上海人民出版社1985年版，第68页。

4. 19世纪初法国和德国的社会历史背景是如何影响这一时期两国保守主义思潮的？

▶ **本章拓展资源**

第十章 19世纪的自由主义

19世纪的两次工业革命推动了资本主义生产力的发展，巩固了资本主义生产关系，确立了资产阶级的统治地位。资产阶级政治地位的改变和社会转型引发了各种社会问题，其政治任务与政治态度也发生了变化。自由主义适应了这一时期资产阶级的要求，由鼓吹革命转为倡导改良，成为西方主流意识形态。在法国，贡斯当、托克维尔等人批判法国大革命的激进性，倡导个人自由与民主，成为19世纪早期法国自由主义的典型代表。在英国，密尔改造了传统的功利主义，成为传统自由主义转向新自由主义的过渡人物；格林率先倡导国家干预政策，并同霍布豪斯、霍布森等人一起构建了英国式新自由主义思想体系。在美国，威尔逊提出"新自由"观念，而杜威则在实用主义的基础上改造了传统自由主义，成为美国式新自由主义的集大成者。

第一节 资本主义的新发展与自由主义的转变

一、资本主义的新发展

19世纪的两次工业革命极大地推动了资本主义的发展。从19世纪初到70年代，资本主义发展处于自由资本主义阶段。这一时期，资产阶级通过工业革命巩固了革命的成果，确立了统治地位。一方面，资产阶级要求扩大经济与社会自由，减少国家干预，以进一步推动资本主义经济更快地发展；另一方面，工人阶级的力量不断发展壮大，已经作为独立的政治力量登上历史舞台，工人阶级和广大劳动人民争取解放的斗争开始威胁到资产阶级的统治，资产阶级由革命转向保守，主张通过改良缓和社会矛盾，维护其统治地位。在自由资本主义时期，资本主义的生产与经营主要依靠市场供求关系来调整，国家基本不干预经济，担任"守夜人"的角色。西方各国对内实行自由放任政策，对外提倡自由贸易政策，推动了资本主义世界市场的形成。到19世纪70年代，英、法、美等西方主要资本主义国家基本上实现了现代化，由传统农业社会转型为现代工业社会。

到19世纪后期，生产资料越来越集中于少数大企业，形成了私人垄断。进入 20 世纪 30 年代，资本主义开始由私人垄断阶段向国家垄断阶段转化。垄断不但没有缓解资本主义市场竞争的无序状态，反而进一步加剧了各种社会矛盾，使资本主义陷入深刻的经济危机，经济危机伤害了工人阶级和广大人民群众。马克思主义的创立为工人阶级和广大劳动人民争取解放的斗争提供了强大的思想武器，无产阶级政党的建立推动社会主义运动更加广泛地开展，劳动人民争取平等和民主权利的斗争此起彼伏、不断深入。政党、工会等政治组织的兴起大大提高了民众的组织化程度，在政治生活中显示了巨大的能量。正是在这个意义上，历史学家称 19 世纪末 20 世纪初为"大众时代"。

与这一时期经济、政治与社会的发展状况相适应，资本主义国家一改"守夜人"的形象，一方面广泛采取国家干预政策，试图纠正资本主义经济发展中存在的各种问题，比如"市场失灵"和社会不平等的状况；另一方面又不断扩张国家职能，在内政和外交等方面加强统治。与这一转变相适应，自由主义也发生了变化，开始由传统自由主义转向新自由主义，在国内政策上将政府请了回来，倾向于为国家干预、政府职能扩张做论证，在对外政策上为帝国主义、殖民主义做辩护。

从 19 世纪中期开始，西方各国为了进一步发展经济，缓和社会矛盾，纷纷进行政治改革，完善议会制度和选举制度，扩大工人阶级和人民群众的民主权利，客观上推进了资产阶级民主的发展。无论是英美，还是欧洲大陆，各国的政治改革都是资产阶级政权为了应对社会主义革命和工人运动、缓和社会矛盾、巩固自身统治而进行的政治改良。

英国在 19 世纪中期率先完成了工业革命，成为世界上最强大的资本主义国家，号称"日不落帝国"。这一时期英国进行了一系列政治改革。1832 年的议会改革使工业资产阶级取得了选举权，并在资产阶级与土地贵族、金融寡头之间达成了妥协，为资产阶级全面执掌政权开辟了道路。1867 年的议会改革进一步扩大了选举权，使选举人数增加了近一倍。1884 年的议会改革完善了选举制度，降低了对选民资格的限制。到 19 世纪末，尽管妇女仍然被排斥在选举之外，但男性公民的普选权在英国基本得到推广。

美国内战结束后，随着奴隶制的废除，美国从英国那里继承的古典自由主义传统所强调的自由竞争机制，促使美国进入了工业飞速发展的"镀金时代"，加上接踵而至的"改革时代"，美国在经济上取得重大进步。进入 20 世纪时，美国的工业总产值约占世界工业总产值的 30%，成为世界上最强大的工业国。

美国的民主改革虽然起步较晚，但是也取得了重要进展，普选制逐渐推行，"进步运动"推动了州和城市的改革，尤其是选举制度的改革。这些改革一直持续到第二次世界大战前后，完善了美国的民主制度。正是在这一时期，美国的资本主义从自由竞争走向垄断，美国在世界舞台上迅速崛起。

法国自大革命后政局一直动荡不安，1830年"七月革命"的胜利推动了工业革命的进行，资本主义得到了稳步发展，资产阶级逐渐取得统治地位。19世纪60年代，议会政治在法国政治生活中所起的作用越来越大，公民自由得到了扩大。到19世纪末，共和制度在法国基本确立。

同英美和法国相比，欧洲其他地区的改革进程则明显落后。在德意志和意大利，受封建割据等因素的影响，资本主义的基础比较薄弱，政治发展的进程十分缓慢，国家面临的首要问题是民族统一。直到19世纪70年代，意大利和德国才先后完成统一，为资本主义的发展扫清了道路。

二、自由主义的转变

作为资产阶级权利政治观的集中体现，自由主义政治思潮的产生和发展，与资本主义的产生和发展是直接联系在一起的。自由主义作为一种思想体系产生于17世纪的英国，并在18世纪的法国启蒙思想家那里得到进一步的发展。这一时期自由主义的理论基础是个人主义，主要采取自然权利和社会契约论的理论形式，从抽象的人性论出发维护个人权利（核心是私有财产权），反对君主专制和宗教迫害，主张法治、分权、宪政以及代议制民主。这反映了资产阶级反对封建束缚、争取自身解放的要求，在当时具有一定的进步意义。然而，在资本主义社会发展的上升时期，自由主义是为资产阶级服务的，维护着资产阶级的统治，论证资产阶级统治的合法性和合理性，具有明显的阶级性。在自由主义的权利政治观中，自由主义者对权利的看法是抽象的，他们用普适的语言将其表达出来，具有一定的迷惑性。

与资本主义的新发展相适应，19世纪的自由主义思潮也发生了重大转变。尽管西方各国由于具体情况和历史条件不同，这种转变的时间、程度和表现形式也不尽相同，但是在总体上仍呈现出一定的规律性。

第一，自由主义的主题由革命转变为改良。

随着资本主义制度的确立，资产阶级巩固了政权，其政治思想开始丧失革命时期的批判精神，转而为现存统治秩序辩护。这种转变在理论上主要表现为：自由主义开始抛弃革命时期的某些进步主张，从探讨国家"应当怎样"（应然）变为说明现实政权"是怎样"（实然），从变革旧政权的要求变为如何管理以及改革现政权以适应新的条件。这突出地表现在自由主义对待民主政治的态度上。19世纪之前，自由主义鼓吹人权与法治，反对君主专制，具有鲜明的批判精神。然而，随着资产阶级掌握政权、工人运动兴起，自由主义者开始以宪政的名义限制民主，贡斯当、基佐等人对人民主权的反思，托克维尔、密尔等人对"多数的暴政"的担忧，都反映了这一点。

第二，自由主义由传统自由主义向新自由主义转变。

从19世纪中叶开始，随着资本主义经济的发展，社会管理的加强，国家干预成为自由主义政治思潮要解决的重大实践问题，自由放任与政府干预的关系等问题受到越来越多的政治思想家的关注。英国的格林、霍布豪斯，美国的威尔逊、杜威等均主张通过一定程度的国家干预以促进经济发展、缓和社会矛盾。他们都是新自由主义的代表人物。

新自由主义虽然在个人主义、私有制、人权与宪政等问题上与传统自由主义一脉相承，但是它在许多方面也与传统自由主义有了明显的区别：新自由主义超越了传统的消极自由观念，主张积极自由，扩大公民政治参与权利；重新定义了个人、社会与国家的关系，重视社会合作；在政府职能问题上，更强调国家对社会与市场的干预，认可国家职能的扩张，试图通过政府之手来解决"市场失灵"和严重的贫富分化等问题。

需要指出的是，这里所谓的"新自由主义"（New Liberalism）不同于20世纪后期出现的"新自由主义"（Neo-liberalism），后者也被称为"新古典自由主义""自由至上主义"或"极端自由主义"，其理论上的代表人物有哈耶克、弗里德曼、诺齐克等。新古典自由主义在政府与市场关系问题上，主张回归自由放任传统，反对国家干预和再分配政策，鼓吹私有化、市场化和全球资本主义一体化。在20世纪八九十年代以后，新古典自由主义宣扬极端自由化、全盘私有化等主张，曾经在很多国家产生过广泛影响，但实践证明，这种理论给世界各国的发展带来了严重后果。

第三，自由主义受到来自社会主义思潮的挑战而做出了一定的调整。

虽然自由主义在19世纪成为西方主流的政治思潮，但是它也受到了其他思潮的影响，各种社会主义思潮特别是马克思主义对自由主义构成了重大挑战。

在这种情况下，有些自由主义者在资本主义许可的范围内，在不损害资产阶级根本利益的限度内，试图在一些经济、社会问题上回应社会主义的挑战，做出某些让步，提出改良主义的主张。一些激进的自由主义者甚至在自己的思想体系中接受、融合社会主义的某些因素。比如，约翰·密尔（又译"约翰·穆勒"）在其晚年就对傅立叶在不废除私有制的前提下提出的社会主义方案大加推崇，称赞它是"社会主义所有形态中最巧妙和最无懈可击的"①。同时，他还主张一种"有限度的社会主义"，在资本主义制度内实行合作和互助，认为"社会主义的理智与道德理由值得最认真的研究。在许多情况下，这些理由可以提供使得当前社会的经济体系能够物尽其用所必需的改良指导原则"②。杜威也曾经提出："我们不可避免地要经历某种形式的社会主义。"③ 因为新自由主义在一定程度上吸收和改造了社会主义的某些观念和主张，所以有的学者把新自由主义称作社会自由主义（social liberalism）。

正如马克思在谈到密尔及其追随者时所指出的，他们"企图调和不能调和的东西"④。事实上，这也是19世纪后期自由主义者们的困境，他们希望解决资本主义发展中的一些问题，却又怕损害资本主义的根本制度。

第四，自由主义的论证方式更加多样化。

在17、18世纪，自由主义的论证方式主要是自然法（权利）学说与社会契约论，这是一种唯理主义的抽象论证方式。到了19世纪，随着资产阶级在政治上转向保守，自由主义者开始批评和抛弃自然法学说和社会契约论。一些自由主义者如格林学派将黑格尔式的唯心主义与伦理主义作为其理论基础，但更多的自由主义者开始采用功利主义、实用主义以及实证主义等论证方式。同时，受到现代科学技术发展和自然科学的影响，"科学主义"受到一些自由主义者的追捧。此外，由于学科的进一步分化，自由主义的基本主张可以在不同的学科领域如政治学、哲学、伦理学、经济学、社会学中分别得到论证和支持，这也是自由主义论证方式多样化的一个表现。

功利主义成为19世纪自由主义的主要论证方式之一，自此之后，社会契

---

① ［英］约翰·穆勒：《政治经济学原理及其在社会哲学上的若干应用》上卷，赵荣潜等译，商务印书馆1991年版，第240页。
② 《密尔论民主与社会主义》，胡勇译，吉林出版集团有限责任公司2008年版，第330页。
③ John Dewey：*Individualism：Old and New*，New York：Minton Black & Company，1930，p.119.
④ 《马克思恩格斯文集》第5卷，人民出版社2009年版，第18页。

约论逐渐衰落。功利主义把趋利避害视为人类行为的唯一动机,把"最大多数人的最大幸福"作为评价政府优劣的标准。这种论证方式通过边沁、詹姆斯·密尔和约翰·密尔等人的系统阐发,对自由主义产生了重要影响,功利主义也开始在政治学、法学等领域长期居于主导地位。一方面,功利主义批判自然法与契约论,试图为自由主义提供一种更加具体、稳健的理论基础;另一方面,修正后的功利主义通过对整体的强调,开始摆脱传统自由主义的极端个人主义倾向。

在美国,实用主义成为自由主义的哲学基础。实用主义把实证主义功利化,调和经验主义与理性主义,强调"行动"和"效果",以本体论上的折中主义、认识论上的相对主义以及社会历史观方面的多元主义为基本特征,提出了知识是行动的工具、实用即真理等一系列主张。从詹姆斯到杜威再到后来的胡克,实用主义在很短的时间内成为美国的主流哲学思潮,并直接塑造了这一时期美国自由主义的面貌。

第二节　19世纪早期法国的自由主义

一、贡斯当的政治思想

1. 生平与著作

邦雅曼·贡斯当(1767—1830),法国政治思想家、政治活动家,波旁王朝复辟时期自由派的领袖人物。

贡斯当出生于瑞士洛桑的一个法裔贵族家庭,早年深受苏格兰启蒙运动代表人物亚当·斯密、弗格森等人的影响,曾在苏格兰的爱丁堡大学接受了两年正规的大学教育。法国大革命后,他与斯塔尔夫人相识,这件事成为他人生的转折点。后来,贡斯当取得法国公民身份,开始参与政治。1799年雾月十八日政变后,他被任命为法案评议委员会委员。后来贡斯当一度因为反对拿破仑的统治而遭到迫害,被驱逐出法国。在"百日政变"期间,他与拿破仑和解,并在其授意之下拟订了《帝国宪法补充法令》。1815年,贡斯当被复辟的波旁王朝驱逐出境。次年夏天,他再次回到法国。其后的13年时间中,他为报社撰写文章,发表演说,激烈地抨击波旁王朝的反动统治,为法国宪政制度的建立而奔走呼告。

贡斯当的主要理论著作有《论宗教》和《政治原则》。《政治原则》是他在政治学领域的代表作，而1819年的演讲《古代人的自由与现代人的自由》则是他在政治思想方面最知名的作品。

2. 古代人的自由与现代人的自由

为了批判卢梭的人民主权理论以及雅各宾专政，为资本主义发展提供论证，贡斯当在1819年的演讲中，系统地阐述了古代人的自由和现代人的自由思想。

贡斯当认为，古代人的自由指的是政治自由，现代人的自由指的是个人自由。所谓政治自由，即公民参与公共事务辩论和决策的权利。现代人的自由，则是每个人享有一系列受法律保障的、不受政府干预的权利，每个人在不伤害他人的前提下按照自己最喜欢的方式发展其才智的自由。具体来说，它包括人身自由、思想言论和出版自由、私有财产权、迁徙自由、结社自由、宗教信仰自由等。

两种自由的区分并不意味着古代希腊、罗马就不存在个人自由，而现代人就不享有政治自由。但如贡斯当所解释的，在古代人那里，并不存在一个明确界定的、不容侵犯的私人领域。个人对共同体权威的完全服从和集体性政治自由是相容的。"社会的权威机构可以干预那些在我们看来最为有益的领域，公共权威还干预大多数家庭内部关系……法律规制习俗，而习俗涉及所有事物，因此，几乎没有哪一个领域不受法律的规制。"同样，现代人所享有的政治自由在很大程度上已不同于古代人，它可能仅限于"每个人通过选举全部或部分官员，或通过当权者或多或少不得不留意的代议制、申诉、要求等方式，对政府的行政施加某些影响的权利"。[①] 即使在最自由的国家中，个人也仅仅在表面上是主权者，他的主权是有限的，而且几乎常常被中止或是被放弃。

因此，两种自由的界分和各自的侧重点仍然是清晰的："古代人的目标是在有共同祖国的公民中间分享社会权力：这就是他们所称谓的自由。而现代人的目标则是享受有保障的私人快乐；他们把对这些私人快乐的制度保障称作自由。"[②]

---

① ［法］贡斯当：《古代人的自由与现代人的自由》，阎克文、刘满贵译，商务印书馆1999年版，第26—27页。
② ［法］贡斯当：《古代人的自由与现代人的自由》，阎克文、刘满贵译，商务印书馆1999年版，第33页。

贡斯当还探讨了产生两种自由之区分的社会历史条件。在他看来，古代的城邦是一些较小的共同体，领土狭小，经济活动的范围有限，古代共和国的精神是好战的，古代公民必须不断地行使政治权利，日复一日地讨论国家事务，决定战争与和平问题，特别是，奴隶从事基本的生产劳动，为自由人提供了闲暇。这些情况使自由人可以把全部精力与时间都投入到军事与公共事务之中，政治生活构成了古代人生活的主要内容和全部乐趣的来源。此外，由于自由人的数量有限，在城邦中分享主权并不是一个抽象的概念，而是现实的制度，每个自由人在政治上都有着举足轻重的作用。现代欧洲社会的模式正好相反：共同体要大得多，大多数公民把他们大部分的时间和精力都用于物质财富的生产和交换。结果，他们很少有机会为国家提供专职服务，留给个人参与公共生活的空间很小，人们更多从私人生活中获得个人价值的实现。对他们来说，商业已经取代战争成为获得物质财富的一个手段，商业的出现也激发了人们对个人独立的挚爱。再者，这些共同体的规模很大，使公民个人与中央权力之间的联系变得非常疏远，对政治的影响微不足道，统治的技术变得错综复杂，难以掌握。在这种情况下，公民注定要把政治决策权授予共同体中极少数杰出成员和职业政治家。

对于两种自由之间的关系，贡斯当认为，古代人更重视社会权力的分享，而现代人更注重个人权利，这两者都有潜在的危险："古代自由的危险在于，由于人们仅仅考虑维护他们在社会权力中的份额，他们可能会轻视个人权利与享受的价值。现代自由的危险在于，由于我们沉湎于享受个人的独立以及追求各自的利益，我们可能过分容易地放弃分享政治权力的权利。"① 因此，两种自由并不是孤立存在的，单纯强调某一种自由在现实生活中都是非常危险的，两种自由之间有着极其密切的关系。简言之，个人自由是个人所享有的最低限度的自由，是政治自由的前提和基础；政治自由是个人自由的保障，公民只有在一定程度上参与公共生活，关注公共权力的运作，个人所享有的最低限度的自由才能得到保障。在贡斯当看来，重要的不在于如何在两种自由之间作出选择，而在于如何同时保持两种自由，将两种自由结合在一起。贡斯当曾在其演讲《古代人的自由与现代人的自由》的结尾呼吁通过宪政民主制度的建设把两

---

① ［法］贡斯当：《古代人的自由与现代人的自由》，阎克文、刘满贵译，商务印书馆1999年版，第44页。

种自由结合起来。

现代政治共同体要想避开破坏性的个人主义和强权主义野心的危害,就必须设法保持公民参与政治的要求和热情。当然,作为现代人个人自由之保障的政治自由,已经不再像古代人那样通过直接民主来实现了,现代人可以通过代议制来实现政治自由。另外,政治自由作为自我发展的手段,可以丰富公民的精神,升华他们的思想,在他们中间确立某种知识平等。

不过,在现代社会中,两种自由的地位和作用是不同的。个人自由是第一位的,政治自由不过是保证个人自由的一种手段而已。"个人自由是真正的现代自由。政治自由是个人自由的保障,因而也是不可或缺的。但是,要求我们时代的人民像古代人那样为了政治自由而牺牲所有个人自由,则必然会剥夺他们的个人自由,而一旦实现了这一结果,剥夺他们的政治自由也就是轻而易举的了。"① 因此,贡斯当指出,当卢梭把属于另一个世纪的社会权力与集体主权移植到现代时,就为暴政提供了借口。

贡斯当关于自由的论述具有鲜明的特点,即不是从形而上学的观点出发,而是以历史和现实的经验为基点来阐述他的自由观与政治主张,这表明他在很大程度上已经摆脱了17至18世纪自由主义者所秉持的自然权利学说和理性主义的思维方式。他在谈到财产权时特别指出:"财产权绝对不是先于社会的,如果没有给它提供安全保障,财产权不过是首先占有者的权利。"② 因此,所谓自然权利是没有意义的,个人权利并不是先于社会而存在的。

3. 人民主权、宪政与代议制民主

从贡斯当将自己政治论著的汇编命名为《立宪政治教程》可以看出,他非常重视宪政问题,并因为对宪政理论的重要贡献而被称为19世纪"立宪制自由主义的最敏锐的理论家"③。他的宪政理论是他捍卫个人自由、批驳人民主权的必然结论,因为他认定对个人自由的最大危害是不受约束的权力,不管这种权力掌握在少数人手中还是多数人手中,唯有限制权力的范围,才能维护自由。这恰恰就是宪政的要义和宗旨。

---

① [法]贡斯当:《古代人的自由与现代人的自由》,阎克文、刘满贵译,商务印书馆1999年版,第41页。
② [法]贡斯当:《古代人的自由与现代人的自由》,阎克文、刘满贵译,商务印书馆1999年版,第166页。
③ Biancamaria Fontana:"Introduction", in Benjamin Constant ed.: *Political Writings*, New York: Cambridge University Press, 1988, pp. 2-3.

贡斯当认为，正是由于混淆了两种自由，旷日持久且充满风暴的法国大革命才会发生质变。在他看来，从理论上对人民主权观念作出澄清和重构是批判和反思大革命的当务之急，也是建立宪政理论的起点。

贡斯当对旧制度和法国大革命持一种双重态度。一方面，他赞同法国大革命对旧制度的否弃，认为旧有的专制统治是不合时宜的；另一方面，他否定革命派对旧有传统的完全抛弃，认为人们不能完全与传统决裂，尤其是与自由有关的传统，有些传统是人类智慧的结晶。同他对法国大革命的矛盾态度一样，贡斯当对卢梭及其人民主权理论的看法也颇为复杂。一方面，他认可作为合法性原则的人民主权，即少数人的权力取决于全体的同意，"我们的现行宪法正式承认了人民主权的原则，那是超越任何个别意志的至高无上的普遍意志。确实，这个原则是无可争议的"。另一方面，对于卢梭所言的人民主权是不受限制的这一观点，贡斯当又指出："如果你确信人民主权不受限制，你等于是随意创造并向人类社会抛出了一个本身过度强大的权力，不管它落到什么人手里，它必定构成一项罪恶。把它委托给一个人，委托给几个人，委托给所有人，你仍将发现它同样都是罪恶。"① 在他看来，卢梭忽视了这个真理，结果导致对各种类型的专制政治最可怕的支持，以及连卢梭本人都会感到震惊的后果。

按照卢梭的社会契约论，人们在缔结契约时，将他们的权利全部让渡给了共同体，共同体由于所有人的这种权利转让而获得了至高无上的权力，即人民主权。贡斯当评价说，由于人民主权不能自己表达自己，也就需要一个实际的权威组织来代表它。任何主权都必须由具体的个人来行使，人民主权必须落实为具体的制度安排。如果主权者是抽象的，一旦它必须开始运作实际的权力，那么，由于主权者不可能亲自实行主权，它就必须把这种权力委托出去。这时，卢梭赋予抽象的主权者的那些属性便不复存在了。因此，无论抽象的人民主权多么完美、多么代表人民的利益，它都必须由少数人行使，如果这种权力不受限制，那么它将成为暴政的工具。人民主权带来的可能并不是民主，而是"篡权"，也就是打着人民主权旗号而出现的拿破仑统治或其他新型的专制。

贡斯当强调，"世上没有不受限制的权力，不管是人民的权力，还是那些

---

① ［法］贡斯当：《古代人的自由与现代人的自由》，阎克文、刘满贵译，商务印书馆 1999 年版，第 55、56 页。

自称人民代表的人的权力,不管是拥有什么称号的国王的权力,还是——最后——根据统治方式不同而表达着人民意志或君主意志的法律的权力,都要受到权力得以产生的同一范围的约束。"①这个约束就是前面提到的现代人的自由。贡斯当指出,公民拥有独立于任何社会政治权力之外的个人权利,任何侵犯这些权利的权力都是非法的。"人类生活的一部分内容必然仍是属于个人的和独立的,它有权置身于任何社会权能的控制之外。主权只是一个有限的和相对的存在。这是独立与个人存在的起点,是主权管辖权的终点。"②

为了限制权力的滥用,贡斯当接受了孟德斯鸠的分权思想,并在此基础上进一步发挥,提出了所谓"五权分立"的理论。他将权力划分为五个部分:君权、行政权、长期代议权、舆论代议权和司法权。在贡斯当看来,这五个部分互相制约,更容易达到一种均衡,而不会出现三权分立体制中的某些偏向。

在贡斯当的分权体系中,他特别重视君权。君权不同于行政权,行政权是由各部大臣行使,并对议会负责,君权则是高于其他四种权力的一种特殊权力。君权的独特性在于节制和协调其他四权,防止各种权力发生冲突,使之协调一致,以维持整个国家的平衡。君权绝对不能成为一种专断的权力,任何专断的权力都与君权的性质背道而驰,君权是超越各种不同意见之上的一种"中立权",它除了保卫自由和秩序外,没有其他利益。

贡斯当不相信人民,因为人民在选举上也会犯错误。他把立法权力赋予了议会,主张像英国那样实行两院制。在两院中,上院由世袭的贵族组成,由君主提名产生,它是君主存在的基础。关于下院,他把它看成民主的象征。他主张下院要由选举产生,但这种选举是有财产资格限制的,特别是组成立法院的议员,他们的资格更要严格。

在贡斯当的分权学说中,君权贯穿始终,成为统揽全局的权力。虽然它不是行政权,但却控制着行政权;它不是立法权,却通过提名上院的候选人影响立法;它不是司法权,却通过提名法官而左右司法权。这样,君主的权力看起来好像是被架空了,但却位于四权之上,成为国家的代表。不过,贡斯当并不

---

① [法]贡斯当:《古代人的自由与现代人的自由》,阎克文、刘满贵译,商务印书馆 1999 年版,第 61 页。
② [法]贡斯当:《古代人的自由与现代人的自由》,阎克文、刘满贵译,商务印书馆 1999 年版,第 57 页。

把君主看成是主权者，君权仍然是五权中的一权；君主参与一切权力机关，但并不直接掌握立法权或行政权。可见，贡斯当所热衷的仍然是一种君主立宪制。

关于现代社会中人民主权的可行性问题，贡斯当主张通过代表制与民主制相结合的方式来解决。他认为代议制政府是庇护自由与和平的唯一的政府形式。在《政治原则》一书中，他详细设计了一套代议制度，具体的措施包括：实行两院制及直接选举、逐步扩大选举权、重视司法程序、界定大臣的责任以及舆论自由，等等。

关于选举制度，贡斯当主张采取直接选举，这一方面可以给予人民最初的主动权，使公民养成参与公共生活的习惯并获得参政常识；另一方面可以给予人民的代表以更大的合法性和更强的责任感。关于人民与其所选举的代表之间的关系，他认为代表必须以人民的利益为重，但不必事事请示选民，这样只能束缚自己的手脚而无所事事。然而，依贡斯当之见，公民的选举权又必须施加一定的财产资格限制，不能毫无差别地把选举权赋予所有人，因为大多数有产者热爱秩序和正义，有判断能力和思维能力，有参加公共生活所必不可少的闲暇。贡斯当尤其欣赏中产阶级，认为他们有教养、勤奋、关心自由和秩序，构成了社会的基础。因此，法国的宪法应该建立在中产阶级的基础上，这样可以有效地防止暴君统治、制约贵族的统治。显然，贡斯当所说的中产阶级不过是资产阶级本身。

贡斯当在思想立场上持中庸调和的观点。在他看来，过激的革命和过度的个人化都会对自由造成威胁；过多或过少的公民精神对于自由和社会秩序来说都是有害的。他推崇君主立宪制，反对抽象的人民主权，反对君主专制和贵族统治。正因如此，贡斯当把宪政问题作为政治学说的中心。他的思想标志着19世纪法国自由主义开始从理性的自由主义学说转向改良的、宪政主义的自由主义。

贡斯当关于两种自由的区分和对现代人自由之地位、作用的强调，表达了自由资本主义时期资产阶级扩大经济与社会自由、加快资本主义发展的要求。他的人民主权、宪政与代议民主制思想，则反映了法国大革命后资产阶级既惧怕暴力革命，要求限制人民主权，又要扩大资产阶级民主的矛盾心态和保守色彩。所以，马克思在谈到法国资产阶级思想态度的变化时指出："冷静务实的资产阶级社会把萨伊们、库辛们、鲁瓦耶-科拉尔们、本杰明·贡斯当们和基佐们当做自己真正的翻译和代言人。"①

二、托克维尔的政治思想

1. 生平与著作

阿列克西·德·托克维尔（1805—1859），法国政治家、政治思想家和历史学家，政治社会学的奠基人。托克维尔的一生是近代动荡多难的法国政治命运的象征。他出生于一个具有浓厚正统主义氛围的贵族家庭，不过，他在成长过程中更多地受到了启蒙思想家的民主思想和自由主义思想的熏陶。

托克维尔丰富的政治经历为他政治思想的形成和发展奠定了坚实的基础。他年轻时做过波旁王朝复辟时期的助理法官；担任过多年"七月王朝"的众议院议员，作为立宪反对派参加了议会的各种专业委员会的工作。1848 年"二月革命"后，七月王朝被推翻，他出任第二共和国制宪议会议员，成为新宪法起草委员会成员；新宪法实施以后，托克维尔再次当选为议员，并出任过五个月的外交部部长，"六月起义"中，他赞成镇压巴黎无产阶级的社会主义诉求；1851 年，托克维尔因反对路易·波拿巴称帝而被捕，获释后退出政界，主要从事历史研究，直至 1859 年病逝。

托克维尔的主要代表作有：《论美国的民主》和《旧制度与大革命》。

2. 民主的趋势与弊端

民主思想是托克维尔政治思想的核心内容，正如谢尔顿·沃林曾言，"托克维尔是将民主单独作为一个理论问题处理的第一位政治理论家，也是第一位认为民主可以获得真正而温和的政治生活形式的人。"② 他对民主的阐述，并不着重于对民主的抽象议论和探讨，而是从实际出发，通过对法国的历史和现状的分析及其同美国、英国的比较而展开的。

在托克维尔的论著中，"民主"一词并无统一而明确的含义。他把"民主"主要理解为一种社会状态和一种政治形式，前者是指"平等的趋势"，民主与平等是密切相关的，不仅民主以平等为基础，而且民主本身也意味着平等，是一种平等的社会状况；后者是指一种多数人掌权的政府形式，是以人民主权学说为基础的政权形式，是人民共同参与的政府。

---

① 《马克思恩格斯文集》第 2 卷，人民出版社 2009 年版，第 471—472 页。
② ［美］谢尔顿·S. 沃林：《两个世界间的托克维尔：一种政治和理论生活的形成》，段德敏、毛立云、熊道宏译，译林出版社 2016 年版，第 49 页。

托克维尔认为，贵族制度必然衰落，民主的发展已是大势所趋，"人民生活中发生的各种事件，到处都在促进民主。所有的人，不管他们是自愿帮助民主获胜，还是无意之中为民主效劳；不管他们是自身为民主而奋斗，还是自称是民主的敌人，都为民主尽到了自己的力量"。他断言，平等与民主的发展已经成为势不可挡的历史洪流，"平等的逐渐发展，是事所必至，天意使然。这种发展具有的主要特征是：它是普遍的和持久的，它每时每刻都能摆脱人力的阻挠，所有的事和所有的人都在帮助它前进"①。在他看来，情况之所以如此，乃是因为民主比贵族制更符合源自人性的普遍的自然情感、体验和理性。

托克维尔认为，法国过去几百年的历史表明，没有任何一个重要的事件不是在有利于社会平等的情况下得到解决的，法国如此，其他国家也不例外。托克维尔认为，当时最能全面地反映民主的历史进程、表现民主的发展趋势的国家是美国。在美国的考察使他看到，一种新的政治原则已经在北美大陆牢固地扎下了根，崛起的美国为欧洲树立了民主的榜样，它从欧洲的"小学生"一跃而为欧洲的"先生"。

托克维尔相信，在未来的民主社会中，人们将把法律视为自己的创造，热爱并服从法律，尊重政府的权威；人人享有得到保障的权利，人与人之间建立起相互信赖和彼此尊重的关系；人们理解自己的真正利益，并为了享受社会的公益而自觉地尽自己的义务；公民的自由联合将取代贵族的个人权威，国家也会避免出现暴政和专横。"即使民主社会将不如贵族社会那样富丽堂皇，但苦难不会太多。在民主社会，享乐将不会过分，而福利将大为普及；科学将不会特别突出，而无知将大为减少；情感将不会过于执拗，而行为将更加稳健；虽然还会有不良行为，但犯罪行为将大为减少。……国家将不会那么光辉和荣耀，而且可能不那么强大，但大多数公民将得到更大的幸福。"②

在托克维尔看来，民主的潮流虽然势不可挡，但民主同时也带来很多问题，如果民主社会中人们的自由面临威胁，就必须采取措施加以防范。对应于民主的两种主要含义，民主的弊端既表现在政治方面，也表现在人们的社会生活方面。

民主的弊端在政治方面主要表现为"多数的暴政"（tyranny of the majority）。

---

① ［法］托克维尔：《论美国的民主》上卷，董果良译，商务印书馆1988年版，第7页。
② ［法］托克维尔：《论美国的民主》上卷，董果良译，商务印书馆1988年版，第11页。

托克维尔认为，民主政府的本质在于"多数"对政府的统治是绝对的，在民主制度下，谁也对抗不了"多数"，"多数"集中了身体、道德与法律权威。"多数"既拥有物质力量，又拥有精神力量，既能影响人民的行动，又能触及人民的灵魂，因此，"多数的暴政"既反映在政治统治之中，也体现在舆论的统治上，如"在美国，多数既拥有强大的管理国家的实权，又拥有也几乎如此强大的影响舆论的实力。多数一旦提出一项动议，可以说不会遇到任何障碍"①。

为什么会出现这种情况呢？这是因为当生活在民主国家的人拿自己与周围所有的个人比较时，他会自负地觉得自己与每个人都一样平等；而当他环顾周围的全体同胞，拿自己与整体比较时，他又会惭愧地觉得自己并没有什么了不起。原来使他觉得自己在每一个同胞面前都能独立自主的同一平等，现在把他孤立起来，他就不能反抗绝大多数人的行动。因此，在民主国家，民众对每个个人的精神影响力是巨大的。民众不必用法律去制服那些与自己想法不同的人，只对他们进行谴责就可以了。孤立感和落魄感，很快会使他们感到抑郁和失望。只要身份趋于平等，大家的意见就会对每个个人的精神产生巨大的压力。这主要来源于社会的组织本身，而很少来源于政治法令。总之，"在民主国家，公众的意见不仅是个人理性的唯一向导，而且拥有比在任何其他国家都大的无限权力"②。

这种状况导致的结果是有害而危险的，"多数"对政府的绝对统治使得"多数"拥有无限权威。在这个问题上，托克维尔像所有的自由主义者一样，反对政府的无限权威："在我看来，不管任何人，都无力行使无限权威……当我看到任何一个权威被授以决定一切的权利和能力时，不管人们把这个权威称做人民还是国王，或者称做民主政府还是贵族政府，或者这个权威是在君主国行使还是在共和国行使，我都要说：这是给暴政播下了种子。"③

在社会生活方面，民主的弊端主要表现为"个人主义"。托克维尔强调，在平等时代，人人都是独立的，但也处在孤立与软弱的状态之中；平等使人们彼此独立，使每个人只顾自己。所谓"个人主义"是指"一种只顾自己而又心安理得的情感，它使每个公民同其同胞大众隔离，同亲属和朋友疏远。因此，当每个公民各自建立了自己的小社会后，他们就不管大社会而任其自行发展

---

① ［法］托克维尔：《论美国的民主》上卷，董果良译，商务印书馆1988年版，第284页。
② ［法］托克维尔：《论美国的民主》下卷，董果良译，商务印书馆1988年版，第526页。
③ ［法］托克维尔：《论美国的民主》上卷，董果良译，商务印书馆1988年版，第289页。

了"①。

托克维尔认为民主社会中的个人主义倾向与专制是相通的，因为专制在本质上是害怕被治者的，所以保持其长存的最可靠办法就是使人与人之间隔绝。个人主义使人们过于追求物质生活的享受，不去关心有利于个人幸福的公共政治生活与公共利益。这样，掌权者用不着去剥夺他们已经享有的政治权利，他们也会自动地交出来。他们会觉得，尽公民的政治义务是一种讨厌的障碍，使他们无法专心于自己的实业活动。企图实行专制的野心家只要在一段时间内确保公民的各项物质利益，确保良好的秩序，就会很容易如愿以偿。

因此，身份平等的民主时代更容易建立起专制政府，这种专制是一种新型的专制，即无数相同而平等的人，整天为追逐他们心中所想的小小的庸俗享乐而奔波，他们每个人都离群索居，对他人的命运漠不关心；在这样的一群人之上，耸立着一个只负责保证他们的享乐和照顾他们一生的权力极大的监护性当局，它喜欢公民们享乐，而且认为只要设法让他们享乐就可以了，它愿意为公民造福，但它要充当公民幸福的唯一代理人和仲裁人。

3. 政治参与和自由

如何补救民主的弊端呢？在托克维尔看来，重建贵族社会是无望的，唯有在"我们生活其中的民主社会的内部发掘自由"② 才是正途。对于民主社会中的个人主义，他特别提出要以自由制度来对抗个人主义。托克维尔认为，唯有政治与自由才能挽救民主的弊端。具体地说，他相信，个人只有走出私人空间，与其公民同胞一起积极参与政治生活，才能克服孤立和软弱的状态；公民个人只有通过结社在公共生活中形成中间性的多元的自由团体，才能获得信心和经验，对抗政治权威。

托克维尔承认，在现代社会要完全遏制个人主义的激情是不可能的，只有对其加以控制和引导才能将个人利益与公共利益结合起来，使个人成长为公民，并在政治参与的实践中养成德行。对此，他特别提到了以下几种机制和途径：

一是"正确理解的利益"原则。按照托克维尔的说法，"正确理解的利益"原则不要求人们发挥伟大的献身精神，只促使人们每天作出小小的牺牲。只靠这个原则还不足以养成有德行的人，但它可使大批公民循规蹈矩、自我克制、温和稳健、深谋远虑和严于律己。它虽然不是直接让人依靠意志去修德，但是

---

① [法] 托克维尔：《论美国的民主》下卷，董果良译，商务印书馆1988年版，第625页。
② [法] 托克维尔：《论美国的民主》下卷，董果良译，商务印书馆1988年版，第873页。

能让人比较容易地依靠习惯走上修德的道路。他相信，只要通过适当的教育，人们就可以掌握这个原则。

二是地方自由与乡镇自治。托克维尔指出，"我听到公民们说他们国家的强大和繁荣有一大堆原因，但他们在列举优点时都把地方自由放在首位。"① 地方分权制度对于一切国家都是有益的，而对于一个民主的社会更是最为迫切的需要。他甚至比喻说，地方制度之于自由就像小学之于科学。

托克维尔把美国的乡镇自治看作一种典型的"地方自由"。他指出，在美国，乡镇是个体生活的地方，是日常生活关系的中心，是一种政治形式，乡镇生活每时每刻都在使人感到它与自己休戚相关。美国人关心自己的乡镇，因为他们参加乡镇的管理；他们热爱自己的乡镇，因为他们不能不珍惜自己的命运，他们把自己的抱负和未来都投入到乡镇，并把乡镇发生的每一件事情都与自己联系起来，从而对乡镇产生一种亲密感和忠诚感。正是在此过程中，人们看到了个人利益与全体利益之间的联系，养成遵守法律和秩序的习惯，形成恰当的权利和义务观念。托克维尔反问道："在小事情上都没有学会使用民主的老百姓怎么能在大事情上运用民主呢？在每个人都软弱无权且未被任何共同的利益联合起来的国家里怎么能抵抗暴政呢？"②

三是结社自由。托克维尔指出，在政治意义上，结社是非常重要的，甚至是关键的，"在民主国家，结社的学问是一门主要学问"③。这是因为在贵族社会中，贵族团体是制止君主滥用职权的天然团体；而在民主国家，个人是孤立而软弱的，他们更需要通过结社来防止专权。尤其在政治方面，通过结社，他们可以彼此相识，交换看法，倾听对方的意见，共同去做各种事业。随后，他们又把由此获得的观念带到日常生活中去，并在各个方面加以运用。政治结社可以同时将许多人拉到自己这一方来，使他们摆脱因年龄、思想、贫富而造成的隔离状态，进而相互往来和发生接触。他们在这个政治社团里学会使自己的意志服从全体的意志，使个人的努力配合共同的行动。

四是新闻出版自由。托克维尔断言，"我越深入研究出版自由的主要成果，便越深信它在现代世界里是自由的主要成分，也可以说是自由的基本组成部

---

① [法] 托克维尔：《论美国的民主》上卷，董果良译，商务印书馆1988年版，第108页。
② [法] 托克维尔：《论美国的民主》上卷，董果良译，商务印书馆1988年版，第107页。
③ [法] 托克维尔：《论美国的民主》下卷，董果良译，商务印书馆1988年版，第640页。

分。"① 在他看来，在平等时代，每个人都是孤立无援的，公民只有一个手段可以保护自己不受迫害，那就是向全国呼吁，如果国人充耳不闻，则向全人类呼吁；而他们用来进行呼吁的唯一手段就是报刊。因此，出版自由在民主国家比其他国家更加珍贵，只有它可以救治平等可能产生的大部分弊端。

托克维尔看到，法国大革命以后自由不再是少数贵族所享有的特权，自由已进入普通民众的观念、习惯和法律；但另一方面，民众的盲目行为也会破坏自由，构成对自由的巨大威胁。他希望建立一个强有力的代议制政府，希望代议制政府能够制止"多数的暴政"。像所有的自由主义者一样，他认为国家权力是一种非常危险的东西，限制政府权力是宪法的实质，要用法律将暴政的危险减小到最低限度。美国的经验使他深深感受到，结社自由和言论自由应当被坚决地维护，法治与分权应当被大加赞赏，它们都有助于保障公民的权益，防止对人类尊严的无视和践踏。此外，他尤其关注美国的乡镇自治传统、公众自由结合的社团组织和陪审制度的政治作用，认为这些都是维护自由、克服过度个人主义的有效机制。

尽管托克维尔出身于具有保王倾向的贵族世家，并且其气质、个性、行为与思想都保留了强烈的贵族色彩，但作为一位自由主义者，他在19世纪初就能预见到民主与平等已经成为不可抗拒的历史趋势，确实是难能可贵的。他对个人主义对民主发展的危害的认识也是深刻的。然而，他未能认识到，危害民主的个人主义恰恰是资本主义生产关系的产物。他试图在不触动资本主义经济制度的前提下，幻想依靠公民的政治参与、结社自由以及新闻出版自由等来矫正和克服资本主义个人主义与民主制度的弊病，这完全是不切实际的。此外，他对"多数的暴政"的忧虑与防范，对美国民主过于理想化的赞美，也都表现出他政治思想的阶级与时代局限。

第三节　19世纪英国的自由主义

一、密尔的政治思想

1. 生平与著作

约翰·斯图亚特·密尔（1806—1873），英国著名思想家，19世纪自由主

---

① ［法］托克维尔：《论美国的民主》上卷，董果良译，商务印书馆1988年版，第215页。

义政治思想的主要代表，其思想涉及政治、经济、哲学、逻辑、伦理、宗教等诸多领域，并取得了重要成就，成为19世纪不列颠民族精神的象征，被誉为"理性主义的圣人"。

密尔自幼接受其父詹姆斯·密尔的严格教育，并受业于功利主义宗师边沁（1748—1832）和奥斯汀门下，继承了功利主义学说传统，在边沁和詹姆斯·密尔之后成为该学派的领袖。不过，从思想来源上看，密尔还受到了欧洲大陆一些思想家，特别是孔德、圣西门、洪堡和托克维尔的影响。

密尔在东印度公司的国内部门任职长达35年之久，这使他在实际政治和政府管理方面积累了丰富的经验，并为其自由主义原则提供了实践上的依据。在1865—1868年间，密尔曾出任国会下院议员，是下院中激进派的代表，他主张扩大劳动阶级的选举权，推行妇女的选举权和参政权，支持在爱尔兰实行的土地改革，谴责英国总督在牙买加殖民地的暴行。

密尔一生著述颇丰。在政治思想方面，他的著作主要有：《论自由》（1859年）、《代议制政府》（1861年）、《功利主义》（1863年）、《妇女的屈从地位》（1869年）等；其他重要著作有：《逻辑学体系》（1843年）、《政治经济学原理》（1848年）等。

2. 对传统功利主义的改造

在理论基础上，密尔继承了边沁的功利主义哲学。他同样把"求乐避苦"视为人类行为的唯一动机，把"最大多数人的最大幸福"看作根本的道德标准，认为行动和动机等的好坏最终是由其所带来的结果的好坏来决定的，即通过一种后果论的原则来评价行为的道德正确与否，并且，在探讨人类社会政治问题时也是从功利原则出发。不过，在对功利原则的解释和说明上，密尔和边沁有所不同，在很大程度上改造并发展了传统的功利主义。

首先，边沁认为，不管什么快乐都是一种快乐，它们只有"量"的差别，没有什么"质"的不同。边沁对效用进行的快乐主义解释的一个关键缺陷是它只重视快乐的数量，忽视了快乐的质量，这使得边沁的功利主义理论招致了很多批判，经常被戏称为"猪的哲学"。密尔则认为，快乐不仅有量的差别，而且还有质的不同。他指出，某些种类的快乐比其他种类的快乐更值得追求、更有价值，理性的快乐要比感官的快乐有高得多的价值。有高级官能的人追求精神快乐，而有低级官能的人则追求肉体快乐；追求肉体快乐的人获得满足的机会较大，而追求精神快乐的人则往往感到不满足，这是由于这种人是"尊严感"强烈的人。对于这种人来说,"做一个不满足的人胜于做一只满足的猪;做不满足的苏格拉底胜于做一个满足的傻瓜"①。

其次,边沁的最大幸福原则建立在个人幸福的基础上,没有认真考虑过个人利益与社会利益的矛盾与差异,因而忽视了个人利益与社会利益发生矛盾时的选择问题。密尔的功利主义更加重视社会交往在功利原则中的应用,引进了"他人"的概念,这在一定程度上发展了功利主义,使之表现出更为合理的面貌。密尔反复指出,构成功利主义行为对错标准的快乐和幸福,并非行为者个人的最大幸福,而是所有相关人的最大幸福。任何人在追求幸福时都要平等地顾及全体的利益,人们应当协调好个人利益与公共利益,甚至必要时为公共利益牺牲个人利益。他曾明确指出,功利主义的道德观承认人类有为了他人的福利而牺牲自己最大福利的能力,"功利主义要求,行为者在他自己的幸福与他人的幸福之间,应当像一个公正无私的仁慈的旁观者那样,做到严格的不偏不倚。……'己所欲,施于人','爱邻如爱己',构成了功利主义道德的完美理想"②。因此,功利主义要求,法律和社会的安排应当使每一个人的幸福或利益尽可能地与社会整体的利益和谐一致;教育和舆论应当将每一个人自己的幸福与社会整体的福利牢不可破地联系在一起。

再次,边沁认为,人类趋利避害要依靠四种制裁方法:物理或自然制裁、政治制裁、道德或民众制裁、宗教制裁;而密尔则把这些看作外部制裁,并认为要真正保障功利原则的实现主要应该依赖内部制裁。内部制裁力是人们内心的一种情感,一种伴随违反义务而产生的痛苦,这种情感就是"人类的良心和社会感情"。在他看来,人类服从自己的良心,这是由于人有社会感情,有与同类成为一体的欲望,这种欲望是人性中一个强大的原动力。正是这种感情和欲望,使人们深知自己可以与别人合作,以公共利益作为行为的动力和目标,从而使个人利益与全体利益协调一致。

最后,在对国家目的的功利主义认识方面,密尔也比边沁高明。与边沁一样,密尔也认为国家的目的是为了被统治者的福利,保证人民过好物质生活,保护公民的安全和财产。但他进一步提出,国家更重要的目的是要"促进人民本身的美德和智慧",任何政府制度,最重要的任务莫过于培养社会成员的各

---

① [英]约翰·穆勒:《功利主义》,徐大建译,商务印书馆2014年版,第12页。
② [英]约翰·穆勒:《功利主义》,徐大建译,商务印书馆2014年版,第21页。

种优良品质。

密尔放弃了传统的自然法学说和社会契约论，把功利主义原则作为政府合法性的标准和自由主义的理论基础，反映了取得统治地位的资产阶级在政治态度上的变化，适应了这一时期资产阶级的要求。他对传统功利主义的修正，淡化了边沁思想中的利己主义和享乐主义色彩，提出"最大多数人的最大幸福"思想，突出了社会利益和公众利益，在协调个人与社会的关系问题上又前进了一步，从而对传统自由主义向新自由主义的转变起到了推动作用。但是，在资本主义社会中，在政治法律制度仍把私有财产权作为最神圣的人权的前提下，"最大多数人的最大幸福"只能是资产阶级的权利和幸福。

3. 思想言论自由与个性自由

密尔政治思想中最重要的部分是他在《论自由》中关于自由的论述，他对自由的辩护是毫不妥协的。他所关注和探讨的自由不是哲学家所谓的与必然性相对立的意志自由，而是公民自由或社会自由，也就是"社会所能合法施用于个人的权力的性质和限度"[①]。在他看来，这种自由的领域与范围主要有三个方面，即思想和言论自由、个性自由、公民交往和结社的自由。显然，到了密尔这里，之前的自由主义者一再辩护的人身自由、司法公正和私有财产权这些最基本的公民自由，已经用不着多加阐述和捍卫了。

密尔关于思想和言论自由的论证和辩护，归纳起来有四点：第一，被压制的少数意见可能是正确的，只有通过讨论，才能使这部分真理显现出来；第二，普遍的意见可能是部分错误的，它需要少数意见的部分真理来补充；第三，即使少数意见是错误的，它对于激发真理的活力、反衬真理的正确性也是必需的；第四，只有在与谬误的对峙中，真理才能深入人心，真正为人所理解。

在这些辩护中，密尔特别强调一点，即人类意见的易错性（fallibility），这构成了思想和言论自由最基本的前提。在他看来，不但我们每个人的所知都是有限的，没有人可以确定地掌握一切真理，而且现在流行的许多意见必将为未来时代所排斥。所以，我们永远不能确信我们所力图压制的意见是一个谬误的意见。即使被压制的意见确实是错误的，剥夺其表达也是一项罪恶，因为一种意见纵然是绝对正确的，如果不允许它的反对意见得到充分表达，那么这种真

---

① ［英］约翰·密尔：《论自由》，程崇华译，商务印书馆1959年版，第1页。

理就不能在与错误意见的斗争中更加站稳脚跟，我们就不能从真理与错误的冲突中产生出对于真理的更加清楚的认识和更加生动的印象。

在此基础上，密尔进一步论证了个性自由，即按照自己的意志生活，将自己的意见付诸实践的自由。他关于个性自由的辩护主要是围绕个体的幸福、智力成熟与发展以及人类社会的进步与发展等方面展开的。他试图表明，个性自由不仅具有工具性价值，而且其本身就是有价值的，是人类福祉、社会进步的必要条件。用他的话说就是："凡在不以本人自己的性格却以他人的传统或习俗为行为的准则的地方那里就缺少着人类幸福的主要因素之一，而所缺少的这个因素同时也是个人进步和社会进步中一个颇为主要的因素。"①

在论证中，密尔特别强调，个性是个人福祉的要素之一，个性自由不但有助于个人智力和道德能力的发展，促进人性的完善，而且只有个性自由才能产生"首创性"。现有的一切美好事物都是首创性所结的果实，一切聪明事物或高贵事物的发端总是也必然是出自一些个人，并且最初总是也必然是出自某一个个人，"进步的唯一可靠而永久的源泉还是自由，因为一有自由，有多少个人就可能有多少独立的进步中心"②。

在为思想言论自由和个性自由辩护的过程中，密尔力图阐述或者借助于这样一个原则或标准，以此来说明政府（通过法律）或社会（通过道德舆论）施加于个人的权力的限度，这个原则就是所谓的"伤害原则"（harm principle）。"伤害原则"基于他关于人类行为的如下区分，即一部分行为只关乎自己，而另一部分行为则涉及他人："个人的行动只要不涉及自身以外什么人的利害，个人就不必向社会负责交代。他人若为着自己的好处而认为有必要时，可以对他忠告、指教、劝说以至远而避之，这些就是社会要对他的行为表示不喜或非难时所仅能采取的正当步骤"；"关于对他人利益有害的行动，个人则应当负责交代，并且还应当承受或是社会的或是法律的惩罚，假如社会的意见认为需要用这种或那种惩罚来保护它自己的话"。③ 也就是说，一个人的行为只要不妨害他人，就应有完全的自由；但当他的行为妨害了他人，这种行为就被排除在自由的范围之外，而被放进道德或法律的范围之内了，其他人就有理由干涉他的行动自由。"任何人的行为，只有涉及他人的那部分才须对社会负责。在仅只

---

① ［英］约翰·密尔：《论自由》，程崇华译，商务印书馆1959年版，第60页。
② ［英］约翰·密尔：《论自由》，程崇华译，商务印书馆1959年版，第75—76页。
③ ［英］约翰·密尔：《论自由》，程崇华译，商务印书馆1959年版，第102页。

涉及本人的那部分，他的独立性在权利上则是绝对的。对于本人自己，对于他自己的身和心，个人乃是最高主权者。"① 因此，所谓"伤害原则"就是除非某一行为正在伤害或必定会伤害他人或社会的利益，否则作出这一行为的自由就不应受到限制。尽管密尔自己也承认，在如何将"伤害原则"运用到具体的行为方面存在很多难题，但他坚信这一原则的有效性："使凡属社会以强制和控制方法对付个人之事，不论所用手段是法律惩罚方式下的物质力量或者是公众意见下的道德压力，都要绝对以它为准绳。"②

密尔关于思想言论自由和个性自由的论述，反映了19世纪英国资产阶级进一步扩大社会自由、发展"个性"的迫切要求。这些观点和主张的目的无非是想调动人们的独立思考能力，以促进资本主义社会和经济发展，从而巩固资本主义制度，维护资产阶级统治。

4. 代议制政府

密尔将其功利主义和自由主义的基本原则应用到政府问题上，并糅合了他在多年议会改革过程中形成的政治观点和实际建议，最终形成了他的代议制政府理论。这些理论阐述了评价政府形式的一般标准，论证了代议制政府的优点和可能存在的弊端，并对代议制政府的改革提出了一些建议和主张。

从功利主义的立场出发，密尔将"社会利益的总和"作为检验政府好坏的标准，这种标准可以分为两个方面：一是看它"促进社会普遍的精神上的进步的程度"，包括"在才智、美德，以及实际活动和效率方面的进步"；二是看它"将现有道德的、智力的和积极的价值组织起来，以便对公共事务发挥最大效果所达到的完善程度"。③

根据这两个标准，密尔明确指出："理想上最好的政府形式就是主权或作为最后手段的最高支配权力属于社会整个集体的那种政府"，在那里，"每个公民不仅对该最终的主权的行使有发言权，而且，至少是有时，被要求实际上参加政府，亲自担任某种地方的或一般的公共职务"。④ 但是，现代国家的规模决定了普通公民不可能都亲自担任政府职务，这样，最理想的政府模式就是代议制政府。

---

① ［英］约翰·密尔：《论自由》，程崇华译，商务印书馆1959年版，第10页。
② ［英］约翰·密尔：《论自由》，程崇华译，商务印书馆1959年版，第9页。
③ ［英］J. S. 密尔：《代议制政府》，汪瑄译，商务印书馆1982年版，第29页。
④ ［英］J. S. 密尔：《代议制政府》，汪瑄译，商务印书馆1982年版，第43页。

密尔认为，所谓的代议制政府就是"全体人民或一大部分人民通过由他们定期选出的代表行使最后的控制权"①。这主要包括两个方面：其一，代议团体要实现对政府的有效控制；其二，代议团体要表明各种需要，成为反映国民要求和对各种公共事务表达意见、进行争论的场所，"既是国民的诉苦委员会，又是他们表达意见的大会"②。

代议制政府之所以是理想的政府，就在于它符合了好政府的两个标准。与其他政体相比，一方面，代议制政府发挥了每个人的积极性，使每个人都能够并习惯于捍卫他们的权利；另一方面，代议制政府能够提高个人的能力，更好地推动普遍的繁荣。在密尔看来，代议制政府最突出的好处还在于通过鼓励公民参与公共事务，承担公共职务，提高他们的智力和道德水平，能够造就公民积极、自助的性格，而这种性格对于人类的普遍利益和国家的繁荣昌盛是必不可少的。

密尔认为，在实际的政治生活中，公民参与的范围大小应该和"社会一般进步程度所允许的范围一样"③。虽然代议制是理想上最好的政府形式，但并不是所有的社会都能采用这种政府形式。在有些场合，代议制政府就很难得以实行，比如：（1）一国人民对代议制政体缺乏足够的认知和热爱；（2）人们不愿在代议制政体遭到危险时而斗争；（3）人民缺乏履行代议制政体中属于他们的职责的意志或能力；（4）人民不愿意学习代议制，养成相应的习惯；（5）人民极端消极被动和随时准备屈服于暴虐；（6）有些群体具有根深蒂固的地方观念、缺乏整体意识和从更大范围考虑问题的习惯。这些情况下都不适宜采用代议制政府。

尽管密尔十分推崇代议制政府，但他还是指出了这种民主制存在的两种危险倾向，即"代议团体以及控制该团体的民意在智力上偏低的危险；由同一阶级的人构成多数实行阶级立法的危险"④。对于"智力条件不充分"的危险，密尔的顾虑是，在教育尚未普及的情况下，把选举权交给一个不会读、写和算术的人，就像把选举权给一个不会说话的孩子一样，对公益事业毫无益处。对于后一种危险，密尔的顾虑是，统治权力受到地方或阶级利益的影响或支配，

---

① ［英］J.S. 密尔：《代议制政府》，汪瑄译，商务印书馆1982年版，第68页。
② ［英］J.S. 密尔：《代议制政府》，汪瑄译，商务印书馆1982年版，第80页。
③ ［英］J.S. 密尔：《代议制政府》，汪瑄译，商务印书馆1982年版，第55页。
④ ［英］J.S. 密尔：《代议制政府》，汪瑄译，商务印书馆1982年版，第101页。

不能产生对他人或国家的无私关怀,无法把阶级或团体的思想与目的引向长远的利益。密尔的这两种担忧具有明确的指向性:"在多数国家,特别是在我国,大多数的选民将是体力劳动者。"①

针对这两种危险倾向,密尔提出了一些补救办法。为弥补代议团体及民众智力低下的缺点,在"智力原则"指导下,密尔提出了一系列具体主张:首先,主张由高素质的人员成立"立法委员会";其次,实行比例代表制,充分保证少数"有教养的"代表当选;再次,扩大选举权,但在选举资格上要进行一定的限制,即受过教育的人才有选举权,而那些领取救济金的人、破产者、长期不交税者应被取消选举资格;另外,他还主张实行"复票制",即允许"才智高"的人享有两票以上的投票权。

针对阶级立法的危险,密尔认为,阶级立法在任何政府形式中都不可避免,因此,要降低其危险,就应该在考虑议会的构成时,设法维持一种"对抗职能",以便使任何阶级或阶级的联合,都不能在政府中发挥压倒一切的影响。简单地说,他试图通过阶级力量平衡的办法来降低这一危险。

在西方社会对民主政治尚有疑虑,惧怕下层民众参与政治的时代,密尔积极阐述政治参与的价值,呼求妇女的政治权利,探索代议制民主的完善,其进步性是值得肯定的。而且,他还撰写过大量政论性文章,直接推动了英国议会的民主化进程。当然,从他的理论中,特别是关于"民意智力低下"和"阶级立法"危险的思想中,也不难看出其中包含的阶级偏见乃至殖民主义偏见。这是19世纪自由主义思想家普遍存在的阶级局限。

二、格林的政治思想

1. 生平与著作

托马斯·希尔·格林(1836—1882),英国著名哲学家、政治思想家、社会活动家,英国唯心主义和新黑格尔主义的重要代表人物,也是现代自由主义的先驱。

格林出生于英国约克郡的一个牧师家庭,1860年从牛津大学毕业以后一直任教于牛津大学。格林毕生从事教学和研究工作,但他并未将自己局限在书斋中。1871年后,他参与到英国的禁酒运动中,1874年他被选为首任市政会评议

---

① [英] J. S. 密尔:《代议制政府》,汪瑄译,商务印书馆1982年版,第132页。

员。他拥护自由党在议会问题上的立场，提倡扩大选举权，加强工会权力，开展道德教育，支持慈善事业。

格林的研究领域较为广泛，涉猎哲学、伦理、政治等多种学科，其主要著作有《伦理学绪论》《政治义务原理讲座》等。

19世纪后期的英国正在由自由资本主义向垄断资本主义过渡。当时，资本家不顾一切地聚敛财富，对工人的剥削极其残酷，不受限制的经济体系产生了很多处于贫困境地的民众，贫富分化严重，社会矛盾异常尖锐。严酷的社会现实使英国自由主义者对传统自由主义产生了怀疑：社会并没有像他们所预期的那样，在每个人追求个人幸福的同时，自然而然地实现最大多数人的共同幸福，自由放任的结果只是少数人恣意行事的"自由"。

作为新自由主义的奠基人，格林全部政治理论的突出特点就是对古典自由主义进行了反思，在自由主义的框架内重新协调个人与国家、个人与集体的关系，在保障个人自由的前提下为国家干预的合理性提供论证。在理论基础上，他批判了自边沁以来的功利主义思想和自然主义倾向，把道德原则作为其理论的基础。在理论形式上，他把黑格尔、卢梭的思想与英国自洛克以来的自由主义传统结合起来，建立了他富有伦理色彩的政治理论。

2. "共同善"与"积极自由"

在格林生活的时代，英国资本主义的发展面临着一系列的社会问题。虽然自19世纪中叶以来，边沁等功利主义思想家曾经为社会和政治改革献计献策，但是仍然不能解决社会存在的严重问题。在格林看来，功利主义以及经验哲学已经不能为摆脱这种困境提供理想的解决方案，因此，有必要重建一系列新的原则，重新审视政治义务的基础，重新界定人类行为的目的。

在融合康德和黑格尔的唯心主义的基础上，格林提出了对自然、社会、国家以及个人的系统看法。特别是，他把人视为道德的存在物，把人类活动的最终目标定位在实现最高的道德的善。正是这种道德理想使人产生追求道德发展的持续行动，使人不断提高道德水平，使人类生活达到至善；至善即人最终的自我满足、完全的满足，人的人格或本性的自我实现，人的心灵的完善，这是道德判断的最终标准。

格林进一步指出，至善不是某个人独享的，它是人们共同享有的善，因此，道德的善在本质上都是共同的善（common good）。所谓共同的善就是"人类心灵能力的充分实现"，"人类品质的完善"，"人类精神的实现"或"人的使命的完成"。① 可以从两个方面来认识它：一方面，它超越了狭隘的自私自利而包容一切。所有人都分享同一个善，并把它作为自己的善。每个人都可以追求它、获得它，而不妨碍别人。另一方面，它不为一人所有，而为全体所有。因为它是一种"精神性的活动，当它是人类心灵能力的充分实现时，所有的人都可以分享它，都必须分享它"②。

格林强调"共同善"的精神性，而对建立在物质上的善持批判态度。在他看来，建立在物质基础上的善不可能是共享的。因为个人或单独团体的利益是不可分享的，甚至是以牺牲别人的利益而换得自己的幸福。物质利益导致冲突，而道德上的利益则没有这种冲突，前者将人分离开来，后者将人结合在了一起。然而，格林也看到，人自身的道德利益和物质利益可能是对立的，一个人的道德利益和另一个人的物质利益也可能是对立的，当两者出现矛盾时，以物质利益为重就是自私自利的；以共同的善为依归就是参与了善，分享了善。同时，建立在物质上的善，并不是每个人都能平等得到的，一些人的成功并不意味着另一些人也能获得成功。处于物质利益竞争中的社会生活将像霍布斯所描述的那样，是一种战争状态。

格林将共同善作为一种道德理想，这种道德理想靠独立的个人是不能实现的。个人只有作为社会的成员时才能意识到自己善的欲望，并通过自愿的行为满足自己这种道德上的欲望。正是这种道德的要求产生了家庭、部落和国家制度。这样，国家、法律和各种制度也就成为实现"共同善"的最好形式。

与霍布斯等近代政治思想家主张的消极自由观不同，格林提出了一种新的自由观，他说："当我们把自由作为某种值得高度珍视的东西来谈论时，我们指的是一种去做值得做的事情或者享受值得享受的事物的积极力量或能力，而且这种事物也是我们与他人共做或共享的事物。"③ 不难看出，格林所界定的自由包含了三个要素：首先，真正的自由涉及做某事的能力，而不仅仅是免除限制；其次，自由包含道德的因素，我们所做的事情必须是值得做的；最后，自由包含社会的因素，即自由必须"与他人共同"享有，一个人不能以对他人强加限制为代价享有自由，而且当他可以自由行动时，他应当对他人的福利作出某些积极的贡献。简言之，这种自由是以"共同善"和"社会善"为前提的，

---

① 参见 T. H. Green: *Prolegomena to Ethics*, Oxford: Clarendon Press, 1907.
② T. H. Green: *Prolegomena to Ethics*, Oxford: Clarendon Press, 1907, Section 286.
③ 刘训练编：《后伯林的自由观》，江苏人民出版社 2007 年版，第 137 页。

也体现了道德与善。

从格林的理论目标来看，他试图让自由主义者放弃自由放任的政策，而自由放任主义者强调契约自由是一项神圣的事物，不容政府立法干涉。格林倡导保护工人健康和安全的工厂立法、保护佃农抵制地主剥削的立法，以及对酒类公共销售施加更加严格的控制。从表面上看，这些措施似乎限制了人们消极意义上的自由，然而，格林论证说，它们可以看作是促进真正意义、也就是积极意义上的自由的措施。

具体来看，格林关于自由定义中的第一个要素是考虑到工人或雇农，尽管他们各自享有同其雇主或地主订立任何他们愿意的契约的自由，但事实上，他们除了接受不利的条款之外，没有能力做任何事情。通过限定契约的范围，立法将提高他们获得一种体面的生活水准的能力。定义中的第二个要素是考虑到酗酒者，他们对酒类的消费不能算做"值得做或值得享有的事情"，而这方面的限制将使他们解放出来去做更有意义的活动。定义中的第三个要素是考虑所有群体，因为格林声称，雇主和地主当时享有的契约自由是以牺牲工人和雇农利益为代价的，而饮酒的自由给社会中的其他人，尤其是酗酒者的家庭强加了成本。可见，格林对自由的定义最终是希望推进他试图实现的政治目标。

3. 国家干预的原则

格林的"共同善"概念和"积极自由"概念事实上是为了服务于其政治主张，即为国家干预提供理论说明，以论证英国政府已经和将要采取的政策措施的合理性。

在国家问题上，格林将国家视为"促进'共同善'的制度"，或者换句话说，"各种政治制度（唯有通过这些制度，人才能实现自身的道德化）代表了一种'共同善'的观念"。因此，国家是公共意志的体现，是道德意志的化身，是永恒意识得以实现的一个阶梯。国家是个人实现善的归宿，个人只有在国家中才能实现自身的道德化，因此个人应该积极参与国家事务。"如果一个人有高度的政治责任感，他就必须参加国家的工作，或成为议员，或参加选举活动，直接或间接地参与法律的制定和维护。"①

在格林看来，既然国家的目标是实现道德上的善，那么，国家完全有必要

---

① T. H. Green: *Lectures on the Principles of Political Obligation and Other Writings*, Cambridge: Cambridge University Press, 1986, Sections 124, 122.

通过强制的力量拆除道德进步道路上的各种障碍。格林承认强力的重要作用，但他也明确指出，国家只能为个人的道德发展提供外部条件，而不能直接地发展个人的能力。一个人为使他人更好，所能做的就是为其拆除障碍，并为其形成好的品质提供好的条件。也就是说，国家不可能通过立法的或行政的外在措施使人成为有道德的人，个人道德水平的提高是个人的内在事务。只有个人确实出自内心的道德，而不是屈服于外部的强力，自觉地履行某种道德职责时，他的道德行为才是善行。

格林把国家看成是道德的体现，看成是道德与善的载体，它可以通过创造一个良好的外部环境，使道德行为在其中得到实现。一方面，格林承认国家消极的方面，即国家要管理正义，维护个人在生活、财产方面的自由；另一方面，格林认为，为了维护个人的自由生活，国家必须是积极的，国家应该履行某种道德的职能，国家的干预是为了确保足够的自由。

根据积极自由的观点，格林提出了衡量自由程度的新标准。他指出，一个社会中自由的增长不能以国家权力的减少为标准，国家权力的增加并不意味着对个人自由的损害。相反，只有国家行使更多更大的权力，为全体成员谋求更多更好的利益，使全体成员的能力和力量得到发挥时，社会中存在的自由才能得到增长，每个成员的自由才能得到发展，每个成员才会越来越自由。因此，一个关心全体公民福利的、积极作为的政府是能够有效地促进社会和个人的自由的。这样的政府就是好政府，这样的国家就是理想的国家。近代以来"政府是必要的恶"的形象在格林这里得到扭转，国家不再作为一种恶的力量和个人对立，而是作为一种善的力量与个人成为朋友。

为了扫清实现"共同善"道路上的障碍，格林认为在当时的英国，国家和政府应当采取三个重要的措施：一是建立强迫教育制度，二是推行禁酒令，三是限制私有制。

格林指出，英国当时的教育存在很多问题。在他看来，教育儿童不仅是父母的道德责任，而且还是使下一代人免于无知和愚昧的社会问题，所以义务教育必须由国家强制推行。此外，他还把教育和公民更好地行使权利结合起来。因此，为了充分发展人的道德能力，为了使个人成为权利的享有者，为了使权利的行使有益于自己和社会，个人必须接受教育。

格林对当时英国普遍出现的酗酒行为表示出极大的反感，他历数售酒和酗酒给社会带来的罪恶，强调国家必须通过严格的立法和行政手段限制酒类的生产和销售。针对违背自由贸易的反对理由，格林指出，在贸易问题上并不存在绝对的权利，因为任何权利都是以促进共同善为条件的。假如贸易自由只给少数人带来好处，而给社会带来危害，国家当然要干预。格林认为，对这种自由的限制将会促进社会成员积极自由的发展，使他们在道德生活上变得更加完满。

在私有财产问题上，格林指出，私有财产对于人类社会来说是必不可少的，财产是"一种实现意志的手段，这种意志在可能的情况下是指向社会善的"；他又提到，财产是"一种实现生活计划、表达美好理想、影响仁慈希望的永恒手段"。[①] 私有财产是实现个人自由、个性发展、追求道德之善的手段，但是他同时强调，所有权的行使不是没有限制的，这种权利的行使不能以牺牲他人的利益为代价。对于任何私有财产所有者侵犯社会利益和"共同善"的行为，国家和法律必须给予限制。

不过，格林并不否定私有制，相反，他将私有财产看成是实现善的重要条件。他主张国家可以采取强制措施限制土地私有制的发展，通过立法手段和行政手段限制和惩罚财产所有者坑害社会和他人的不道德行为。但在他看来，"共同善"是通过社会个体成员的追求而实现的，而不是通过政府来替代他们的追求。此外，格林主张对私有财产采取限制性措施，并不是为了实现平等；相反，在他看来，无论从个人还是社会的角度看，个人的自由发展都会产生和需要财产上的不平等。[②]

格林在英国政治思想史上占有十分重要的地位。从自由主义的发展来看，格林的"共同善"和积极自由思想为自由主义提供了新的理论基础，论证了国家干预政策的合理性，使自由主义从传统的自由放任政策转变为积极干预政策。如果说密尔开启了古典自由主义向现代自由主义的转变，那么格林则是新自由主义的奠基人。他的思想深深地影响了布拉德利、巴克、鲍桑葵、霍布豪斯等一大批英国知识分子，并在一定程度上推动了英国的政治进程。

格林的"共同善"和积极自由思想表现出改善工人、农民生活条件和提升妇女地位的良好愿望。然而，他的"共同善"不过是一种抽象的概念，并且他幻想通过改革资本主义制度来促进"共同善"，这种观点无疑是唯心的、不切

---

① T. H. Green：*Lectures on the Principles of Political Obligation and Other Writings*，Cambridge：Cambridge University Press，1986，Sections 221，220.
② T. H. Green：*Prolegomena to Ethics*，Oxford：Clarendon Press，1907，Section 176.

实际的。作为一个自由主义思想家，他没有看到造成资本主义社会贫富分化、社会矛盾激化的根本原因是资本主义的经济制度和资产阶级的统治。因此，他的理论至多反映了19世纪末英国资产阶级对于政府角色转换的期待与辩护。

第四节 19世纪末20世纪初美国的自由主义

一、威尔逊的政治思想

1. 生平与著作

伍德罗·威尔逊（1856—1924），美国政治家和政治学家。威尔逊早年从事教学和学术研究，1910年开始步入政界，1911年当选新泽西州的州长，因改革而备受瞩目。1912年，他以"新自由"为纲领参加总统竞选，击败了西奥多·罗斯福，成为美国第28任总统，并于1916年获选连任。威尔逊在任期间，因提出"新自由""世界和平纲领""十四点和平计划"等主张而闻名于西方。

无论在理论还是在实践上，威尔逊都对国际政治、国际关系和外交思想产生了重要影响。第一次世界大战结束后，威尔逊在美国国会发表演说，提出了订立和平条约、公海航行自由、贸易平等、裁军、成立国际组织等基本原则，并且对战后欧洲的边界作出了安排，这就是著名的"十四点和平计划"。该计划虽然在国会未能获得通过，但是其中的一些基本原则对后来的国际政治、国际关系和外交理论产生了重要影响，"威尔逊主义"甚至成为理想主义的代名词。

威尔逊以"学者总统"著称，曾有过多部政治学与史学专著问世，在美国政治学界有着广泛的影响。他的论文《行政学之研究》（1877年）被认为是行政学的奠基之作；他的《国会政体——美国政治研究》（1885年）一书是研究美国国会的经典，被翻译成多种文字，至今仍在一些美国大学被列为政治学的主要参考书；他写作的《新自由》（1913年）一书则是美国改革时代的历史写照；另外，威尔逊还写作了《美国人民史》（1902年）等著作。

2. 新自由主张

在1911年到1912年总统竞选期间，威尔逊在其发表的竞选演说中阐述了他的新观念。比如有政治控制的机构必须置于人民手中；国民政府对人民的服务必须拥有更为广泛的范围；我们必须做的事情就是打散这个巨大的共同利益集团；我们主张能使我国政府放手行事，这个国家的实业界获得自由；政府的职责就在于把为共同利益奋斗的人们组织起来反对追求特殊利益的人们。①

威尔逊在重申"人民主权"原则的前提下，主张扩大政府职能，加强政府对社会事务的管理和干预，促进社会公共利益。特别是，他根据美国进入垄断资本主义的现实，提出了必须限制垄断集团的思想。在对待托拉斯的问题上，威尔逊声称："开明政治应不断地打碎这种同盟，在政府组织和伟大的民主主体之间重新架起桥梁。"② 同时，威尔逊并不赞成因此而损害私有财产和个人权利。在第一次就职典礼上，尽管威尔逊极力主张改革，但他还是明确指出："有一些事情我们得必须去做，而不是置于脑后，尽管他显得不那么时髦但却应该铭记在心，那就是捍卫私有财产和个人权利。"③

这些观念成为威尔逊"新自由"观念的核心，同时也是他在总统任职期间的施政纲领，表现出他改革的一面。然而，他的改革是不彻底的，尽管他主张打破垄断，但实际上他对托拉斯的打击并没有落到实处。究其原因，是因为资本主义私有制是美国社会、政治制度的基础，维护私有财产权才是政府的神圣职责，威尔逊作为美国总统所倡导的改革不过是要通过扩大政府职权加强政府干预，以缓和社会矛盾，维护资本主义制度和资产阶级的统治。

3. 行政管理理论

进入19世纪，尤其是南北战争以后，美国的行政权力得到空前的扩张。一方面，政府职能的范围不断增加，政府雇员的规模急剧膨胀，联邦政府的权力越来越大，更加有力地控制了各州。另一方面，就中央政府的权力来看，行政权力的不断扩张表现为总统权力的加强。到富兰克林·罗斯福总统时期，总统不仅拥有某些立法权力，甚至能左右国会，制服联邦法院。美国政府由"议会权力中心"向"总统权力中心"转变，美国总统获得了"帝王般的总统"的称号。

与这种行政职能扩张、行政权力膨胀、行政机构增加不相适应的是：一方面，行政事务管理的科学化和规范化远不能满足这一要求，行政管理制度残缺不全，拖沓成风，法令执行效率低下；另一方面，行政学的研究被人忽视了。

---

① 参见［美］理查德·霍夫施塔特：《美国政治传统及其缔造者》，崔永禄、王忠和译，商务印书馆2010年版，第302—303页。
② ［美］伍德罗·威尔逊：《新自由》，载［美］戴安娜·拉维奇主编：《美国读本》，林本椿等译，生活·读书·新知三联书店1995年版，第526页。
③ Woodrow Wilson: *President Wilson's State Papers and Addresses*, New York: The Review of Reviews Company, 1918, p.4.

威尔逊曾经很失望地指出，研究"抵制行政权的艺术"使人忽视了"改善行政方法的艺术"。① 行政管理亟需系统、科学的规范与指导，对行政学的研究越来越显出其重要性。

威尔逊多年来立志从政，一直关注美国现实政治，并以一个学者的眼光对美国现实政治做过深入研究。除了对国会的改革外，威尔逊更加关注行政机构的改革。他在康奈尔大学的演讲词发表在1887年《政治学季刊》后，很快引起了人们的注意，被认为是"行政学正式诞生的标志"，他本人也被誉为"行政学的奠基人"。在该文中，威尔逊系统地探讨了行政学的历史、研究内容、体系及研究方法，确立了行政学的体系框架。

首先，威尔逊将行政事务的领域和政治事务的领域加以区分。他认为，行政事务的领域是一种事务性的领域，它与政治事务领域相去甚远。就两者的范围来看，行政管理是置身于"政治"所特有的范围之外的，并不属于政治问题。这两者之间既有区别，又有联系，行政管理的任务是由政治确定的，但是政治无须直接指挥行政管理机构。威尔逊区分了政治与行政，然而，威尔逊并不赞成这两种职能分开行使，正像他反对三权分立那样。他认为，这种区分"并不完全是'意志'与相应'行动'之间的区别，因为行政官员在为了完成其任务而选择手段时，应该有而且也的确有他自己的意志；他不是而且也不应该是一种纯粹被动的工具"②。

其次，威尔逊区分了两个领域的基本原则。在他看来，美国政治的基本原则是人民主权、三权分立与法治，而行政学则应该在这些基本原则之外强调效率的价值。为了发挥官员的主动性，他们应该有自由裁量权而不是官僚主义，这与政治领域强调平等、法治是截然不同的。在他看来，正是因为政治与行政没有被很好地区分，行政权力的发展就遇到了各种困难，生存于政治的夹缝之中。行政学首先要解决的第一个问题就是如何让行政权力在政治的夹缝中寻找空间。威尔逊的政治—行政两分论不但试图解决行政与政治之间关系的问题，而且着眼于为行政管理的发展开辟空间，因而成为行政学发展早期最重要的理论。

最后，威尔逊还具体地指出了行政学的研究方法。威尔逊并没有推崇政治

---

① ［美］伍德罗·威尔逊：《行政学之研究（二）》，李方译，载《国外政治学》1988年第1期，第42页。
② ［美］伍德罗·威尔逊：《行政学之研究（二）》，李方译，载《国外政治学》1988年第1期，第46页。

哲学那种思辨的研究取向，而是将行政学视为"实用科学"，对"实验的实践"推崇备至。威尔逊认为，对于行政学来讲，实验的实践优先于原则性的设计。在行政学的研究方法中，威尔逊十分推崇比较的研究方法。为了防范比较方法可能会出现的偏差，威尔逊强调了比较研究的两个前提，即"一切政府之间实际上的相似性和安全前提"[①]。

在威尔逊之后，古德诺进一步发展了政治与行政两分论，将国家行为分为"表达意志"和"形成意志"两种，并分别称作"政治"与"行政"，对行政学的独立发展起到了重大作用。之后，威洛比和怀特相继出版了行政学理论的教科书，使该学科不断走向成熟。行政学的发展使政治学的学科内容进一步丰富，推动了传统政治学理论研究的进一步发展。

二、杜威的政治思想

1. 生平与著作

约翰·杜威（1859—1952），美国改革时代政治思想的标志性人物，其研究涉及教育学、哲学、政治学、伦理学和心理学等诸多领域，并且在众多领域内均作出了重要贡献，是美国近代以来百科全书式的思想家。杜威早期研究教育学、心理学，并在芝加哥大学创立了著名的"杜威学校"。他涉足现实政治，一度参与组织第三党的努力，最后失败。杜威先后到过中国、日本、土耳其、墨西哥和苏联等国家讲学。他在中国居住两年多，发表了大量的演讲，这些演讲由《晨报》于1920年出版，定名为《杜威五大演讲》，对当时中国的思想界产生了重要影响。

杜威的著作非常丰富，其政治思想方面的代表作主要有《公众及其问题》《新旧个人主义》《人的问题》《自由主义与社会行动》和《民主主义与教育》等。

在哲学上，杜威推动了实用主义的发展。早期的实用主义者，像昌西·赖特、查尔斯·皮尔斯在与社会达尔文主义者的斗争中发展了实用主义。实用主义哲学经过约翰·詹姆斯等人的苦心经营，在杜威那里发展到了顶峰，成为美国的"官方哲学"，取得了无法替代的地位。实际上，正是通过实用主义，杜威调和了新旧自由主义，提出一种"新自由主义"，推动了美国自由主义的转型。

---

① ［美］伍德罗·威尔逊：《行政学之研究（二）》，李方译，载《国外政治学》1988年第1期，第49页。

杜威的政治思想萌发于美国自由资本主义的晚期，形成于自由放任政策走投无路的大萧条时期，并在罗斯福"新政"时期走向成熟。他的新自由主义包括新个人主义、新自由观念和新民主学说三个方面，标志着美国传统自由主义向新自由主义的转变。

2. 新个人主义

在美国，传统个人主义意味着"天赋权利学说、自由企业的信念和美国之梦"①。然而，到了"改革时代"，个人主义却陷入重重危机。在这样的背景下，个人与社会的关系成为杜威政治思考的重要主题。

杜威批判了传统的个人主义。他认为，当时的法律与政治完全依赖于同金钱的结合，从而造成了一种金钱文化。在这种文化中，"个人主义所代表的机会平等、自由的联合与相互交流正在变得模糊，逐渐暗淡下去"②。在他看来，在美国商业文明的统治之下，个性已经开始丧失，并直接影响到政治。一些所谓的传统自由派由于太过于强调"个人至上"，反而没有将个人的至上权利充分发挥出来。正是在批判旧个人主义的基础上，杜威提出了新个人主义，其基本特征体现在以下几个方面。

第一，与旧个人主义注重从个人角度理解个人不同，杜威的新个人主义强调从社会的角度理解个人。在对美国"改革时代"进行观察的基础上，杜威摆脱了传统自由主义孤立地认识个人的偏见，更多从共同生活的角度认识个人。他认为，个人"代表那些在共同生活影响下产生和固定的各种各样的人性的特殊反应、习惯、气质和能力"③。这样，杜威就把个人放到了社会共同生活的背景当中，从而也为其强调个人的社会性与合作性奠定了逻辑基础。

第二，与旧个人主义强调个人的独立性不同，杜威的新个人主义强调个体的合作性。杜威看到了极端个人主义的危害，但是，他认为，进行改变的方法不是抛弃个人主义，相反，应该"创造一种新型个人——其思想与欲望的模式与他人具有持久的一致性，其社交性表现在所有常规的人类联系中的合作性"④。杜威抛开传统个人主义的孤立与封闭，将"不断增加的经济生活中的

---

① [英]史蒂文·卢克斯：《个人主义》，阎克文译，江苏人民出版社2001年版，第24页。
② John Dewey: *Individualism: Old and New*, New York: Minton, Black & Company, 1930, p.18.
③ [美]杜威：《哲学的改造》，许崇清译，商务印书馆1958年版，第107页。
④ 《新旧个人主义——杜威文选》，孙有中、蓝克林、裴雯译，上海社会科学院出版社1997年版，第91页。

合作"作为其新个人主义理论的出发点。

第三，与旧个人主义强调个体权利不同，杜威的新个人主义强调权利的社会性。杜威更新了传统个人主义对权利的认识，在肯定主体间的不同与独立的同时，强调了主体间交流的重要性。杜威否认所谓的个人权利独立地为个人所有的观点，而肯定了权利的社会性。他明确指出："个人所以能有权利，全赖个人是社会的一分子、国家的一分子。他的权利全赖社会和法律给他保障，否则便不能成立。这个观念是根本的观念。真讲权利的，不可不承认国家社会的组织。"①

第四，杜威试图从合作性的角度出发，培养一种新型的个人主义。据杜威的观察，在他所处的时代，个人主义的名称虽未改变，但它的含义却发生了一些引人注目的变化：个人开始摆脱孤立，倾向于追求共同的利益。美国正在平稳地由早期的拓荒者个人主义向合作主导的情形过渡。② 在杜威看来，既然个性的丧失是因为个体和社会的对立，那么，个性回归之路便在于"不再将社会合作和个体对立起来"，社会合作才是建设新的个体性的基础。③

尽管有着根深蒂固的个人主义文化情结，但是，杜威并没有坚持传统个人主义的价值取向，而是发展出一种新个人主义的理论，对个人与社会的关系进行了重新界定。然而，我们应该指出的是，尽管杜威批判传统的个人主义，却不想彻底改变它。他对这个世界的认识依然是实用的，他仍然坚持改革的最终目标是挽救神圣的个人主义。杜威的新个人主义仍然没有跳出传统个人主义的窠臼，只不过是在坚持个人主义根本原则的基础上进行了一些适应时代要求的修正。

3. 新自由观念

传统自由主义强调消极自由的重要性，即"免于……的自由"。杜威认为，这只是对自由的一种狭隘理解，随着资本主义社会的不断发展，这种消极自由观已经越来越不适合时代的需要。在这样的背景下，杜威发展了一种新自由的观念，强调积极自由的重要性，强调国家和社会在个人自由中的作用；而且，他还根据时代的变化，不断地修正自己的自由观念。

首先，与传统的自由观念相比，杜威更强调积极自由，而不满足于消极自

---

① 沈益洪编：《杜威谈中国》，浙江文艺出版社 2001 年版，第 64 页。
② John Dewey：*Individualism*：*Old and New*，New York：Minton, Black & Company, 1930, p. 36.
③ John Dewey：*Individualism*：*Old and New*，New York：Minton, Black & Company, 1930, p. 99.

由。在积极自由与消极自由的区分上,杜威将从选择本身寻求自由和从根据选择而行动的权力中寻求自由,看作各自独立的哲学。在这两种哲学的基础上形成了两种自由观念:一种是选择的自由,另一种是行动的自由。杜威认为,"相互之间无阻碍的有效行为与选择之间的关系"问题是自由问题的本质,① 这就给积极自由(即行动的自由)赋予了更广泛的意义,从而为新自由观念的形成奠定了基础。杜威明确指出,更值得追求的自由是那种"因自由而解放、拥有所有权、积极的表达权和行动上的自决权"②。因此,在杜威看来,自由的实现不仅需要反抗暴政,免于被压迫;同时还需要通过民主的途径参与到政治社会中,积极地实现个体真正的自由。

其次,与传统的自由观念强调个体的独立性不同,新自由观念强调依靠社会和国家来实现自由。杜威的新自由观念更多地强调社会和国家对个人自由的作用。他认为,不应该把自由看成是个人所有的、正式的、现成的东西,它不以各种社会制度为转移,而应该更多地承认社会制约,尤其是对经济力量的社会制约。在他看来,这是必不可少的,只有这样,个人的自由,包括公民自由,才能得到保证,这才是自由主义的"唯一希望"。杜威明确指出,为了使个人更自由,为了使个人更畅通无阻地行动,法律、政府、制度和社会安排必须通过与整体秩序相对应的合理性而形成,这是"真正的本性或是上帝"。③ 他的理由是,人只有在他有权力的时候才是自由的,并且,只有他依据整体进行活动时才拥有自由,这种自由由于整体的结构和动力而得到加强。④

最后,新自由观念还在其他多个方面与传统的自由观念区别开来。比如,传统的自由观念是以旧个人主义为基础的,而新自由观念则以新个人主义为基础;传统的自由观念强调超越时空的普遍主义,而新自由观念扬弃了普遍主义,信奉"历史的相对性";在新自由观念中,杜威加入了很多实用主义的成分,从而使其新自由观念更具有灵活性。特别是,杜威的新自由主义主张"实验过程"和实验的方法,这就使其自由观念更容易与现实政策相符合。

杜威对新自由观念的强调与美国当时的社会经济状况是联系在一起的。当时的美国正处于自由资本主义向垄断资本主义的过渡时期,垄断资本主义的出

---

① John Dewey: *Philosophy and Civilization*, New York: Minton, Black & Company, 1931, p. 286.
② John Dewey: *Philosophy and Civilization*, New York: Minton, Black & Company, 1931, p. 276.
③ John Dewey: *Philosophy and Civilization*, New York: Minton, Black & Company, 1931, p. 284.
④ John Dewey: *Philosophy and Civilization*, New York: Minton, Black & Company, 1931, p. 283.

现加剧了社会的矛盾与冲突，影响到资本主义经济的发展和资产阶级的统治，这使自由主义一改以往的自由放任政策，强调在经济和社会生活当中国家干预的重要性。杜威对合作、社会和国家的强调甚至使其自由主义带有某种激进色彩。然而，杜威对私有财产权和个人主义价值的坚守则清楚地表明，他的新自由主义不过是为资产阶级的政策变化所作出的理论论证和辩护。

4. 新民主学说

传统的自由主义并不接受民主的理论，这使得早期的自由主义充满了对民主的不信任。随着民主政治在西方的不断发展，自由主义逐渐接受了民主理论，并将其纳入自己的理论体系。杜威就是他们中间的重要代表。杜威在新个人主义、新自由观念的基础上提出了新民主学说。

第一，与传统民主学说不相信人性不同，杜威的民主学说强调了对人性的信赖。传统的自由主义对理智、人性半信半疑，尤其是不相信广大民众自我管理的能力，这直接影响了传统自由主义对民主的看法。然而，杜威的新民主学说却主张最大限度地依靠人的理智。他强调，每一个人都有依据自己的理性对价值作出选择的权利，而每一个人又都能够依据科学的方法处理社会事务。"对人性之能量的信赖，对人的理智，对集中的合作性的经验之力量的信赖"应该成为民主的基础，而"民主的共同体"则应该成为美国人的追求。[①]

第二，与传统民主学说强调个人不同，杜威的民主学说将重心置于人与人的关系和人与社会的关系方面。正是基于对个人、社会和国家关系的重新理解，杜威为人们描述了民主社会的状态："倘有一个社会，它的全体成员都能以同等条件，共同享受社会的利益，并通过各种形式的联合生活的相互影响，使社会各种制度得到灵活机动的重新调整，在这个范围内，这个社会就是民主主义的社会。"[②] 可以看出，杜威的"民主主义的社会"已将"共同享受社会的利益""联合生活""相互影响"等概念放到了重要的位置上。

第三，与传统民主学说强调政治制度的稳定不同，杜威的新民主学说强调要积极地"再造民主"。在《人的问题》一书中，杜威反思了1929年的经济危机。他指出，这一危机的价值就在于它使人们认识到："每代人必须为自己再造一遍民主，认识到民主的本质与精髓乃是某种不能从一个人或一代人传给另

---

① 参见《新旧个人主义——杜威文选》，孙有中、蓝克林、裴雯译，上海社会科学院出版社1997年版，第4页。
② [美] 约翰·杜威：《民主主义与教育》，王承绪译，人民教育出版社1990年版，第385页。

一个人或另一代人的东西，而必须根据社会生活的需要、问题与条件进行构建。"① 在他看来，每代人面临的首要任务是"再造民主"，民主的本质在于社会生活的需要、问题和条件。

第四，杜威的新民主观念深受实用主义哲学的影响。在杜威那里，实用主义的政治意义更加突出，他将实用主义哲学视为一种民主哲学。他认为，实用主义哲学应该成为民主的基础。实用主义哲学同民主政治更加密不可分地结合在一起，构成了杜威民主理论的方法论特色。

杜威不再从多数角度理解民主，而是希望用互相商量和自愿同意的方法来代替多数原则，这甚至为现代的协商民主理论提供了灵感。然而，我们也应该看到，这种民主理论的提出背景正是改革时代的大环境。为了调和资产阶级同无产阶级的矛盾以及资产阶级内部的关系，统治阶级越来越发现，原有的统治方式已经不能适应现实统治的需要了，民主政治成为大势所趋，而杜威的民主理论则正是对资本主义的社会现实所做的理论思考。

思考题

1. 19世纪的自由主义政治思潮有什么特点？
2. 贡斯当是如何看待古代人的自由与现代人的自由之间的关系的？
3. 托克维尔是如何看待民主与自由之间的关系的？
4. 密尔是如何论证思想言论自由和个性自由的？
5. 为什么说杜威的自由主义思想是新自由主义？

▶ **本章拓展资源**

---

① 《新旧个人主义——杜威文选》，孙有中、蓝克林、裴雯译，上海社会科学出版社1997年版，第27页。

第十一章 19 世纪的社会主义

进入 19 世纪，社会化大生产不断发展，资本主义社会的矛盾全面展开，无产阶级作为独立的政治力量开始登上历史舞台，在此背景下，社会主义思潮开始盛行。正像其他社会思潮那样，社会主义思潮在发展过程中，也曾经出现过多种流派。如 19 世纪初期批判的空想社会主义、19 世纪 30 年代法国和德国的空想共产主义，以及后来的无政府主义和社会民主主义等。这些思潮虽然也将批判的矛头指向资本主义社会，并分别提出了对现实社会的改造方案，但是由于缺乏科学世界观的指导，无法找到彻底改造社会的物质基础和社会力量，因而在时代的发展中逐步失去了影响。只有马克思和恩格斯创立的科学社会主义，深刻揭示了社会主义必然代替资本主义的客观规律，阐明了实现社会主义革命的现实力量和基本途径，因而逐步为国际工人运动所广泛接受，成为 19 世纪占主导地位的社会主义思潮，并产生了深远的历史影响。本章主要介绍与科学社会主义处于同一时代的 19 世纪其他社会主义思潮。这些思潮虽然与科学社会主义有着密切联系，但是从总体上来说仍然属于"西方政治思想"的范畴。关于科学社会主义的理论和实践，将有专门教材进行系统阐述。

第一节 19 世纪社会主义思想发展概况

一、资本主义的发展与无产阶级的壮大

18 世纪 60 年代，以珍妮纺纱机和瓦特蒸汽机的发明为标志，工业革命首先在英国拉开序幕，资本主义开始从资本原始积累时期的工场手工业向机器大工业转变，开始以机器取代人力。随后，工业革命从英国传播到欧洲大陆和世界其他地方，比利时、法国、德国、美国、俄国等先后进入了工业革命时期。工业革命既是技术革命，又是生产关系的重要变革。随着工业革命的完成，资本主义生产方式最终确立起来，它使社会明显地分裂为资产阶级和无产阶级这两大对立阶级。

从 18 世纪下半叶到 19 世纪末，是资本主义发展的自由竞争阶段。在这一阶段，以机器大工业为基础的工厂制度逐步建立，促进了生产力的迅猛发展。

马克思和恩格斯对此曾给予了充分的肯定，认为"资产阶级在它的不到一百年的阶级统治中所创造的生产力，比过去一切世代创造的全部生产力还要多，还要大"①。然而，随着生产社会化程度不断提高，资本主义生产力的发展也使资本家之间的市场竞争日益激烈，生产的无政府状态空前加剧，资本主义私有制越来越不能适应生产力进一步发展的需要，资本主义社会的基本矛盾不断暴露和加深。社会化大生产和资本主义生产资料私人占有之间的矛盾，是资本主义社会的基本矛盾。资本主义社会的各种社会矛盾，都根源于这一基本矛盾。尤其是当社会化大生产和资本主义生产资料私人占有的矛盾发展到剧烈对抗的地步时，资本主义经济危机便会周期性地爆发。这表明，资本主义生产方式已经满足不了社会化大生产的要求，社会化大生产势必要突破资本主义私有制的束缚，呼唤与其相适应的新生产关系和新社会形态的出现，并成为未来新社会的物质基础。

无产阶级是社会化大生产的产物。无产阶级的前身是手工业工人，在简单协作生产阶段，个人的劳动方式并不改变，而到了工场手工业阶段，原来由一个手工业者独立完成的生产过程被高度细化并分工，不仅各种局部劳动被分配给不同的个体，而且个体本身也成为某种局部劳动的自动工具。每个工人只完成整个生产过程中的某一个操作甚至某一个动作。其结果是工场手工业把能够进行各种劳动的工人变成了畸形物，它压抑工人多种多样的生产兴趣和生产才能，人为地培养工人片面的技巧。这种变化进一步强化了资本家对工人的控制。马克思说："起初，工人因为没有生产商品的物质资料，把劳动力卖给资本，现在，他个人的劳动力不卖给资本，就得不到利用。它只有在一种联系中才发挥作用，这种联系只有在它出卖以后，在资本家的工场中才存在。"②

机器大生产的出现对现代工人的形成起了决定性的作用。它从根本上改变了工人与劳动资料的关系。工人不再像工场手工业时期那样可以支配劳动资料，而要受劳动资料的支配。机器大生产本来为工人的解放提供了有利条件，但在资本主义制度下却加深了工人的痛苦，恶化了他们的劳动和生活条件。工人阶级作为雇佣劳动者、作为无产阶级，具有革命的彻底性，是资本主义社会中最革命的社会力量。无产阶级不仅主张消灭私有制，建立公有制，而且还主

---

① 《马克思恩格斯文集》第2卷，人民出版社2009年版，第36页。
② 《马克思恩格斯文集》第5卷，人民出版社2009年版，第417页。

张彻底消灭一切阶级统治和阶级剥削,最终实现共产主义,使人能够得到全面的发展。

无产阶级在其出现的初期,并没有意识到自己的历史使命,只是一个自在的阶级。他们反对资产阶级的斗争,最初是毁坏那些带来竞争的外国商品,捣毁机器,破坏工厂,同直接剥削他们的单个资本家作斗争,力图以此来维护自身的利益。随着工业的发展,无产阶级力量不断壮大。无产者不仅日益联合成为阶级,而且还组织了政党。当无产阶级组织起革命的政党,并在无产阶级革命理论指导下为自己的阶级利益开展斗争的时候,工人运动就由自在阶段发展到自为阶段。

到19世纪三四十年代,无产阶级已成为"为争夺统治而斗争的第三个战士"[1],开始作为一支独立的政治力量登上历史舞台。欧洲三大工人运动为马克思主义的诞生奠定了阶级基础。1831年和1834年法国里昂工人两次举行武装起义,提出"资产阶级为自己举行了革命,现在我们也要进行自己的革命",推动了法国工人运动的发展。在1836年至1848年的英国宪章运动中,工人提出争取普选权,按照民主原则改组下议院,让工人也有权参与管理国家。1844年爆发的德国西里西亚纺织工人起义,公开提出反对私有制社会的口号,痛斥资本家对工人的残酷剥削。

这三大工人运动虽然失败了,但表明:无产阶级提出了自己独立的政治和经济要求,不只为改善生活条件而斗争,而且开始为争取本阶级的政治权利而斗争;无产阶级的斗争已经由破坏工厂机器,转变到锋芒直指资本主义制度和资产阶级。欧洲三大工人运动的失败,也从反面凸显了创立科学的革命理论的必要性和迫切性。

二、社会主义思想的发展

社会主义思想最早产生于16世纪初期,进入19世纪后,呈现出流派众多、异彩纷呈的局面。这300多年正是欧洲从封建主义生产方式向资本主义生产方式的转变时期。

随着资本主义生产方式的变革和工人运动的发展,社会主义思想不断演变。整个19世纪,在社会上广泛流行着多种反对资本主义、主张建立新型社会

---

[1] 《马克思恩格斯文集》第4卷,人民出版社2009年版,第304页。

制度的社会主义思想和派别。其中最具代表性的首先是 19 世纪初期产生的批判的空想社会主义，然后是 30 年代产生的法、德的空想共产主义。40 年代后期，马克思和恩格斯创立了科学社会主义后，社会主义开始成为当时欧洲有相当影响力的一种思潮。无政府主义、社会民主主义等打着社会主义旗号的五花八门的思想流派也随即出现。

在英国，到了 19 世纪初期，机器大生产逐渐代替了工场手工业，资本主义生产方式进入了大工业阶段，整个社会形成了两大对立阶级：无产阶级和资产阶级。在法国，大革命后资本主义得到迅速发展的同时，无产阶级与资产阶级的对立和斗争也日益尖锐。这样的社会历史条件促使空想社会主义将批判矛头直指资本主义社会，他们尖锐地揭露和抨击资本主义的一切弊病，批判建立在私有制基础上的政治制度，从而指出资本主义不是永恒现象。同时，他们对未来社会充满信心，提出许多更为成熟的社会主义原则，指出不仅要在国家的领域中实行平等，而且要在社会的、经济的领域中实行平等；不仅要消灭阶级特权，而且要消灭阶级差别。批判的空想社会主义的代表人物是圣西门、傅立叶和欧文。

然而，当时无产阶级终归处在自在阶段，社会也还没有提供更为成熟的条件，因而批判的空想社会主义仍然是空想的。他们虽然真诚地希望改善无产阶级的工作条件和生活状况，消灭私有制，消灭人剥削人的制度，并对未来社会提出了许多天才的设想，但是他们仍然没有找到建立新社会的真正力量和革命途径，甚至企图在不触动资本主义制度的基础上由一些伟大人物通过试验的办法来推广他们的方案。他们在政治思想上着重于解决社会问题，即使提出某些政治制度上的见解，也是从属于其社会改造计划。

随着工人运动的日益高涨，无产阶级力量不断壮大，批判的空想社会主义已经无法适应无产阶级进行斗争的需要。于是，19 世纪 30 年代，产生了以法国的卡贝、布朗基以及德国的魏特林等人为代表的空想共产主义。

埃蒂耶纳·卡贝（1788—1856）在社会主义思想史上率先明确、系统地提出了"过渡时期"学说。他认为在私有制和共产主义制度之间，必须经历一个过渡时期，推行过渡性制度，包括在保留私有制的同时逐步扩大公有制、建立民主共和国、实行人民主权、为人民提供必要的福利等，这一制度需要专政来维持。当然，他只能单纯地幻想富人自觉自愿地献出私有财产，而没有提出对生产资料进行革命性改造、消灭剥削阶级的问题，他所说的专政，也只是少数精英的专政而不是无产阶级的专政。马克思认为卡贝是"一个最受欢迎然而也是最肤浅的共产主义的代表人物"①。

路易·奥古斯特·布朗基（1805—1881）继承和发扬了巴贝夫的暴力革命思想，反对依靠宣传教育和典型试验的和平方法改造现存社会制度，主张以武装革命夺取政权，建立人民的专政，以实际行动将共产主义付诸实践。在他看来，资产阶级是走向共产主义的荆棘，但共产主义社会是不会自己产生出来的，"只能在摧毁了旧堡垒的基础上才能建立"②，要实现共产主义，革命是不可避免的，必须建立实行革命专政和人民自治的强大的革命政权。马克思和恩格斯赞扬他是"法国无产阶级政党的头脑和心脏"③。

魏特林（1808—1871）深入批判资本主义私有制的弊端，指出"私有财产是偷窃和劫杀的根源"④，主张未来的"和谐社会"应该实行公有制，保证所有人共同幸福和平等自由，没有国家，没有军队。他承认，对于和谐社会的实现，暴力革命与和平过渡都有可能，但他告诫人们："你们不要相信，通过和你们的敌人的和解，你们可以有什么成就。你们的希望只是在你们的宝剑上。"⑤ 这些思想主张进一步发展了空想共产主义体系，对启发工人阶级的觉悟，促进工人运动的开展有一定的促进作用。

法、德空想共产主义是同当时无产者尚未成熟的意识完全符合的。由于未能摆脱传统思想的影响，他们不了解无产阶级的伟大力量和历史使命，因而也就不能对无产阶级的阶级斗争有足够的认识和科学的论证。他们还停留在用"密谋手段"来实现共产主义的阶段上，主张的"革命"和"专政"也只是少数人的行动，而不是整个无产阶级的革命和专政。19世纪40年代科学社会主义诞生以后，他们还依然停留在30年代的水平而无所进展，最后成为马克思主义传播和工人运动发展的障碍。

19世纪三四十年代，工业革命在西欧一些国家先后开展，受资本主义社会化大生产的冲击，数以百万计的农民、手工业者、小业主倾家荡产，无以为生。这些被资本主义逼得破产、失业的人们，开始仇视和反对一切形式的国家

---

① 《马克思恩格斯文集》第1卷，人民出版社2009年版，第335页。
② 《布朗基文选》，皇甫庆莲译，商务印书馆1979年版，第83页。
③ 《马克思恩格斯全集》第30卷，人民出版社1975年版，第612页。
④ [德] 威廉·魏特林：《和谐与自由的保证》，孙则明译，商务印书馆1960年版，第91页。
⑤ [德] 威廉·魏特林：《和谐与自由的保证》，孙则明译，商务印书馆1960年版，第8页。

和政权。无政府主义就是在这种背景下出现的。无政府主义广泛流行于法国、意大利、瑞士和西班牙等小生产占优势的国家。法国的蒲鲁东和俄国的巴枯宁是其代表人物。

蒲鲁东（1809—1865）主张个人的绝对自由，认为个人自由同任何政权都是不相容的，国家和政权是危害自由和个性的东西，理想的自由社会就应该是一个"无政府状态"的社会。他第一次用"无政府主义"指代一种政治意识形态，认为"财产就是盗窃"，并反对共产主义和私有制："共产制和私有制的目的都是好的，它们所造成的结果都是坏的。为什么呢？因为两者都是排斥一切的并且各自忽略了社会的两种要素。共产制反对独立性和相称性；私有制则不能使平等和法律得到满足。"① 他反对无产阶级的一切阶级斗争，主张阶级调和的改良道路。在他看来，罢工是违法的，经济斗争和政治斗争是不必要的，暴力革命更是粗暴的。他宣扬工人阶级应同资产阶级"携手合作"，用"和平和不流血"的手段改造资本主义社会。他还希望通过建立由生产者投股组成的人民银行，通过银行向生产者发放无息贷款开办合作社、作坊和小工厂的方式来实现自由社会、解放无产阶级。对此，恩格斯批判道：蒲鲁东在工人赤贫如洗的情况下，"却想用他们的储金来收购下整整一个美丽的法国"②。

巴枯宁（1814—1876）从抽象人性论出发，认为个人只有在不受任何限制的时候才能实现自由。他主张建立人人绝对自由、平等的无政府主义社会。那里没有任何的权力和权威，人人都享有最充分的自由，不受任何限制，这些自由的个人将以自由原则为依据，按照人民的需要和本能建立起新的社会组织——人民协作社、公社和分区的自由同盟。在他看来，要反对一切权威，首先要消灭一切国家。"对我们来说，这个权威不管是叫做教会、君主国、立宪国、资产阶级共和国或者甚至是革命专政，都不重要。我们把它们一律看做是剥削和专制制度的必然的根源而加以仇视和反对。"③ 只要消灭了国家，资本就会自行消灭，阶级之间就会出现平等，无政府的社会就到来了。他反对无产阶级参加选举和争取民主权利的斗争，反对建立无产阶级政党，甚至主张无产阶级应当放弃一切政治活动。这种否认一切权威、要求绝对自治的思想，显然是

---

① ［法］蒲鲁东：《什么是所有权 或对权利和政治的原理的研究》，孙署冰译，商务印书馆 1963 年版，第 291 页。
② 《马克思恩格斯全集》第 47 卷，人民出版社 2004 年版，第 410 页。
③ 转引自《马克思恩格斯全集》第 18 卷，人民出版社 1964 年版，第 510 页。

小资产阶级不切实际的一种幻想,是"从蒲鲁东、圣西门等人那里乞取而拼凑成的废话","东一点西一点地草率拼凑起来的杂拌"。①

无论是批判的空想社会主义,还是空想共产主义,虽然对资本主义进行了批判,要求实现社会主义或共产主义,甚至提出了用革命手段建立革命政权的办法来消灭剥削制度,但是在理论上他们都没有摆脱资产阶级的传统理论体系。他们的学说体系还没有建立在科学的基础之上,从而也就不能为无产阶级以及全人类的彻底解放找出真正的道路。至于无政府主义,则更是一种小生产者破坏性的表现,根本不能指引人民建设新社会。

随着无产阶级同资产阶级的斗争发展到一个新的阶段,无产阶级开始作为独立的政治力量反对资产阶级的斗争,并逐渐从"自在"的阶级转变为"自为"的阶级。无产阶级和工人运动的发展迫切需要寻求新的思想武器。无产阶级的伟大导师马克思、恩格斯亲自参加和领导了无产阶级的革命运动,科学地总结了国际无产阶级革命的历史经验,批判地吸取了19世纪初期的空想社会主义的合理成分,在对资本主义制度进行科学分析的基础上,以唯物史观和剩余价值学说为武器,揭示了资本主义必然灭亡、社会主义必然胜利的规律;指出了通向社会主义、共产主义的正确道路;也找到了埋葬资本主义、实现社会主义的社会力量,从而克服了空想社会主义的一系列根本缺陷,使社会主义由空想变成了科学。

1848年《共产党宣言》的发表,标志着科学社会主义的诞生,指出共产主义运动已经成为一种不可抗拒的历史潮流。这既是人类认识史上的一次革命变革,又是政治思想史上的一次革命变革。从此,科学社会主义成为无产阶级获得彻底解放、为实现共产主义崇高理想而斗争的思想武器。

19世纪40年代末,在科学社会主义诞生的同时,还产生了一种主张在资本主义范围内通过议会道路来改良资本主义的思想派别,即社会民主主义。这种思潮在西欧各国一部分工人和知识分子中有比较大的影响。社会民主主义者反对资本主义的自由放任主义和无政府状态,反对资本主义的某些不公正和不平等现象,主张对资本主义进行渐进性的社会改良,但他们反对无产阶级革命,特别是反对无产阶级专政。社会民主主义虽然在一定程度上反映了西方社会的一些新变化,表现出了与自由派和保守派不同的立场,但是其发展与科学

---

① 《马克思恩格斯选集》第4卷,人民出版社1995年版,第603页。

社会主义渐行渐远，总体上属于资本主义政治思想的范畴，他们的主张也未能涉及对资本主义社会深层结构的变革。

第二节　批判的空想社会主义

一、圣西门的政治思想

克劳德·昂利·圣西门（1760—1825），出生于巴黎一个旧式贵族家庭，受过良好的教育，在其老师达朗贝尔的影响下，对自然科学和唯物主义哲学产生了浓厚的兴趣，对宗教采取批判态度。

圣西门17岁时入伍，被编入法国志愿军参加美国独立战争，这一经历对青年圣西门产生过深刻影响。1789年法国大革命一开始，他立即从国外返回故乡皮卡尔迪，积极投入革命的洪流。后来，他由于对革命胜利后建立的资本主义制度感到失望，同时也由于害怕雅各宾专政时代的革命暴力，对革命的热情逐渐冷淡下来，最终离开了革命。1802年，圣西门的财产耗费一空，在以后20多年中他过着极其贫困的生活。这使他能够更加接近劳动人民，认真考虑许多社会问题。在极其艰苦的条件下，他埋头写作，撰写了《一个日内瓦居民给当代人的信》（1802年）、《论实业制度》（1821年）、《新基督教》（1825年）等重要著作，逐步形成了自己的空想社会主义理论。

作为法国大革命的参加者，圣西门深感这次革命没有改变政权的性质，只是产生了新的奴役形式。他把革命后法国的社会矛盾概括为"劳动者和游手好闲者之间的对立"。圣西门指出，劳动者与游手好闲者在社会中的作用是截然不同的。各种专业的科学家、艺术家和工人在全体法国人当中对祖国最有用处，他们能促进祖国达到最高的文明和最大的成就，一旦失去这些优秀的人才，国家就要遭到极大的不幸，民族立即成为一具没有灵魂的僵尸。与此相反，一切高官显贵和养尊处优的大财主等游手好闲者，不仅没有用自己的劳动促进科学、艺术和工业的进步，而且妨碍了这种进步。圣西门揭露了游手好闲者对广大劳动者的压迫和统治，指出他们的统治"往往只是靠投对了娘胎，善于拍马逢迎，惯耍阴谋诡计，或搞其他不光彩勾当而享有显要地位"[1]。圣西门

---

[1]《圣西门选集》第1卷，王燕生等译，商务印书馆1979年版，第238页。

把专横、无能和阴谋归结为现有政治体系的三个主要弊端。

圣西门认为，利己主义是造成社会种种罪恶的主要原因。他说："贪婪已变成在每个人身上占有统治地位的感情；利己主义这个人类的坏疽侵害着一切政治机体，并成为一切社会阶级的通病。"① 它驱使统治者对内无耻地吞噬穷人的绝大部分劳动果实，供他们挥霍浪费；对外疯狂地发动侵略战争，奴役其他民族。显然，圣西门未能看到利己主义是资产阶级本质的体现，而产生利己主义的根本原因是私有制的存在。

按照圣西门的历史观，资本主义制度必将为实业制度所代替。"实业制度"是他设计的一种使生产者和学者变成统治阶级，掌握社会政治、经济、文化各方面权力的社会制度。这种制度建立在完全平等的原则之上，不承认任何特权，一切人都拥有最大限度的自由，按最有利于生产的方式组织起来，消灭一切寄生现象，"一切人都应当劳动"，"劳动是一切美德的源泉"，从事最有益劳动的阶级最受尊重。在这种制度下，经济、文化将高速发展，社会将促进各种个人幸福和公共福利，尽善尽美地运用科学、艺术和工业所取得的知识来满足人们的需要。

圣西门主张实业制度的社会权力应分为"精神权力"和"世俗权力"。在国王的主持下，精神权力集中于科学院，由著名学者和科学家组成的最高科学委员会掌握。它的职能首先是制定主管科学、文化和宗教事务的基本教材，同时编纂有利于最大多数人的法律大全。世俗权力集中于实业家委员会，由优秀的实业家代表组成的最高行政委员会掌握，主管政治、经济各项事业，编制国家预算，拨付相应的经费，以实现由它审查后认为切实可行的计划方案。内阁和议会仍将存在，但是必须执行学者和实业家的决定，为人民的利益而工作。

圣西门并不看重国家政权组织形式。在他看来，人们"过于重视政府的形式，好象整个政治都集中于此，只要实行三权分立，就会万事大吉"②，实际上，所有制才是政府的本质，这是"社会大厦的基石"。不过，他认为在实业制度下，旧的政权形式可以不变，国王、内阁和议会都可以被保存下来，并主张将生产资料资本主义私有制保存下来，把私有企业纳入国家计划的轨道，把

---

① 《圣西门选集》第1卷，王燕生等译，商务印书馆1979年版，第286页。
② 《圣西门选集》第1卷，王燕生等译，商务印书馆1979年版，第187页。

资本家看成劳动者，企业主可以对工人发号施令和拥有经济特权，这些都表明了他的保守立场和资产阶级倾向。

圣西门指出，在实业制度下，国家政权机关的性质和作用将完全改变，社会权力将由对人的统治变为对物的管理和对生产过程的领导，国家机关的职能主要是组织社会生产，造福于整个社会。这其中已包含国家消亡的思想，只是未能论及国家消亡的必备条件。

至于通过什么途径、依靠什么力量实现他的实业制度，圣西门则从唯心史观出发，完全陷入空想。他反对暴力手段，鼓吹和平方式。他认为，"改革家决不应当依靠刺刀来实现自己的想法"①。他天真地寄望于借助宣传，唤起君主利用人民赋予他们的权力来实现势在必行的政治改革，甚至认为"在法国，为了建立实业制度，只由国王颁布一道敕令，委托最卓越的实业家编制国家预算草案就可以了"②。圣西门著书立说，组织空想社会主义团体，创立新基督教，从事宣传，甚至上书拿破仑，劝说他建立实业制度，而拿破仑却把他当作一个疯子。这从一个侧面表明空想社会主义者的局限性。

二、傅立叶的政治思想

法朗索瓦·马利·沙利·傅立叶（1772—1837），出生于法国东部商业中心贝占桑的一个富商家庭。1789 年，傅立叶到了巴黎，当时正值法国大革命的高潮，但是他对革命毫无热情，1792 年，傅立叶得到一部分遗产，开始在里昂独自经商。他的青壮年时期几乎都是在商业活动中度过的。这样的生活阅历，使他能够深入了解资本主义经济，特别是商业的种种内幕，为他以后辛辣而有力地揭露和批判资本主义制度提供了丰富的资料。

傅立叶勤奋好学，积累了渊博的知识，因而大大地提高了他研究和剖析问题的能力。26 岁以后，傅立叶开始成为一个空想社会主义者。1803 年年底，他在《里昂公报》上发表了一篇题为《全世界和谐》的论文，第一次公开提出了他的空想社会主义思想，提出了"文明制度"并不是人类的最后命运，它将被协作制度代替。此后，他终生都为宣传这种制度不懈努力。

对资本主义制度的批判是傅立叶学说中最有价值的部分，"在傅立叶的著作

---

① 《圣西门选集》第 2 卷，董果良译，商务印书馆 1982 年版，第 278 页。
② 《圣西门选集》第 2 卷，董果良译，商务印书馆 1982 年版，第 120 页。

中，几乎每一页都放射出对备受称颂的文明造成的贫困所作的讽刺和批判的火花"①。傅立叶痛斥资本主义社会是颠倒的世界，是社会的地狱；资本主义雇佣劳动制度是复活的奴隶制；资本主义工厂是温和的监狱和贫困的温床。在资本主义社会里，一方面是财富的增加，另一方面是贫困的加深。所谓"文明"实际上是"富者对贫者的战争"，劳动人民创造的财富越多，自己就越贫穷。由此他得出结论："在文明制度下，贫困是由富裕产生的。"②

傅立叶特别对资本主义商业作了淋漓尽致、极为精彩的揭露。他认为商业是资本主义社会罪恶和灾难的直接原因与集中表现，是资产阶级对外侵略和对内掠夺的工具。他指出，商人是不从事生产，专门掠夺生产者和消费者的"吸血鬼阶级"。他根据自身阅历和现实材料列举了商业的三十六种罪行，如囤积居奇、证券投机、高利贷、走私、欺骗等。他认为资本主义商业之所以如此猖獗，是因为它得到了资产阶级政府与学者的庇护和支持。

傅立叶不了解商业资本家和工业资本家都参与瓜分工人阶级创造的剩余价值，把资本主义的一切罪恶都归咎于商业和资本，把商业和工业对立起来，强调资本主义是"工业生产的真正敌人"，而工厂主则同工人有共同利益。这样就掩盖了工人同工业资本家的矛盾，模糊了资本主义社会的阶级关系，看不到无产阶级和整个资产阶级的对立。

傅立叶还从政治上对资本主义制度进行了深刻的揭露和批判。他认为，按照资产阶级启蒙学者的社会契约和天赋人权理论，订立社会契约是为了保障人的自由、平等和幸福等天赋权利。然而，在资本主义社会，劳动人民被剥夺了最基本的劳动权，连吃饭的权利都没有，整日挣扎在失业、贫困和饥饿之中，如果稍加反抗就要被逮捕、监禁，甚至被送上断头台，根本谈不上自由、平等和幸福。因此，他指出，启蒙思想只是一种空洞的理论，资产阶级国家的宪法不过是通过写在纸上的一些冠冕堂皇的权利用以骗人的东西，法律也只是保证"坐在黄金上的阶级"享受幸福，使贫困永世长存。所谓的"文明制度"实际上是压迫制度，它到处是恶魔的统治。

傅立叶把他所设想的理想社会制度称为"协作制度"，由集体联合的生产和消费协作社"法郎吉"组成。他详细地制订了"法郎吉"的组织规模、生产

---

① 《马克思恩格斯文集》第9卷，人民出版社2009年版，第281页。
② 《傅立叶选集》第1卷，赵俊欣等译，商务印书馆1979年版，第124页。

分配和成员生活的计划。在"法朗吉"内，人人劳动，男女平等，没有城乡差别和脑体差别。但是，傅立叶的协作制度并不是一个完全的社会主义制度，"法郎吉"也并不是一个完全的社会主义协作社，它并不废除私有制，而是仿照当时股份公司的形式组织起来的，资本家向"法郎吉"投资，能取得大量的股息。在"法郎吉"中，产品分配按资本、劳动和才能三个方面进行。傅立叶幻想通过这种分配办法，使人人都变成劳动者，同时人人也都变成有产者，从而达到阶级的融合和社会的和谐，"合理的结构就是协作社制度或具有最大可能协调的制度"①。

傅立叶还认为，变革现存制度和建立协作制度绝不能通过暴力革命。在他看来，革命是"折磨国家"的"过失行为"。只有通过和平的方式，组织几个试验性的协作社，发挥它的示范作用，才能使人们认识到"法郎吉"的优越性。他寄希望于少数上层人物来实现他的社会改革计划。他甚至张贴布告，吁请资本家把自己的资产投入"法郎吉"，并规定每天中午十二点他在家中恭候面谈，可是直到他老死也无人光临，这体现了他的思想具有空想性。他所进行的一些小型试验也都以失败告终。

三、欧文的政治思想

罗伯特·欧文（1771—1858）生活在资本主义较为发达的英国，与圣西门、傅立叶相比，他较少阐述理论问题，更多地进行实践活动，因此，他的学说具有鲜明的实践性质。

欧文出生于一个小手工业者家庭。长期的下层生活，使他逐渐看到工业革命给英国社会带来的弊病，给劳动人民造成的痛苦，从而激发了他对资本主义制度的不满和对无产阶级的同情。他刻苦自学，受早期空想社会主义思想和18世纪法国启蒙思想家唯物主义思想的影响，开始探索改造社会的方法。1800年，欧文在苏格兰新拉纳克工厂的改革措施，使他声名鹊起。1820年，他写成《致拉纳克郡报告》，开始批判私有制，主张根据财产公有、共同劳动、共同分配的共产主义原则来改造整个社会，从而形成了自己的空想社会主义思想体系。1824年，欧文到美国印第安纳州进行"新和谐"共产主义移民区试验，但试验失败，欧文变得一贫如洗。1829年，他返回英国后，积极参加合作社运动

---

① 《傅立叶选集》第3卷，汪耀三、庞龙、冀甫译，商务印书馆1982年版，第288页。

和工人运动，努力使社会主义改造与工人运动相结合。经历数次失败后，欧文同工人运动逐渐疏远，最后完全脱离了工人运动。欧文一生不遗余力地宣传、试验社会主义，虽然屡遭失败，却为工人运动提供了有益的经验和教训。他的代表作有：《新社会观或论人类性格的形成》（1813年）、《新道德世界》（1842—1844年）、《人类意识和人类活动中的革命》（1849年）等。

欧文对资本主义制度的批判，比圣西门、傅立叶前进了一大步，他把批判的矛头直接指向资本主义私有制，因而更能触及资本主义制度的基础。他认为，私有制、宗教和婚姻形式是现存的资本主义社会"三位一体的祸害"，而私有制是其中最主要的祸害，它能使人变成魔鬼，使全世界变成地狱。他揭露了私有制无论过去和现在都是人们所犯无数罪行和所受无数灾难的原因，是各国的一切阶级之间纷争的永久根源，是一切战争的总根源。

在批判资本主义私有制的同时，欧文还谴责了资产阶级国家只为少数剥削者的利益服务，而对广大人民实行无情的压迫，认为资产阶级国家的本质就是压迫无产阶级，维护少数人的金钱和利益。政府的官员都是些品质恶劣的人，是一群骗子在掌握政权。国家的常备军也同样"只是为了保护游手好闲、没有用处和包藏祸心的人，并且压迫爱好劳动和心地善良的人"①。

欧文不仅揭露了资产阶级国家的本质，而且对资产阶级政治制度的各方面都进行了批判。欧文否定以往和现存的一切政体形式。在他看来，无论实行哪一种政体，都不能保证被统治的人民得到幸福。议会只会夸夸其谈，只看到私人利益，不为大众立法。资产阶级的选举带给人们的是最坏的欲念和欺骗。欧文把资产阶级国家制定的法律与自然法对立起来，认为资产阶级国家的人定法是不合理的、非正义的。现存的政府由于是统治者无理性的产物，因而应该用合乎理性的政府来代替。

欧文理想中的未来社会，是建立在生产资料公有制基础上的共产主义劳动公社的联合体。由于劳动公社废除了生产资料私有制，也就消灭了阶级、特权、剥削和压迫，从而不再有资本家和工人，不再有贫富差别。这种理想社会的目的是使全体人民幸福，有良好的品性。

欧文还认为未来国家的政府形式应是共和制。每个公社都独立地实行自决，由自己的成员依照自然法进行管理，由几十个、几百个以至几千个公社结

---

① 《欧文选集》第2卷，柯象峰等译，商务印书馆1981年版，第254页。

成联盟,普及整个欧洲和全世界,"最后把全世界联合成为一个只被共同的利益联系起来的伟大共和国"①。他还精心设计了这个共和制政府的体制结构:公社的最高权力属于全体社员大会,公社的一切重大问题交社员大会讨论决定。公社的常设领导机构是社员大会选举的总理事会。无论对内或对外的总理事会,都要向全体社员大会汇报工作、接受审查,当发现总理事会企图违反法律时,则剥夺其权力。这种体制结构,体现了共和制的一般原则,而且是民主性质的共和制。

关于如何实现他的未来理想社会,欧文认为,应由现有的资产阶级政府进行和平改革,由各阶级合作、劳动阶级自己合作举办合作社和公社,逐步取代旧制度。他认为,只要能提出对统治者和被统治者都有益的措施,以及在理论和实践上都合乎理性的计划,资产阶级政府就会进行改革,并毫不拖延地全盘采纳这项计划。因此,他幻想用宣传特别是试验的方法去开导政府和权贵,甚至一再呼吁各国政府首脑接受和实现他的改革方案。

总体来说,批判的空想社会主义是"同无产阶级对社会普遍改造的最初的本能的渴望相适应的"②,是正在成长的无产阶级的"征兆、表现和先声"③,是现代无产阶级先驱者的理论表现,为科学社会主义的诞生提供了宝贵的思想资料。但我们必须指出,批判的空想社会主义理论还只是无产阶级和资产阶级对立的一种"早期的、不明显的、不确定的形式"④,缺乏科学的理论基础。他们以抽象的理性为出发点,认识不到资本主义的本质,不了解资本主义必然灭亡、社会主义必然胜利的客观规律。他们都反对阶级斗争,反对暴力革命;把自己看成救世主,把群众看成无知的群体,认为历史的发展是由天才人物决定的。他们不懂得阶级斗争是阶级社会发展的直接动力,没有找到改造资本主义社会的正确途径。他们把无产阶级看成是一个受苦受难最深的阶级,却看不到它的伟大力量和历史作用,因而找不到能够埋葬资本主义、实现社会主义的社会力量。他们对资产阶级和资本主义国家抱有幻想,企图在现存政治制度范围内,依靠现存政权,用和平方法,通过试验宣传来实现普遍的社会改造。对于这些历史局限性,只有科学社会主义诞生以后,人们利用马克思主义的剩余价

---

① 《欧文选集》第2卷,柯象峰等译,商务印书馆1981年版,第150页。
② 《马克思恩格斯文集》第2卷,人民出版社2009年版,第63页。
③ 《列宁专题文集 论资本主义》,人民出版社2009年版,第74页。
④ 《马克思恩格斯文集》第2卷,人民出版社2009年版,第64页。

值理论和辩证唯物主义历史观，才能从根本上克服它们。

第三节　社会民主主义

一、社会民主主义的形成与发展

社会民主主义产生于19世纪中期，是资本主义生产方式和资产阶级统治条件下社会矛盾的产物。作为反对资本主义剥削和统治，追求个人自由、社会平等和民主的一种改良主义政治思潮，社会民主主义的形成和发展既有独特的社会历史背景，又有深刻的思想理论渊源。

社会民主主义既是欧洲现实的经济、政治、文化与社会心理等因素交互作用的产物，又是社会主义和工人运动不断发展和分化的结果。19世纪中期，工人运动蓬勃发展，无产阶级争取政治、经济权利的斗争日趋激烈。各国资产阶级为了维持和巩固自身的统治，除继续使用暴力镇压外，也开始对工人和劳动群众采取了一些相对柔性的手段。一方面从剥削来的高额利润中拿出一部分来收买工人中的上层分子，培植工人贵族阶层；另一方面作出了一些微小的改良和让步，用以麻痹工人阶级的革命意志。正是在这种环境中，社会主义运动开始出现分化，逐渐产生了以阶级妥协和社会改良为特征的社会民主主义思潮。

社会民主主义在形成与发展的早期受到马克思主义和其他一些思想理论的影响。首先，社会民主主义直接或间接地、自觉或不自觉地从各自的角度出发吸取了马克思主义的理论养料。在19世纪末伯恩施坦主义出现之前，社会民主主义者自称是信奉马克思主义的。此后，虽然修正主义的理论与实践愈演愈烈，仅就理论、纲领来说，他们仍声称自己是坚信马克思主义的，这种情况一直延续到第一次世界大战以后。其次，国际工人运动中的改良主义为社会民主主义提供了思想来源，特别是英国宪章运动关于争取普选权和利用资产阶级议会的思想、拉萨尔主义关于在"人民国家"的帮助下和平实现社会主义等主张，为社会民主主义基本原则的形成奠定了理论基础。最后，近代启蒙思想为社会民主主义提供了思想理论基础。社会民主主义是对资产阶级自由、平等、人权等理论和主张的直接继承，是资产阶级的民主思想和法国大革命时期提出的一系列政治法律准则在新的历史条件下的延伸与发挥。

社会民主主义产生以后，经历了不断的发展和演变。

1848年欧洲革命前后，欧洲爆发了以工业无产者为主体的社会民主主义运动。德、法等国一些激进的小资产阶级民主主义者、小资产阶级社会主义者、无产阶级革命派和社会主义者都称自己为社会民主主义者或社会民主党人。这时的社会民主主义既包含改良现存社会的要求，又包含无产阶级革命的某些主张。当时，马克思和恩格斯曾作为激进的一派参加了此次革命，称自己为社会民主党人或社会民主主义者。然而，1848年欧洲革命失败以后，马克思和恩格斯批评那些自称为社会民主党人的民主派小资产阶级，认为他们根本不愿意为无产者的利益变革整个社会，有时甚至用社会民主主义的空话来掩盖自己的特殊利益，欺骗工人阶级。不久，社会民主主义盛行于欧美各国，工人阶级政党大都冠以社会民主党或社会民主工党的称号，但"当时在各个国家里那些自称是社会民主主义者的人根本不把全部生产资料转归社会所有这一口号写在自己旗帜上"①。出于对当时工人运动发展水平的考虑，马克思和恩格斯接受了这个名称，力图赋予它革命的含义。后经马克思、恩格斯的大力引导，部分社会民主主义者开始转向为无产阶级争取解放的革命运动，到1889年第二国际成立时，大多数欧洲社会民主党的思想路线已与科学社会主义十分接近。马克思、恩格斯在世时，各国社会民主党还基本以科学社会主义学说为指导，因此，"社会民主主义"被赋予了"科学社会主义"的含义。恩格斯逝世以后，第二国际的领导权逐渐落入改良主义者手中，许多社会民主党逐渐从主张革命转变为主张改良。"社会民主主义"这个概念中原有的革命内容被改良主义取代。

自19世纪七八十年代开始，在第二次工业革命的推动下，各资本主义国家的政治、经济、社会关系都得到了一定调整。资本主义制度逐渐走向稳定。随着资本主义经济逐渐由自由竞争向垄断转变，工人群众的生活状况有所改善，过去的资产阶级专权式统治也逐渐转变为民主式统治。对于资本主义的新变化，由于缺乏科学理论的解释，工人运动中的改良主义日渐抬头。19世纪末，社会民主主义运动的走向开始发生转变，出现了费边主义和伯恩施坦修正主义。费边社在1889年发表了费边主义的代表作《费边论丛》，系统阐述了和平进化到社会主义的改良方案。伯恩施坦强调要重新认识资本主义和社会主义，认为资本主义社会不需要像以往的社会那样需要用暴力摧毁旧制度才能建立新的社会制度，它本身就具有自我更新的能力。伯恩施坦打着全面修正马克

---

① 《马克思恩格斯文集》第4卷，人民出版社2009年版，第448页。

思主义的旗号，提出了一整套以阶级合作代替阶级斗争、以议会民主代替暴力革命、通过渐进改良和平过渡到社会主义、并否认社会主义运动的最终目标是实现共产主义的修正主义理论。伯恩施坦主义是继马克思主义之后，社会民主主义的重要来源之一。费边主义和伯恩施坦修正主义的相继出现，表明社会民主主义与科学社会主义逐渐背离。

第一次世界大战爆发后，第二国际因成员党在对待帝国主义战争的问题上存在严重分歧而瓦解。俄国布尔什维克党取得社会主义革命胜利后，社会民主党在如何实现工人阶级的解放和如何看待社会主义等问题上又发生严重分歧。原第二国际的右派和中派经分化、重组后，于1923年联合组建了"社会主义工人国际"，标志着社会民主主义实现了在组织上的独立，与由左派建立的共产党和"第三国际"（共产国际）彻底分道扬镳。这一阶段的社会民主主义在思想原则上基本上还是沿袭旧的政治主张，但在经济、政治、社会乃至国际等领域也提出了一些新看法，社会民主主义理论也有了某些补充和发展。同时，社会民主主义的名称也曾出现了多次变化。"二战"以后，社会党国际在其成立宣言《法兰克福声明》中将"社会民主主义"改称"民主社会主义"，其目的在于凸显其信奉的是"民主的"社会主义，它不同于苏联在某些时期所采取的"专制的"社会主义。然而，东欧剧变、苏联解体之后，社会民主党人开始质疑社会主义，1992年9月，社会党国际又将"民主社会主义"重新改为"社会民主主义"。

二、社会民主主义的思想主张

社会民主主义一向以派别繁杂而著称，自产生以来，它在不同历史时期或同一时期的不同流派当中有着不同的具体表现形式，但就思想体系与基本观点来看，它的基本政治主张是一致的，那就是反对资本主义的自由放任主义和无政府状态，主张由社会集体占有生产资料，并且有计划地管理和调节生产、分配的各个环节；与此同时，反对无产阶级革命和无产阶级专政，主张通过资本主义改良的方式和平进入社会主义。具体来说，社会民主主义的思想主张包括以下几个方面：

第一，坚持理论基础和政治诉求的多元化。社会民主主义历来缺乏统一的理论基础和统一的指导思想，而是以实用主义的态度从各种思想中汲取对自己有用的东西。这一特点从社会民主党由革命走向改良之日起就显露出来。恩格斯逝世以后，社会民主党领导人坚持理论基础的多元化，逐渐放弃了马克思主义的指导地位，把马克思主义仅仅作为他们的思想来源之一，同时从其他思想流派中寻找自己的理论根据。例如，伯恩施坦就把自由主义、新康德主义、讲坛社会主义、庸俗进化论等作为自己的理论基础。社会民主主义深受自由主义的影响，正如托玛斯·迈尔所言，"社会民主主义把自己的本源思想，即它由之产生的那一关于一个自由和平等的人们的社会的思想，理解成近代自由主义的自由运动和启蒙时期的理想在历史上彻底的继续发展。"① 虽然社会民主主义的理论基础是多元的，但是从总体上看，它一直摇摆于自由主义和社会主义之间，是在自由主义和社会主义的交互影响下形成和发展起来的。它一方面吸取自由主义的渐进改良主张以及关于自由、民主的看法，另一方面又从社会主义中吸取对现实资本主义的分析和批判，试图在两个思想体系中寻找平衡点，进行折中调和。

社会民主主义理论基础的多元化也决定了它在政治和经济方面的多元化立场。在政治上，社会民主主义主张多党制和议会民主制，允许政治上不同思想和派别的存在，主张建立超阶级政党，强调阶级合作而非阶级对抗，反对一党制，反对无产阶级专政，否定国家是阶级统治的工具，有的还主张主权多元。经济上，社会民主主义主张实行生产资料社会所有制或公有制和私有制同时并存、平等竞争，实行计划调节与发挥市场机制的作用相结合。

第二，主张社会主义本质上是一种道德价值。这种道德价值旨在消除资本主义社会的矛盾，实现人与人之间的超阶级团结。社会民主主义认为社会主义需要的不是科学的论证，而是伦理的论证；社会主义的理想不是从时代的现实趋势中产生的，而是从"人是目的而不是工具"的价值中产生的。在他们看来，"资本主义和社会主义之间的冲突，归根到底，向来就是价值的冲突"②。他们以自由、公正和互助为基本价值，把争取工人权益的斗争局限在资产阶级民主的框架内。由此，他们宣称"社会主义的实现不是必然的"。社会民主主义认为社会主义的本质不是政治、社会和经济的联系，反对将社会主义作为一种制度目标，而是将社会主义仅仅理解为一种通往自由、公正和互助这些价值

---

① ［德］托玛斯·迈尔：《社会民主主义的转型——走向21世纪的社会民主党》，殷叙彝译，北京大学出版社2001年版，第8页。
② ［英］社会主义同盟编著：《二十世纪的社会主义》，孟长麟译，商务印书馆1964年版，第15页。

目标的过程。但实际上，在资本主义社会中，这些价值反映的不过是资本主义的商品交换关系，它们掩盖了资本主义制度对工人和广大劳动人民的剥削与压迫，没有跳出自由主义的窠臼。正是因为社会民主主义者把社会发展的规律性同人的意志、活动绝对对立了起来，所以他们没有看到社会主义实现的客观必然性。

第三，倡导改良主义，反对无产阶级革命。这种改良主义首先表现为渐进主义，主张局部地、渐进地改造资本主义社会，主张要医治而不是摧毁资本主义，主张充当资本主义病床前的"医生"，反对进行全面、彻底的根本改造，反对用社会主义去取代资本主义。费边社的"渐进的变革"策略、伯恩施坦的"运动就是一切"的观点都体现了这一点。其次表现为合法主义，主张把对资本主义的改造，限制在现存国家的政治、法律制度所允许的范围之内，反对马克思主义打碎资产阶级国家机器的主张，认为可以在现有的政治制度框架内通过"民意的力量"和立法手段来改造社会。比如，在拉斯基看来，虽然资本主义与民主主义"水火不相容"的矛盾必然会导致暴力革命，但他还是主张"同意的革命"，走议会民主的道路。再次表现为阶级调和主义或阶级合作主义。它虽不否认现存资本主义社会存在着阶级差别和阶级矛盾，但认为工人与资本家之间没有不可调和的矛盾，彼此的共同利益大于他们之间的利益差别和利益冲突；认为用大规模阶级斗争的方式来改造社会，已不再适合现存的社会条件，他们更寄望于阶级合作与议会民主。

第四，主张将民主扩展到社会的各个领域。社会民主主义者所推崇的民主实际上是资本主义制度保障下资本主义范畴的民主。他们认为现行资本主义民主仅仅局限于政治民主，主张把这种民主扩展到社会生活的一切领域，实现政治民主、经济民主、社会民主和国际民主。社会民主主义者都把资本主义政治民主看作实现理想社会的基本手段和理想社会的目标模式。不论是费边主义者还是伯恩施坦主义者，都主张建立以普选制和议会民主为特征的民主社会和国家。在经济领域，他们采取混合经济制度，谋求以一种民主化的经济秩序来改善少数私有者集中控制经济权力的状况。在社会领域，他们还寄希望通过"公平分配"和社会福利与服务政策来实现社会领域的民主，为个性的全面发展创造条件。在国际领域，他们认为没有一个国家能够独立地解决它的所有问题，国家之间应该在自愿合作的基础上进行和平发展，并反对帝国主义。社会民主主义一再强调社会主义只有通过民主才能实现和完成，这是把争取社会主义的斗争完全局限在资产阶级民主的范围内。然而，要在资本主义私有制和资产阶级政治统治的框架内实现社会主义，实际上是根本不可能的。

第五，实行社会保障和社会福利制度。社会民主主义把实行社会保障和社会福利制度看作实现社会主义一个极其重要的方面，是争取自决和自我实现的一个先决条件。西方国家社会保障和社会福利制度的出现，确实在一定程度上缩小了贫富差距，减少了社会冲突，缓和了阶级矛盾，但是无法从根本上消灭剥削和贫困，无法从根本上解决阶级矛盾，无法改变无产阶级所处的被统治地位。因为说到底，西方国家的社会福利基金，主要是把雇佣劳动者所创造的价值的一部分集中到国家的手中，然后由国家以福利的形式进行再分配，以满足社会劳动力再生产的需要。同时，西方国家的社会保障和福利制度也在某种程度上造成了政府机构膨胀，造成了人们对国家的依赖性，造成了"福利依赖"，使得人们失去了主动进取的精神，削弱了人们对自己和家庭的责任感。

第六，奉行实用主义的政策取向。社会民主主义往往回避原则问题，淡化阶级意识，对各种思想均采用折中的办法为其所用。他们一方面吸取马克思主义对资本主义的分析和批判，另一方面又热衷于追求眼前利益，谋求阶级合作，奉行改良策略，反对马克思主义的阶级斗争和暴力革命学说。社会民主主义奉行的原则是：没有意识形态的先决条件，能够实施的也就是行得通的；凡政策、主张，不论过去曾贴过什么政治标签，只要管用，就加以采用。为了适应不断变化的形势，社会民主主义运动由谋求工人阶级的解放逐渐转向关注工资收入、社会福利、文化教育、人权运动、和平运动和环境保护等社会问题。有些信奉社会民主主义的政党为了获得上台执政的机会，经常变换口号。对社会民主主义者来说"运动就是一切"，最终目的是微不足道的。

社会民主主义就其实质来说是资产阶级、小资产阶级的改良政治思潮，是以唯心主义的多元论和实用主义的方法论为指导、为改良资本主义制度服务的，是资产阶级改良派政党的思想体系的重要组成部分。社会民主主义的理论和实践，形成了社会民主主义模式。这一模式虽然对缓解资本主义社会的尖锐矛盾，改善人民群众的物质生活等发挥了一些作用，但并没有也不可能改变资本主义制度本身，不可能改变和消除资本主义社会所固有的各种弊端，没有改变资本主义国家是为资产阶级的统治服务的本质。特别是在"二战"以后，社会民主主义逐渐融入资本主义制度，奉行社会民主主义的政党演变成资本主义国家多党政治格局中的一个政治派别，或是成为代表资产阶级利益的执政党，或是成为资产阶级统治的"建设性反对党",成为资本主义的共生者。

总之,社会民主主义与科学社会主义是两个不同的思想体系,它们在指导思想、经济基础、社会变革方式、对待资本主义的态度、追求的理想社会等方面是不同的。就指导思想而言,科学社会主义以马克思主义为根本指导思想,社会民主主义只是将马克思主义作为思想来源之一,它还信奉自由主义和改良主义等思想;就经济基础来说,科学社会主义以生产资料的公有制为基础,而社会民主主义后来逐渐放弃了其早期坚守的生产资料公有制,转而强调以生产资料的私有制为基础;就社会变革方式而言,科学社会主义认为革命是社会变革的主要方式,社会民主主义后来逐渐放弃了革命,主张通过议会斗争和改良等方式来进行社会变革;就对待资本主义的态度来说,科学社会主义主张推翻资本主义,而社会民主主义主张改造资本主义而不是完全推翻资本主义;就追求的理想社会而言,科学社会主义主张实现共产主义,而社会民主主义认为并没有最终的理想社会,主张"运动就是一切"。对此恩格斯指出:"我根本不把自己称做社会民主主义者,而称做共产主义者。这是因为当时在各个国家里那些自称是社会民主主义者的人根本不把全部生产资料转归社会所有这一口号写在自己旗帜上。"① 列宁也认为社会民主主义是"摇摆于沙文主义者(='护国派')和国际主义者之间的那个派别"②。社会民主主义否认资本主义必然灭亡、社会主义必然胜利的必然趋势,把争取社会主义的斗争局限在资产阶级民主的框架内,因而不可能找到无产阶级和广大劳动人民争取解放的正确道路。而科学社会主义揭示了社会主义必然取代资本主义的历史必然性,找到了埋葬资本主义、实现社会主义的社会力量,从而找到了无产阶级乃至全人类彻底解放的正确道路。

思考题

1. 19世纪西欧的社会主义各流派有哪些发展?
2. 批判的空想社会主义主要有哪些特征?
3. 如何评析社会民主主义的思想主张?

---

① 《马克思恩格斯文集》第4卷,人民出版社2009年版,第448页。
② 《列宁全集》第29卷,人民出版社1985年版,第116页。

4. 社会民主主义与科学社会主义的区别是什么？

▶ 本章拓展资源

结 束 语

西方政治思想先后经历了古代希腊、古代罗马、中世纪、自由资本主义、垄断资本主义等不同的发展阶段，凝结了两千多年来西方思想家对政治现象的观察和思考，是人类思想宝库的重要组成部分。从古代希腊一直到19世纪末20世纪初的西方政治发展史上，众多的政治思想家在不同的历史阶段，大多从各自的阶级立场出发，形成了反映各自政治诉求的思想和理论。在不同的历史阶段，思想家们或是以启蒙思想预言了一个时代，或是以睿智思考引领了一个时代，或是以系统理论总结了一个时代，推动了西方政治文明的进步与发展，具有历史的进步意义。

在《关于现代国家的著作的计划草稿》中，马克思计划从11个方面展开对现代国家的论述，突出了权力与权利两个主题，这也是我们理解西方政治思想史的基本逻辑体系。一方面，西方政治思想史主要是围绕着权力的逻辑展开的，涉及政治思想家对权力的主体、本质、运用等主题的思考。作为主权体现的国家是近代以来西方政治思想家们思考的中心和重点。国家理论主要包括两个方面：一是国家权力的本源，包括国家的形成、发展、本质、特征等诸多主题；二是国家权力的运用，包括政体理论、法律理论、治理理论等主题。另一方面，西方政治思想史还体现了权利的主题，尤其是近代以来，西方政治思想家更多思考权利的主题，形成了丰富的权利法治和公平正义思想。同时，不能忽略的是，政治思想史也是历史，逻辑是通过丰富而生动的历史展现出来的。社会存在决定社会意识，政治思想的产生与它所处的社会历史环境有着千丝万缕的联系。政治思想家们的立场、观点、理论、方法属于他们所处的时代，反映着那个时代，同时也受到那个时代的局限，带着那个时代的烙印。理解西方政治思想史不能仅就思想本身来理解，还要与政治思想所处的时代、所要解决的问题联系在一起。

首先，必须从历史的角度来认识西方政治思想史。思想家从自己的时代主题出发，思考当时社会的问题，他们的著作，无论是柏拉图的《理想国》、亚里士多德的《政治学》、莫尔的《乌托邦》、康帕内拉的《太阳城》，还是洛克的《政府论》、孟德斯鸠的《论法的精神》、卢梭的《社会契约论》、汉密尔顿等人著的《联邦党人文集》、黑格尔的《法哲学原理》，都是时代的产物，都是思考和研究当时当地社会突出矛盾和问题的结果。我们必须从时代，也就是历史的角度来认识西方政治思想家和他们的作品。其次，还需要将历史与逻辑统一起来。英国资产阶级革命、法国大革命、美国独立战争前后，产生了霍布斯、洛克、伏尔泰、孟德斯鸠、卢梭、狄德罗、爱尔维修、潘恩、杰弗逊、汉密尔顿等一大批资产阶级思想家，形成了反映新兴资产阶级政治诉求的思想和观点。这些思想家的观点与当时资本主义兴起的历史有关系，同时也有着思想自身发展的逻辑，是对人类已有政治思想的继承和发展。

但必须看到，由于时代和阶级等多种原因，西方政治思想家始终没有对政治现象做出科学的解释，也无法对现实政治问题提出合适的解决方案。马克思主义的诞生为马克思主义政治思想的形成奠定了理论基础，提供了科学指导，从而开创了人类政治理论和实践的新纪元。我们应该从马克思主义的立场、观点和方法出发来认真学习和理解西方政治思想史，把握西方政治思想的发展脉络和深层原因，把握贯穿其中的有益思想成果，并对其中的普遍主义、政治话语、政治理论进行认真的分析和辨别，决不能不加辨别地"奉西方理论、西方话语为金科玉律"①。

同样，马克思主义政治思想的形成是历史发展的必然产物，在批判的基础上吸收了西方政治思想的合理成分。19世纪40年代，资本主义的发展激化了社会化大生产和资本主义生产资料私人占有之间的矛盾，经济危机持续发生，社会矛盾不断尖锐，工人运动此起彼伏。欧洲社会这种大幅度的社会变革以及由此导致的各种新问题、新现象和新矛盾，为马克思主义政治思想的产生提供了坚实的现实基础，也是其产生的历史背景和社会条件。马克思主义政治思想的形成不仅基于当时的经济、政治、社会状况，还从西方政治思想中吸收了很多合理的成分。正如习近平总书记指出的那样："马克思主义的诞生是人类思想史上的一个伟大事件，而马克思主义则批判吸收了康德、黑格尔、费尔巴哈等人的哲学思想，圣西门、傅立叶、欧文等人的空想社会主义思想，亚当·斯密、大卫·李嘉图等人的古典政治经济学思想。"② 正是从这个意义上，我们可以说，"没有18、19世纪欧洲哲学社会科学的发展，就没有马克思主义形成和发展"③。

---

① 习近平：《在全国党校工作会议上的讲话》，人民出版社2016年版，第8页。
② 习近平：《在哲学社会科学工作座谈会上的讲话》，人民出版社2016年版，第4页。
③ 习近平：《在哲学社会科学工作座谈会上的讲话》，人民出版社2016年版，第4页。

马克思主义政治思想科学地阐明了政治现象的起源和本质，揭示了政治现象产生、发展的规律，批判并超越了西方以往政治思想家的局限，实现了人类政治思想发展史上的伟大变革。

第一，创立了辩证唯物主义与历史唯物主义，为研究政治现象提供了科学的世界观和方法论。马克思主义创始人反对用纯粹思辨的方式考察政治现象，强调从实践出发来分析政治问题，主张把政治置于社会和经济联系中加以研究，从社会发展的客观条件、不断发展的历史进程出发揭示其本质。

借助辩证唯物主义和历史唯物主义，马克思主义创始人批判了西方政治思想传统，特别是近代以来自由主义过分推崇抽象思维的理性主义方法，认为这种从抽象的人和人性观念中引申出政治结论的方法，背离了人的社会性和历史不断发展变化的基本事实，不可能提供适用于各个历史时代的药方或公式。

马克思主义正是从现实的、具体的、从事生产活动的人出发，发现了人类政治实践最基本的前提是物质生活资料的生产，揭示了生产力与生产关系、经济基础与上层建筑的矛盾运动，以及隐藏在政治活动背后的经济因素，从而克服并超越了以往政治思想家抽象的理性主义方法的局限，科学地揭示了人的本质是全部社会关系的总和，科学地阐明了政治现象的起源、发展和变化的规律。

第二，坚守人民立场，形成了人民性的鲜明品格。西方以往的政治思想主要反映了占统治地位的剥削阶级的利益与要求，即便自由主义思想家的主张看似中立、超阶级，其实也不过代表了资产阶级的利益。空想社会主义者虽然力图站在工人和劳动人民的立场上构建一个绝对理性和永恒正义的王国，但由于没有认识到无产阶级是社会变革的伟大力量，也没有发现无产阶级实现解放的正确道路，因此，他们无法真正维护无产阶级和广大劳动人民的利益。

马克思主义从诞生之日起，就鲜明地站在无产阶级和广大劳动人民的立场上，追求全人类的解放。马克思主义一直坚持人民史观，人民性是马克思主义最鲜明的品格。它通过分析资本主义社会生产力与生产关系的矛盾，揭示了无产阶级是先进生产力的代表，是建设未来新社会的根本力量，指出了无产阶级是资本主义的掘墓人，阐明了无产阶级实现自身解放的根本途径。在马克思主义看来，只要人民成为自己的主人、社会的主人、人类社会发展的主人，共产主义理想就一定能够一步一步地得到实现。在政治上，马克思主义确立了人民民主的思想，主张建立新的真正民主的国家政权。

第三，创立了科学的国家学说，揭示了国家的本质及其最终消亡的历史趋势。在西方政治思想史上，自然政治观认为国家产生于人的本性需求，是自然而然形成的，神学政治观将国家看作是上帝意志的产物，而权利政治观则认为国家源自社会契约，产生于权利的让渡和委托。这些国家观不仅不能真实地阐明国家产生的原因，而且掩盖了国家作为阶级统治工具的本质。

马克思主义创始人从社会经济关系分析入手，以阶级关系、阶级斗争为基本线索，科学地揭示了国家的起源和本质。马克思主义认为，国家是一个历史范畴，不是从来就有的，而是社会发展到一定阶段的产物。国家的出现是社会内部矛盾运动发展的结果，其本质是阶级统治的工具。现代的代议制国家或民主共和国，是资本剥削雇佣劳动的工具，也是资产阶级进行阶级统治的工具。国家随着阶级的产生而产生，也必将随着阶级的最终消亡而自行消亡。这些论断在政治思想发展史上第一次阐明了国家产生的真实原因，揭示了国家的本质，创立了科学的、系统的国家理论。

第四，创立了无产阶级革命和无产阶级专政学说，为建立社会主义制度指明了方向。对于实现未来理想社会的道路，空想社会主义者寄望于天才人物的引导和资本家的良心发现，社会民主主义者迷信议会民主等合法斗争形式。马克思主义认为，无产阶级只有通过暴力革命，推翻资产阶级统治，建立无产阶级专政，才能建立新社会。

马克思、恩格斯运用唯物史观研究革命问题，指出革命根源于生产力与生产关系的矛盾，是生产力与生产关系之间矛盾运动的结果。资本主义社会生产力和生产关系矛盾的发展，导致无产阶级革命必然要发生并且必然会取得胜利。无产阶级革命必须通过暴力革命，打碎旧的国家机器，争得民主，建立无产阶级的政治统治，即无产阶级专政。

人民掌握国家权力后，不断改变不适应生产力发展要求的生产资料所有制，确定和逐步发展生产资料公有制，并有计划地组织社会生产，大力发展社会生产力，实现全体人民共同富裕。

第五，揭示了人类社会的发展规律，并预言人类社会最终走向共产主义。与自由主义者和空想社会主义者不同，马克思主义创始人不是从人的主观愿望出发，去寻找解决社会问题的答案，规划未来社会的蓝图，而是在把握人类历史发展客观规律的基础上，深入分析社会经济、政治和文化发展的趋势，从而科学预言了人类社会必将走向共产主义。

马克思、恩格斯虽然对共产主义社会的特征作过描述，但他们仅限于提出未来社会的基本构想。按照他们的构想，共产主义社会是在生产力不断发展的基础上，阶级差别、城乡差别、脑力劳动和体力劳动的差别消失，实行"各尽所能，按需分配"的社会；是全体社会成员的全部才能和力量都能够得到全面的、自由的发展的社会，是自由人的联合体、生产者自由平等的联合体。

马克思主义政治思想的一系列重要观点，是人类政治文明的宝贵思想结晶。比如，政治是经济的集中表现；政治是各阶级之间的斗争；国家是阶级统治的工具；国家是从社会分化出来的管理机构；政治权力是阶级统治的权力；国家属性决定政治形式；政治民主是阶级统治；政治党派划分基于阶级划分；政治是一门科学和艺术；民族问题是社会革命总问题的一部分；社会存在决定社会政治意识形态；社会发展促进政治发展；革命是历史的火车头；时代特征决定国际政治总格局；人类社会必然向共产主义社会过渡；等等。这些重要观点对于我们学习和研究政治学，认识西方政治思想有着重要的意义。

马克思主义政治思想不仅在世界观、方法论、根本立场、思想体系等方面实现了对西方政治思想的根本性超越，而且在指导无产阶级革命和社会主义政治实践中，通过不断地进行理论创新，保持了旺盛的生命力。"马克思主义是随着时代、实践、科学发展而不断发展的开放的理论体系，它并没有结束真理，而是开辟了通向真理的道路。"① 在新时代，我们必须坚持以马克思主义为指导，立足中国的基本国情，坚持解放思想、实事求是、与时俱进，深入总结中国特色社会主义政治建设的实践经验，批判地借鉴西方政治思想，吸收人类政治文明的有益成果，不断丰富发展马克思主义政治思想，坚定不移地走中国特色社会主义政治发展道路。

---

① 习近平：《在哲学社会科学工作座谈会上的讲话》，人民出版社 2016 年版，第 13 页。

阅 读 文 献

- 马克思：《黑格尔法哲学批判》，《马克思恩格斯全集》第3卷，人民出版社2002年版。

- 马克思：《论犹太人问题》，《马克思恩格斯文集》第1卷，人民出版社2009年版。

- 马克思：《路易·波拿巴的雾月十八日》，《马克思恩格斯文集》第2卷，人民出版社2009年版。

- 马克思、恩格斯：《德意志意识形态》，《马克思恩格斯文集》第1卷，人民出版社2009年版。

- 马克思、恩格斯：《神圣家族，或对批判的批判所做的批判》，《马克思恩格斯文集》第1卷，人民出版社2009年版。

- 马克思、恩格斯：《共产党宣言》，《马克思恩格斯文集》第2卷，人民出版社2009年版。

- 恩格斯：《德国农民战争》，《马克思恩格斯文集》第2卷，人民出版社2009年版。

- 恩格斯：《社会主义从空想到科学的发展》，《马克思恩格斯文集》第3卷，人民出版社2009年版。

- 恩格斯：《家庭、私有制和国家的起源》，《马克思恩格斯文集》第4卷，人民出版社2009年版。

- 恩格斯：《路德维希·费尔巴哈和德国古典哲学的终结》，《马克思恩格斯文集》第4卷，人民出版社2009年版。

- 恩格斯：《论封建制度的瓦解和民族国家的产生》，《马克思恩格斯文集》第4卷，人民出版社2009年版。

- [古希腊]柏拉图：《理想国》，张竹明译，译林出版社2009年版。

- [古希腊]柏拉图：《法律篇》，张智仁、何勤华译，上海人民出版社2001

年版。

- ［古希腊］亚里士多德：《政治学》，吴寿彭译，商务印书馆1965年版。

- ［古罗马］西塞罗：《论共和国·论法律》，载《西塞罗文集·政治学卷》，王焕生译，中央编译出版社2010年版。

- ［古罗马］奥古斯丁：《上帝之城：驳异教徒》上，吴飞译，上海三联书店2007年版。

- ［古罗马］奥古斯丁：《上帝之城：驳异教徒》中，吴飞译，上海三联书店2008年版。

- ［古罗马］奥古斯丁：《上帝之城：驳异教徒》下，吴飞译，上海三联书店2009年版。

- ［意］阿奎那：《阿奎那政治著作选》，马清槐译，商务印书馆1963年版。

- 马基雅维利：《君主论：拿破仑批注版》，刘训练译注，中央编译出版社2017年版。

- ［意］马基雅维利：《君主论·李维史论》，潘汉典、薛军译，吉林出版集团2011年版。

- ［德］路德、［瑞士］加尔文：《论政府》，吴玲玲编译，贵州人民出版社2004年版。

- ［法］博丹著、［美］富兰克林编：《主权论》，李卫海、钱俊文译，北京大学出版社2008年版。

- ［荷］格劳秀斯：《战争与和平法》，［美］坎贝尔英译，何勤华等译，上海人民出版社2017年版。

- ［英］霍布斯：《论公民》，应星、冯克利译，贵州人民出版社2003年版。

- ［英］霍布斯：《利维坦》，黎思复、黎廷弼译，商务印书馆1985年版。

- ［英］洛克：《政府论》下篇，叶启芳、瞿菊农译，商务印书馆2011年版。

- ［英］洛克：《论宗教宽容——致友人的一封信》，吴云贵译，商务印书馆1982年版。

- ［法］孟德斯鸠：《论法的精神》，许明龙译，商务印书馆 2009 年版。

- ［英］休谟：《休谟政治论文选》，张若衡译，商务印书馆 2010 年版。

- ［法］卢梭：《论人类不平等的起源和基础》，李常山译，商务印书馆 1962 年版。

- ［法］卢梭：《社会契约论》，何兆武译，商务印书馆 2003 年版。

- ［德］康德：《历史理性批判文集》，何兆武译，商务印书馆 2009 年版。

- ［英］柏克：《法国革命论》，何兆武、许振洲、彭刚译，商务印书馆 1998 年版。

- ［美］潘恩：《潘恩选集》，马清槐等译，商务印书馆 1981 年版。

- ［美］杰斐逊：《杰斐逊选集》，朱曾汶译，商务印书馆 1999 年版。

- ［美］汉密尔顿、杰伊、麦迪逊：《联邦党人文集》，程逢如、在汉、舒逊译，商务印书馆 1982 年版。

- ［法］迈斯特：《论法国》，鲁仁译，上海人民出版社 2005 年版。

- ［法］罗伯斯比尔：《罗伯斯比尔选集》，王养冲、陈崇武选编，华东师范大学出版社 1989 年版。

- ［法］贡斯当：《古代人的自由和现代人的自由》，阎克文、刘满贵译，商务印书馆 1999 年版。

- ［德］黑格尔：《黑格尔政治著作选》，薛华译，商务印书馆 1981 年版。

- ［德］黑格尔：《法哲学原理》，范扬、张企泰译，商务印书馆 1961 年版。

- ［法］托克维尔：《论美国的民主》（上、下），董果良译，商务印书馆 1988 年版。

- ［英］密尔：《论自由》，程崇华译，商务印书馆 1959 年版。

- ［英］密尔：《代议制政府》，汪瑄译，商务印书馆 1982 年版。

- ［美］杜威：《新旧个人主义——杜威文选》，孙有中、蓝克林、裴雯译，上海社会科学院出版社 1997 年版。

- ［英］罗素：《西方哲学史》（上、下），何兆武、李约瑟译，商务印书馆 1963 年版。

- ［美］萨拜因著、索尔森修订：《政治学说史》上，盛葵阳、崔妙因译，商务印书馆 1986 年版。

- ［美］萨拜因著、索尔森修订：《政治学说史》下，刘山等译，商务印书馆 1986 年版。

- ［美］施特劳斯、克罗波西主编：《政治哲学史（第三版）》，李洪润等译，法律出版社 2009 年版。

- ［法］内莫：《民主与城邦的衰落——古希腊政治思想史讲稿》，张竝译，华东师范大学出版社 2011 年版。

- ［法］内莫：《罗马法与帝国的遗产——古罗马政治思想史讲稿》，张竝译，华东师范大学出版社 2011 年版。

- ［法］内莫：《教会法与神圣帝国的兴衰——中世纪政治思想史讲稿》，张竝译，华东师范大学出版社 2011 年版。

- 徐大同总主编：《西方政治思想史》（五卷本），天津人民出版社 2005 年版。

人名译名对照表

[意]	阿奎那	Thomas Aquinas
[古罗马]	奥古斯丁	Aurelius Augustinus
[英]	边沁	Jeremy Bentham
[法]	博丹	Jean Bodin
[英]	柏克	Edmund Burke
[古希腊]	柏拉图	Plato
[古罗马]	波利比乌斯	Polybius
[美]	杜威	John Dewey
[英]	菲尔默	Robert Filmer
[法]	傅立叶	Charles Fourier
[荷]	格劳秀斯	Hugo Grotius
[英]	格林	Thomas Hill Green
[法]	贡斯当	Benjamin Constant
[英]	哈林顿	James Harrington
[美]	汉密尔顿	Alexander Hamilton
[德]	黑格尔	Georg Wilhelm Friedrich Hegel
[英]	胡克	Richard Hooker
[英]	霍布斯	Thomas Hobbes
[法]	加尔文	Jean Calvin
[美]	杰弗逊	Thomas Jefferson
[德]	康德	Immanuel Kant
[意]	康帕内拉	Tommaso Campanella
[英]	李尔本	John Liburne
[德]	路德	Matin Luther
[法]	卢梭	Jean-Jacques Rousseau
[法]	罗伯斯比尔	Maximilien de Robespierre
[英]	洛克	John Locke
[意]	马尔西利奥	Marsilius of Padua
[意]	马基雅弗利	Niccolò Machiavelli

[美]	麦迪逊	James Madison
[法]	迈斯特	Joseph de Maistre
[法]	孟德斯鸠	Montesquieu
[英]	密尔	John Stuart Mill
[英]	弥尔顿	John Milton
[英]	莫尔	Thomas More
[英]	欧文	Robert Owen
[美]	潘恩	Thomas Paine
[德]	普芬道夫	Samuel von Pufendorf
[古罗马]	塞涅卡	Seneca
[荷]	斯宾诺莎	Baruch Spinoza
[英]	斯密	Adam Smith
[法]	圣西门	Claude Henri de Saint-Simon
[法]	托克维尔	Alexis Charles Henri Clérel de Tocqueville
[美]	威尔逊	Thomas Woodrow Wilson
[英]	温斯坦莱	Gerrard Winstanley
[古罗马]	西塞罗	Marcus Tullius Cicero
[英]	休谟	David Hume
[古希腊]	亚里士多德	Aristoteles

第一版后记

《西方政治思想史》教材是马克思主义理论研究和建设工程重点教材。在编写过程中，得到了马克思主义理论研究和建设工程咨询委员会的指导，得到了中央有关部门和有关专家学者的帮助和支持。同时，也广泛听取了高校专业课程教师和学生的意见和建议。

本教材由课题组首席专家徐大同主持编写。课题组成员徐大同、张桂林、高建、王乐理、马德普、杨龙、张凤阳、常保国、田为民等参加了大纲的制订和教材的编写工作，参加教材编写的还有刘训练、佟德志、庞金友、聂露、李筠。对大纲和教材提出修改意见的有：朱一涛、马啸原、浦兴祖、吴春华、丛日云、王彩波、韩冬雪等。张磊同志主持了工程办公室组织的统稿和审改工作。宋凌云、王宗礼、邵文辉、何成、田岩、冯静、张造群、宋义栋、王燕燕、武斌、汤荣光、宫长瑞等同志参加了统稿和审改。此外，参加集中审阅并提出修改意见的有：浦兴祖、宝成关、尚新建、谭君久、李强、陈振明、王振槐、刘春、顾肃、周少来、刘玉安、李朝东、丁志刚、贺亚兰。

2011 年 11 月

第二版后记

组织全面修订马克思主义理论研究和建设工程重点教材，是推动习近平新时代中国特色社会主义思想和党的十九大精神进教材、进课堂、进头脑的重要举措。《西方政治思想史》（第二版）是在第一版教材基础上修订而成的。在教材修订过程中，得到了马克思主义理论研究和建设工程咨询委员会的指导，得到了中央有关部门和有关专家学者的帮助和支持。同时，也广泛听取了高校专业课程教师和学生的意见和建议。

教材修订课题组由徐大同、张桂林、高建、佟德志任首席专家，高建主持修订，张凤阳、刘训练、庞金友、高景柱作为主要成员参加修订。邵文辉主持了工程办公室组织的审改定稿工作。王昆、王勇、田岩、冯静、曹守亮、刘小丰、陈瑞来、薛向军、刘一、聂大富等参加了审改。参加集中审阅并提出修改意见的有：谭君久、韩冬雪、肖滨、唐士其、王宗礼、任军锋、张广生等。

2019 年 7 月

郑重声明

高等教育出版社依法对本书享有专有出版权。任何未经许可的复制、销售行为均违反《中华人民共和国著作权法》，其行为人将承担相应的民事责任和行政责任；构成犯罪的，将被依法追究刑事责任。为了维护市场秩序，保护读者的合法权益，避免读者误用盗版书造成不良后果，我社将配合行政执法部门和司法机关对违法犯罪的单位和个人进行严厉打击。社会各界人士如发现上述侵权行为，希望及时举报，我社将奖励举报有功人员。

反盗版举报电话　（010）58581999　58582371
反盗版举报邮箱　dd@hep.com.cn
通信地址　北京市西城区德外大街4号
　　　　　高等教育出版社法律事务部
邮政编码　100120

读者意见反馈

为收集对教材的意见建议，进一步完善教材编写并做好服务工作，读者可将对本教材的意见建议通过如下渠道反馈至我社。

咨询电话　400-810-0598
读者服务邮箱　gjdzfwb@pub.hep.cn
通信地址　北京市朝阳区惠新东街4号富盛大厦1座
　　　　　高等教育出版社总编辑办公室
邮政编码　100029

防伪查询说明

用户购书后刮开封底防伪涂层，使用手机微信等软件扫描二维码，会跳转至防伪查询网页，获得所购图书详细信息。

防伪客服电话　（010）58582300